U0057695

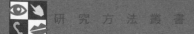
研究方法叢書

社會研究方法

4th Edition

量化與質性取向及其應用

Social Research Methods:
Quantitative and Qualitative
Approaches and Applications

王雲東、呂傑華 ◎著

詹　序

　　從事社會學系、社會工作學系及社會福利政策相關科系研究的學生而言，「社會研究方法」是從事學術研究工作的基石，更是獲得系統化知識的不二法門。因此，透過嚴謹的社會研究方法訓練，將有助於提升學生的邏輯思考及演繹能力。本書的出版，正是面對當前快速變遷社會中，協助學生探索各種社會問題、激發學生認識各種社會現象，透過文獻探討、形成概念、提出假設、蒐集資料，並對資料進行分析和解釋等技巧與步驟，誘導學生依循科學的標準，以及社群的倫理規範，一步步引領學生完成初步的研究設計及成果。

　　本書作者王雲東博士目前任教於台灣大學社會工作學系，從事教學與研究工作極為篤實，其對於學術理念的堅持與嚴謹的治學態度，皆一一體現在本書的架構安排與豐富的內容上，是相當值得推薦的一本「社會研究方法」工具書。不論是對於社會科學方法論有興趣的學生，或是未來有志從事社會研究工作者而言，這本書詳盡的實例介紹與名詞解釋，以及完整的概念說明和旁徵博引的豐富文獻資料，不僅是一本內容紮實而條理明晰的入門書，更是組織結構相當嚴謹的專業參考書。

　　本書於2007年初版後，九年內即於今年三版問世，顯見普遍為學生引用參考，值得肯定。本人再度受邀為第三版寫序，相信所有閱讀過本書的讀者都能跟本人一樣，體驗到「社會研究方法」的學習樂趣，並能從本書中開拓思考的視野。也祝福王雲東博士在研究與教學工作上續創高峰！

詹火生

台大社工系兼任教授

2016年7月

三版序

　　社會研究方法係社會學系、社會工作學系等相關學系學生的必修科目，也是老師普遍認為難教、同學普遍認為難學、甚至部分同學面臨大型考試時最擔憂的一門科目。為什麼會有這樣的狀況呢？根據作者在大學任教本科目多年的經驗來分析，最主要有下列三點原因：

　　第一，社會研究方法與社會統計間的關聯密切，特別是在量化研究的部分；因此對於部分視「數字」為畏途的同學來說，一開始就已經產生先入為主的恐懼感。

　　第二，社會研究方法所包含的研究種類相當繁多，在一學年的授課內容中，如果每一個部分都要教到，往往時間不夠，不但不能教得很深入，而且同學可能會覺得講解時間太短而無法完全吸收；至於如果只擇部分內容來教，雖然可以講解得比較深入清楚，但缺點是擔心如果其他未教到的部分在同學未來所面對的大型考試中出現的話該怎麼辦？因此往往陷於兩難。

　　第三，因為社會研究方法的內容所涵蓋的面向太廣，同時相較於其他科目也較為抽象，因此對於準備大型考試的考生來說，往往會有花了很多的時間與力氣，但覺得仍舊抓不到重點的狀況出現。

　　針對以上三點原因，在本書中作者特別以深入淺出的方式來介紹社會研究方法的基本觀念，希望能讓讀者易於瞭解。作者也舉出非常豐富的具體實例加以說明社會研究方法的基本觀念應該如何應用到解決實際的問題上，以減低讀者的抽象和懼怕感。此外，本書每章最後附上的「解釋名詞」與「考古題舉例」，希望能讓讀者對於社會研究方法的專有名詞與目前國內各項相關考試的出題趨勢有更精簡扼要的瞭解。

　　在本書初版與再版發行的這些年，感謝讀者與修課同學所給予的寶貴意見，使得本書在三版時，能夠將內容酌作調整、並新增很多本土研究

的例子與考古題，而能更符合讀者的需求。在這裡要特別感謝詹火生教授
對拙作提出的寶貴意見並撰寫三版序言，此外，出版社閻總編輯的一再邀
請與家人的支持等，都是本書三版能順利誕生的最重要因素。最後，本書
若有任何疏漏之處，尚請各界先進不吝指正。

王雲東

書於台大社工系

2016年7月

四版序

　　2018年初到2019年1月，台灣社會學術界接連痛失紀駿傑、王雲東、范麗娟三位優秀學者，他們的行誼獲得師生們感念與緬懷。

　　其中，王雲東教授撰寫的《社會研究方法：量化與質性取向及其應用》一書，內容深入淺出、舉例生動易懂，相較翻譯國外學者的著作，內容更符合國內現況，也淺顯易懂，相當受到各大學師生肯定。在王教授過世後，讀者依然期待能繼續增修再版。

　　儘管筆者教授研究方法已經有廿年的經驗，但接到增修任務時，仍倍感壓力、猶豫再三，深怕修訂過程無法傳達王教授的精髓，遲遲不敢僭越，多賴揚智文化公司閻總編邀請，以及王雲東教授家人的同意，才嘗試在王教授所奠定的基礎下，進行增修。

　　基本上，在增修時，筆者盡可能保留王教授對社會研究方法學術與教學的架構與脈絡，但也因為時空的轉變，部分資料已經有所變動，因此進行調整，主要增修的內容包括：

1. 針對部分專有名詞，增加原文，或是提供不同的中文翻譯。例如「簡化論」（reductionism），學界也有翻譯為「化約論」或「化約主義」；或是實地實驗，除了增加原文（field experiments），同時介紹學界也常翻譯為「田野實驗」。
2. 依據時空轉變，補充最新或更新時間的資料。例如，美國心理學會已於2020年出版APA格式第七版，因此藉此介紹最新變動的內容。
3. 配合科技發展，介紹對研究方法操作的影響。例如，針對網路普及和「唯手機族」增加，介紹網路調查法的限制，以及手機調查訪問的發展與注意事項。

4.隨著研究倫理愈發受到關切，也增加一些注意事項。

5.適度補充與更新一些近年的研究案例。

6.在每章最末的「考古題舉例」，刪除一些較為早期、題目比較類似的考題，但也藉此增加近六年相關國家考試與主要社會、社會工作研究所碩士班考題。

　　修訂書，難！修訂一本好書，更難！要站在巨人的肩膀上前行，著實艱辛，謹以此次修正，紀念王雲東教授在研究方法教學的豐碩成就與治學態度。

呂傑華　謹識

2021年5月

東華大學社會系

目　錄

Part

1

導　　論

社會研究方法的屬性
與研究倫理

第一節　前言

　　隨著時代的演進，包括社會科學在內的各個學科與組織都愈來愈朝向專業化的方向發展。舉例來說，公部門重視民眾的意見，也關注政策執行的成效，同時希望推動公民參與民主決策，因此，如何獲取民眾的意見、瞭解民眾的需求，再將這些資訊進行統計、歸納、分析，就成為科學化決策的基礎。而社會工作者為了要替案主提供更切合需要的服務，也必須要深入瞭解案主的特質、需求、對目前所提供的福利服務是否知悉、是否使用過與是否滿意等資料，而蒐集這些資料的過程就必須要使用到社會研究方法。

　　此外，資料的分析與如何將這些分析的結果推而廣之適用於更多的民眾與研究對象，更是要藉由專業的社會研究方法才能達成。例如，社會企業或非營利組織也經常透過調查，關注想要凸顯的社會議題，像是兒童福利聯盟文教基金會長期研究校園霸凌事件、家扶基金會從事受虐兒童保護觀念與態度調查、金車文教基金會持續進行青少年休閒活動調查，都可以從中發現社會變遷的現象，有助於業務推展。因此，社會研究方法是社會科學家或社會工作者為了要瞭解社會現象，或是替案主提供更適切服務時不可或缺的工具。簡言之，社會研究就是一種由社會學家、社會科學家、社會工作者，或其他相關研究人員所作的研究，其目的就是要尋求關於社會問題的解答，並期望能透過研究而達到敘述、解釋、預測、干預、處置、比較與評估等目的（朱柔若，2000）。

第二節　社會研究方法的科學屬性

　　社會研究方法是屬於整個科學方法論下的一支；科學最簡單的定義

就是「以有系統的實徵性（empirical）研究方法所獲得之有組織的知識及其過程」（楊國樞等，1989）。因此方法論的意義就在於運用這一套科學的邏輯與原則去蒐集資料、加以研究，不論研究的對象是自然科學中的物理、化學，或是社會科學中的政治、經濟，均一體適用。而研究方法則是將這樣的原理原則，應用到特殊的領域，例如：應用到社會學與社會工作領域中就稱為「社會研究方法」，同時特別強調作研究時實際採行的程序或步驟。但也因為不同領域的不同屬性，因此各領域的研究方法在細節上也都會有或多或少的不同。例如：社會研究方法非常重視倫理的議題，因為原本作研究的目的就是希望能對被研究者有深入的瞭解，並期望能提出一些具體可行的建議來協助被研究者解決問題。特別是對於專業助人的社會工作者來說，社會工作的基本守則就是要為案主守密，同時希望維護並更進一步為案主爭取最大的權益，因此，如果在研究的過程中將資料外洩或是讓案主受到二度傷害（例如：受暴婦女），反而造成案主的權益受損，那就本末倒置了。

此外，科學的目的在於解釋、預測與控制（楊國樞等，1989），對於社會研究而言也是如此。舉例而言，某社工員發現所服務之養老院的高齡長輩們，凡是親友探望次數少的，出現失眠與情緒低落的機率相對提高。他把這個觀察到的現象以具體的數據及文字呈現出來，這就是「敘述」。而後社工員提出可能的「解釋」：因為根據社會支持理論（social support theory），老人獲得愈高的社會支持，則會有愈高的生活滿意度；反之，則會表現出憂鬱的症狀。因此社工員可以「預測」：對於全院的老人，如果親友探望次數少的，出現失眠與情緒低落的機率也可能相對較高。為此，該社工員提出一項「處遇／控制」計畫，除了盡可能電話聯繫院內老人的家人能常來探視之外，也組織老年志工依時間表前來與老人聊天，並於一段時間後，「評估」此一「處遇／控制」計畫的成效，以作為未來提供相關服務的參考。

科學方法的步驟，主要包括：(1)觀察現象；(2)建立假設；(3)蒐集

資料；(4)分析資料；(5)歸納結論；而這其實也是社會研究方法的主要步驟（楊國樞等，1989）。上述各步驟，實際上是由兩個主要的成分所組成，此即歸納法（inductive method）與演繹法（deductive method）。歸納法為事先觀察、蒐集及記錄若干個別事例，探求其共同特徵或特徵間的關係，而獲得一項通則性的陳述，進而希望將此歸納的通則性原則可以說明或是推廣到其他未經觀察的類似事例。例如，某社工員觀察到老人身體狀況愈佳者，則生活滿意度亦愈高。因此他將此一現象歸納獲得如下的通則性陳述：「凡老人身體狀況愈佳者，則生活滿意度亦愈高」，從而希望將此一歸納的結論推廣到其他未觀察到的老人。至於演繹法的思考方向則正好相反，是自一項通則性的陳述開始，根據邏輯推論的法則，獲得一項個別化的陳述。例如：根據「凡老人身體狀況愈佳者，則生活滿意度亦愈高」之通則性陳述，某老人A君身體狀況佳，則A君之生活滿意度必高。在這一簡單的三段論法中，「凡老人身體狀況愈佳者，則生活滿意度亦愈高」是一項通則性的陳述，而「A君之生活滿意度必高」則是一項個別性的陳述。

不過在科學方法的各個步驟中，還是以應用歸納法為主。因為歸納法主要應用於「觀察現象」、「蒐集資料」、「分析資料」及「獲得結論」等四個步驟，同時因為幾乎全是實徵性的，因此我們可以說，科學方法主要是以歸納法為主的一種實徵性的方法。

第三節　社會研究方法的研究倫理

社會研究方法的一項重要特色，就是非常重視倫理的議題。「倫理」是指「符合某一專業或團體的行為標準」（趙碧華、朱美珍，2000）。「社會研究倫理」的意思就是：在社會研究的過程中，如何遵守與達成（至少不違背）社會科學相關專業領域的行為標準。事實上社會研

究也經常會碰到爭議性的倫理問題，例如：在校園以集體填答的方式作問卷調查，若有人不願作答，研究者是否會尊重其可不作答的基本權利？又如對家暴受害者進行深度訪談研究，要如何進行才可儘量避免讓案主受到二度傷害？作者參考美國社會工作人員協會（NASW）提出的倫理規範，來說明社會研究中常見的倫理難題（簡春安、鄒平儀，2005；趙碧華、朱美珍，2000）。

首先，研究員在參與研究中，必須小心顧及各種可能產生的後果。

無庸置疑地，有些研究的主題或方法比較容易引起倫理上的爭議，例如：某研究者想要瞭解愛滋病患的心理與社會需求。因此社會工作者在進行研究之前，必須深思熟慮，如果是採用深度訪談的方式，則在訪談大綱擬定時就要小心謹慎，並在訪談進行時敏銳觀察受訪者的反應，而臨場作適度的調整。

其次，研究過程中應徵求案主的同意，對拒絕參加的案主不能有任何的剝削或懲罰，並要注意案主的自尊和隱私。

社會研究者在進行研究前必須盡告知的義務，若被研究者（受訪者）不論基於任何理由不願接受調查，研究者都必須接受，並想辦法克服此困難（例如：再一次懇切告知本研究純粹只作學術上的探討，且個人資料絕對保密而不會外洩，希望能爭取被研究者的認同與支持）。切不可在失望與不悅的情緒下，作出報復或懲罰的舉動，這些都是違反專業倫理的。此外，社會研究者除了對拒絕接受調查的對象不能有任何的剝削與懲罰外，在進行研究的過程中，我們更要注意與保護被研究者的自尊與隱私。特別是在民國101年10月1日「個人資料保護法」（簡稱「個資法」）修正施行後，在進行研究與研究結果的呈現上，要更為審慎，以免觸法。例如：使用PowerPoint呈現研究結果時，在執行研究的目的下，若是有拍攝一些研究對象的照片，則必須在研究對象同意的情況下，才能播放；且不可呈現臉部正面或能辨識當事人的身分，而必須加一些類似馬賽克的處理等，以維護及保障研究對象的基本權益。

第三，應當保護被研究者，避免其受到心理或生理上的傷害。

對於較敏感的受訪者應更需注意。有的受訪者會為自己成為受訪者而耿耿於懷，以為成為受訪者是極不名譽的事，例如：離婚或受暴婦女。因此在研究的過程中，研究者在設計訪綱或測量工具時，都需要特別注意，以避免造成再次的傷害。

第四，研究中所獲得有關被研究者的各項資料與資訊，應視為機密。

其實被研究者在沒有酬勞（或是非常微薄的酬勞／紀念品）的情況下願意協助研究者完成研究的本身，就應該是值得大大地感激的。但有時研究者會因為疏忽，無意間將被研究者的資料外洩，造成被研究者權益受損；雖然可能是無心，但卻是絕對要加以避免的。此外，有關受訪者在回答問題時所透露的各項訊息都應該被視為機密，而不是我們一般所謂的「涉及個人隱私」的事才算機密。研究者應該養成習慣，不把被研究者的任何消息隨意洩漏。

最後，研究者應將功勞歸於所有對本研究有貢獻的人，不管是直接的還是間接的。

當研究完成時，研究者應該將所有對本研究有貢獻的人，依照他們的貢獻項目與多寡，提供應有的安排、回饋或感謝。例如：明明是研究報告的撰寫人之一，但只因為他是學生而非教授，就沒有把其列名為作者，這就是不適當的做法。此外，一個研究能夠完成，往往需要感謝非常多的人（例如：提供相關次級資料作為分析的機構），因此在研究報告的謝誌部分，就要將所有對本研究有貢獻的人或機構／團體，都列名出來並表示誠摯的感謝。這樣的做法一方面符合專業學術倫理，另一方面更可讓相關合作的夥伴／機構留下良好的印象，以便未來有機會繼續合作。

近年以來，國內為了持續提升對研究對象的保障，避免其生理、心理因參與研究而受到傷害。在各大學、醫院，或是可能會牽涉到人／人體的生物醫學或行為科學研究的單位／機構，都有設立研究倫理委員會

（Institutional Review Board, IRB），對於要進行相關研究的單位／個人，都需要將研究計畫送交研究倫理委員會審查，待通過審查後，才能進行研究，以落實對研究對象權益的保障。

解釋名詞

1. 歸納法：事先觀察、蒐集及記錄若干個別事例，探求其共同特徵或特徵間的關係，而獲得一項通則性的陳述。
2. 演繹法：自一項通則性的陳述開始，根據邏輯推論的法則，獲得一項個別化的陳述。
3. 社會工作研究倫理：在社會工作研究的過程中，如何遵守與達成（至少不違背）社會工作專業或相關團體的行為標準。
4. 研究倫理委員會（Institutional Review Board, IRB）：審查牽涉到人／人體的生物醫學或行為科學研究的委員會。

考古題舉例

1. 何謂方法論（methodology）及研究方法（research method）？（7分）（政大84年度社會學研究所碩士班「社會學研究方法」入學考試試題）
2. 何謂規範性研究（normative research）及實徵性研究（empirical research）？（7分）（政大84年度社會學研究所碩士班「社會學研究方法」入學考試試題）
3. 何謂社會工作研究倫理？社會工作研究人員在倫理的考慮中，常見的難題有哪些？試以親身經驗或感受說明之。（15分）（東海大學84學年度社會工作研究所博士班「社會工作研究法」入學考試試題）

4.請舉例說明社工研究中會觸及的各種倫理考量及具體預防或補救措施。（20分）（東海大學86學年度社會工作研究所博士班「社會工作研究法」入學考試試題）

5.從事社會工作研究者，應遵守研究倫理，如此研究品質才有保障，而社會工作領域才得以正常發展。請指出社會工作研究中一些重要的倫理共識。（25分）（88年專門職業及技術人員高等考試社會工作師「社會工作研究方法」試題）

6.請說明科學研究的目的，並舉例說明之。（10分）（92年普通考試第二試「社會研究法概要」試題）

7.社會工作實務研究中常常會面臨許多研究道德及政治之相關倫理問題，請討論有哪些值得重視的議題。又作為一位實務研究者，應如何處理這些議題？（25分）（93年專門職業及技術人員高等考試社會工作師「社會工作研究方法」試題）

8.進行研究時，採用演繹（deductive approach）或歸納（inductive approach）的方式有何差異，試各舉一例說明之。（25分）（93年特種考試地方政府公務人員四等考試「社會調查與研究概要」試題）

9.名詞解釋：歸納法vs.演繹法。（5分）（國立暨南大學93學年度碩士班「社會工作研究法」招生考試試題）

10.以下何者是社會科學研究最基本的問題？

　(1)應該是什麼？

　(2)是什麼？

　(3)為什麼如此？

　(4)應該是什麼？為什麼？（3分）（國立臺北大學96學年度碩士在職專班招生考試「社會研究方法」試題）

11.下列敘述何者不是正確的？

　(A)科學的目的在於解釋、預測與控制。

　(B)科學方法的步驟主要包括：觀察現象、建立假設、蒐集資料、分析

資料與歸納結論。

(C)研究者在進行研究時，應當保護被研究者，避免其受到心理或生理上的傷害。

(D)研究者一定要提供被研究者酬勞，否則就違背了研究倫理。（1.67分）（101年第二次高考社會工作師考試「社會工作研究方法」試題）

12.某一研究案件希望能瞭解經歷八八風災的原鄉部落居民，在部落重建家園，建立出新生活的歷程。請你說明在此研究案執行上，有那些應該特別注意和處理的研究倫理議題？（25分）（103年原住民族特考社會行政類科「社會研究法」試題）

13.請說明社會工作研究之目的與功能。（25分）（102年第二次高考社會工作師考試「社會工作研究方法」試題）

14.請說明進行社會工作研究時，應遵守那些倫理守則？（25分）（102年第二次高考社會工作師考試「社會工作研究方法」試題）

15.Rubin and Babbie（1993）提醒執行社會科學研究時，研究者須注意那五個層面的研究倫理？（25分）（106年身心障礙特考四等考試社會行政類科「社會研究法概要」試題）

16.請問一名社工在什麼條件下，適合以自己的工作場域進行質性研究嗎？如果以自己的工作場域進行研究，將會有怎樣的倫理議題需要面對？（20分）（國立政治大學106學年度碩士班招生考試「社會工作研究方法」試題）

17.研究過程中除了達到研究的目的之外，還需要顧及研究對象之權益。請論述與研究對象有關的研究倫理內涵。（25分）（106年高考三級社會行政類科「社會研究法」試題）

18.在1970年代，研究者Laud Humphreys發表一本書，名為「公廁交易：公共場域的非個人的性行為」（Tearoom Trade: Impersonal Sex in Public Places），這本書的素材立基於研究者的一個博士研究計畫，出版後引

發有關研究倫理的討論。Humphreys在這個研究中想要瞭解當時在某個公園內公共廁所中進行性行為，基於隱密性，通常兩個陌生人相遇進行性行為，會有另一位把風者來避免警察的取締。研究者當時就以「把風者」的角色進行研究的觀察，希望能夠進而與他們進行深度訪談，但許多人因擔心自己身分曝光或烙印而婉拒訪談。為了能夠取得這些人的個人資料，研究者就以之前把風時所抄錄的車牌號碼，透過監理所的友人查得這些人的住址，經過偽裝後到這些人家中拜訪，佯稱進行一項健康調查而取得這些人的個人和家庭資料，使得研究資料更具有真實性。請問這個研究案例牽涉到那些研究倫理的議題？請至少討論四種研究倫理議題，特別是這些倫理議題對於研究參與者可能會有些什麼樣的影響？（25分）（107年高考社會行政類科「社會研究法」試題）

19. 我們在研究過程中，都可能牽涉到某些推論程序。研究者經常採用的兩類推論程序包括歸納法（induction）及演繹法（deduction）。請說明並比較此兩種取向的推論程序分別為何？依照其推論原理及程序，那些情況採用歸納法較為適合？又什麼樣的情況較適合採用演繹法之推論程序？（25分）（107年地方特考四等考試社會行政類科「社會研究法概要」試題）

20. 為了避免造成倫理偏誤，研究者需對文化議題具備敏感度。針對少數族群研究，有那些原則必須遵守？（25分）（107年原住民族特考四等考試社會行政類科「社會研究法概要」試題）

21. 請論述演繹邏輯和歸納邏輯在研究歷程之差異為何？（25分）（108年公務人員升官等考試「社會工作研究方法」試題）

22. 社會研究面臨的倫理議題，除了針對被研究者的倫理議題外，還有研究者對他／她的科學社群，同樣也有倫理遵守的義務，請解釋。（25分）（108年公務人員普通考試「社會研究法概要」試題）

23. 研究者對於性別的偏見與敏感度，不僅會影響研究結果的真實性，同

時也會有倫理議題，像是在研究結果中對某一性別有偏頗的報導，而對此性別者造成心理上的傷害。請詳述研究者在研究過程中，如何避免對性別偏見與不敏感之行為發生。（25分）（108年第一次高考社會工作師考試「社會工作研究方法」試題）

24.社會學研究常常會以人作為研究對象，若研究設計不當，參與者的權益可能遭到忽視，或是因為研究造成身心傷害，在這情況下，研究倫理至關重要，請簡單說明三個保護被研究者權益的基本原則或相關做法。（10分）（國立臺灣大學110學年度碩士班招生考試「社會研究方法」試題）

理論、概念與變項

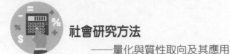

「研究」最簡單的定義是「要找出兩個變項或兩個概念之間是什麼樣的關係,因果也好,關聯也罷」。但是變項之間的關係型態,變項與其他變項之間所牽涉的關聯層次,卻又是相當的複雜;因此研究的能力不僅是把兩個變項之間的關係作個定位,更是對周遭變項的控制與處理(簡春安、鄒平儀,2005)。對於社會科學領域而言,由於變項之間往往存在著複雜的交互作用,不易釐清;因此如何用一套精要的論述架構,去描述、解釋、甚至預測龐雜的事實,則是社會研究者必須努力的方向。本章擬從理論(theory)、概念(concept)與變項(variable)等三個部分加以說明。

🔆 第一節　理論

「理論」是對觀察到的某些或一系列的現象作有系統的解釋,當理論愈「強」時,它所能解釋的範圍就愈廣(簡春安、鄒平儀,2005)。事實上,「理論」與「研究結果」是互為因果,研究者可由很多相關研究的結果歸納而成理論,當然也可由理論演繹而進行研究並得到有價值的研究結果,這兩個過程都是一個好的研究者必須去經歷與學習的階段。舉例來說,某社會研究者可能從健康資本理論的角度出發,演繹出假設,進而探討老人的健康狀況與其生活品質之間的關係,同時進行實證研究;當然他也可以從現象的觀察、資料的蒐集,歸納出「當老人的健康狀況愈好時,其生活品質也愈佳」的通則事實,進而驗證健康資本理論確實可適用於老人身上。由於兩種狀況均常常出現,因此社會研究者不可偏重於其一,而須兩者兼顧;事實上更可以說是:「理論是研究的基石」。由圖2-1可以明顯地看出理論與研究之間的關係(趙碧華、朱美珍,2000)。

理論是由一組交互相關的概念或命題(proposition)所組成(楊國樞等,1989)。命題是指藉由研究的過程,對有關的現象有更深、更廣

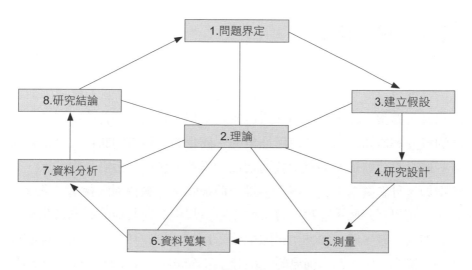

圖2-1 理論與研究之間的關係

的瞭解,這些發現之間會產生某些通則,到較成熟的地步時,某些概念與概念間,或是變項與變項之間的關係會特別的顯著,而且有概括的方向可尋,這就是所謂的命題(簡春安、鄒平儀,2005；Beach & Alvager, 1992)。例如:社會學功能論(功能體系)就是由下面四個基本命題所組成:(1)每一體系內的各部門在功能上是相互關聯的。某一部門的操作運行需要其他部門的合作相配,當某一部門發生不正常問題時,其他部門可以填補修正;(2)每一體系內的組成單位通常是有助於該體系的持續操作運行;(3)既然大多數的體系對其他體系都有所影響,則它們應可被視為是整個有機體的附屬體系(sub-systems);(4)體系是穩定和諧的,不易有所變遷(蔡文輝,1989)。理論的功能主要有下列四項:(1)統合現有的知識;(2)解釋觀察到的現象;(3)預測未來的發展方向;(4)指導研究的方向(楊國樞等,1989)。因此,理論不只有助於學術研究層面,也有利於實務的發展與專業的提升。

第二節　概念

「概念」是與人、事、物相關的特徵或屬性。每個人會依照自己的想像、觀察、經驗與理解，對這些人、事、物相關的特徵或屬性有不同的感受與認知，而且常使用抽象的、簡化的、轉借的語言文字來表達這些概念，目的是希望有助於通則性的思考。例如，污名、銀髮族、生活壓力、社會資本等。「概念」是一個被賦予一些特別語義學之意義的詞句，可以從想像、經驗、專業的憲章、規則或從其他的概念轉化而來（簡春安、鄒平儀，2005；楊國樞等，1989；Lin, 1976）。至於Kaplan則將「概念」定義為「構思的一部分」（family of conceptions），即是一個結構（construct）；就像同情心不能直接觀察，也不能間接觀察，是人類透過構思創造出來的。概念的表達方式可能是用一般通俗的辭彙，例如：美麗、聰明；但也可能是用專業的術語來表達，例如：社經地位（SES）等（簡春安、鄒平儀，2005；楊國樞等，1989）。

概念是理論的基石，再複雜的理論裡面都包含著非常多「簡單」的概念。例如：任何與少年犯罪相關的理論中都必須包括「少年」、「犯罪」、「同儕團體」等相關概念；而社會工作之一般系統模式也必然會包括「界限」（boundary）、「輸入」（input）、「輸出」（output）及「回饋」（feedback）等基本概念。而若要讓理論易於被讀者瞭解，那麼盡可能地「概念化」就是必須要努力的方向。若要讓概念清楚、具體到可以被測量，那麼「變項化」就是必經之路了。

第三節　變項

「變項」也稱為變數，是由概念演化而來的；也可以說，變項是概

念具體化的延伸。此外，變項是屬性的集合體，例如：生理性別這個變項就包含男性和女性兩個生理上的屬性；就業狀況是一個變項，涵蓋就業與失業兩個屬性等。每個變項都具備兩個特質：第一，變項所包含的所有屬性有周延性／窮盡（exhaustive），絕無遺漏。也就是說，所有可能的情形都會被包含在變項的所有屬性之中，例如：教育程度此一變項就包括「國小（含）以下」、「國中」、「高中」、「大專」、「研究所（含）以上」等屬性。你不可能想像到任何一種真實的狀況卻沒有被包含在內，這就是周延性。第二，屬性應具有獨特性，亦即唯一性與互斥性（mutually exclusive）。也就是在分類過程中，一個屬性就是一個唯一的選擇，同時彼此之間沒有重疊。例如：就業與失業不可能同時存在。有人說，我現在從事一項工作，但也同時在尋找另一份工作，這種情況應該放在就業狀況，不應該是失業；每一個變項的每一個屬性都應該具有周延性（窮盡）與互斥性兩項特質（趙碧華、朱美珍，2000）。

變項的分類，依因果關係的角度可分為「自變項」（independent variable）與「依變項」（dependent variable）兩類。自變項是「因」，依變項是「果」。至於自變項與依變項之間的關係就是由「假設」來建構。例如：欲探討讀書時間與學業成績之間的關係，可假設讀書時間為「自變項」，學業成績為「依變項」。但有時自變項與依變項之間的關係卻不是那麼明確，例如：探討老人健康與生活滿意度之間的關係，我們可以說：愈健康的老人，生活滿意度愈高；那就是健康為「因」，而生活滿意度是「果」。反過來說，也似乎可以接受；那就是：因為心理會影響生理，所以生活滿意度愈高的老人，活得愈健康；那因果關係就正好反過來了。所以總結來說，變項間的因果關係不是絕對的，端看我們所欲研究的主題與所使用的理論而定。

自變項和依變項之間可能的「假設」關係型態，一般來說有三種可能，即：正相關、負相關和曲線相關。若依變項隨著自變項的增加而增加，或是依變項隨著自變項的減少而減少，就是正相關，也就是兩個變項

有相同的變化方向；例如：若老人所受社會支持程度愈高則生活滿意度愈高，那麼兩者之間就是正相關（如**圖2-2**）。但若依變項隨著自變項的增加而減少，或是依變項隨著自變項的減少而增加，就是負相關，也就是兩個變項有相反的變化方向；例如：若青少年蹺課次數愈多則學業成績愈低，那麼兩者之間就是負相關（如**圖2-3**）。至於曲線相關是指：隨著自變項的增加，依變項呈現或增加或減少的方向（未趨於一致）；例如：根據統計，夫妻之婚姻滿意度隨著結婚年數的增加，呈現先增次減再增的U型曲線；這是因為新婚之初夫妻處於蜜月期，所以婚姻滿意度甚高；而後夫妻雙方陸續面臨生子、孩子就學、買車子、買房子等壓力事件後，造成

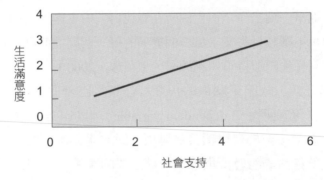

圖2-2　自變項（社會支持）和依變項（生活滿意度）之間呈正相關

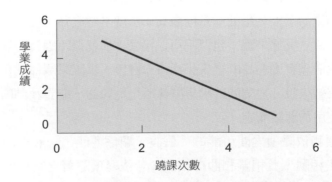

圖2-3　自變項（蹺課次數）和依變項（學業成績）之間呈負相關

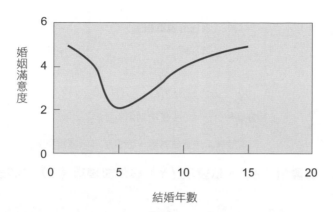

圖2-4 自變項（結婚年數）和依變項（婚姻滿意度）之間呈曲線相關

彼此關係緊張，故而婚姻滿意度也隨之下降；而等到小孩慢慢長大後，婚姻滿意度才又穩定回升（如**圖2-4**）。

此外，變項的種類尚包括下述幾項（簡春安、鄒平儀，2002；趙碧華、朱美珍，2000）：

一、外加變項（或稱外緣變項）

外加變項（extraneous variable）是指：表面上看似自變項（X）的變化造成了依變項（Y）的變化，但事實上是因為外加變項（Z）的變化造成（如**圖2-5**）。例如：某研究發現病人接受到愈多的社會服務，他們的生命期限反而愈短。表面上看似自變項（社會支持）愈大、造成了依變項（生命期限）愈小的不合理狀況；但事實上是因為有另一變項（疾病的嚴重程度）在影響；換言之，幾乎所有發現到有接受愈多的社會服務、反而生命期限愈短的病人，都是病情嚴重的病人。在這種情形之下，「疾病的嚴重程度」就是自變項（社會支持）與依變項（生命期限）的外加變項。

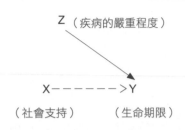

虛線表示未實質影響，而實線表示實質影響

圖2-5　自變項（X）、依變項（Y）與外加變項（Z）之間的關係

二、內含變項

內含變項（component variable）是指：在一群複雜且彼此具一定相關程度的自變項（X、X_1、X_2、X_3）中，對於影響依變項（Y）最具決定性要素的自變項（X）稱之（如**圖2-6**）。例如：影響青少年暴力鬥毆行為次數（Y）的因素很多，可能有：家庭功能、蹺家次數、蹺課次數與嗑藥次數等，但若我們發現家庭功能乃為主因，且可涵蓋以上所列各項因素，則家庭功能即為內含變項。

三、中介變項

中介變項（intervening variable）是指：表面上以為依變項（Y）的變化是因為自變項（X）的變化所造成，但當控制Z變項後，自變項（X）

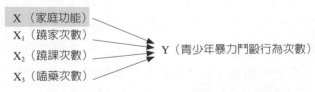

圖2-6　家庭功能為內含變項之示意圖

X（宗教信仰）————————►Z（整合程度）————————► Y（自殺率）

圖2-7　自變項（X）、依變項（Y）與中介變項（Z）之間的關係

與依變項（Y）的關係即消失，此Z變項即為中介變項（如**圖2-7**）。例如：以涂爾幹的自殺研究為例，一般以為基督教徒比天主教徒有較高的自殺率，因此認為宗教信仰（X）會影響到自殺率（Y），但事實上是因為整合的程度（Z）不同。換言之，天主教的整合程度較高，因此造成了較低的自殺率；而整合程度就是自變項（宗教信仰）與依變項（自殺率）之間的中介變項（謝高橋，1988；簡春安、鄒平儀，2005）。

四、前導變項

前導變項（antecedent variable）是指：一個造成自變項（X）變化的更早有影響力的變項，此變項並非要改變自變項（X）與依變項（Y）的因果關係，而是強調先於此因果關係的影響力，此變項即為前導變項（如**圖2-8**）。例如：健康（X）會影響到生活滿意度（Y），但事實上健康（X）又會被生活習慣（Z）所影響。因此生活習慣就是自變項（健康）與依變項（生活滿意度）之間的前導變項。

Z（生活習慣）————————►X（健康）————————► Y（生活滿意度）

圖2-8　自變項（X）、依變項（Y）與前導變項（Z）之間的關係

解釋名詞

1.理論：對某種現象作有系統的解釋，是由一組交互相關的概念或命題所組成的。

2.概念：是一個被賦予一些特別語義學之意義的詞句，可以從想像、經驗、專業的憲章、規則或從其他的概念轉化而來。

3.變項：概念具體化的延伸，也是屬性的集合體。

4.「自變項」與「依變項」：自變項是「因」、依變項是「果」，自變項與依變項之間的關係是由「假設」來建構的。

5.外加變項（或稱外緣變項）：表面上看似自變項（X）的變化造成了依變項（Y）的變化，但事實上是因為外加變項（Z）的變化造成的。

6.內含變項：在一群複雜且具涵蓋性的自變項中，對於影響依變項最具決定性要素的自變項。

7.中介變項：表面上以為依變項（Y）的變化是因為自變項（X）的變化所造成，但事實上是因為X的依變項Z（即中介變項）的變化造成的。

8.前導變項：並非要改變自變項（X）與依變項（Y）之間的因果關係，而是強調造成自變項（X）變化的更早有影響力的變項。

 考古題舉例

1.試述社會研究的意義，目標，與功能，並說明社會研究與社會理論之關係。（25分）（政大87年度社會學研究所碩士班「社會學研究方法」入學考試試題）

2.請說明理論應具備哪三種主要特質。（25分）（84年基乙「社會調查與研究」試題）

3.請說明在研究架構中,理論所扮演的角色與重要性為何?(15分)請選擇一個你所熟知的社會科學理論,說明如何使用它來進行你的研究?(10分)(政治作戰學校89學年度研究所碩士班入學考試「社會工作研究方法」試題)

4.採用調查資料檢定變項關係時,研究者如何避免將錯誤的假設認為是正確的或將正確的假設認為是錯誤的?(提示:從控制某些變項上考慮)請予指出並作說明。(25分)(84年高考二級「社會調查與研究」試題)

5.理論與研究經由兩種邏輯方法連接一起,哪兩種?試說明。(5分)(83年高考「社會調查與研究」試題)

6.通常研究都是找尋或發現研究變項間的真正關係,試舉例說明三個研究變項間的可能關係類型,並詳細說明研究者應該如何確認這些變項的關係類型?(25分)(88年公務人員特種考試身心障礙人員三等考試「社會研究法」試題)

7.下列敘述何者不是正確的?

(A)理論在一個研究中不是必須存在的。

(B)自變項與依變項間的因果關係是可以由統計中的迴歸分析方法來加以驗證的。

(C)自變項與依變項是由研究者根據假設來定義的。

(D)紮根理論(grounded theory)就是歸納法的一種應用。(1.67分)

　　(101年第二次高考社會工作師考試──社會工作研究方法試題)

8.演繹法(deductive logic)。(4分)(國立臺灣大學100學年度碩士班招生考試「社會工作研究方法」試題)

9.試以歸納與演繹的角度,說明理論與研究之間的關係。(10分)(東海大學84學年度社會工作研究所博士班「社會工作研究法」入學考試試題)

10.變項(variable)。(5分)(86年高考三級「社會調查與研究」試題;

88年公務人員特種考試身心障礙人員四等考試「社會研究法概要」考試試題）

11.兩個變項間存在因果關係的條件是什麼？試舉一例說明之。（10分）（92年普通考試第二試「社會研究法概要」試題）

12.在連結理論與研究時，我們通常會提到兩個邏輯模式（系統），請先解釋兩個邏輯模式的內涵（10分），並各舉一研究實例（請詳述研究流程）來說明這兩種邏輯模式是如何運作，才使得理論與研究得以連結起來（20分）。（國立台灣大學93學年度碩士班「社會工作研究法」招生考試試題）

13.試舉例說明虛假關係（a spurious relationship），並圖示變項之間的連結關係，以及指出如何診斷虛假關係的存在。（20分）（93年特種考試地方政府公務人員四等考試「社會調查與研究概要」試題）

14.試以實例比較說明相關（correlation）與因果關係（causality）的異同。（25分）（93年公務人員特種考試四等考試原住民族「社會調查與研究概要」試題）

15.試說明概念與變項之間及變項與統計方法之間的關係。（30分）（94年特種考試地方政府公務人員四等考試「社會調查與研究概要」試題）

16.有一篇研究報告的結論如下：(1)65歲以下的人，在1957年至1970年間的幸福感持續下降；(2)65歲和65歲以上的人，在1957年至1970年間的幸福感持續上升；以下何者是這個研究最主要的研究變項之一？

(1)65歲以下

(2)65歲和65歲以上

(3)年齡

(4)65歲。（3分）（國立臺北大學96學年度碩士在職專班招生考試「社會研究方法」試題）

17.下列敘述何者指的是歸納法？

(1)假設、觀察、接受或拒絕假設

(2)觀念、找出模式、概推化

(3)理論、假設、觀察、概推化

(4)理論、觀察和概推化。（3分）（國立臺北大學96學年度碩士在職專班招生考試「社會研究方法」試題）

18.請舉一例說明分類（taxonomies）的基本意義，並討論分類在社會科學理論進展上所處的位階與提供的功能。（10分）（國立臺北大學96學年度碩士班招生考試「社會學研究法」試題）

19.theoretical sensitivity（4分）（國立臺北大學98學年度碩士班招生考試「社會工作研究法」試題）

20.充分條件（sufficient condition）。（5分）（國立臺北大學99學年度碩士在職專班招生考試「社會研究方法」試題）

21.歸納法（inductive method）。（5分）（國立臺北大學99學年度碩士在職專班招生考試「社會研究方法」試題）

22.Deductive Theory Construction（4分）（國立臺灣大學100學年度碩士班招生考試「社會研究方法」試題）

23.請試述下列名詞之意涵：（每小題5分，共25分）

(1)理論（theory）

(2)概念（concept）

(3)變項（variable）

(4)操作化（operationalization）

(5)研究設計（research design）（106年普考社會行政類科「社會研究法概要」試題）

24.請由演繹推理的向度來說明「命題」（proposition）及「假設」（hypothesis）二概念的意涵，（10分）並以圖示舉例，說明二者間的關係。（15分）（108年原住民族特考四等考試社會行政類科「社會研究法概要」試題）

Part

2

研究設計

Chapter

3

問題的形成與假設

🔆 第一節　前言

對一個研究者而言，最初也是最大的挑戰就是如何尋找與定義研究的問題。基本上，科學方法在於觀察現象、構思與建立假設、蒐集資料，然後分析資料，歸納出結論，也就是進行研究時，要能形成研究問題（problem formulation），然後才能設計研究（research design）、蒐集資料（data collection），再進行資料的處理與分析（data processing and analysis），以及解釋研究的發現（interpreting the research finding），最後撰寫研究報告（writing the research report）（趙碧華、朱美珍，2000）。舉例而言，如果一個社會研究者覺得台灣高齡化的速度相當驚人，因此想瞭解目前台灣地區高齡長輩的生活滿意度如何，同時更想進一步瞭解有哪些因素會影響到高齡長輩的生活滿意度，以期在未來老年人口更多之前能預作處理。在這樣一個研究問題之下，如果研究者有充裕的經費與時間，可以根據台灣地區一共三百八十萬的老人（至民國110年1月底）作隨機抽樣調查；但若有可行性方面的困難，則可試圖尋找目前已有的資料庫作次級資料分析（secondary data analysis），但重點是要找到符合研究者研究架構的資料庫。

在研究設計完成之後，如果是採用次級資料分析，那就可從選定的資料庫中找出符合研究者研究架構的題目與填答資料進行統計分析；但若決定作問卷調查，則需隨機選定樣本，並決定要採取面訪、電訪還是郵寄問卷的方式，讓其回答。當蒐集到填答者的答案後，還要登錄（coding）在電腦的統計軟體後再作統計分析；分析完成後，將結果與解釋呈現在研究報告上就算大功告成了。

由此可見，研究問題的形成在一個研究中確實扮演了關鍵的角色；在定出一個清楚明確且具可行性的研究問題之後，相關的研究工作才能陸續展開。

💡 第二節　研究問題的來源

　　研究問題的來源，大致上有以下幾種可能（林重新，2001；黃光雄、簡茂發，1991；簡春安、鄒平儀，2005）：

一、個人的興趣

　　研究者可能因為個人興趣而形成研究問題。例如，有宗教信仰的社會工作者，可能有興趣研究台灣地區宗教與社會工作發展之間的關聯性；而有親友是身心障礙者的同學，也可能有興趣去瞭解身心障礙者的需求為何，以及與目前福利服務供給之間的落差為何。這些都是從個人的興趣所發展出來很好的研究題材。

二、生活或工作中所面對的困境

　　研究者可能因為生活或工作中所面對的困境而形成研究問題。例如，在醫院工作的社會工作者面對患有憂鬱症的病患，會希望能研究出最有效的處遇方法來協助他們；研究者家中若有行動不便的長輩，則容易直接聯想到長照制度是否完善？還有沒有改進的空間等問題？家族中第一位就讀大學的學生會想知道教育對社會流動造成什麼影響？這些都是從生活或工作上所面對的問題而發展出來的研究題材。

三、社會的需求

　　研究者也可能因為社會的需求而形成研究問題。例如，對國民年金制度的規劃、長照2.0制度的改革、國際移工與新移民的適應問題等，都

是因社會有這樣的需求而發展出來的研究題材。

四、先前的相關研究

對一位初學者而言，可以從文獻中找到自己感興趣的研究主題與論文，以訂定自己的研究問題與研究步驟（程序）。事實上，已出版的論文相當多，研究者可以想到的題材可能過去都有人著手探究過，當然隨著時空環境的不同、取樣對象的不同、研究方法的不同，即使同樣的研究題目也很有可能會得到不同的結論。因此，參考過去的研究，並從其經驗中獲得引導與啟發，也就能設計出最符合當前研究目的、研究架構和研究方法的研究題材。

例如：王雲東（Wang, 2010）在2010年時曾發表〈身心障礙者社區化就業服務成效與就業服務員之關聯性研究：以台灣為例〉（Job Coach Factors Associated with Community-based Employment Service Program Outcome Measures for People with Disabilities - A Taiwan Case Study），因此之後就想到可以用類似的架構來檢視身心障礙者的就業服務成效與職業重建個案管理員（簡稱職管員）之間的關聯。而於2017年發表〈台灣的身心障礙者職業重建服務成效與職管員之間的關聯性研究：一個探索性的研究〉（Vocational Rehabilitation Case Manager Factors Associated with Vocational Rehabilitation Service Program Outcomes for People with Disabilities in Taiwan-An Exploratory Study）（Wang & Lin, 2017）。

五、對學術與理論的探討

研究者也可以經由對學術與理論的探討，而發展出研究問題，包括：希望藉由蒐集到的資料來建立一種新理論，或是驗證或修正已有的理論或學說。例如：Bertrand & Mullainathan（2004）曾針對白人與黑人在

就業市場求職過程中遭到歧視的現象進行實驗，結果發現許多雇主仍存在嚴重的就業歧視。因此，作者的一位學生思考，在我國，雇主對於原住民族是否也存在刻板印象與就業歧視？他就參考Bertrand & Mullainathan（2004）的經典研究理論架構，在台灣執行類似的實驗調查（廖宏文，2020）。

又如王雲東使用ICF（International Classification of Functioning, Disability, and Health，國際健康功能與身心障礙分類）的架構，想瞭解身心障礙者的就業成果與影響／相關因素，於是執行了此研究，並將研究結果於2013年發表〈台灣身心障礙者就業成效與影響／相關因素之研究：使用ICF架構的初探性研究〉（Employment Outcome Predictors for People with Disabilities in Taiwan-A Preliminary Study Using ICF Conceptual Framework）於國際期刊上（Wang & Lin, 2013）。

找到了研究主題後，還要經過怎樣的步驟加以確定呢？趙碧華、朱美珍（2000）認為可再經過可行性評估與文獻探討的檢視來確認。可行性的評估就是指資料是否容易取得；以及預算、時間和人力是否足夠；至於文獻探討的目的，則是希望瞭解過去是否有人已作過相關研究，以及題目需不需要修正等問題。

第三節　社會研究設計的分類與分析單位

一、社會研究設計的分類

確定研究問題之後，就進入「研究設計」的階段。研究設計是指研究者盡可能將研究情境與資源作最有效的安排，使能以相對經濟的方式，依照研究的目的，來取得準確的資料，並作正確的分析。就研究社會現象而言，因為研究的最主要目的為：探查（exploration）、

描述（description）和解釋（explanation），因此社會研究設計的分類就可大分為：(1)探索性研究（exploratory research）；(2)敘述性研究（descriptive research）；(3)因果性研究（causality research）或解釋性研究（explanatory research）（趙碧華、朱美珍，2000；楊國樞等，1989）。

(一)探索性研究

探索性研究是指對於缺乏前人研究經驗的問題所作的研究，例如：世界展望會欲瞭解非洲某部落的生活狀況與是否有饑餓問題存在所作的研究。

(二)敘述性研究

或稱為描述性研究，是對於所要研究現象的性質作系統而正確的描寫與敘述，主要作用在於客觀報導事實，以供瞭解；例如：社會工作者對88風災受災戶所作的調查研究，瞭解其家園重建狀況與目前有哪些福利需求等即是。

(三)因果性研究或解釋性研究

是指為驗證（或解釋）變項間的因果關係所作的研究，例如：社會工作者為驗證老人之社會支持與生活滿意度間存有正相關。在因果性研究或解釋性研究中，通常都會有明確的研究架構；因為透過研究架構（research framework，架構圖）可將研究中的主要變項（包括：自變項與依變項）間的關係具體地呈現出來，可使研究更為清晰。

二、社會研究的分析單位

此外，研究要分析我們所觀察、接觸的人、事、物，這些被分析的

人、事、物，就是分析單位（unit of analysis），社會科學調查的分析
單位，通常包括個人、團體、組織／機構、社區、制度與社會產物。例
如，社會工作研究分析的單位，根據趙碧華、朱美珍（2000）的觀點，
就包括有：(1)個體（individuals），例如：個人；(2)團體（groups），例
如：家戶；(3)社會產物（social artifacts），例如：離婚率、失業率、自殺
率等。

三、社會研究設計與時間因素

此外，在研究設計時常需考慮時間的因素：

(一)橫斷式研究

如果只是針對某一特定時間內的人事物或資料作分析，這樣的研究
稱為橫斷式研究（cross-sectional study），例如：人口普查就是研究某一
特定時間內居民的社會人口特性。

(二)貫時性研究

另一種研究方式稱為貫時性研究（longitudinal study），是指對研
究對象作長時間的觀察或資料蒐集；其型態又可分成三種：(1)趨向研究
（trend study）；(2)世代研究（cohort study）；(3)固定樣本研究（panel
study）。

◆趨向研究

是指研究過去一段時間某一特定年齡層的狀態變化情形。例如：中
央研究院人文社會科學研究中心調查研究專題中心，自1985年起就定期針
對台灣社會發展趨勢進行「台灣社會變遷基本調查」計畫。

◆世代研究

也是檢視某一特定年齡層的狀態變化情形，但是是追蹤這一「群」
在不同時間內的變化狀況，可以瞭解同一世代在不同時空下的情況。例
如：比較NLTCS在1989年時，七十至八十歲接受長期照護的老人，與
2004年時，八十至九十歲接受長期照護的老人之健康狀況是否有所不
同，這樣的研究就稱為世代研究。在世代研究中，兩（或多）「群」的人
數不一定相等，因為可能有人口流失的問題，不過主要都是透過平均值的
比較來看變化的情形。

◆固定樣本研究

與世代研究非常類似，也是檢視某一特定年齡層的狀態變化情
形，但是追蹤的對象是「個人」而不是「群」。例如：比較某樣本甲在
NLTCS於1989年時的健康狀況測量結果，與甲在NLTCS於2004年時的健
康狀況測量結果是否有所不同，這樣的研究就稱為固定樣本研究。對於老
人所作的固定樣本研究，隨著時間的拉長，樣本人數一定持續下降，因為
人口流失（死亡）的問題會益形明顯。此外，中央研究院人文社會科學研
究中心調查研究專題中心，自1999年起針對華人社會的家庭型態、結構與
互動模式進行「華人家庭動態資料庫」（Panel Study of Family Dynamics,
PSFD）計畫，即是透過固定樣本追蹤調查資料，希望對華人家庭的教育
經驗、工作經驗、家庭價值與態度、親屬資料、居住安排、家庭決策與支
出、家庭關係與和諧、子女生育與教養、工作狀況、家人互動關係、家庭
經濟安全管理、網絡與社會活動等議題進行分析。

以上三種類型的貫時性研究與橫斷式研究的比較，如**表3-1**。

四、研究分析單位常犯之錯誤

考慮研究分析的單位常會犯的兩大錯誤（或陷阱）稱為「區位／生

表3-1 橫斷式研究與三種貫時性研究的比較表

橫斷式研究		世代研究	
1990年		1990年	2000年
41－50		41－50	41－50
51－60		51－60	51－60
61－70		61－70	61－70
71－80		71－80	71－80
趨向研究		固定樣本研究	
1990年	2000年	1990年	2000年
41－50	41－50	41－50*	41－50
51－60	51－60	51－60*	51－60*
61－70	61－70	61－70*	61－70*
71－80	71－80	71－80*	71－80*
			81*

◀━━▶：表示比較 ；＊：表示相同個體

資料來源：趙碧華、朱美珍編譯（2000）。《研究方法：社會工作暨人文科學領域的運
用》，第130頁。

態謬誤」（ecological fallacy）與「簡化論」（reductionism，又稱化約
論），茲分述如下（趙碧華、朱美珍，2000；簡春安、鄒平儀，2005）：

(一)區位／生態謬誤

當研究的分析單位與研究結果的判斷單位出現不對稱或不一致的現
象時稱之。例如：當分析台灣地區失業率（分析單位，集合體資訊）最高
的幾個縣市的人口組成，發現都是以閩南籍為多，於是推斷閩南籍（判斷
單位，個體資訊）人口多的縣市、失業率都會偏高；這樣就是犯了區位／
生態謬誤的問題。因為我們並沒有調查失業率中度或低度縣市的人口組
成；事實上，在全台灣地區所有縣市幾乎都是以閩南籍人口為最多；所以
如果對於所有縣市均調查失業率與籍貫的相關，就會發現兩者之間其實並

沒有特殊的關聯存在。當然，如果真的想瞭解個人的籍貫與失業與否的關聯性，則需先將「是否失業」轉化成為個人資訊的變項，而後再來進行統計上的分析。

又例如某研究者以既有的統計資料去分析家庭收入與犯罪的關係，他發現在家庭收入較高的地區，相較於家庭收入較低的地區（分析單位），有較低的犯罪率。因此，他認定窮人（判斷單位）較容易犯罪。這也是明顯犯了研究的分析單位與研究結果的判斷單位不一致的錯誤。

(二)簡化論

當研究者過度簡化問題的複雜性，或是將複雜的社會現象歸因於單一因素所造成稱之。例如：研究者認為近年來「少子化」現象日益嚴重，應與失業率居高不下之間有高度相關，於是著手進行此二變項間的相關分析；但是這樣的想法可能忽略了另外的重要變項，例如：「婦女的經濟獨立」以及「現代人傳宗接代與養兒防老價值觀的轉變」所造成的影響。

第四節　假設

研究假設（research hypothesis）是研究者根據理論或現象的觀察所建構出的「等待驗證的暫時性答案」，也就是說是對研究問題所作的「暫時回答」，例如：某研究的研究問題是「青少年的家庭功能與其偏差行為發生次數間是否有相關？」，則該研究的研究假設可為「青少年的家庭功能與其偏差行為發生次數間有顯著相關」（無方向性），或「青少年的家庭功能與其偏差行為發生次數間有顯著負相關」（有方向性）。因此，研究假設主要適用於因果性研究或解釋性研究，它明確地建構出自變項與依變項之間的關係；也就是說，探索性研究與敘述性研究不需要提出研究假設。此外，根據簡春安、鄒平儀（2005）的觀點，好的研究假設需具備下

列之特徵：(1)概念要清楚；(2)是可被實證的（最好與理論相關）；(3)資料的蒐集有其可行性。另外，假設的功能主要有下列兩點：(1)提供顯著的訊息（不一定被驗證才有價值）；(2)提供考驗研究所根據之理論的機會（學術貢獻）。假設的分類有以下幾種（林重新，2001）：

一、歸納假設與演繹假設

歸納假設（inductive hypothesis）是以所觀察的事實為依據，藉以發展出通則或概括（generalization），例如：某社會工作者觀察到親友探望次數多的老人，健康狀況亦佳。因而建立如下的假設：「老人的社會支持程度與健康狀況間呈正相關」。至於演繹假設（deductive hypothesis）則是從理論發展出來的，例如：根據人力資本理論（human capital theory），政府投資在有長期照護需求的家庭中，將可減輕家庭照護者的負擔，同時增加其生產力，而有助於家中的經濟狀況。因此可建立如下的假設：「政府對有長期照護需求的家庭所作的投資，與該家庭的經濟狀況間成正相關」。

二、研究假設與統計假設

統計假設是由研究假設而來，通常使用在量化研究中，以作為統計檢定之用，統計假設又可分為下列兩種形式：

(一)對立假設

對立假設（alternative hypothesis, H_1）與研究假設的意思一樣，只是用數學式或統計學用語來呈現，例如：若研究假設為「性別與夫妻婚姻滿意度間有顯著差異」，也就是說，男性的平均婚姻滿意度與女性的平均

婚姻滿意度不會相同，且其差異達到統計上的顯著程度。用數學式來呈現，就是「$H_1：\mu_{男} \neq \mu_{女}$（μ＝婚姻滿意度的平均值）」，這也就是本研究的對立假設。而若研究假設為「男性的婚姻滿意度高於女性」，則對立假設就變成「$H_1：\mu_{男} > \mu_{女}$（μ＝婚姻滿意度的平均值）」。

(二)虛無假設

虛無假設（null hypothesis, H_0）與對立假設的意思正好完全相反，也就是說兩者之間是互斥且窮盡的（mutually exclusive and exhaustive）；而虛無假設成立的狀況就是指自變項沒有發生效力時的狀況。接續上例，若對立假設為「$H_1：\mu_{男} \neq \mu_{女}$（μ＝婚姻滿意度的平均值）」，則虛無假設就是：「$H_0：\mu_{男} = \mu_{女}$（μ＝婚姻滿意度的平均值）」；也就是說，虛無假設意指「性別與夫妻婚姻滿意度間是無差異的」。而若對立假設為「$H_1：\mu_{男} > \mu_{女}$（μ＝婚姻滿意度的平均值）」，則虛無假設就是：「$H_0：\mu_{男} \leqq \mu_{女}$（$\mu$＝婚姻滿意度的平均值）」；也就是說，虛無假設意指「男性的婚姻滿意度不高於女性（可能小於，也可能等於女性）」。

統計假設成立與否必須經由統計檢定來確立，如果是無方向性的統計假設，則用雙尾檢定（two-tailed test）；而若是有方向性的統計假設，則用單尾檢定（one-tailed test）。其邏輯就是：先假設虛無假設為真（true），也就是先假設對立假設（或研究假設）不成立，然後再用適當的統計檢定方法去考驗虛無假設是否成立（換言之，我們不直接考驗對立假設）。在此時我們必須要先設定顯著水準（significant level）α，也就是說當我們拒絕（reject）虛無假設時所可能犯錯的機率就是α（第一類型錯誤，Type I error），在社會科學領域中一般α都設定在0.05（也就是5%）。如果虛無假設真的在α被設定的水準下被拒絕，那麼因為虛無假設與對立假設之間是互斥且窮盡的，所以也就間接證明對立假設（或說研究假設）成立；也就是說，在α-value的顯著水準之下，自變項是有效力

表3-2 統計假設檢定概念表

		事實	
		H₀為真	H₀為偽
檢定結果	不拒絕（即接受）H₀	正確（1-α）	Type II error（β） （第二類型錯誤） 檢定結果犯了錯誤的接受
	拒絕（即不接受）H₀	Type I error（α） （第一類型錯誤） 檢定結果犯了錯誤的拒絕	正確（1-β）

的。而若虛無假設不能在 α 被設定的水準下被拒絕，那麼我們就要保留（retain）虛無假設；也就是說，在 α -value的顯著水準之下，我們不能說自變項是有效力的（至於自變項究竟有沒有效力，需待更進一步的研究來證實）（如**表3-2**）。

解釋名詞

1.探索性研究：對於缺乏前人研究經驗的問題所作的研究。

2.敘述性研究（或稱描述性研究）：對於所要研究現象的性質作系統而正確的描寫與敘述，主要作用在於客觀報導事實，以供瞭解。

3.因果性研究或解釋性研究：為驗證（或解釋）變項間的因果關係所作的研究。在因果性研究或解釋性研究中，通常都會有明確的研究架構。

4.研究架構：具體地呈現研究主要變項（包括：自變項與依變項）間的關係，尤其在因果性研究或解釋性研究中，需要明確的研究架構。

5.分析單位：社會科學調查中分析的人、事、物，常包括個人、團體、組織／機構、社區、制度與社會產物。

6. **橫斷式研究**：針對某一特定時間內的人事物或資料作分析的研究。

7. **貫時性研究**：對研究對象作長時間的觀察或資料蒐集的研究。

8. **趨向研究**：貫時性研究的一種，就是研究過去一段時間某一特定年齡層的狀態變化情形。

9. **世代研究**：貫時性研究的一種，檢視某一特定年齡層的狀態變化情形，但是是追蹤這一「群」的變化狀況。

10. **固定樣本研究**：貫時性研究的一種，檢視某一特定年齡層的狀態變化情形，但是追蹤的對象是「個人」而不是「群」。

11. **「區位／生態」謬誤**：當研究的分析單位與研究結果的判斷單位出現不對稱或不一致的現象。

12. **簡化論**：當研究者過度簡化問題的複雜性，或是將複雜的社會現象歸因於單一因素所造成。

13. **研究假設**：研究者根據理論或現象的觀察所建構出的「等待驗證的暫時性答案」，是對研究問題所作的「暫時回答」。

14. **歸納假設**：以所觀察的事實為依據，藉以發展出通則或概括的假設。

15. **演繹假設**：從理論發展出來的假設。

16. **對立假設**：與研究假設的意思一樣，只是用數學式或統計學用語來呈現的假設。

17. **虛無假設**：與對立假設的意思正好完全相反，也就是說兩者之間是互斥且窮盡的；而虛無假設成立的狀況就是指自變項沒有發生效力時的狀況。

18. **顯著水準**：當我們拒絕虛無假設時所可能犯錯的機率（犯第一類型錯誤的機率）。

19. **雙尾檢定**：無方向性的統計假設檢定方式。

20. **單尾檢定**：有方向性的統計假設檢定方式。

考古題舉例

1.何以概念的定義在描述性的研究比在解釋性的研究重要？試申論之。
（25分）（86年高考三級「社會調查與統計」試題）

2.什麼是研究架構（Research Framework）？（5分）研究架構在研究中的
功能如何？（10分）研究架構的建構原則和過程為何？（10分）（87年
公務人員高等考試三級考試第二試「社會研究法」試題）

3.若某研究者想要瞭解在2000年與2010年時70-80歲的高齡者健康狀況是
否有所不同，則他／她需要設計何種研究？

(A)橫斷式研究（cross-sectional study）

(B)趨向研究（trend study）

(C)世代研究（cohort study）

(D)固定樣本研究（panel study）（1.67分）（101年第二次高考社會工
作師考試「社會工作研究方法」試題）

4.社會研究可分為探索性研究、敘述性研究及因果性研究。試說明這三類
研究的內涵和被選用的個別情況。（25分）（84年公務人員薦任升等考
試「社會調查研究」試題）

5.描述性研究（descriptive study）。（5分）（86年高考三級「社會調查
與統計」試題）

6.試以自選研究主題，說明整個社會研究之流程及各研究階段可能遭遇之
困難與補救之道。（20分）（政大83年度社會學研究所碩士班「社會學
研究方法」入學考試試題）

7.試以「社會學研究流程」舉例說明多階段所涉之研究方法，可能遭遇
困難及可採之克服困難方法。（20分）（政大85年度社會學研究所碩士
班「社會學研究方法」入學考試試題）

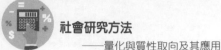
8.研究法中的假設（Hypothesis）有何功能？假設的型式又有哪些？舉例
說明之。（25分）（86年專技高考三級「社會工作研究方法」試題）

9.試舉例說明研究設計與研究架構和方法論及研究方法間之關係。（25
分）（政大88年度社會學研究所博士班「社會學研究方法」入學考試試
題）

10.列舉因為分析單位（unit of analysis）選擇不當所引起的主要解釋誤
謬，並舉例說明之。（25分）（102年原住民族特考社會行政類科「社
會研究法」試題）

11.何謂研究設計？如何做好研究設計，其主要內容應有哪些？（10分）
（東海大學81學年度社會工作研究所碩士班「社會工作研究法」入學
考試試題）

12.你的社會工作實務經驗中，有無實際作過（或參與過、或讀過）研究
（或與研究有關的方案），試簡單說明此研究或方案，並以研究法的
角度，舉出此研究或方案的優點或缺點。（32分）（東海大學81學年
度社會工作研究所碩士班「社會工作研究法」入學考試試題）

13.請以社會工作服務對象有關主題，例如兒童虐待、受虐婦女、原住民
少女從娼、家有癱瘓老人或重殘者、低收入家庭、單親家庭等為例，
提出三種不同目的（探索、描述及解釋性）的「研究問題」（Research
Questions），這些研究問題必須是贊助之實務機構有興趣的（任選一
例，即只選一種服務對象回答下列問題）。（20分）（東吳大學83學
年度研究所招生考試試題）

14.研究設計（research design）。（5分）（86年高考三級「社會調查與統
計」試題；政大84年度社會學研究所碩士班「社會學研究方法」入學
考試試題）

15.分析單位（Unit of analysis）。（5分）（88年公務人員特種考試身心
障礙人員四等考試「社會研究法概要」考試試題；東吳大學86學年度
研究所招生考試試題）

16.橫斷式資料（cross-sectional data）。（5分）（87年公務人員普通考試第二試「社會研究法概要」試題）

17.縱貫性研究（longitudinal studies）。（5分）（台灣大學87學年度研究所乙丙組「社會研究方法」試題；東吳大學86學年度研究所招生考試試題）

18.區位謬誤（Ecological Fallacy）。（5分）（86年普考「社會調查與研究」試題；87年公務人員普通考試第二試「社會研究法概要」試題；台灣大學80學年度研究所「社會研究方法」試題；台灣大學87學年度研究所乙丙組「社會研究方法」試題）

19.何謂區位／生態的謬誤（Ecological Fallacy）？舉一例說明。（25分）（87年公務人員普通考試第二試「社會研究法概要」試題）

20.何謂區位謬誤（ecological fallacy）？它通常發生在使用哪一類資料的研究中？在研究方法上如何可以降低這種謬誤發生的可能性？（15分）（政大88年度社會學研究所博士班「社會學研究方法」入學考試試題）

21.比較時間序列（time-series）、年輪（cohort）和連續固定樣本（panel）三個研究的差別，並各舉一個實例說明之。（15分）（90年高等考試三級第二試「社會研究法」試題）

22.解釋名詞：趨勢研究（Trend study）。（5分）（92年普通考試第二試「社會研究法概要」試題）

23.研究問題的來源有許多。例如一個社會問題的新聞報導。以下是一則關於外籍新娘的新聞，在這則報導中：

(1)你認為有哪些值得研究的問題？為什麼？（4分）

(2)選擇其中一個問題提出研究假設，指出其中的變項（包括中介變項）及關係，並評估假設之正確性。（4分）

(3)界定研究對象及範圍。（4分）

(4)說明將以何種方法抽取樣本及蒐集資料，所選方法的優點與限制為

何。（8分）

(5)研究可能遭遇的困難為何。（4分）

　　南投外籍配偶對數比例已居全國首位，因其在台期間的文化與生活適應困難，一旦婚姻受暴，往往更加孤立無援。縣境發生大陸受暴新娘「去而復返」的事件，因經濟弱勢重回枕邊人身旁，卻仍無法掙脫暴力戕害。

　　人口外流嚴重的台灣農村，從八〇年代開始零星地出現外籍新娘，在全球化與國際化衝擊下的台灣政經結構，外籍新娘淪為經濟弱勢和社會邊緣者的「最愛」。在娶妻不易而又娶妻心切之下，台灣人紛紛前往東南亞及中國大陸「擇妻」。

　　外籍新娘入境後，首先面臨語言障礙與文化生活衝擊，以及夫妻和婆媳相處等問題逐一浮現，尤其在父權為主流的宰制機制下，女性福祉需求常是隱而不見甚至淪為附庸。

　　南投縣大陸籍新娘受暴接受庇護，逃回大陸老家，卻在日前傳出數度悄悄回到台灣丈夫家中，此一婚暴事件並未譜上休止符，反倒有變本加厲的跡象，施暴一方凌虐對方的手法更加粗暴，但受暴者隱忍不發，也不願社工介入處理，受暴婦女強調一切為了孩子、家庭，社工員看到經濟弱勢才是致命傷。

　　隨著家庭暴力防治法實施至今，台灣婚暴案件確有逐年增加趨勢，外籍新娘受暴恐怕更是弱勢中的弱勢。

　　在男尊女卑的文化觀念主宰下，假設遠在異國的娘家不願和無力伸出援手，受暴一方也不肯接受法律和社福的介入保護，外籍新娘恐怕只能在陰暗的角落中苟延殘喘了。（國立台北大學93學年度碩士班招生考試「社會工作研究法」試題）

24. 何謂「型Ⅰ錯誤」？何謂「型Ⅱ錯誤」？在假設檢定過程中，研究者為何較重視「型Ⅰ錯誤」發生率的控制？（15分）（東吳大學93學年度碩士班招生考試「社會工作研究法」試題）

25.名詞解釋：

(1)Cross-sectional Studies vs. Longitudinal Studies（5分）

(2)虛無假設vs.對立假設。（5分）（國立暨南大學93學年度碩士班招生考試「社會工作研究法」試題）

26.研究方法相關名詞解釋：區位／生態的謬誤（Ecological Fallacy）。（5分）（國立台灣大學94學年度碩士班招生考試「社會工作研究法」試題）

27.解釋名詞：

(1)世代分析（cohort analysis）。（6分）

(2)化約論（reductionism）。（6分）（93年特種考試地方政府公務人員四等考試「社會調查與研究概要」試題）

28.虛無假設（Null hypothesis）。（5分）（88年公務人員高等考試三級考試第二試「社會研究法」試題）

29.什麼是 α、β 錯誤（error）？（25分）（82年普考「社會調查與統計概要」試題）

30.試述研究變項（Variable）、假設（Hypothesis）和架構（Framework）的主要意涵。並舉例說明此三組概念與社會研究方法間之關係。（25分）（84年基丙「社會調查與研究概要」試題）

31.試述「型Ⅰ錯誤」（Type Ⅰ error）和「型Ⅱ錯誤」（Type Ⅱ error）的意義，並說明兩者間的異同和關係。（25分）（台灣大學84學年度研究所「社會研究方法」試題）

32.某研究生想要以量化方式探討父母社經地位及學生個人學習能力會影響學生的學業成就表現；如果你是這位研究生，你將如何進行這個研究？請就以下問題回答：

(1)提出研究架構圖

(2)提出研究假設

(3)提出自依變項的操作化定義

(4)提出資料蒐集方法及具體步驟

(5)提出統計分析方法。（15分）（國立臺北大學97學年度碩士班招生考試「社會工作研究方法」試題）

33. Reductionism（10分）（國立臺北大學97學年度碩士班招生考試「社會學研究法」試題）

34. 近年來，外籍配偶所生育子女人數有增加趨勢。以2004年為例，總新生兒人數為216,419人，其中生母國籍為大陸港澳地區及外國籍者為28,666人，約占13%。有人認為外籍配偶之子女的成就表現，可能會因各種因素，而與生母為本國籍者有所差異。若欲驗證此說法，你會考慮以何種量化方法進行研究？試寫出你的計畫書，須包含研究設計、研究假設、變項測量、資料收集方法、與資料分析方法等五大部分。（15分）（國立臺北大學96學年度碩士班招生考試「社會工作研究方法」試題）

35. 如果一個研究者想要瞭解：為什麼某市的犯罪率有明顯升高的趨勢？研究者應該要使用的研究設計是什麼研究法？

(1)描述性研究（descriptive study）

(2)解釋性研究（explanatory study）

(3)小樣本多次訪問研究（panel study）

(4)探索性研究（exploratory study）。（3分）（國立臺北大學96學年度碩士在職專班招生考試「社會研究方法」試題）

36. 以下的敘述哪一個是「虛無假設」的敘述？

(1)性別與犯罪之間沒有關聯

(2)男性比較容易犯罪

(3)男性對罪犯比較寬容

(4)犯罪與性別間可能有負面的關聯。（3分）（國立臺北大學96學年度碩士在職專班招生考試「社會研究方法」試題）

37. 請解釋何謂「區位謬誤」（the ecological fallacy）（10分），並試舉一

例說明之（10分）。（國立臺北大學96學年度碩士在職專班招生考試「社會研究方法」試題）

38.某教授以既有的統計資料去分析家庭收入與犯罪的關係，他發現在家庭收入較高的地區，相較於家庭收入較低的地區，有較低的犯罪率。因此，他認定窮人較容易犯罪。這位教授如此的推論犯了：

(1)區位的謬誤（ecological fallacy）

(2)過度觀察的謬誤

(3)歷史的謬誤

(4)物化（reification）的謬誤。（3分）（國立臺北大學97學年度碩士在職專班招生考試「社會研究方法」試題）

39.「本研究使用2003年的社會變遷調查資料來檢視父親職業地位，父親教育程度、族群以及語言流利程度等因素對於個人地位取得的影響。」這是屬於哪一類型的研究？

(1)解釋性的

(2)探索性的

(3)敘述性的

(4)貫時性的。（3分）（國立臺北大學97學年度碩士在職專班招生考試「社會研究方法」試題）

40.型一誤差／第一類誤差（type Ⅰ error）。（10分）（國立臺北大學97學年度碩士在職專班招生考試「社會研究方法」試題）

41.申論題：

四之一：

Annette Lareau（2003）所著的*Unequal Childhoods: Class, Race, and Family Life*，探討美國中產階級、勞工階級和貧窮家庭子女教養方式的差異和後果。有位臺灣的社會學者受到這本著作的啟發，也想進行類似的研究。她準備採取民族誌的方法，研究臺灣不同家庭對孩子的教養方式，是否因為父母的階級、族群、原生國籍和小孩的性別，而有

所不同,她同時也想探討教養方式的差異如何影響孩子的社會技能和認知能力。這位社會學者預計在臺灣北部選擇兩個學校,各挑一個五年級的班級,在班上實地觀察孩子的學習活動和家長——老師的互動;並從每個班級中,各挑六位學生,進入家庭生活中深度觀察孩子的日常作息、課外活動與親子互動。

(1)根據研究目的,以及你所瞭解的與研究主題相關的臺灣社會特性,請你對這位社會學者提出建議;她該如何選擇觀察的個案(兩個班級、十二個家庭)?請詳細說明,並闡釋做此選擇的理由。如果有人質疑這位社會學者據你的建議所做的個案選擇「不具代表性」,你該如何為她辯護?(10分)

(2)假設這位社會學者獲得充裕的研究經費資助,聘請了八位助理觀察孩童的班級活動和家庭生活,並深談訪談老師與父母。助理所寫的田野筆記和所做的深度訪談,a、b、c、d是這位研究者最主要的資料來源。請問研究者該如何確保不同助理所做的觀察紀錄和訪談內容具有信度(reliability)?(10分)

四之二:

歷史取向的研究是社會科學研究中的重要典範。請說明社會學的歷史研究的主要特性為何?歷史取向的研究,和多變項分析的量化研究,對於社會世界如何運作(既社會本體論的立場)是否有不同的基本預設?若有,其差異為何?(10分)(國立臺灣大學100學年度碩士班招生考試「社會研究方法」試題)

42.說明並呈現你如何以提問的方式,對原生家庭的「家庭人口數」進行名目、順序與等比這三種不同測量尺度之測量。接著,以「家庭人口數」為依變項,陳述一個值得檢證的假設。(10分)(東吳大學97學年度碩士班招生考試「社會研究法與社會統計」試題)

43.最近政府推出發放每人3600元消費券方式作為刺激消費、促進經濟復甦的公共政策,請規劃一實證性的社會研究來驗證此一政策的有效

性，並可作為二次發放消費券政策之決策參考。（10分）（東吳大學98學年度碩士班招生考試「社會研究法與社會統計」試題）

44.學者費孝通曾提出「差予格局」概念，認為傳統華人社會的人我分際方式與西方不同，西方是以獨立個人出發，將個人權利的一部分讓渡出來，以訂定社會契約的方式來彼此約束，因此公私領域的界線分明。華人的思維方式則是以自我為原點，按照親疏遠近由內向外畫出一圈一圈的同心圓，產生「自家人」和「外人」的區別，因而導致對於他人的差別待遇，對於自己人亦容易公私不分。請以此觀點出發，針對臺灣社工員和案主的關係建立層面進行思考，並規劃一個相關實證研究，其中必須包括研究假設、抽樣方式、自變項和依變項的操作定義、研究設計和資料分析方式等部分。（18分）（國立臺北大學98學年度碩士班招生考試「社會工作研究法」試題）

45.虛無假設（null hypothesis）。（5分）（國立臺北大學99學年度碩士在職專班招生考試「社會研究方法」試題）

46.cross-sectional study（5分）（國立臺北大學100學年度碩士班招生考試「社會工作研究法」試題）

47.研究生阿育需要做一個小小的社會趨勢報告，她選擇了「父職」這個主題，希望瞭解社會變遷中理想父親角色是否隨著時代而改變。請先提出你對此變遷趨勢的猜測（假設），並幫她做出簡單的研究設計——亦即，在有限的時間（一週）與經費（五百元以內）限制之下，列出一項（或數項）做法，蒐集各類資料，用來支持你的論點、證明你的猜測（或單純地呈現趨勢變遷）。（10分）（國立臺北大學100學年度碩士班招生考試「社會學研究法」試題）

48.所謂的橫斷面資料（cross-sectional data）是指什麼性質的資料？說明之外請試舉一例。一般來說，使用橫斷面資料並採用一般迴歸來做分析有何限制？（10分）（國立臺北大學100學年度碩士班招生考試「社會學研究法」試題）

49.請問在進行討論統計分析法中的假設驗證時，為何需要成立虛無假設（null hypothesis）？（10分）（國立臺灣大學98學年度碩士班招生考試「社會工作研究方法」試題）

50.何謂趨向研究（trend study）、世代研究（cohort study）與固定樣本研究（panel study）？其異同點又為何？請舉例說明之。（15分）（國立臺灣大學98學年度碩士班招生考試「社會工作研究方法」試題）

51.請選一個研究主題後，就其研究問題說明你的研究設計、資料蒐集過程及可能的倫理考量。（20分）（國立臺灣大學99學年度碩士班招生考試「社會工作研究方法」試題）

52.以下是關於因果推論的兩個問題：

(1)變數間的因果關係要能夠成立的先決條件有哪些？請各舉一個具體的例子說明這些條件所以必須要先符合的原因。（10分）

(2)在迴歸分析中有所謂「控制住其他變數」，其做法與其涵義是什麼？它跟前面所提及的，變數間的因果關係要能夠成立的先決條件之中的哪一項有關聯？請說明為什麼會有關聯？（10分）（國立臺灣大學99學年度碩士班招生考試「社會研究方法」試題）

53.Longitudinal Studies（4分）（國立臺灣大學100學年度碩士班招生考試「社會研究方法」試題）

54.研究有探索性、描述性、解釋性以及評估性幾種目的。試以部落地區的解酒服務方案為題，分別設計一個具有文化敏感的探索性研究和描述性研究，包括研究問題和研究設計。（30分）（101年第一次高考社會工作師考試「社會工作研究方法」試題）

55.請說明如何尋找研究主題？又如何確定上述主題是可以進行研究的？（25分）（101年原住民族特考社會行政類科「社會研究法」試題）

56.科學研究的最高目的在探索現象間的因果關係，請舉例說明確立因果關係所需要的條件。（25分）（106年地方特考三等考試社會行政類科「社會研究法」試題）

57.名詞解釋：Cohort Study（5分）（國立臺北大學106學年度碩士班招生考試「社會工作研究法」試題）

58.在研究實務上，貫時性資料較難取得，因此，研究者常以橫斷面資料來取代貫時性資料。請問在那些情況下，橫斷面資料可以被視為貫時性設計，讓研究者可以用橫斷面資料來說明有關時間順序的結論？（25分）（107年地方特考四等考試社會工作類科「社會研究法概要」試題）

59.每個社會研究都會針對特定之分析單位（unit of analysis）而設計，請列舉常見的社會研究分析單位。研究的結果發現必須立基於研究設計所適用的分析單位，倘若將研究發現推論跨越原本設計的分析單位，經常可能遭遇邏輯謬誤，而社會研究中常見的謬誤就是「區位謬誤」（ecological fallacy）和「化約主義」（reductionism）。試述何謂「區位謬誤」和「化約主義」，並以實例說明。（25分）（108年高考社會行政類科「社會研究法」試題）

60.請就研究的三大目的：「探索」、「描述」與「解釋」，各舉出一個研究問題的例子說明，並就該研究問題說明須蒐集的資料內容，以及如何利用這些資料來回答研究問題。（25分）（109年第二次高考社會工作師考試「社會工作研究方法」試題）

61.形成問題是研究的首要步驟，研究者從感興趣的社會科學領域，找出問題亟待獲得解答，以形成研究問題。請敘述一個良好的研究問題應具備那些性質，如何判斷研究是否可行？（25分）（108年身心障礙特考四等考試社會行政類科「社會研究法概要」試題）

62.社工人華預訂與一群受校園霸凌的青少年進行十周的方案活動，其目標為提升青少年內在自我效能和危機因應能力。若你是大華，請問會採用何種研究設計才能有效瞭解方案介入對這群青少年的影響，請說明該研究設計的內涵及步驟（25分）。（國立臺北大學109學年度碩士班招生考試「社會工作研究法」試題）

文獻探討與搜尋

文獻探討（literature review）通常放在論文或研究報告的第二章，但事實上文獻探討的工作卻是在整個研究過程中持續進行的。從最早的決定研究題目、研究架構、研究假設，到後期與研究結果相比對、以瞭解本研究的發現與過去的理論或實證研究是否相同或相異，在在都需要進行文獻探討。因此一個好的研究也必然會包含內容詳實、結構清晰的文獻探討。

第一節　文獻探討的目的與功能

正如Beach和Alvager（1992）所說：「在圖書館兩個鐘頭，可以使研究者減少在實驗室六個月。」（Two hours in the library can save six months in the laboratory），好的文獻探討不只可以使研究作得好，也可以更有效率。

根據簡春安、鄒平儀（2005）與趙碧華、朱美珍（2000）的觀點，文獻探討的目的與功能如下：

第一，瞭解過去已做了什麼，避免浪費重複的人力、物力。「他山之石，可以攻錯」是文獻探討很重要的目的。如果不能吸取前人的智慧與經驗，往往會多走很多的冤枉路。透過文獻探討，我們可以瞭解所要研究的題目是否以前已被研究過？研究的結果如何？碰到何種難題？先前的研究對之後的研究又有何種建議等等。

第二，確定研究問題，同時有助於研究設計與選擇適當的研究方法。例如：某社工系教授接受台北市政府委託進行「台北市身心障礙者的需求調查」，擬採分層取樣方式，但因為身心障礙者障別頗多（十六類），再加上障度（輕、中、重、極重）與年齡層（嬰兒到老人）的差距，以至於究竟要如何分層才能兼顧「獲取多元且具代表性的資訊」與「符合經費預算限制」等兩大目標？參考過去的研究方法與研究設計應是

不錯的選擇。

　　第三，有系統地整理與呈現在某一領域內已有的資料，並藉以展現研究者的研究邏輯。文獻探討主要是釐清研究概念的層次，把和研究有關的變項作系統性的介紹，使讀者對研究者的觀念、邏輯有層次上的瞭解。例如：某社工師想要作老人健康與生活滿意度之相關性研究，因此在文獻探討時可先呈現「何謂生活滿意度？」不同的學者專家及過去的研究對此有哪些定義？而後可再呈現「何謂健康？」不同的學者專家及過去的研究對此又有哪些定義？最後再列出有哪些研究是探討此二變項間的關聯性？把結論類似的彙集在同一段加以說明，如此自然就條理分明、綱舉目張了。

　　此外，文獻是研究者呈現研究邏輯的重要過程；因此文獻探討不是要顯示自己看書的數量，而是要與前面的問題敘述，以及後面的研究架構、資料分析等脈絡相承，不可分割。

🔮 第二節　如何找資料（文獻）

　　由於時代的進步，目前幾乎都是透過網路找文獻。在各大學圖書館或系所可上網處，可直接連線至校內的圖書館網站；例如：連線台大圖書館網站網址http://lib.ntu.edu.tw。然後可進入到「館藏目錄」，輸入關鍵字（key word）、書名或作者名，即可查得與所作研究相關的校內可借閱圖書。由於剛開始作研究時，只有大致的想法，並不知確切的書名或作者名，因此仍以用關鍵字為多。例如：某研究者想要作台灣地區老人之健康與生活滿意度的相關性研究，因此可輸入關鍵字「老人」and「健康」and「生活滿意度」，即會得到該館所有與此研究有關的館藏目錄（圖書、電子書、論文、期刊與研究報告），在篩選之後，即可決定要借閱、影印或下載。

　　此外，也可透過「資料庫檢索」，進入到該校已付費的資料庫來查詢學術期刊論文。一般來說，在社會科學領域的研究者欲蒐集與所欲作研究相關之中文期刊論文，常使用「國家圖書館期刊文獻資訊網」、「Airiti library華藝線上圖書館」等資料庫，西文部分則以「Social Sciences Citation Index」（簡稱SSCI）最為常用。在經過資料庫中的蒐集過程之後（主要仍是透過關鍵字），如果所欲參考的期刊論文本身即有電子檔，依使用規定直接下載（download）。

　　再者，「電子期刊」及「其他圖書館／聯合目錄」等也是可以點選查詢的項目，前者可以依規定付費下載線上（on-line）的文章；後者更可以直接進入到國內外大學的圖書館網站來查詢資料，非常方便。此外，各政府機關的網站也是重要的資料來源。例如：行政院主計處、內政部社會司、內政部統計處、勞動部、衛生福利部與經濟部等，都有豐富而大量的統計資料與政策措施的說明，也是重要的資料來源。

　　找尋到資料之後，不論是書、學位論文、期刊論文或是研究報告等，在其後面「參考文獻」（reference）中，其實都可以找到更多相關的研究或著作，如此就如滾雪球一般，不斷地擴大與充實文獻的內容。

🔆 第三節　如何撰寫文獻探討

　　如何撰寫文獻探討並沒有一定的規格或方法，只要邏輯清楚，概念層次分明，加上文筆又能被瞭解即可。根據簡春安與鄒平儀（2005）的看法，大致上還是可以分成兩大類格式：

一、以資料性質為順序

　　可先描述理論文獻，包括：本研究的概念、自變項與依變項的說明

與定義、相關的理論,以及如何發展成研究假設與變項等,在理論文獻說明完後再描述實徵性的研究文獻(empirical study)。

二、以研究變項為主軸

先描述依變項的相關概念、定義、理論與實徵性研究結果,而後再描述自變項的相關概念、定義、理論與實徵性研究結果,最後陳述自變項與依變項之間關係的文獻(以實徵性研究為主),結論時鋪陳出研究問題與研究假設。例如:某社工師想要作老人的社會支持與生活滿意度之相關性研究,因此在文獻探討時可先描述生活滿意度(依變項)的相關概念、操作型定義、相關的理論,以及過去所作過的實徵性研究結果;而後再描述社會支持(自變項)的相關概念、操作型定義、相關的理論,以及過去所作過的實徵性研究結果;最後再列出有哪些研究是探討此二變項間的關聯性?其結論為何?如此讀者在閱讀完文獻探討後,自然就瞭解研究問題與研究假設為何了。而也正因為這樣的寫法邏輯清楚、綱舉目張,因此也是作者個人比較支持的寫法。

在文內引用文獻的寫法,在社會科學領域中目前大多採取美國心理學會(American Psychological Association)所擬議的格式,簡稱APA stylc,目前已經更新至第七版。

APA在文中註釋的格式,是在引用了資料以後列出作者的姓氏和著作出版年代,並以半形的「,」區隔;若有兩位作者,則在兩位作者姓氏中加上「&」;當有三位以上作者時,則列出第一人之姓氏後加上「et al.」。例如:

1.一般認為社會支持可調適個人在承受壓力時所受之身心衝擊,並可減少疾病發生的頻率(Mckay, 1985)。
2.年齡愈大門診使用的次數愈多(Burnette & Mui, 1999)。

3.社區老人其門診使用率因身體活動受限反而下降（Wolinsky et al.,
   1988）。

此外，若引用文獻超過一篇，則以半形的「;」隔開；當文中引用同
一作者同一年的著作有兩篇，則以a、b區分，超過時以此類推。例如：

1.保險可以直接減低就醫時的財務障礙，所以有保險者會利用較多的
   門診服務（Chiang, 1989; Eve, 1988; Mutran et al., 1988; Wang, 2001;
   Wolinsky et al., 1991）。
2.Caregivers, especially females, who occupy about 80% of the total
   caregivers, pay huge emotional, financial, and physical costs in their
   lives because caregiving duties may conflict with their family life and
   employment as well as draining individual and family finances (Cantor,
   1983; Montgomery et al., 1985; Mui, 1995a, 1995b, 1995c, 2000; Mui
   & Morrow-Howell, 1993).

當文中引用的是中文文獻時，原則與西文格式相似，但要將西文的
姓氏變更為中文的姓名，並且把所有半形的標點符號，變更為全形或是
教育部核定的標點符號；此外，兩位作者時，作者之間的「&」符號改為
中文的頓號（「、」），三位作者時的「et al.」則改為中文的「等」。例
如：

1.一位作者時：
   人權理想在後來與國家的政策與施政作更緊密的結合，特別是勞動
   政策與社會福利政策等，而其基本精神都是盡可能希望滿足民眾的
   基本生活需求（王雲東，2003、2004、2005）。
2.兩位作者時：
   本研究將以貨幣化成本與效益的分析和計算為主，輔以非貨幣化成
   本與效益之說明，希望能以理性決策分析的角度，分析此一方案

究竟是「值得」還是「不值得」去作（王雲東、林怡君，2004、2005）。

3.三位以上作者時：

教育程度較高者門診服務使用次數較多，但教育程度對住院服務利用的影響則大多不顯著（吳淑瓊等，1994）。

4.引用文獻超過一篇時：

性別除了影響生理狀況，亦會因角色承擔及社會過程的不同，而造成男女對疾病認知的差異，進而影響醫療服務利用行為（林素真，1995；曾曉琦，1996）。

5.引用同一作者同一年的文章超過一篇時：

吳武典（1990a、1990b）列出目前殘障福利機構存在數項問題：

(1)數量不敷所需。

(2)公私立比率懸殊。

(3)收容養護機構的對象，其年齡層多偏向青少年，少有以成年人為主的機構。

(4)經費來源不固定。

這裡要特別強調的是：若隻字未改地引用他人文章的字句，中文則需加「　」號（西文“　”），並註明該段內容所出自的頁數。例如：

戴維斯和默爾說：「一個社會首先必須有某些酬賞用以鼓勵人們，然後必須有分配這些酬賞的方法。因此酬賞和其分配乃成為社會秩序的一部分，是社會階層形成的原因。」（Davis & Moore, 1945, p. 242）

事實上直接引用通常用在較經典的重要論述中，否則較少使用直接論述；因為沒有個人整理能力的展現，反而像是「剪貼簿」（簡春安、鄒平儀，2002）。最後，要盡量引用原作者的論述，除非真的找不到原作者之文章，例如：

在效益方面只考量直接從參與者付出所產生的產出（output）或是參與者因參加此方案而減少的負面作為（Boardman et al., 1996；引自王雲東、林怡君，2004，頁132）。

第四節　如何撰寫註釋與參考文獻

基本上，「註釋」與「參考文獻」的性質頗不相同，前者是指對正文中某頁之名詞或觀念作更進一步或詳細的說明，後者則指將文內引用文獻的詳細出處交代清楚，以利未來研究者找尋資料之用。

註釋又可分為「腳註」（footnote）與「註釋」（note）兩類，前者是指將說明文字置於該頁下方，後者則指將說明文字置於該章（chapter）最後，二者型式不同，但基本功能則一致。當正文中欲使用註釋時，須於註釋處右上角以較正文小之1、2、3……（上標）表示，而於同頁下方以「腳註」說明，或於該章之末列「註釋」專節說明。此外，如果文末僅列「註釋」一節，則「註釋」與「參考文獻」兩種資料可合併列入；不過如果「註釋」與「參考文獻」各分列專節，則兩種資料必須明白區分，不能混合列入；同時「註釋」須排在「參考文獻」之前。

撰寫參考文獻，其一般規則如下（簡春安、鄒平儀，2005；趙碧華、朱美珍，2000）：

1.參考文獻之引用，採「作者—年代系統」（author-date system）。必須正文中有引用者，才可以在文末列出。其引用序位，在中文部分以（第一作者）姓氏筆劃最少者開始；西文部分則以（第一作者）姓氏字母序由A至Z排列。若姓氏相同文獻同時有兩篇以上，則年代早者在前；此外，西文部分之名（first name & middle name）以縮寫表示即可。

2. 一文獻資料列一條，同一條中不能包含兩個以上之文獻資料。

3. 如作者在三人以上，而第一作者相同之文章在兩篇以上時，不論第二及以後作者姓名之筆劃或字母序，依發表年代之順序排列，以便於找尋。

4. 如引用同一作者兩篇以上之文獻，依發表年代之先後排序，如係同一年，亦依其發表先後，於年代之後以a、b、c……表示。

5. 未出版之資料，如意見調查、個人訪談等；或是撰稿／投稿中的文章，均不能列入參考文獻，若有必要在正文中提及，則以「註釋」之方式處理。

6. 如所引用之文獻係擷取自網際網路主機，務請確定路徑正確（可公開搜尋的），且資料存在；否則，請勿引用。

　　隨著國際出版商的全球化與數位化發行策略，APA第七版也取消了列出出版所在地的做法，例如，「Edinburgh: Dunedin Academic Press.」，就簡化為「Dunedin Academic Press.」。此外，為了管理智慧財產權、便於檢索學術期刊論文、數位資源而發展的數位辨識碼（digital object identifier, DOI），APA第七版也統一使用「http://doi.org/####」的檢索形式，列在每篇文獻的最後。再者，由於引用網站的資料愈來愈普遍，只要直接將網頁的標題以斜體字列出，再直接列出引用網站，不需要在網站前面加上檢索日期與「Retrieved from」的字眼。

　　國內不同的社會科學學術期刊對於參考文獻各有其特殊規定，例如，若是屬於一般書籍、論文集、翻譯書與技術報告等「書」類的文獻，往往可能使用「底線」、「斜體」、「粗體」或「《》」來表示，因此，在發表時仍須依照投稿的格式書寫。

　　若參考文獻包含多種文字（中外文並存）時，依中文、日文、西文順序排列。中文或日文文獻或書目應按作者或編者姓氏筆劃（如為機構亦同）排列，英文則依作者或編者字母次序排列。

考古題舉例

1. 相關文獻的檢閱是研究問題設定很重要的前置工作，討論有哪些管道或方式可以進行文獻蒐尋的工作。（89年普通考試第二試「社會研究法概要」試題）

2. 試述文獻探討在社會研究法之重要性，並以實例說明之。（25分）（93年公務人員普通考試第二試「社會研究法概要」試題）

3. 請簡要說明文獻探討（literature review）對社會工作臨床研究（clinical research）的執行有何助益？（10分）（國立暨南大學94學年度碩士班招生考試「社會工作研究法」試題）

4. 請列出3至5個中文的社會工作專業期刊名稱？再列出3至5個外文的學術性社會工作專業期刊名稱？（10分）（國立暨南大學94學年度碩士班招生考試「社會工作研究法」試題）

5. 文獻探討是研究過程的重要步驟與工作，請詳述文獻探討的功能，並且舉例說明在量化研究中如何呈現「文獻探討」此章節？（25分）（106年第二次高考社會工作師考試「社會工作研究方法」試題）

6. 請說明文獻探討在研究工作中的重要性。（25分）（106年特種考試地方政府公務人員四等考試社會行政類科「社會研究法概要」試題）

變項的操作型定義與
測量

💡 第一節　操作型定義

在研究設計的過程中，一個非常核心的問題就是：「變項要如何測量？」在此階段我們已不能再滿足於「概念性的變項定義」，例如：「生活滿意度」就是對目前生活狀態滿意的程度；而要再更進一步達到「操作型定義」（operational definition）的程度。「操作型定義」就是指「當界定概念或變項時，不直接描述該被界定項的性質或特徵，而是舉出測量該被界定項所作的操作活動。」簡言之，操作型定義就是「可具體測量的變項定義」（趙碧華、朱美珍，2000；簡春安、鄒平儀，2005；楊國樞等，1989）。例如：生活滿意度就是填答者在生活滿意度問卷／量表的得分，若問卷關於此變項的問題僅一題，即：你對自己目前生活狀態滿意嗎？而答案有：1－非常不滿意，2－不滿意，3－尚可，4－滿意，5－非常滿意。若填答者回答「滿意」，則表示填答者在生活滿意度這一變項的分數為4分，而滿意的程度是介於「尚可」與「非常滿意」之間。

變項的操作型定義，主要是適用於量化研究而非質性研究。因為質性研究在蒐集資料時，有比較高的彈性、不確定性與架構可變性（非結構或半結構測量），而量化研究則是非常清楚明確的（結構式測量）。此外，在資料的分析方法上，質性研究多用內容分析法、論述分析法，而量化研究則常用統計分析；對於須統計分析的變項資料，其數值必須非常明確，同時在事先（測量前）即須想好欲用的統計方法，以避免蒐集到大量資料但卻無法分析的窘境。

第二節　測量與測量尺度

一、測量

　　測量（measure）是指「根據某些準則，把一些對象或事件加以量化，通常是指賦予數字的過程」（Stevens, 1951；簡春安、鄒平儀，2002；楊國樞等，1989）。例如：研究者想要瞭解學生的學業成績，因此測量的方法就是先設計一個「良好」的測量工具（如測驗卷），而後用此測量工具對受測者施測，在施測完後研究者對於每一位同學的學業成績描述就不再只是粗略地說「很好」、「普通」或「不佳」，而是有具體、量化的數字來加以描述。但此處需注意的是：此種測量的準則依據，必須一體適用於所有的受測者。例如：若測量甲與乙的學業成績，假定用同樣的考卷測出兩人均為60分，則不論研究者是否較喜歡甲或乙，均必須呈現出甲與乙的學業成績均為60分的事實。

　　在一個研究當中，所希望獲得的測量值其實就是研究的自變項與依變項數值。不過有時可能需要經過一些轉化（transform）的過程；例如：若生活品質是由二十個題目加總所定義的，則這二十個題目的加總分數就會是該變項（生活品質）的分數。

　　歸納測量的過程其實就是：(1)下定義（define a phenomenon），也就是把所要觀察的對象與賦予數字的方法定義出一些準則；(2)作觀察（observe）；(3)配數字（select the number），使所觀察的現象盡可能都以數字來表示（簡春安、鄒平儀，2005）。

二、測量尺度

　　因為變項的屬性不同，因此測量值的「嚴謹」程度也不同。依嚴謹

度由低而高可將測量分成四種尺度（或說分成四種變項）（趙碧華、朱美珍，2000；簡春安、鄒平儀，2005；楊國樞等，1989；林清山，1988；潘中道、郭俊賢，2005）：

(一)類別尺度／類別變項（或譯名義尺度／名義變項）
（nominal scale/nominal variable）

變項的屬性只具有周延性和互斥性就是類別尺度，例如：性別、宗教信仰、婚姻狀態、出生地、主修科系等；屬性構成變項，例如：生理男性與女性形成生理性別變項。在資料整理與過錄時，不同屬性分類，需用不同的過錄號碼，例如：1代表生理男性，0代表生理女性。類別變項的過錄號碼只代表一個名稱而已，不代表數量，也不代表優劣。例如：1代表天主教，2代表基督教，3代表佛教；並不表示說佛教的人數比較多或天主教比較優。因此分析類別尺度的資料時不能用量化方式計算平均數、標準差、中數等，這是沒有意義的，但是，我們可以陳述出次數及百分比資料，例如：受訪者中200位或40%是男性，300位或60%是女性。

(二)次序尺度／次序變項（ordinal scale/ ordinal variable）

變項的屬性具有邏輯的層次與次序的大小，但是沒有相等的單位。以考試名次為例，第一名與第二名的成績差異，不一定等於第二名與第三名的成績差異；但是第一名一定成績高於第二名，而第二名成績也一定高於第三名。

(三)等距尺度／等距變項（interval scale/ interval variable）

變項的屬性具有邏輯的層次與次序的大小，同時有相等的單位。以自然科學為例，溫度中的華氏和攝氏就是等距變項，攝氏80度到攝氏90度的差距（10度）和攝氏40度到攝氏50度的差距（10度）是一樣的，但是80

度絕不是40度熱度的兩倍。其原因就在於華氏和攝氏的零度都不是「絕對零度」；也就是說，華氏和攝氏都容許有「負」的溫度存在，例如：華氏零下10度。此外，年代（西元）、海拔（公尺）等也是等距尺度的例子。因此，在等距尺度中可以計算平均數與標準差，因為它們只是表示分數的集中與離散趨勢而已，但卻不能計算倍數關係（因為缺乏絕對的零基點，zero-based point）。

(四)比率尺度／比率變項（ratio scale/ ratio variable）

比率變項的屬性不但具有邏輯的層次與次序的大小、相等的單位，同時有「絕對的零點」，可說是變項尺度中最「嚴謹」、位階最高的一種。例如：絕對溫度凱氏（Kelvin scale；－273.16℃為凱氏零度）、年齡、身高、體重、居住時間、子女數、住院日數、結婚次數等，亦即在比率變項中絕不會有「負值」出現。因此只有在比率變項中，才能計算倍數關係（例如：體重100公斤是體重50公斤的兩倍）。

三、測量尺度運用觀念

同一個變項的尺度，其實是可以轉換的，不過一般來說只能「降階」而不能「升階」；也就是說，位階愈高（愈嚴謹）的變項可以降階變成位階愈低（愈不嚴謹）的變項，但反之則不行。舉例來說，考試成績是比率變項（因為有「絕對的零點」）；若某次考試小明90分、小華60分、小君30分，我們可以說：小明與小華的成績差距（30分）等於小華與小君的成績差距（30分），同時小明的成績是小華的1.5倍，而小華的成績是小君的2倍（比率變項）。不過，如果老師作了一個分組的調整，例如將80～100分的同學編入高分組，將60～79分的同學編入中分組，而將59分以下的同學編入低分組，同時將原始分數拿掉，如此我們只知：小

明在高分組、小華在中分組,而小君在低分組,如此小明的成績高於小華,而小華的成績又高於小君,但我們不知小明的成績高過小華多少?而小華的成績又高過小君多少?因為原始分數已被拿掉並轉換成次序變項。另外,若老師想讓三組同學不受分數高低影響,自由互動交流,則再將高分組、中分組及低分組的名稱,改成小鼠組、小熊組及小虎組,如此則就轉換成名義變項了。因此變項從高階轉換成低階是毫無問題的,只是說資料會因此損失,因此在不浪費資料的原則之下,除非有非常重大的原因,否則不要輕易降階。

此外,因為社會科學調查中,比率變項出現的情況較少,在SPSS統計軟體中僅使用名義、次序與尺度三種分類。

不過如果要從低階「晉升」為高階,在大部分的狀況下是不行的。例如:某甲出生於高雄,某乙出生於台中,而某丙出生於台北,我們不能說:某甲「優於」某乙,或是某丙「優於」某甲,因為這只是單純地陳述事實,完全沒有大小次序的關係,更遑論誰比誰多多少,或是誰是誰的幾倍。但是在社會科學領域中卻有一些常見的「例外升階」狀況,例如:量表(scale)與虛擬變項。

在量表部分,像是生活滿意度量表的得分:1－非常不滿意,2－不滿意,3－尚可,4－滿意,5－非常滿意。若受訪者甲回答「滿意」,則得4分;而受訪者乙回答「尚可」,則得3分;受訪者丙回答「不滿意」,則得2分;我們只能說:受訪者甲的自評生活滿意度高於受訪者乙,而受訪者乙的自評生活滿意度高於受訪者丙。但是我們不能說:受訪者甲與受訪者乙的生活滿意度差距(1分),等於受訪者乙與受訪者丙的生活滿意度差距(1分);我們更不能說:受訪者甲的生活滿意度是受訪者丙的兩倍;因此,很明顯地,生活滿意度變項是次序尺度。但是在絕大多數時候我們把它視為等距變項或比率變項,而其目的是為了便於作統計分析;因為在大部分因果性研究或解釋性研究中,為了要驗證研究假設是否成立,迴歸分析(regression analysis)是最常用的統計方法,而迴

歸分析限定自變項與依變項都必須是等距變項或比率變項（也就是連續變項）才行，因此在「遷就」統計分析方法的情況下，我們視量表的單位大小均相等；也就是說受訪者甲（4分）與受訪者乙（3分）的生活滿意度差距（1分），我們視其等於受訪者乙（3分）與受訪者丙（2分）的生活滿意度差距（1分），這樣的做法其實就是「升階」。

虛擬變項（dummy variable）則是指為了統計分析（特別是迴歸）的需要，可將名義變項的不同屬性藉由定義為1與0的方式，而將名義變項轉換成等距變項；例如：生理性別變項，可將生理男性定義為1、生理女性定義為0，或是反過來亦可（註：但是兩個屬性的編碼／登錄一定要1與0，而不能1與2或1與3等等，因為兩者間並無倍數關係的狀況）。如此則這個二分名義變項就可視為連續變項，而可放入迴歸方程式中（註：迴歸方程式中可以所有自變項與依變項均是二分名義變項轉換成的虛擬變項）；此外，若不是二分名義變項，則可透過建立一組虛擬變項的方式達成之。例如：教育程度變項，假定只有三種可能：(1)高中職及以下；(2)大學、專科；(3)研究所及以上，如此可以建立三個虛擬變項：(1)D_1：學歷是高中、高職或以下者得1分，其餘0分；(2)D_2：學歷是大學或專科者得1分，其餘0分；(3)D_3：學歷是研究所及以上者得1分，其餘0分；如此即可將教育程度這個名義變項轉換成連續變項。不過必須注意的是，不是二分名義變項的虛擬變項，不能將所有的虛擬變項放入迴歸方程式中，否則會發生統計累贅（statistical redundancy）的問題（李沛良，1988）。例如：如果某研究者認為教育程度的不同會影響到生活滿意度（Y），則其將教育程度建構成如上三個虛擬變項D_1、D_2、D_3，則可求得迴歸方程式$Y' = b_1*D_1 + b_2*D_2 + a$；也就是說，當$D_1 = D_2 = 0$時，$Y' = a$（此時$D_3$一定等於1）；換言之，D3的效果就是a，而$D_1$的效果（$b_1 + a$）與$D_2$的效果（$b_2 + a$）也都是以$D_3$為基礎的。也就是說，如果將$D_1$、$D_2$、$D_3$全部放入迴歸方程式中，其中也會有一個自動被踢除，因為在這組虛擬變項中沒有可能同時$D_1 = D_2 = D_3 = 0$，也沒有可能同時$D_1 = D_2 = D_3 = 1$，換言之，

D_1、D_2、D_3不是三個獨立的變項，它們的效果要顯現出來必須要靠立基於其中某一個虛擬變項之上。

四、測量尺度與統計操作

對於不同尺度的變項，所用的統計分析方法也不盡相同。我們可將四種尺度大分為兩類：連續變項與間斷變項。連續變項是指：該變項在測量尺度的相鄰兩測量單位間能夠產生無限個數值；而間斷變項則是指：該變項在測量尺度的相鄰兩測量單位間不可能存在任何數值（潘中道、郭俊賢，2005）。其中等距變項／尺度、比率變項／尺度屬於連續型資料，又稱為連續變項（continuous variable），或是高級測量尺度，因為確實可自測量尺度的相鄰兩測量單位間產生無限個數值；例如：攝氏5度與6度間可再產生5.5度，而考試成績90分與91分之間也可再產生90.5分。至於類別變項／尺度、次序變項／尺度屬於離散型資料，又稱為間斷變項（discrete variable），或是初級測量尺度，因為無法自測量尺度的相鄰兩測量單位間產生任何數值；例如：第一名與第二名間無法再產生第1.5名。

一般來說，探索性研究與描述性研究的資料分析多以描述性統計為主，例如：次數分配、百分比分配、排序（rank）、交叉分析等最為常見。例如：衛生福利部（2018）所作的「105年身心障礙者生活狀況及需求調查」報告中指出，105年底持有身心障礙手冊或證明的總人數為1,170,199人，其中男性有662,800人（占56.6%）、女性為507,399人（占43.4%）。此外，其中十五歲以上的身心障礙者之教育程度以「國小及以下」所占比例最高，達35.7%；其次為「高中、高職」，占29.4%。不同的身心障礙類別對於最希望接受的職業訓練種類也不相同，例如：視覺障礙者最希望接受的職業訓練種類為「電腦硬體裝修」（占20.55%），而聽覺機能障礙者則最希望接受「清潔服務」的職業訓練（占15.90%）。

　　若是變項為等距尺度或比率尺度，則尚可以呈現出平均數、標準差等代表變項集中與離散趨勢的量數；例如：某校大一英文期中考全校平均70分、標準差13分等。

　　至於因果性研究與解釋性研究，因為研究的目的在於試圖建立或驗證變項之間的因果關係，因此對於自變項與依變項的尺度和所欲使用的統計分析方法之間，存在有配對的關係；一般而言，大致有下列四種狀況：

　　第一，自變項為間斷變項（一個），而依變項亦為間斷變項（一個），此時採用卡方檢定（χ^2 test）。例如：某研究者認為有無宗教信仰（類別變項，屬間斷變項）與是否會投入志願服務工作（類別變項，屬間斷變項）間有其關聯性，此時就是適合使用卡方檢定的好時機。

　　第二，自變項為連續變項（一個或多個），而依變項為間斷變項（一個），此時採用邏輯迴歸（logistic regression）。例如：某社工師認為老人的每月家戶所得（monthly household income）、健康狀況與社會支持度（均為或可視為連續變項）會影響其是否住進養老院（類別變項，屬間斷變項），此時就應用邏輯迴歸統計分析方法來檢證。又若自變項為包含連續變項與間斷變項之組合，而依變項為間斷變項（一個），此時可將自變項中之間斷變項轉換為虛擬變項，而後再採用邏輯迴歸統計方法處理。

　　第三，自變項為間斷變項（一個或兩個），而依變項為連續變項（一個），此時可採用變異數分析（analysis of variance, ANOVA）或t檢定（t-test）。當自變項為一個時，且該自變項的屬性為兩類（例如：生理性別變項包括男與女兩個生理屬性），則此時可採用t檢定統計分析方法。例如：某社會學家想要瞭解生理性別（兩個屬性的類別變項，屬間斷變項，一個）與每月上網購物次數（比率變項，屬連續變項）間是否存在顯著差異（亦即：是否會因為生理性別的不同，而在每月上網購物次數上產生顯著差異），因此採用「獨立樣本t檢定」（independent samples t-test）統計分析方法來加以檢證。此外，若自變項為一個，且該自變項的屬性為兩類以上，則此時通常採用單因子變異數分析（one-way ANOVA）來檢

證自變項與依變項間的關係。例如：某老師認為啟發、自學與填鴨等三種教學方法（三個屬性的類別變項，屬間斷變項，一個）與學生成績（比率變項，屬連續變項）間存在顯著差異，因此採用單因子變異數分析方法來檢證（註：其實當自變項的個數為一個，且屬性為兩類時，也能採用單因子變異數分析，其計算結果與獨立樣本t檢定統計分析方法相同，但一般在此種狀況下仍多採用獨立樣本t檢定統計分析方法來處理）。

而當自變項為兩個間斷變項時，通常採取二因子變異數分析（two-way ANOVA）方法來處理；例如：另一老師認為除了教學方法外，學生讀書時間的長度也與成績關係密切，因此希望採用二因子變異數分析來檢證。不過此時必須作變項尺度的轉換，把學生讀書時間的長度（比率尺度）分成高、中、低三組（次序尺度，屬間斷變項），而後才能作二因子變異數分析。

事實上自變項的個數當然還可以再增加，只是說當二因子變異數分析時（自變項兩個），已需考慮：自變項A的主效果（main effect of independent variable A）、自變項B的主效果（main effect of independent variable B），以及自變項A與自變項B的交互作用效果（interaction effect of independent variable A and B）；因此若自變項成為三個，就有三個主效果（$C_1^3 = 3$）、三個兩兩變項的交互作用效果（$C_2^3 = 3$），以及一個三變項共同的交互作用效果（$C_3^3 = 1$），在解釋上難度甚高，因而很少採用。

此外，如果有前、後測的狀況（例如：實驗研究），則將採「重複量數變異數分析」方法來加以處理。

第四，自變項為連續變項（一個或多個），而依變項亦為連續變項（一個），此時採用簡單線性迴歸／多元線性迴歸（simple linear regression/multiple linear regression）來分析。當自變項為一個時，可採用簡單線性迴歸分析方法來處理；例如：某社工師認為老人的社會支持（連續變項，一個）與生活滿意度（連續變項）間成顯著正相關，且社會支持是因，生活滿意度是果；因此採用簡單線性迴歸分析來檢證。而當自

變項為多個時，稱多元線性迴歸分析；例如：另一社工師認為除了社會支持會影響生活滿意度外，老人的健康狀況與每月所得也會影響生活滿意度，因此欲檢證此假設是否成立，採用多元線性迴歸分析方法來處理是適當的。同樣地，若自變項中包含有間斷變項，則亦需將其轉換為虛擬變項，而後再採用多元線性迴歸方法處理。

茲將自變項及依變項的尺度與相對應的統計方法，整理如**表5-1**。

表5-1 自變項及依變項的尺度與相對應的統計方法

影響變項 （自變項） 尺度與個數	結果變項 （依變項） 尺度與個數	統計方法	舉例
類別變項 （一個）	類別變項 （一個）	卡方分析	「有無宗教信仰」和「投入志願服務」之人數比例有無顯著關聯？
類別變項（只有兩個分類選項） （一個）	連續變項 （一個）	獨立樣本t檢定	不同「生理性別」（生理男、女兩類）的大學生，其「BMI」（身體質量指數）有無顯著差別？
類別變項（兩個分類選項以上） （一或兩個）	連續變項 （一個）	單因子/二因子變異數分析（ANOVA）	「東部三縣」（宜蘭、花蓮、台東三縣）的居民，其「平均年收入」有無顯著差別？
連續變項 （一個）	連續變項 （一個）	相關	新移民女性「每週平均上網總時數」與「社交程度強或弱」之相關性？
連續變項 （一或多個）	連續變項 （一個）	簡單/多元線性迴歸	高齡者「每月家戶所得」、「健康狀況」與「社會支持度」影響「生活滿意度」的情形？
連續變項 （一或多個）	類別變項 （一個）	邏輯迴歸	高齡者「每月家戶所得」、「健康狀況」與「社會支持度」影響「是否住進養老院」的情形？

第三節　測量誤差

測量誤差的來源包括：系統誤差（systematic error）和隨機誤差（random error），茲分述如下（趙碧華、朱美珍，2000）：

一、系統誤差

蒐集到的資料與原先預定測量的事物有所不同，即產生系統誤差。系統誤差產生的原因可能是：

(一)資料蒐集的方法出差錯

例如：用面訪方式問牽涉到「性」、「所得」與「政治意向」等方面的敏感問題。

(二)社會期望誤差

若有人依據社會期望來回答答案，則稱為「社會期望誤差」；例如：若訪員以面訪方式問到「你覺得政府應該投入更多的預算在社會福利項目上嗎？」則受訪者往往會被引導到回答「是」，以免被視為不重視社會福利、不關懷弱勢。但事實上受訪者可能已覺得目前社會福利預算不少，且政府財政狀況不佳，因此不需要投入更多的預算在社會福利項目上。因此要改善這樣的測量問題以減少系統誤差，可以一方面考慮將面訪改成郵寄問卷，以減少受訪者覺得自己的答案會「曝光」，因而趨向回答社會所期待的答案；另一方面就是修改問卷，將原本的「你覺得政府應該投入更多的預算在社會福利項目上嗎？」改成「你覺不覺得政府應該投入更多的預算在社會福利項目上？」如此是一個正反兼顧的陳述，比較不會有偏頗或引導的狀況。

(三)文化差異

在不同的文化環境下，同一語句所表達的概念可能有所不同；或是要用不同的資料蒐集方法才能蒐集到研究者想要的資料；例如：西方社會較東方社會開放，所以對於：「你／妳是否贊成婚前性行為？」或是「你／妳是否贊成婚前同居？」甚或是「到目前為止，你／妳一共曾與多少人發生過性關係？」等問題，在西方社會或許直接用面訪即可得到真實答案，但在東方社會（如台灣）因為文化上仍相對保守，所以還是以用電訪或郵寄問卷為佳。而這也就是為什麼西方所發展出來的量表要用於台灣時，往往要先作預試，然後根據信度、效度測量結果去作一些修改的原因。

二、隨機誤差

如果過去測量的事物沒有改變，但是卻有不同的測量結果，亦即兩次測量結果不一致。例如：如果問卷設計過於冗長，而填答者因為疲累，結果到後面即不能思考，所以隨意作答；這樣的狀況如果下次再用同樣的問卷重新施測一次，則答案確實很可能與之前不相同。其次，如果問卷內容多用專業術語呈現，以致填答者不能瞭解題目意思（或許填答者是不好意思問，也有可能是沒有辦法問，例如：郵寄問卷），那麼其結果就是填答者所回答的答案根本不是題目要問的；例如：若某研究者問：「你贊成台北市的平宅繼續維持、還是取消使融入一般社區？」如果填答者根本不瞭解什麼叫作平宅，那麼他如何回答此一題目？因此前後答案「猜」的不一樣也就變成很可能發生的事情。

要如何避免或減少測量誤差，大致上有下列三種方法：

第一，謹慎設計測量工具（問卷或量表）與安排測量（觀察）情境。例如：要設計一份問卷或量表，儘量避免用有偏見的字眼，這樣可以減少系統誤差（當然也可透過預試結果來加以調整）；同時儘量用受

訪者能夠瞭解的語句，因為這樣可以減少隨機誤差（趙碧華、朱美珍，
2000）。而如果要聘訪員，也要確實作好訪員訓練與訪員間一致性信度處
理，同時確定訪員已經真正瞭解研究的目的與能夠達成研究期望的目標後
方可進行。此外，在測量時應儘量安排輕鬆的情境，不要讓受訪者覺得他
是被研究的對象（避免霍桑效應產生），如此自然就不會刻意表現出符合
研究者期望的行為而造成測量誤差。

第二，三角測量法／多元測量法（triangulation）。三角測量法，是
指運用很多種不同的方法（亦即不同的資料來源）去蒐集同一個研究問題
所需的資料，以減少系統誤差。例如：如果想要瞭解某養老院中某位老人
的健康狀況，可以透過研究者自行設計的健康自評量表請案主填寫；當然
亦可透過蒐集該位老人就診醫院之書面門診紀錄，以瞭解該老人的就診頻
率與病情狀況；當然更可訪問該養老院主責此位老人的社工員或是個管
員，以瞭解該老人平日的身體狀況、心理狀況及參與社會活動狀況。當把
這些不同來源的資料蒐集到一起時，此位老人的「真正」健康狀況也就一
目瞭然了。事實上，沒有任何一個方法可以保證沒有系統誤差，所以只好
用多種方法來減少系統誤差，以趨近真相。

第三，提高測量工具（問卷或量表）的信度與效度。

🔮 第四節　信度

信度（reliability）是指研究的信賴度（dependability）與一致性
（consistency）（趙碧華、朱美珍，2000；簡春安、鄒平儀，2005；楊
國樞等，1989）。事實上，信度包括兩個層次：一是不同「次」的一致
性。例如：某教師批改同學的期中考卷，第一次與第二次給分是否相
同？又如受訪者被訪問時的回答，或受測時的分數，若再施測一次，或再
訪問一次時，其結果是否相同？如果相同程度愈高，就表示信度愈好。

第二種層次是不同「題」的一致性。例如：某社工師自行設計的憂鬱（depression）量表，一共包括二十個題目，而這二十個題目是否在施測時都呈現出同向度的結果？（也就是說，是否憂鬱狀況愈嚴重的人，他在這二十個題目的得分都偏高？）如果測量同一變項的不同題目彼此間呈現出同向度的結果愈高（亦即相關愈大），也就表示信度愈好。

　　對於信度的類型，可大分成針對訪員／評量員與針對問卷兩種；若是想要瞭解訪員／評量員之間的一致性，可使用「訪員／評量員間一致性信度」（inter-observer reliability）指標。例如：由不同的訪員去問相同的受訪者，將問卷結果拿回來作相關分析（correlation analysis），如果兩兩間的相關係數均達0.8以上，就表示訪員間一致性信度頗佳。若問卷問題是屬於二選一（Yes／No）的型式，則通常採用百分比一致性（percentage agreement）信度指標，其數值也是最好在0.8（80%）以上。而在實際施測前的預試結果分析當中，訪員／評量員間一致性信度至少也要達到0.7以上才行。以實際的研究／論文為例，王雲東（2008）在「身心障礙者職業輔導評量服務的成效分析：以台北市90-94年職評服務方案為例」研究中，邀請八位資深的職評員，針對民國90-94年台北市的職評報告書依分層隨機抽樣法、每年隨機抽出十份（所以五年共有五十份），交由上述八位資深的職評員進行登錄試評；而後再召開學者專家與職評員共同參加的座談會，針對此五十份問卷的登錄試評結果，進行討論以期能達成共識。此時因修正後的職評員百分比一致性已達80%以上，故可進行後續職評報告書正式的登錄評估。

　　針對問卷的信度類型，又可分成三大類：

一、重測信度／再測信度

　　重測信度（test-retest reliability）係指用同一測驗，對同一群受試者前後測驗兩次，再根據受試者兩次測驗的分數，計算其相關係數，此係數

即為該測量的信度係數，此法的目的主要是要瞭解該測量的穩定性。一般而言，此相關係數最好能達到0.8以上，但至少也要有0.7才算是良好穩定的測量工具。值得注意的是如果受試者在測驗與再測驗之間，個人狀況或社會情境有所改變的話，則重測信度的數值就會產生很大的誤差，因此兩次測驗間隔時間不宜過長。如果間隔時間稍長，雖然受試者在第二次測試時可能已經忘記前一次回答的答案，是個優點，但是個人狀況或社會情境卻也可能會有所改變，這是非常嚴重的缺點。但若兩次間隔時間太短，則受試者沿用第一次回答的資料，又失去再測的意義。所以再測信度實施的間隔時間不可過長（不要超過六個月），也不可過短（不要短於兩週）（趙碧華、朱美珍，2000）。

二、複本信度／同方向性信度

複本（不是「副本」，因為副本與正本要完全一樣）信度（alternate-form reliability），亦即同方向性信度（parallel-forms reliability）主要是適用於教育領域，例如：某教授希望出一份題型、內容、難度及鑑別度均相似，但題目不同的考卷來考其所任教的兩班同學，因此自然希望此兩種版本的考卷，對於同一位學生的測驗成績相關程度要高。複本是指與正本本質相同、結構也相同的問卷或測驗卷，它是另外設計的問卷，與正本「一致」但不「一樣」。所以理論上此兩種版本的考卷所測量的結果應該相同或近似，而此時即表示複本信度較高。不過這種方法在社會工作領域中較少使用，因為設計第二份問卷的狀況並不常有。

三、內部一致性信度

內部一致性信度（internal consistency reliability）是屬於測量不同「題」的一致性；又可分成兩類：折半信度（split-half reliability）與

Cronbach's α係數。折半信度就是把問卷「折」成一半，然後再看受訪者在這兩半測驗上的分數彼此之間的相關係數，即為其折半信度值。不過，這種測量方法最大的問題在於應從哪裡「折」，是採對折還是分單數題與雙數題。理論上如果這個問卷設計得好的話（主要指結構），這折半的兩組問卷所得到的分數彼此之間的相關係數應該要「高」才對；但事實上往往很難達到，所以折半信度是當問卷長度愈長時則愈準確（因為可能有的不同結構向度會彼此抵銷）；不過因為現在問卷設計的趨勢都是儘量精簡（因為考慮受試者的填答意願），所以折半信度其實並不是目前測量不同「題」一致性的最常用方法。

目前最常使用測量不同「題」一致性的方法是Cronbach's α信度係數法。其公式如下（Cronbach, 1951）：

$$\alpha = \frac{I}{I-1} \left(1 - \frac{\Sigma S_i^2}{S^2} \right)$$

式中I為問卷（測驗）所包括的題數（項目數），S_i^2為每一題（項目）分數的變異量，S^2為問卷（測驗）總分的變異量。也就是說，當各題的相關程度愈大時（變異量愈小），則Cronbach's α信度係數愈大，亦即內部一致性信度愈高。而此法與問卷設計的結構關聯較折半信度為低，因此其數值較穩定。一般來說，Cronbach's α信度係數值在0.8以上，就表示內部一致性信度頗佳，但至少要大於0.7。此外折半信度與Cronbach's α信度係數均可由統計軟體（例如：SPSS）套裝程式求得，非常方便。

以實際的研究／論文為例，李安妮、王雲東（2008）在其「多元就業開發方案進用人員職業能力提升情形暨後續就業狀況調查研究」中，使用自編之「職業能力量表」（包括：工作態度、工作技能、人際關係等三個分量表）作為測量多元就業開發方案進用人員之職業能力提升狀況的指標，並隨機抽取七家用人單位與三十一位進用人員進行預試，其總量表與各分量表之Cronbach's α值依序為0.95、0.84、0.90與0.91，均在0.70以上

甚多，因此表示此總量表與各分量表的內部一致性信度均甚佳。

第五節　效度

效度（validity）是指研究的準確性，也就是真正測出研究者想要測量的概念或變項的能力。例如：研究婚姻美滿狀況時，研究者必須設計與婚姻美滿有關的題目，不能用評估溝通能力的問卷，否則研究就失去了效度。對於效度的分類，可分成下列四大類型（趙碧華、朱美珍，2000；楊國樞等，1989；簡春安、鄒平儀，2005）：

一、表面效度

表面效度（face validity）是指問卷或測驗在研究者或填答者主觀上覺得有效的程度。例如：某研究者認為用士兵抱怨的次數來測量士氣是有效度的，但是用士兵的食量來測量士氣則沒有效度；又或是用數學考卷來測英文程度，則老師和學生都認為沒有效度等，即是表面效度的例子。

例如，羅淑芬等（Lo et al., 2010）的「對造口病患之多媒體學習方案的成本效能分析」研究中，根據其隨機抽取的十位造口病患對其自編之「自我照護之知識／態度／行為量表」的預試意見，微幅修改量表的用語。

二、內容效度

內容效度（content validity）指的是有系統的檢查測驗內容的適切性，衡量測驗是否涵蓋足夠的項目，以及是否有適當的比例分配等。例如：我們要測量健康狀況，應該包括生理、心理及社會等三層面。因此內容效度主要是由該領域的專家來執行；同時研究者要儘量蒐集文獻，讓研

究架構涵蓋各個面向，不要缺漏，然後再發展出問卷或測驗，內容效度才會好。

例如，李安妮、王雲東（2008）在其「多元就業開發方案進用人員職業能力提升情形暨後續就業狀況調查研究」中，針對其自編之「職業能力量表」，召開專家會議，並根據專家們的意見，加以修改量表的內容，以提升內容效度／專家效度。

三、經驗效度

「經驗效度」（empirical validity）是指：從測量所獲取的資料與實際之情形相當的程度，可分成三類：同時效度（並行效度）（concurrent validity）、預測效度（predictive validity）與效標關聯效度（criterion-related validity）。茲分述如下：

(一)同時效度（並行效度）

經由問卷所得到的調查結果若能與目前實質的狀況相稱（不論未來），表示該問卷具有同時效度或並行效度。例如：測量婚姻滿意度時，夫妻關係正常者（美滿者）的分數，應比正在分居中的夫妻高，若有這種辨別力，才能稱得上與事實相當的並行效度。

(二)預測效度

經由問卷或測驗所得到的調查結果若能預測當事者的「未來」，表示該問卷或測驗具有良好的預測效度。例如：於國小階段測量IQ高的人，若於國中階段在校的學業成績確實較佳，則我們可以說：IQ測驗具有高度的預測效度。不過若要計算該問卷或測驗的預測效度時，必須運用追蹤的方法，對受試者未來的行為表現作長期持續的觀察、考核和記錄，然後以累

積所得的實證資料，與當初的測驗分數進行相關分析才行。

(三)效標關聯效度

「效標」（criterion）是指：足以顯示所欲測量的概念或變數的指標；例如：如果要測量「成功」，可能會把成功的「效標」定為：每月「收入」有多少？或是「學歷」有多高？當然也可能定為「做過多少公益服務」？而效標關聯效度則是指：測量分數和效標間的相關係數。例如：某社工師設計一憂鬱量表，其中建立幾個主要的效標，包括：睡眠狀況（是否失眠）、食量（是否食慾不振）、是否頭痛、是否不想與人談話、是否有厭世的想法等。若某位老人在憂鬱量表上的得分頗高（或說自覺憂鬱狀況嚴重），同時也確有以上所指效標的狀況，就可以說此測驗的效標關聯效度良好。

四、建構效度

建構效度（construct validity）是指測驗能否測量理論的概念或特質的程度。例如：某研究者想測量老人的人權狀況，因此他根據聯合國大會在1991年所通過的「聯合國老人綱領」中提出的五大要點：獨立、參與、照顧、自我實現與尊嚴等，建構出他的問卷，若受試的老人中得分愈高者，其自覺人權受重視的程度也較高，這就表示「聯合國老人綱領」中所提出來的五大要點在老人人權的實地測量上獲得驗證，也就是說本測量的建構效度頗佳。

建構效度也可用電腦統計軟體（如SPSS）的「因素分析」（factor analysis）計算求得，例如：將前述「聯合國老人綱領」中的五大要點所建構的二十九個題目的預試結果，一起去跑（run）因素分析，若正好可以歸納出五項因素，且每一個題目在這五項因素上的負荷（load）狀況也與理論相近，如此即可得出建構效度頗佳的結論。

例如，李安妮、王雲東（2008）在其「多元就業開發方案進用人員職業能力提升情形暨後續就業狀況調查研究」中，亦針對其自編之「職業能力量表」，進行因素分析，其結果與文獻及理論中將職業能力分成三個構面一致，顯示建構效度良好。

💡 第六節　信度和效度的關係

效度是一個良好測量工具（如問卷）的首要必備條件，而信度則是在效度具備的前提之下盡可能要加以提高的參數指標。而在一個測驗中信度和效度的關係有如下幾種可能：(1)有信度，也有效度，這是最佳狀況；(2)有信度，但是沒有效度，例如：一個施虐的爸爸和媽媽被法院判決必須接受家庭治療才能保有他們的小孩，因此在治療過程中不論治療人員怎麼問，答案都是一樣的——不會虐待小孩，有很高的信度但卻（可能）沒有效度；(3)沒有信度，也沒有效度；後兩種狀況都不是研究者樂於見到的。不過值得注意的是，並沒有一種狀況叫作「有效度，但卻沒有信度」，這是因為當效度具備的時候，信度必然具備；就好像一把永遠會射中紅心的槍（效度佳），其彈著點也必然永遠圍繞在紅心附近（信度佳）。

總結來說，信度和效度都是在預試過程中，不可或缺的步驟，特別是內部一致性信度中的Cronbach's α信度係數法與表面效度、內容效度等部分；而也唯有在具備良好信度和效度測量工具的前提下，測量的結果才有意義。

解釋名詞

1. 操作型定義：當界定概念或變項時，不直接描述該被界定項的性質或特徵，而是舉出測量該被界定項所作的操作活動。簡言之，操作型定義就是「可具體測量的變項定義」。

2. 測量：根據某些準則，把一些對象或事件加以量化，通常是賦予數字的過程。

3. 類別尺度／類別變項（或譯名義尺度／名義變項）：變項的屬性只具有周延性和互斥性；例如：性別、宗教信仰、出生地等。

4. 次序尺度／次序變項：變項的屬性具有邏輯的層次與次序的大小，但是沒有相等的單位；例如：考試名次。

5. 等距尺度／等距變項：變項的屬性具有邏輯的層次與次序的大小、同時有相等的單位；例如：溫度中的華氏和攝氏就是等距變項。

6. 比率尺度／比率變項：變項的屬性不但具有邏輯的層次與次序的大小、相等的單位，同時有「絕對的零點」，可說是變項尺度中最「嚴謹」、位階最高的一種；例如：絕對溫度凱氏、年齡、身高、體重等。

7. 虛擬變項：為了統計分析（特別是迴歸）的需要，可將名義變項的不同屬性藉由定義為1與0的方式，而將名義變項轉換成等距變項。

8. 系統誤差：蒐集到的資料與原先預定測量的事物有所不同所造成的誤差。

9. 隨機誤差：如果過去測量的事物沒有改變，但是卻有不同的測量結果，亦即兩次測量結果不一致所造成的誤差。

10. 三角測量法／多元測量法：運用很多種不同的方法（亦即不同的資料來源）去蒐集同一個研究問題所需的資料，以減少系統誤差。

11. 信度：研究的信賴度與一致性。事實上，信度包括兩個層次：一是不同「次」的一致性，第二種層次是不同「題」的一致性。

12.訪員間一致性信度：由不同訪員去問相同受訪者，將問卷結果拿回來作相關分析的相關係數。

13.重測信度／再測信度：用同一測驗，對同一群受試者前後測驗兩次，再根據受試者兩次測驗的分數，計算其相關係數，此係數即為該測量的信度係數，此法的目的主要是要瞭解該測量的穩定性。

14.複本信度／同方向性信度：同一群受試者對複本（不是「副本」，是指與正本本質相同、結構也相同的問卷或測驗卷，它是另外設計的問卷，與正本「一致」但不「一樣」）與正本測驗分數的相關係數，即為該測量的信度係數。

15.內部一致性信度：測量不同「題」間一致性的指標；又可分成折半信度與Cronbach's α信度係數兩類。

16.效度：研究的準確性，也就是真正測出研究者想要測量的概念或變項的能力。

17.表面效度：問卷或測驗在研究者或填答者主觀上覺得有效的程度。

18.內容效度：問卷或測驗內容是否適切、涵蓋面是否完整足夠與比例分配是否適當等的指標。

19.經驗效度：從測量所獲取的資料與填答者實際的情形是否一致的程度。

20.同時效度（並行效度）：經驗效度的一種，是指經由問卷所得到的調查結果若能與目前實質的狀況相稱（不論未來），表示該問卷具有同時效度或並行效度。

21.預測效度：經驗效度的一種，是指經由問卷或測驗所得到的調查結果若能預測當事者的「未來」，表示該問卷或測驗具有良好的預測效度。

22.效標：足以顯示所欲測量的概念或變數的指標。

23.效標關聯效度：經驗效度的一種，是指測量分數和效標間的相關係數。

24.建構效度：測驗能否測量理論的概念或特質的程度。

考古題舉例

1.請將下列名詞進行概念上（conceptual）和操作上（operational）的完整
定義。（17分）（政大88年度社會學研究所碩士班「社會學研究方法」
入學考試試題）

  (1)Child abuse

  (2)Marital happiness

  (3)Friendship

2.操作化（operationalization）。（5分）（86年高考三級「社會調查與統
計」試題）（台灣大學87學年度研究所乙丙組「社會研究方法」試題）

3.操作性定義（Operational definitions）。（5分）（88年公務人員高等考
試三級考試第二試「社會研究法」試題）

4.操作法（Operationalism）。（5分）（台灣大學87學年度研究所甲組
「社會研究方法」試題）

5.何謂指標（Indicator）？在研究過程中要如何選擇？（25分）（84年高
考二級「社會調查與研究」試題）

6.試說明判斷量化研究測量資料品質的指標及內容。（25分）（台灣大學
84學年度研究所「社會研究方法」試題）

7.採用統計方法分析資料時要注意測量層次（Level of measurement）？請
問測量層次有幾種？它與所用的統計方法有何關係？請舉例說明之。
（25分）（81年基乙「社會調查與研究」試題）

8.測量量度（scale of measurement）有幾種？其差異為何？（25分）（82
年普考「社會調查與統計概要」試題）

9.社會研究常用之測量尺度凡幾。各類尺度在數學與統計分析方法之應用
方面有何侷限？試舉例加以說明。（20分）（政大83年度社會學研究所

碩士班「社會學研究方法」入學考試試題）

10.試舉例說明四種測量層次（Level of measurement）的意義與性質，並說明四者所構成的累積尺度（Scale）在統計處理上的涵義。（25分）（台灣大學80學年度研究所「社會研究方法」試題）

11.社會學變數常用的測量量度（Scales of measurement）有哪四種？該四種量度之變數的不同組合與統計分析方法有何關係？（25分）（84年公務人員薦任升等考試「社會調查研究」試題）

12.名義（Nominal）、等級（Ordinal）、等距（Interval）及等比（Ratio）等四種社會研究的測量尺度在性質上有何不同？其與社會研究資料分析方法的選擇間存在何種關係？試舉例加以說明。（25分）（84年基丙「社會調查與研究概要」試題）

13.信度（Reliability）。（5分）（88年公務人員特種考試身心障礙人員三等考試「社會研究法」試題；86年普考「社會調查與研究」試題）

14.等距變項（Interval variable）。（5分）（88年公務人員高等考試三級考試第二試「社會研究法」試題；88年公務人員特種考試身心障礙人員三等考試「社會研究法」試題；台灣大學87學年度研究所甲組「社會研究方法」試題）

15.順序尺度測量（Ordinal Measure）。（5分）（87年公務人員普通考試第二試「社會研究法概要」試題）

16.請說明社會科學研究中心，衡量測量品質的三個因素（亦即從哪三方面來檢驗資料的品質）。（25分）（台灣大學78學年度研究所「社會研究方法」試題）

17.試述反應誤差（Response errors）的意義及來源。（25分）（82年高考二級「社會調查與研究」試題）

18.試述信度（Reliability）與效度（Validity）的意義，並述提升信度、效度之辦法。（15分）（東海大學84學年度社會工作研究所博士班「社會工作研究法」入學考試試題）

19.何謂信度，何謂效度？請各舉兩種測量的方法，並討論信度與效度在量化與質化研究中的重要性。（20分）（台灣大學87學年度研究所甲組「社會研究方法」試題）

20.研究設計時所需注意的「內在效度」與「外在效度」各有哪些？並請簡要說明之。（25分）（84年公務人員簡任升等考試「社會研究方法」試題）

21.一個良好的社會工作研究，應能儘量符合三種判準：內在與外在有效；研究結果的應用性高，以及研究成本合理，請闡明這三種判準之內涵。（18分）（東海大學82學年度社會工作研究所碩士班「社會工作研究法」入學考試試題）

22.效度（Validity）。（5分）（87年公務人員普通考試第二試「社會研究法概要」試題）

23.科學研究者發展理論時，經常需要一個有效且可靠的變項（variable），而這將涉及到變項操作性的定義或者是測量的問題。試問測量上的信度（reliability）與效度（validity）是什麼？如何檢定信度與效度？兩者間的關係又如何？（25分）（87年專門職業及技術人員高等考試社會工作師試題）

24.解釋名詞：

(1)虛擬變項（dummy variable）。（5分）

(2)建構效度（construct validity）。（5分）（90年普通考試第二試「社會研究法概要」試題）

25.名詞解釋：

(1)虛擬變項（dummy variable）。（5分）

(2)內在效度（internal validity）。（5分）（91年高等考試三級第二試「社會研究法」試題）

26.何謂「操作定義」（Operational definition）？何謂「操作化」（Operationalization）？在社會工作研究中，何種情況下會使用「操作

定義」或進行「操作化」過程？（15分）（東吳大學93學年度碩士班
招生考試「社會工作研究法」試題）

27.何謂「測量誤差」？測量誤差可分「系統誤差」和「隨機誤差」兩大
類，研究者較關注哪類測量誤差的防範？其理由為何？（10分）（東
吳大學93學年度碩士班招生考試「社會工作研究法」試題）

28.在一個學校與家庭環境對學生公民意識及行為影響的問卷調查研究
中，研究者設計了一組關於公民意識的題目，以及其他與公民行為有
關的題目。這些題目都是等級尺度或等距尺度測量的變項。請問：

(1)研究者可以用什麼方法來確認這些題目是測量到其所欲測量的概
念？（5分）

(2)如果有人質疑：即使這些題目是測量到了一個潛在的變項，但是這
個測量到的潛在變項是否就是所謂的公民意識，則不無疑問。請
問：

(a)這種質疑是與信度，還是效度有關？請先定義這兩個概念後，再
回答。（5分）

(b)研究者可以如何利用其所得到的調查資料，做些變項間的統計分
析，來回應這種質疑？換言之，研究者可以做哪些信度或效度的
分析？請具體說明您建議的分析方法。（10分）（國立政治大學
93學年度碩士班招生考試「社會工作研究法」試題）

29.何謂「信度」與「效度」？如果妳／你是婦女團體的社會工作人員，
想要瞭解喪偶婦女在參與機構所提供的12次的支持性團體之後有什麼
改變，你／妳會運用何種方式來測量工具本身的信度與效度？為什
麼？（25分）（國立台灣師範大學94學年度碩士班招生考試「社會工
作研究法」試題）

30.某位研究者想要評估不同的個案管理模式的效能，乃找到一群偏差行
為青少年隨機分成四組，A組採自我肯定模式提供服務，B組採復健模
式提供服務，C組採優點模式提供服務，D組則是控制組。實驗結束後

以一個標準化量表評量受服務對象的生活品質，分數越高代表品質越佳。統計結果如下：

變異來源	SS	df	MS	F
組間	154.12	B	D	F**
組內	A	C	E	
全體	286.87	31		

*p＜0.05; **p＜0.01

(1)寫出自變項、依變項及他們的測量尺度。（8分）

(2)上表中A、B、C、D、E、F的值各為多少？（6分）

(3)上表結果在統計報告中將如何說明？（6分）

(4)各組的生活品質平均分數為：A組）50.0分，B組）31.2分，C組）75.0分，D組）16.3分，經事後比較的結果如下圖，請以統計報告的方式說明此結果。（10分）

	A組	B組	C組	D組	（*p＜0.05）
A組				*	
B組			*		
C組				*	
D組					

（國立台灣師範大學94學年度碩士班招生考試「社會工作研究法」試題）

31.何謂信度？何謂效度？試問信度與效度之間的關係，並說明提高信度與效度的方法。（30分）（93年公務人員特種考試身心障礙人員三等考試「社會研究法」試題；93年公務人員特種考試原住民族三等考試「社會調查與研究」試題；93年公務人員高等考試三級考試第二試「社會研究法」試題；94年特種考試地方政府公務人員四等考試「社會調查與研究概要」試題）

32.解釋名詞：測量等級（levels of measurement）。（5分）（94年特種考

試地方政府公務人員四等考試「社會調查與研究概要」試題）

33.Discuss the reliability and validity issues in quantitative and qualitative research. Please make some examples to prove your arguments.（本題8分）

（國立暨南大學93學年度碩士班招生考試「社會工作研究法」試題）

34.如何解釋測量上的信賴係數（reliability coefficient）？又如何提高測量的信賴度？（25分）（85年普考「社會調查與研究概要」試題）

35.虛擬變項（dummy variable）。（5分）（87年公務人員普通考試第二試「社會研究法概要」試題）

36.類別性資料分析（Categorical data analysis）。（5分）（88年公務人員特種考試身心障礙人員四等考試「社會研究法概要」考試試題）

37.試回答下列有關變異數分析（ANOVA）的問題：（25分）（台灣大學82學年度研究所「社會研究方法」試題）

(1)基本假設（Assumptions）與用途。

(2)說明已解釋變異量與未解釋變異（Explained & unexplained variance）的意義。

(3)如何求得檢定統計量（Test statistic）。

38.Criterion Validity（10分）（國立臺北大學97學年度碩士班招生考試「社會學研究法」試題）

39.表面效度（face validity）。（3分）（國立臺北大學96學年度碩士在職專班招生考試「社會研究方法」試題）

40.請說明抽樣誤差（sampling errors）與測量誤差（measurement errors）對社會行為研究的可能影響，並說明如何減少這兩種誤差。（20分）（國立臺北大學96學年度碩士班招生考試「社會學研究法」試題）

41.如我們以「非常同意」、「同意」、「不同意」、「非常不同意」、「無意見」去測量台灣民眾對同性戀的態度，我們得到的資料是屬於哪個測量的層次：

(1)類別（nominal）

(2)等級（ordinal）

(3)等距（interval）

(4)等比（ratio）。（3分）（國立臺北大學97學年度碩士在職專班招生考試「社會研究方法」試題）

42.以下為某報社以隨機抽樣的方式，對台灣民眾關於是否應加重酒後駕車罰則的三次民意調查結果。

		1995		2000		2005	
		男性	女性	男性	女性	男性	女性
是否應加重罰則	應該	61%	91%	70%	90%	78%	91%
	不應該	39%	9%	30%	10%	22%	9%
	Total	100%	100%	100%	100%	100%	100%

以上列的表格為基礎，回答以下的問題：

(1)表格中包含了哪些變項？它們的類別或屬性為何？（10分）

(2)你可從表格中觀察到哪些結論？（15分）

(3)這表格所呈現的資料，在時間的向度上代表何種設計？（5分）（國立臺北大學97學年度碩士在職專班招生考試「社會研究方法」試題）

43.systemic error（4分）（國立臺北大學98學年度碩士班招生考試「社會工作研究法」試題）

44.請說明何謂有信度而無效度，與有效度而無信度。（5分）（國立臺北大學98學年度碩士班招生考試「社會學研究法」試題）

45.Dummy Variable（5分）（國立臺北大學99學年度碩士班招生考試「社會工作研究法」試題）

46.「您是什麼時候出生的？民國　年」

請依此題的回答建構「名目」（nominal）、「等級」（ordinal）、「等比」（ratio）三個層級的變數各一，並指出測量其「集中趨勢」（central tendency）「離散／離異」程度（dispersion）的恰當統計。（30分）（國立臺北大學99學年度碩士在職專班招生考試「社會研究

方法」試題）

47.虛擬變項（dummy variable）。（5分）（國立臺灣大學98學年度碩士班招生考試「社會工作研究方法」試題）

48.三角測量法（triangulation）。（5分）（國立臺灣大學98學年度碩士班招生考試「社會工作研究方法」試題）

49.Random Error vs. Systematic Error（6分）（國立臺灣大學99學年度碩士班招生考試「社會工作研究方法」試題）

50.請解釋並舉例說明何謂nominal variable、ordinal variable、interval variable與ratio variable，以及每一種變項所適用之統計方法。（20分）（國立臺灣大學99學年度碩士班招生考試「社會工作研究方法」試題）

51.建構效度（construct validity）。（4分）（國立臺灣大學100學年度碩士班招生考試「社會工作研究方法」試題）

52.採用邏輯迴歸（logistic regression）統計分析方法時，自變項與依變項應各屬何種測量尺度？

　(A)自變項為等距或比率尺度、依變項為類別尺度。

　(B)自變項為次序尺度、依變項為等距或比率尺度。

　(C)自變項為類別尺度、依變項為等距或比率尺度。

　(D)自變項為等距或比率尺度、依變項亦為等距或比率尺度。（5分）（國立臺灣大學104學年度碩士班招生考試「社會工作研究方法」試題）

53.進行社會科學研究時，研究工具的信度高低為一重要課題。請說明信度的意義及影響信度高低的原因。並進一步說明如何提高信度？（25分）（104年高考社會行政類科「社會研究法試題）

54.測驗問卷調查中，「社會期許的偏誤」（social desirability bias）會影響答案的真實性。請說明何謂「社會期許的偏誤」？並請闡述有何技術可以降低「社會期許的偏誤」？（25分）（104年高考社會行政類科「社會研究法試題）

55.「教育程度」此一變項,若不考慮統計分析的便利性,則其應屬何種
測量尺度?

(A)類別尺度

(B)次序尺度

(C)等距尺度

(D)比率尺度(1.67分)(101年第二次高考社會工作師考試「社會工作
研究方法」試題)

56.Cronbach's α 係數是下列哪一種信度的指標?

(A)再測信度

(B)複本信度

(C)內部一致性信度

(D)訪員間一致性信度。(1.67分)(101年第二次高考社會工作師考試
「社會工作研究方法」試題)

57.用統計中的「因素分析」(factor analysis)方法,可以檢視下列哪一
種效度?

(A)表面效度

(B)內容效度

(C)經驗效度

(D)建構效度。(1.67分)(101年第二次高考社會工作師考試」社會工
作研究方法」試題)

58.採用變異數分析(Analysis of Variance, ANOVA)統計分析方法時,自
變項與依變項應各屬何種測量尺度?

(A)自變項為類別尺度、依變項為等距或比率尺度。

(B)自變項為次序尺度、依變項為等距或比率尺度。

(C)自變項為等距或比率尺度、依變項為類別尺度。

(D)自變項為等距或比率尺度、依變項亦為等距或比率尺度。(1.67分)
(101年第二次高考社會工作師考試「社會工作研究方法」試題)

59.採用邏輯迴歸（logistic regression）統計分析方法時，自變項與依變項
應各屬何種測量尺度？
(A)自變項為類別尺度、依變項為等距或比率尺度。
(B)自變項為次序尺度、依變項為等距或比率尺度。
(C)自變項為等距或比率尺度、依變項為類別尺度。
(D)自變項為等距或比率尺度、依變項亦為等距或比率尺度。（1.67分）
（101年第二次高考社會工作師考試「社會工作研究方法」試題）

60.小明想用量化研究方法瞭解青少年物質濫用問題，首先他決定閱讀與
物質濫用有關的文獻，接著他需要瞭解物質濫用的意義，這是概念化
（conceptualization）的議題；再來瞭解如何測量物質濫用，這是操作
化（operationalization）的議題。操作化是一個重要的研究步驟，研
究人員將腦中抽象的想法（或概念）和真實世界中具體的指標加以連
結。測量則是連結抽象概念和經驗指標的過程，所以測量一個概念的
過程，有助於對概念意涵的理解。因此概念化和操作化需同時進行。
現在，請你協助小明建立物質濫用的可能操作性指標，然後再具體設
計一些題目，以便測量抽象的概念。（25分）（103年第一次高考社會
工作師考試「社會工作研究方法」試題）

61.請試述何謂「內容效度」（content validity）？何謂「建構效度」
（construct validity）？並舉例說明這兩種效度考驗方式的操作差別。
（25分）（103年原住民族特考社會行政類科「社會研究法」試題）

62.請說明性別偏誤（gender bias）或是文化不敏感（cultural insensitivity）
對研究可能產生的影響為何？（25分）（101年原住民族特考社會行政
類科「社會研究法」試題）

63.名詞解釋
(1)Internal Validity（5分）
(2)三角測量（5分）（國立臺北大學105學年度碩士班招生考試「社會
工作研究法」試題）

64.請就「貧窮」和「生活品質」提供概念性定義，並就上述概念舉例說明其操作性定義。（25分）（106年特種考試地方政府公務人員三等考試社會行政類科「社會研究法」試題）

65.請就問卷設計的信度與效度各舉一例說明。（25分）（106年特種考試地方政府公務人員四等考試社會行政類科「社會研究法概要」試題）

66.在量化的研究當中往往需要針對研究對象進行「測量」（measurement），請論述測量的定義；再者，研究變項的測量尺度有四種，請詳述下列變項：「地理區域」、「每月薪資」、「年級」、「生活滿意量表分數」，分別屬於那一種尺度，以及該類尺度的屬性為何？（25分）（106年高考三級社會行政類科「社會研究法」試題）

67.在量化研究中，需要採用不同測量尺度（measurement scale）來進行變項測量，請說明並舉例常見的四種測量尺度之內涵與限制。（25分）（107年地方特考三等考試社會行政類科「社會研究法」試題）

68.請針對下列研究計畫摘述，分析這個研究設計存在著那些可能會威脅內在效度的因素（回答時請先簡單說明什麼是內在效度）。（30分）

某群研究者發現近二十年來美國青少年的憂鬱症狀以及自殺或自傷的比例有升高趨勢，而且這種趨勢和手機的發展和盛行似乎有平行的對應關係。因此他們提出了「過度使用手機會改變青少年的人際互動的模式，造成人際疏離，進而使憂鬱增加」的假設。為了檢驗這個假設，他們將徵求1000名志願者參與一個為期30天的實驗方案，參與者將被要求減少使用手機（對於如何減少使用，研究者有詳細的規範，不在此贅述），並請參與者每天記錄是否遵守了約定的規範，若參與者違反約定規範或忘了記錄超過5天，就會被認定為無效樣本。研究者會在實驗前後測量參與者的人際互動模式、人際關係和幸福感，企圖比較減用手機前後的差異，據以推論減用手機是否對人際互動模式、人際關係和幸福感產生正面影響。

（107年原住民族特考三等考試社會工作類科「社會工作研究法」試題）

69.請論述測量之信度和效度的內涵。若欲針對老人之生活滿意度加以測量，你會如何確保該測量之信度和效度？（25分）（107年第一次高考社會工作師考試「社會工作研究方法」試題）

70.不論是討論生、老、病、死的現象，或是消費、生產與服務行為，「社會經濟地位」（socioeconomic status）是研究者最常使用的變項（variable）之一。有些研究使用「教育程度」、「職業」與「所得」三個測量指標，一起建構出個人的社會經濟地位，有些研究則只用三者之二或之一來代表個人的社會經濟地位，例如「教育程度」。請回答下列問題：

(1)利用「多個指標」來反映「某一概念」時，有什麼優、缺點？（10分）

(2)使用教育程度「單一指標」來測量「社會經濟地位」之利弊得失如何？（10分）

(3)在處理教育程度變項時，有些人將其視為類別資料，有些人則轉換為教育年數當作連續性資料處理。你覺得那一種處理方式比較適當，為什麼？（5分）（107年身心障礙特考三等考試社會行政類科「社會研究法」試題）

71.請就年齡、收入、生活滿意、社會支持等四個變項規劃可能的測量方法，並分別說明該測量方法的尺度為何？（25分）（108年公務人員升官等考試「社會工作研究方法」試題）

72.研究者為提升質性研究的嚴謹度，採用三角檢測（triangulation）是一種普遍適用的策略，請敘述三角檢測的意義和類型為何？（25分）（108年身心障礙特考四等考試社會行政類科「社會研究法概要」試題）

73.名詞解釋：

　　(1)社會期許偏誤（social desirability bias）（5分）

　　(2)觀察者間信度（inter-observer reliability）（5分）（國立臺北大學
　　　108學年度碩士班招生考試「社會工作研究法」試題）

74.有位社工員進行一項問卷調查，希望瞭解一個地區的男性與女性居
　　民，對規劃中的三種社會福利住宅型態（A、B、C三種類型）的選擇
　　是否有差異。你會如何設計「對三種社會福利住宅型態偏好」的測量
　　方法？另外，就你的測量方法，你會選用那一種統計方法來分析？請
　　說明之。（25分）（109年第一次高考社會工作師考試「社會工作研究
　　方法」試題）

75.在探討因果關係時，內在效度與外在效度是二種重要的效度形式，請
　　分別說明這兩種效度的內涵，並說明兩者的關係（15分）。另舉例說
　　明五種內在效度的威脅（10分）。（國立臺北大學109學年度碩士班招
　　生考試「社會工作研究法」試題）

Chapter

6

建構測量工具

　　本章主要介紹測量工具的建構，亦即問卷與量表的設計（一般來說，問卷係一套有系統、有順序及有目的的問題或／與表格設計；而量表則是由一組相互連鎖的問題或陳述句結合而成，用以計算此連鎖各項所得到被測變項分數的程序。在嚴謹性與標準化兩方面，量表均較問卷為高）。與前章相同，本章的重點也是放在量化研究。

🔆 第一節　問卷問題的設計

一、問題設計的型式

　　問卷就是將變項的操作型定義轉化為實際的問題以便於讓人回答，一般來說可包括三種型式：(1)結構式問卷（structured questionnaires）；(2)非結構式問卷（non-structured questionnaires）；(3)半結構式問卷（semi-structured questionnaires）。

(一)結構式問卷

　　也就是封閉式問卷（closed-ended questionnaires），研究者預先設計好各題所有可供回答的答案，讓填答者選擇。例如：教育程度的選項，包括：□小學（含）以下，□國中，□高中，□大學，□研究所（含）以上；換言之，所有可能的狀況，都包含在研究者設計的選項之中。

　　封閉式問卷大多用於量化研究之中，受訪者只能就研究者事先提供的答案中勾選，其優點是：(1)容易作答，因此填答者通常較願意配合，所以回答率通常較高；(2)事後編碼較省時。不過缺點亦有：(1)限制填答者作答（提供的選項也許不能表達填答者真正的意見／看法）；(2)填答者可能隨便作答（不假思索）；(3)容易產生群式答案，大家都圈選中間那項（趨中），研究者便不易區別一些群內的差異。

(二)非結構式問卷

又名開放式問卷（open-ended questionnaires），是指研究者於整份問卷中完全不設定選項來限制填答者的選擇，而讓填答者可以完全自由發揮來作答。例如：您認為目前台灣最大的社會問題為何？

一般來說，開放式問卷大多用於質性研究，其優點是：(1)讓填答者有充分的自由度來填寫，而不先預設其答案；而一般多用於探索性階段（或是如德菲法般整合專家的意見，詳見第十七章），為發展出好的封閉式問卷作準備；(2)允許填答者提供細節與較深入的看法（感覺）。其缺點包括：(1)耗時；(2)填答者需要有較高的教育程度與語言表達能力，也因此可能會降低回答率；(3)事後的分類較麻煩，因為大家可能以不同的字眼來表達同樣的意思。

(三)半結構式問卷

半結構式問卷是一種混合型式的問卷設計，也就是說在整份問卷中同時包括有封閉式與開放式的問題。

因此在各有優缺點的情況之下，究竟採用何種型式較適合呢？事實上並沒有標準答案；不過一般來說，開放式問卷多用於探索性研究，也就是說研究者對選項的全面性無法完全掌握，而且時間及金錢都許可的情況之下。至於封閉式問卷則多用於因果性研究／解釋性研究，因為希望能以統計分析的方法，明確建立變項之間的關係。當然兩種方法亦可用於同一問卷之中（半結構式問卷），這主要就是以問題性質作為考量的依據。

對於量化研究而言，主要還是採取結構式問卷／封閉式問卷的設計，因為易於轉換成數字，輸入電腦後作統計分析。對於封閉式問卷而言，研究者必須預先設想所有可能的狀況，如果預設答案非常清楚又完整，容易明瞭，當然沒有問題；如果預設答案不清楚、不完整或不易明瞭，就容易發生受訪者（填答者）漏答的情形，或者受訪者（填答者）不

解其意,而回答錯誤。因此,在設計封閉式問卷(問題)時,同樣應考慮前述變項的兩項特性:一是周延性,把所有可能的答案都考慮進去,或是增設「其他(請填寫)_____」的方式,以便廣納意見。二是互斥性,預設的答案不能讓填答者同時填寫兩個答案以上,也就是覺得甲答案可以,乙答案也可以的重複選擇(複選題例外),若是如此,在作資料整理和分析時必定相當困難。研究者若為了確定答案具互斥性,應該事先仔細考慮複合情形,或是請教相關領域的專家,甚或是在訪問前自己先模擬回答一次以便確認(趙碧華、朱美珍,2000)。

二、問題設計的基本原則

以下談到問卷問題設計的幾項基本原則(趙碧華、朱美珍,2000;簡春安、鄒平儀,2005):

(一)主題原則

問卷的內容和研究主題、研究問題或研究假設要一致。也就是說,問卷的每一項問題,都必須與研究主題有關,問題與問題之間,也必須有關聯。例如:在中國人權協會所作的2004年台灣地區老人人權調查中(王雲東,2004),包含五大部分:基本人權(7題)、參與(5題)、照護(8題)、自我實現(5題)、尊嚴(4題)。以基本人權的7題為例(如**表6-1**),不但與研究主題相關,同時問題與問題之間亦高度相關。若研究者還想瞭解老人的生活滿意度、社會支持、休閒生活等問題,可另外設計問卷進行另一題目的研究,而不可將與本研究主題無關的問題夾雜混充於其中。

表6-1　問卷範例（符合主題原則）

	非常不同意	不同意	普通	同意	非常同意
壹、基本人權					
1.老年人的各種收入加起來，足夠維持基本生活所需。	☐	☐	☐	☐	☐
2.老年人在吃的方面能夠滿意。	☐	☐	☐	☐	☐
3.在穿的方面老年人能夠滿意。	☐	☐	☐	☐	☐
4.社會上身體、家庭及經濟狀況不同的老年人都能找到適合，而且安全的住所。	☐	☐	☐	☐	☐
5.老年人能方便地進出及使用一般私人住宅及公共建築物。	☐	☐	☐	☐	☐
6.老年人能安全、方便、且受尊重地走路或使用各種交通工具。	☐	☐	☐	☐	☐
7.社會上有提供各式各樣適合老年人的運動及休閒育樂的設施設備和活動。	☐	☐	☐	☐	☐

資料來源：王雲東（2004）。《2004年台灣老人人權指標調查報告》。

(二)簡短清楚原則

　　研究者常會犯一種毛病，就是將每個問題設計得又長又複雜，想要問遍所有的狀況，獲得更多的資料，殊不知填答者根本弄不清楚研究者的意思，或短時間內意會不過來，不懂題意，因而降低了回答的意願或隨便回答，這樣的設計應該避免。一般而言，填答者希望能快速地唸完問題，快速地瞭解題意，在毫無困難的情況下選擇適當的答案回答，因此研究者應該提供簡短又清楚的題目，以避免誤解而影響到作答的準確性。

　　此外，因為填答者對研究主題畢竟沒有研究者那麼清楚，因此在題目的設計上，研究者必須儘量避免使用專有名詞／專用術語或是題意不明的狀況，同時在用語上要考慮受訪者的年齡、社經地位與教育程度等。例如：「請問您對於政府發展無障礙環境有什麼看法？」填答者最直接的反應是「何謂無障礙環境？特別是針對哪一種設施？」所以，題目應清楚，例如：可改成「請問您對於政府日前在人行步道上鋪設導盲磚有什麼

看法？」填答者才知道應該如何作答（趙碧華、朱美珍，2000）。

(三)避免「雙重問題」原則

也就是說不要一次問兩個問題（複合問題）。例如：如果問卷題目為「您是否同意台灣應該放棄軍購，將經費用到國內社會福利建設？」有些人可能同意前者，但不同意後者（因為還有其他施政項目）；但也有些人可能不同意前者（認為買武器保衛台灣很重要），但同意後者（增加經費於國內社會福利建設），因此容易造成混淆，而影響到答案的效度。

所以，這樣的「雙重問題」（double-barreled questions）是設計時一定要加以避免的。又例如：題目為「請問您的父母親的教育程度？」那填答者就會混淆不知是問父親還是母親？除非父母親的教育程度相同，不然就會出現問題。

(四)避免否定問句原則

避免否定問句原則，例如：「您不贊成台灣增加社會福利預算嗎？□是 □否」，如果填答者贊成增加社會福利預算，則應勾選「否」，但否定問句容易使填答者以為「是」的答案為贊成增加社會福利預算，造成填「是」的人有贊成增加社會福利預算的，也有不贊成增加社會福利預算的，反之亦然，因此使得蒐集到的資料無法進行統計分析。此外，2019年的公民投票第十六案「你是否同意：廢除電業法第95條第1項，即廢除『核能發電設備應於中華民國114年以前，全部停止運轉』之條文？」在題目主文中出現「是否同意」、「廢除」這種雙重否定的問句，導致許多選民誤投。不過此處需要說明的是，否定問句與反向題的意思不同；否定問句是用否定語法陳述的疑問句，容易造成填答者的混淆；但反向題則是用肯定語法陳述，不過與其餘問題語意相反的句子。

在問卷中反向題有測試受訪者答案是否前後一致的效果（因為怕受訪者不加思索，從頭到尾都選同一答案），也因此必須反向計分（分數

＝選項數＋1－原始得分）。例如：研究者欲測量親子關係之衝突強度，第1、2兩題為正向題，而第3題則為反向題；若計分方式為：1－從未如此、2－很少如此、3－有時如此、4－總是如此，而某填答者之答案如**表6-2**，則其第1題得1分，第2題得1分，但第3題得2分（4＋1－3＝2）。值得注意的是，反向題只是測試受訪者是否答題不加思索，因此不需太多；某些相關著作建議問卷設計可一題正向、一題反向，其實並不需要，這樣的做法徒增填答者的困擾，不但影響效度，也降低填答意願。

表6-2　問卷範例（測量親子關係衝突強度的問卷題目）

	從未如此	很少如此	有時如此	總是如此	
1.父親常忽視我的感受。	■	□	□	□	
2.父親常與我發生衝突。	■	□	□	□	
3.父親常花時間與我談心。	□	□	■	□	（反向題）

(五)禮貌原則

填答者填答問卷調查總是要花一些時間，同時要把一些自己的狀況、想法甚或隱私呈現出來，因此研究者必須打從心底感謝填答者肯撥冗協助。除了在開頭的問候語必須儘量客氣，並且適當的介紹、說明本研究的目的與重要性，以減少其戒心、增加回覆率外，在問卷結束時，也一定要再次謝謝填答者（例如：問卷到此結束，再次謝謝您的合作！），如此才會讓其覺得自己的付出是值得的。

此外，當問題較為敏感時，還須特別注意：對於較不為社會所接受的行為，應先詢問受訪者是否「曾」有這樣的行為，之後再問「目前」是否有這樣的行為，例如：同居、嗑藥、鬥毆等，如此可減少對問卷填答者所造成的「衝擊」，也能有效地降低拒答率。

第二節　問卷的型式與結構

一、問卷的型式

　　問卷的型式與問題的本質同等重要，問卷若有任何不適宜的情形，將導致填答者誤解、迷惑、懷疑，因而影響效度；更嚴重的，受訪者會將問卷丟棄在一旁，不予理會。一般來說，紙本問卷必須整齊清潔（「花俏」並非最上策，也並非花大錢的問卷才是好的）；同時打字要清晰整齊、選項要對齊並留下足夠的空間（不需太擁擠、會容易出錯，但也不用太空），讓填答者覺得研究者很用心。各題之間與各選項之間都要有間隔，翻頁後選項須再作說明（例如：五等分量表的答案選項——非常不滿意、不滿意、尚可、滿意、非常滿意等，當換頁時須再註明一次），同時儘量不要把一題分開兩頁問；問卷總長度也不宜過長，讓受訪者一看到就覺得受到吸引，樂於填答（趙碧華、朱美珍，2000）。

　　此外，問卷填答的空格型式最重要的原則就是「簡單明瞭，不會混淆」，常見的空格填答型式有：方格□、小括號（　）、中括號〔　〕及底線＿，不過筆者認為方格□的「封閉」效果最好，也就是說，使用「方格□」再加上運用鍵盤的TAB鍵，可以使得各個選項與其他答案之間的區隔最明顯，因此建議使用，如**表6-3**。

　　此外，選項最好與問題保持適當的距離，以免太過擁擠；同時要加以組織，以避免重複的文字不斷出現，浪費空間（如**表6-4**）。

二、問卷的結構

　　問卷的結構，雖然因內容的不同而略有差異，但大體上可分為下列六項來說明（簡春安、鄒平儀，2005）：

表6-3 問卷填答的型式（方格）

一、您的年齡：1.□60-69歲 2.□70-79歲 3.□80歲以上
二、您的性別：1.□男 2.□女
三、您目前的健康狀況：1.□身體健康，不需他人照顧 2.□需他人照顧
四、您目前是否單獨一人居住：1.□是 2.□否

資料來源：王雲東（2004）。《2004年台灣老人人權指標調查報告》。

表6-4 問卷選項組織的方式

(A)不好的問卷選項組織方式
  (1)題目……□不同意 □尚可 □同意
  (2)題目……□不同意 □尚可 □同意
  (3)題目……□不同意 □尚可 □同意

(B)好的問卷選項組織方式

	不同意	尚可	同意
(1)題目……	□	□	□
(2)題目……	□	□	□
(3)題目……	□	□	□

資料來源：作者自行設計。

(一)問卷封面

基本上，問卷都有封面，封面記載著研究名稱，或加上研究者的機構、指導教授與研究者（學生）的姓名與聯繫方式（電話、地址、e-mail）等。

(二)問候與說明

為了取得受訪者的合作與信賴，問卷開始前的卷首語應該以信件問候的方式，把該研究的主旨以及請求向受訪者表白，該問候與說明的內容應該放在正式問卷之前（如**表6-5**、**表6-6**）。

表6-5　問卷問候語範例一

2003年台灣老人人權現況調查（社區組）

　　親愛的長輩，您好！我是台大社工系王雲東老師。首先謝謝您花時間幫忙回答這份問卷。這份問卷是想瞭解在台灣的老年人的人權受到尊重與保障的程度如何，總共有29個題目，請您按照您自己的經驗或意見來回答：有關這些題目的現況，您滿意或不滿意的程度如何？並在合適的□內勾選您的答案。您的回答對於台灣老人人權狀況的瞭解將有很大的貢獻，再次謝謝您。

資料來源：王雲東（2003）。《2003年台灣老人人權指標調查報告》。

表6-6　問卷問候語範例二

宜蘭縣95年度身心障礙者生活狀況與福利需求調查問卷

您好！

　　我是○○大學的同學，也是這次調查的訪員，我叫○○○。目前接受宜蘭縣政府委託執行「宜蘭縣95年度身心障礙者生活狀況與福利需求調查」，本次調查的目的在於瞭解身心障礙者個人的生活狀況與福利需求，並作為未來擬定宜蘭縣身心障礙者福利服務政策與措施的參考。請您放心，問卷中的所有資料僅用於統計分析，絕不會將您個人的資料洩漏，煩請協助填答；若有疑問，可電洽宜蘭縣政府，電話：○○○○○○○○。再次感謝您撥冗接受訪問！

委託單位　宜蘭縣政府（社會局）
執行單位　國立台灣大學（社工系，計畫主持人：王雲東助理教授）＿＿＿＿＿敬上

受訪者姓名：＿＿＿＿＿＿＿ 　　　（請簽名或蓋章表示同意受訪）	電話：＿＿＿＿＿＿＿ 編號：＿＿＿＿＿＿＿
代答者姓名：＿＿＿＿＿＿＿ 　　　（請簽名或蓋章表示同意受訪）	電話：＿＿＿＿＿＿＿

註：若受訪者為心智障礙者（包括智能障礙者、自閉症者、多重障礙者、其他無法歸類者）、植物人、失智症患者或慢性精神病患者四類及未滿十四歲之身心障礙兒童，則可由受訪者的主要照顧者或監護人為訪問對象（代答者）。

戶籍地址：宜蘭縣＿＿＿＿鄉／鎮／市／區＿＿里／村＿＿＿鄰＿＿＿＿路（街）
＿＿＿段＿＿＿巷＿＿＿弄＿＿＿號＿＿＿樓（室）之

戶籍地址：宜蘭縣＿＿＿＿鄉／鎮／市／區＿＿里／村＿＿＿鄰＿＿＿＿路（街）
＿＿＿段＿＿＿巷＿＿＿弄＿＿＿號＿＿＿樓（室）之

資料來源：王雲東（2007a），宜蘭縣95年度身心障礙者生活狀況與福利需求調查研究。

(三)指導語／銜接語

問卷會依主要自變項與依變項的次序，分為不同的單元，而且各單元的作答方式也不盡相同，所以研究者有必要在每個單元之前舉例說明，目的是提供清楚的填寫問卷指示（例如：請依照您覺得滿意的程度，從「非常不滿意」到「非常滿意」圈選一個答案），以協助受訪者進入另一種思考模式，指導語／銜接語簡短扼要即可。

(四)問卷內容

這是問卷的主體，呈現的方式依問卷的性質不同而有差異，原則上都是以問卷的主要變項為依據，內容的建構則看是採用何種尺度為主，但最大的要求是問卷的呈現要合乎邏輯，使填答者在受訪時也能知道研究的方向，不至於如置身五里霧中。

(五)基本資料

受訪者的基本資料可放在問卷的前頭或是結尾。當問卷的敏感度不高，受訪者不必擔心所答的內容是否會洩露時，基本資料置於前頭並無不妥；但若事涉敏感問題，生怕受訪者一旦填寫了基本資料後，反而會影響他填寫內容的真實性時，那就建議置於問卷的結尾。不過目前因為犯罪集團猖獗，民眾普遍對於基本資料的填寫會較過去有更高的戒心，所以筆者建議還是盡可能置於最後。

(六)相關議題

問卷的結構還牽涉到一些其他相關的議題，例如：(1)條件式問題；(2)矩陣式的問題型態；(3)問題的次序。

◆條件式問題

　　問卷中，常常有一些問題與某些人有關，卻與另一些人無關，例如：請問您是否有小孩？若有小孩，再繼續回答下面的問題，否則即不用再回答（或跳答至第幾題）。亦即某些情形與某些人有關，是可以特別被列舉出來的，我們把這種問題型式稱之為「條件式問題」（contingent questions），受訪者只要就自己相關的問題回答就可以，不適用者根本不用面對這些問題。設計條件式問題應注意的是，如果有跳（skip）題情形，跳題指示應列在選項答案之後（如**表6-7**）。而跳題後如果問題的題數頗多，則應把同類的整理在一起，方便填答者作答（如**表6-8**）。隨著網路線上問卷興起，各線上問卷平台或表單製作軟體都能設定跳題的格式，讓無需填答的受訪者自動略過無關的問題。

表6-7　條件式問題範例一

一、請問您是否曾經在網路上購物？ 　　□是（續答第二題） 　　□否（跳答第三題） 二、假如有：購物過幾次？ 　　□1次 　　□2～5次 　　□6～10次 　　□11～20次 　　□21次以上

資料來源：作者自行設計。

表6-8　條件式問題範例二

一、請問您是否曾經在網路上購物？ 　　□是（請回答第2～20題） 　　□否（請跳開第2～20題，直接到第5頁，回答第21題以後）

資料來源：作者自行設計。

◆矩陣式的問題型態

設計問題時，可能會出現組合式的問題型態，常見於李克特式（Likert）量表，這就是矩陣式的問題型態（如**表6-9**）。

矩陣式問題型態的優點有：(1)有效率；(2)節省空間；(3)填答者便於作答；(4)增加問題的比較性，也就是說，在同意的狀況下可以更清楚的選擇是「非常同意」，還是「同意」。當然此種問題型態也有它的缺點，因為矩陣式問題型態係一系列問題持續下來，若前面題目的導向相當類似，會誤導填答者，以為都是一樣的，尤其在快速回答下，錯誤就會頻繁產生；因此解決之道一方面是可以藉由盡量採用清楚簡短的題目讓填答者能一目瞭然，另一方面就是置入一些反向題以測試填答者是否是一路未經思考地答下來（趙碧華、朱美珍，2000）。

◆問題的次序

題目的次序也會影響到作答的情形，特別是前面的問題往往會影響（誘導）後面問題的回答。例如：有一系列問題問及社會福利的涵蓋項目（包括：國民年金、全民健保、敬老津貼、身心障礙者津貼、托育養護等等）對台灣的重要性，接著再問，社會福利對台灣是否重要？這種問卷的

表6-9　矩陣式的問題型態範例

	非常不同意	不同意	普通	同意	非常同意
肆、自我實現					
8.老年人能找到發揮其潛力的機會。	□	□	□	□	□
9.老年人能使用社會之教育、文化及宗教資源。	□	□	□	□	□
10.老年人有意願工作時能找到有收入的工作。	□	□	□	□	□
11.老年人能決定自己退休的時間及方式。	□	□	□	□	□

設計方式必然會誘導到相當高比率的人回答：是；也就是說，這樣的答案其實是不真實的（效度很低）。因此，正確的處理方式是，將二者對調，先問社會福利對台灣是否重要？再問細節的涵蓋項目對台灣的重要性。

設計問卷問題的次序（ordering of questions）的原則如下：

1. 把有趣的、引人入勝的、填答者容易回答的題目放在最前面，以免造成抗拒。
2. 將較重要的題目也放在前面。
3. 較敏感及隱私的題目放在偏後段（但非最後），且可交互穿插於一般問題之中，以減少集中在一起對填答者所造成的「震撼」。
4. 把內容較類似的題目放在一起（容易思考）。
5. 在每一種主題下的問題，都應根據開放式或封閉式的不同而加以分組（開放式的問題集中在一起，封閉式的問題也集中在一起，以求一致性）。

第三節　總加量表設計的方式

量表的設計有不同的方式，不過其中以總加量表（summated rating scale）在社會調查中最被廣泛使用。總加量表包含一組陳述，根據填答者回答同意與不同意的程度給予不同的分數，所有項目陳述分數的總和即為填答者的態度量表分數，分數的高低代表同意或不同意的程度。這是社會研究中最常用來測量態度的方法，為R. A. Likert於1932年所創，所以又常稱為Likert量表（趙碧華、朱美珍，2000）。

一、總加量表的特性

　　根據簡春安與鄒平儀（2005）的看法，總加量表的特性有下列幾項：

　　第一，總加量表通常是由受訪者自評而產生的「主觀意見」，而非由專家認定的「客觀事實」。例如：對於憂鬱症患者所設計的量表，其目的在於瞭解個案憂鬱症狀的嚴重程度；其中的每一個問題（例如：最近失眠狀況發生的頻率、是否常有孤獨的感覺等），都是由案主主觀評量後填答，並不是由精神科醫師來填答。

　　第二，在總加量表中，每一個題目的「份量」都是相同的，並沒有說哪一個題目需要作加權處理後再加總。例如：在老人對自己所受健康照護滿意程度的調查問卷中，詢問「您在需要時，能找到品質好的老人院或療養院」的題目，與「您能獲得適當的健康資訊及照顧，以協助維持身心及情緒健康」的題目，若兩個回答都是「同意」時，在統計分析上這兩個答案所得的分數就會是相同的，因此在總加量表中的每一個題目，要儘量調整成相同或接近的「份量」。

　　第三，一個總加量表可以劃分成若干分量表。例如：中國人權協會所建構的老人人權測驗量表，包括五大部分：基本人權、參與、照護、自我實現與尊嚴等，每一部分的分數總和，都可以視為整個老人人權量表的分量表。

　　第四，總加量表的測量通常分五種等級來表達。例如：「您是否滿意於目前的生活狀況？」受訪者就在研究者所預擬的五個答案：非常滿意、滿意、尚可、不滿意、非常不滿意中，圈選一個作答。此外，總加量表也可用來調查受訪者某種行為的頻率，例如：「您經常失眠嗎？」而答案就以「每天、經常、偶而、很少、從來沒有」等方式來讓受訪者圈選一個作答。五個層次的答案是非常普遍的方式，因為它同時包含了正面、反面、極端與中間等各種狀況；但這樣設計的最大缺點是：很多受訪者因為

根本沒有仔細思考，或是因為題目太艱深，或問得不具體，以至於受訪者不知從何答起，因此乾脆拿中間的答案（「尚可」／「普通」）或是「沒有意見」來作答。這樣的做法其實嚴格說來傷害性並不大，但卻因此使得問卷的鑑別力不足，無法清楚地探討受訪者真正的心態。因此，有的研究者改以四等分或是六等分的方式來詢問，刪除中間模稜兩可的答案，等於是強迫填答者「表態」，這是解決填答者答案趨中的良好方法。

第五，每一個問卷題目所得的分數不是由填答者來決定，而是由研究者主觀判斷來決定。也就是說，在「非常滿意、滿意、尚可、不滿意、非常不滿意」的五等分量表中，不一定非要「非常不滿意」計1分，「不滿意」計2分，「尚可」計3分，「滿意」計4分，「非常滿意」計5分；也可以反過來計分，例如：「非常不滿意」計5分，「不滿意」計4分，「尚可」計3分，「滿意」計2分，「非常滿意」計1分。只要對每個題目均採同一標準計分即可，而這樣不同方向的計分也不會影響到最後的統計結果。

第六，填答者對不同項目有不同的回答並不重要，重要的是量表／分量表的總分；也就是說，對不同項目（題目）作出不同回答的人卻可能獲得相同的總分，而只要總分相同就表示這些填答者對此一問題的態度傾向相同。因此，態度的傾向主要不是看個別問題的得分，而是看量表／分量表的總分。

二、總加量表的製作過程

以下簡述總加量表的製作過程（趙碧華、朱美珍，2000）：

1. 研究者根據主題蒐集有關的項目，以肯定或否定的陳述反映問題，構成量表的項目最好達到二十項（不過題數亦與施測對象或施測

方式相關，如針對老人或採用電訪所作的問卷題數就要相對少一點），初步設計時，應盡可能蒐集到五十項以上，再加以刪減。

2.從一組填答者對項目陳述的回答資料，指出每項目的同意強弱程度，通常使用五個等級表示強弱，當然也可使用三至七個等級，且假設每個等級量值差距是相等一致的。

3.給予等級分數，例如：極同意的項目給5分，極不同意則給1分，每人在所有項目的得分總和，即為其量表分數。

4.進行預試。根據預試的結果作信度、效度與鑑別力的分析，刪除造成信度、效度與鑑別力降低的項目（題目），使得剩餘題目的信度至少達到0.7以上，且題數亦與原先規劃相同（或相近）。

5.若預試的結果相當不理想，則可能必須將量表作大幅度的修改並再作一次預試；若經修題之後結果已可接受，則將保留下來的題目重新排版、標題號，即完成總加量表（此時可進行正式施測）。

例如，李安妮、王雲東（2008）在其「多元就業開發方案進用人員職業能力提升情形暨後續就業狀況調查研究」中所自編的「職業能力量表」，就是總加量表的一個例子。其中工作態度分量表為第1-5題、工作技能分量表為第6-14題、人際關係分量表為第15-20題。量表內容詳如**表6-10**。

第四節　總加量表的鑑別力分析

問卷的好壞不僅要看它的信度與效度，有時還需要注意它的「鑑別力」（discriminatory power）。一個好的問卷應該有能力分辨得出其程度與好壞；如果考試無法把成績好的學生與成績壞的學生區分出來，那這個考試形同虛設，對學生反而有不良的影響，因為認真也沒用，成績不一定

表6-10　李安妮、王雲東（2008）自編之職業能力量表（總加量表範例）

1.工作態度有比較積極
2.對工作比較有責任感
3.對自己比較有自信
4.比較不害怕面對各種人事物的變化
5.比較能適應工作環境
6.比較知道怎麼整理或書寫文件資料
7.比較會使用電腦（文書處理、上網查資料、收發電子郵件）
8.在工作上面臨問題時，比較能想出解決的辦法
9.學習到新的工作技能
10.讓原本就有的工作技能更加進步
11.比較知道去哪裡找到工作機會資訊
12.比較知道去哪裡找到政府就業促進服務的資訊
13.在找下一份工作時，更懂得如何爭取自己想要的工作
14.在找下一份工作時，更容易找到工作
15.比較懂得如何和別人溝通
16.在工作時和別人有爭論，比較懂得如何處理衝突
17.比較懂得如何與別人一起工作
18.比較懂得尊重其他人的想法與意見
19.學會如何帶領其他人一起工作
20.交到一些朋友

比不認真時好。同樣的道理，好的問卷一定要反映出不同的程度、不同的態度與意見，否則不問也罷。而若欲藉著問卷來分辨出受測者的好壞、程度、頻率或次數時，就必須藉由鑑別力的分析。

　　總加量表的鑑別力可以藉由計算得知，計算的過程如下（簡春安、鄒平儀，2005）：

　　總加量表中每題的份量都是等值的，也就是說每一題都一樣重要，分數也都相同，例如在五等分量表中，非常同意是5分、同意是4分、沒意見3分、不同意2分、非常不同意1分。正向題與負向題要合併使用，有「５４３２１」的題目，也有「１２３４５」的題目。假設研究者找了二十個受

訪者當作試測的對象，若題目一共有四十題，每題的回答方式是5 4 3 2 1 的方式，非常同意的是5分，非常不同意的是1分，則四十題的分數是從200分到40分（四十題都回答非常同意是200分，四十題都回答非常不同意者為40分）。統計表格的格式如**表**6-11所示。

在**表**6-11的數據中，將二十個試測對象的分數依總分高低排列，從最低分的102分到最高分的172分，計算總分最低的四分之一（共五人）對每一題答案的平均分數，也計算總分最高的四分之一（也是五人）對每一題答案的平均分數，二者相減就是該題的「鑑別力」，鑑別力分數愈高表示鑑別能力愈高（因為可以讓受訪者的回答有較大的差距）。從**表**6-12的數據中，我們可以把鑑別力最差的第二題剔除（因為該題的鑑別力是0），

表6-11　二十個受試者回答四十個問題的預試模擬數據

受試者編號 / 量表題號	1	2	3	4	5	6	7	8	9	10	11	12	13	14	15	16	17	18	19	20
1	2	1	1	5	5	4	2	1	5	4	3	4	5	4	3	5	3	4	5	2
2	1	2	3	4	4	1	3	5	1	4	4	5	5	5	5	4	2	4	3	1
3	3	3	5	3	5											3	5	5	2	5
4	5	4	4	2	4											5	4	5	4	3
5	4	5	1	2	2											5	1	3	5	4
.																				
.																				
.																				
40	1	2	5	2	3	1	5	4	2	3	4	5	3	3	4	4	3	3	5	3
總分	1	1	1	1	1	1	1	1	1	1	1	1	1	1	1	1	1	1	1	1
	0	0	1	1	1	2	2	2	3	3	3	4	4	5	5	5	5	6	7	7
	2	5	0	5	8	0	3	7	0	5	6	5	8	0	2	8	9	0	0	2

表6-12　根據表6-11的預試模擬數據所作的鑑別力分析

題號	總分最低25%的平均數	總分最高25%的平均數	鑑別力
1	（2+1+1+5+5）／5＝2.8	（5+3+4+5+2）／5＝3.8	3.8－2.8＝1.0
2	（1+2+3+4+4）／5＝2.8	（4+2+4+3+1）／5＝2.8	2.8－2.8＝0
3	（3+3+5+3+5）／5＝3.8	（3+5+5+2+5）／5＝4.0	4.0－3.8＝0.2
4	（5+4+4+2+4）／5＝3.8	（5+4+5+4+3）／5＝4.2	4.2－3.8＝0.4
5	（4+5+1+2+2）／5＝2.8	（5+1+3+5+4）／5＝3.6	3.6－2.8＝0.8

如果準備的題數足夠，則第三題也可考慮剔除（因為該題的鑑別力僅達0.2，是相對來說鑑別力次低的題目）。因此在準備預試的題目時，最好稍微多準備一些，例如：若理想中的題數是三十題，則最好能做到四十題或是五十題，計算每題的鑑別力後，把鑑別力不高的題目剔除，剩下來的就是較佳的題目。若預備的題目太少，為了怕題目不夠，有時明明知道該題的鑑別力不高，卻也仍然要「忍痛接受」，因為實在沒有太多的選擇，當然這樣的量表施測的結果也就要打些折扣了。

🔘 第五節　問卷設計的預試

預試（pilot testing, pilot study, pilot survey）是指在問卷製作完成後，選擇符合樣本群之背景資料者作為預試樣本（例如：要調查大學生參與志願服務的狀況是否與其所就讀科系間有關聯，則在預試樣本的選擇上也必須要找不同科系的大學生來填答），或是瞭解此領域的同僚來施測，以作為修正問卷內容的標準（趙碧華、朱美珍，2000）。前者的預試結果主要在檢視表面效度與檢測信度，而後者則是為提高內容效度。

預試的注意事項如下：

1.預試的填答者沒有人數或隨機抽樣的限制，不過一般以三十至四十人較為常見。

2.參與預試的人最後就不會成為真正問卷施測的對象，因為他／她對於問卷題目已有填答的印象，此與其他填答者的立足點就不相同。

3.預試的目的除了希望瞭解不同問題之間的內部一致性信度（Cronbach's α）之外，對於問卷的長度、內容與使用字句是否能為填答者瞭解、是否所有的變項都有問題予以測量、封閉式選項是否已含括了所有的可能，甚至有沒有研究者本身的偏見夾雜其中等，研究者都要參考預試填答者的意見和建議來進行修改。

解釋名詞

1.總加量表：量表中包含一組陳述，根據填答者回答同意與不同意的程度給予不同的分數，所有項目陳述分數的總和即為填答者的態度量表分數，分數的高低代表同意或不同意的程度；這是社會研究中最常用來測量態度的方法，為R. A. Likert於1932年所創，所以稱為Likert量表。

2.預試：在問卷製作完成後，選擇以符合樣本群之背景資料者作為預試樣本，或是瞭解此領域的同僚來做施測，以作為修正問卷內容的標準。前者的預試結果主要在檢視表面效度與檢測信度，而後者則是為提高內容效度。

考古題舉例

1.調查問卷通常可以哪些方式加以設計？問卷設計應把握哪些原則和重點？試舉例加以說明。（25分）（84年基丙「社會調查與研究概要」試題）

2.影響問卷一般受訪率因素有哪些？試論述之。（25分）（82年高考二級「社會調查與研究」試題）

3.研究測量的重要品質是什麼？（5分）（86年高考「社會調查與研究」試題）

4.初試調查（Pilot Study）。（5分）（86年普考「社會調查與研究」試題）

5.試述試查（Pilot Survey）的意義與功能，其設計時應注意哪些重要因素？（25分）（83年高考「社會調查與研究」試題）

6.下列關於總加量表（Likert Scale）的敘述，何者不是正確的？

(A)總加量表一定是五等分量表（5-point Scale）。

(B)總加量表是測受訪者的主觀意見。

(C)一個總加量表可以劃分成若干分量表。

(D)只要兩個受訪者的總加量表總分相同，就表示此二人在此問題的態度傾向相同。（1.67分）（101年第二次高考社會工作師考試「社會工作研究方法」試題）

7.總加法態度量表（Likert量表）。（5分）（87年公務人員普通考試第二試「社會研究法概要」試題）

8.若把成就感（Achievement）當作一個Concept，請根據此一Concept發展出三個（或以上）的變項（Variables），再根據此三個變項各設計五題Likert Scale方式之問卷題目（Items）。（20分）（東海大學74學年度社會工作研究所碩士班「社會工作研究法」入學考試試題）

9.社會研究中常會使用到問卷（questionnaire）和量表（scales），請問什麼是問卷和量表？它們的差異在哪裡？（10分）（89年普通考試第二試「社會研究法概要」試題）

10.解釋名詞：封閉式問項（closed-ended question）。（5分）（90年高等考試三級第二試「社會研究法」試題）

11.在量化研究中，問卷常被用來作為資料蒐集的主要工具，一般問題可

依其選項的形式分成開放式（open-ended）與封閉式（closed-ended）問題，請問：

(1)這兩種選項的定義各為何？並舉例說明。

(2)這兩種方式各有其優缺點，請詳述之。

(3)以下是針對一般成年人所設計的一封閉式題目，請問這一題有何不妥之處（容易影響信效度）？請說明之，並提出修改建議。

A1.政府不應該對軍人與國中小教師人員徵收稅款與調整薪資。

　　□同意　□不同意

（91年社會工作師考試「社會工作研究方法」試題）

12.編製調查研究法（survey research）的問卷（questionnaire）時，需要考慮不同類型的問題（questions）：封閉、開放、臥軌、矩陣、列聯、過濾、半過濾和標準問題（closed, open, sleeper, matrix, contingency, filtered, quasi-filtered and standard questions），試請辨別說明之，並解釋研究者於何時或何種情況下使用它們。（25分）（93年特種考試地方政府公務人員四等考試「社會調查與研究概要」試題）

13.試以立卡德式量表（Likert Scale）設計一完整的態度量表，研究主題可自行決定。（25分）（93年公務人員普通考試第二試「社會研究法概要」試題）

14.請分別說明如何建構鮑氏（Bogardus）、瑟氏（Thurstone）、李克特（Likert）以及古特曼（Guttman）四種量表，並分別評估四種量表之優缺點。（25分）（94年特種考試地方政府公務人員三等考試「社會研究法」試題）

15.某位研究者想測量臺灣人民對所住社區的空氣污染的主觀感覺，請試以開放式問題（open question）與封閉式問題（closed question）兩種方式，設計適合的多面向題目（二至三題），並說明你的問題設計的理論基礎。（15分）（國立臺北大學99學年度碩士在職專班招生考試「社會研究方法」試題）

16.某位研究者希望採用問卷調查方法。來瞭解臺灣人對兩性平等的看法，以及哪些因素會影響一個人的性別平等觀。撇開抽樣的問題，你如果是問卷設計負責人，請問你在設計過程中，會注意到哪些設計原則？（10分）（國立臺北大學99學年度碩士班招生考試「社會學研究方法」試題）

17.以社會價值量表為主題，設計一完整的立卡德氏量表（至少20題）。（12分）（東吳大學96學年度碩士班招生考試「社會研究法與社會統計」試題）

18.以下是一個問卷所使用的問題，針對台灣地區1,000名抽樣到的成年民眾進行面對面訪問以蒐集資料，請就問題設計的觀點，指出不適當的地方：

「根據台灣大學經濟學家的研究，台灣與中國的經濟成長呈現以製程創新為導向的工具理性競爭而終能各得其利。請問你是否支持兩岸基於可貴的民族情感在未來三十年內繼續進行目前的熱絡的社會交流與有願景的經濟合作？」答項：(1)非常支持　(2)頗為支持　(3)有點支持　(4)沒意見、不知道　(5)不支持　(6)極不贊成。（20分）（國立臺北大學96學年度碩士班招生考試「社會學研究法」試題）

19.Double-Barreled Questions（10分）（國立臺北大學97學年度碩士班招生考試「社會學研究法」試題）

20.下列關於預試（pilot study）的敘述，何者不是正確的？
(A)預試問卷的填答者，就不會成為問卷調查正式的施測對象。
(B)預試可有助於檢視問卷的表面效度。
(C)預試可有助於檢視問卷的內容效度。
(D)預試可有助於檢視問卷的內部一致性信度。（1.67分）（101年第二次高考社會工作師考試「社會工作研究方法」試題）

21.在問卷設計完成後，研究者常會進行「試測」，請問「試測」是要解決那些問卷設計之問題，請寫出四種？（25分）（106年第一次高考社

會工作師考試「社會工作研究方法」試題）

22.進行社會工作相關研究時，為蒐集實證資料進行問卷設計，研究者在設計問卷時，應避免那些錯誤？試舉例說明之。（25分）（107年地方特考四等考試社會工作類科「社會研究法概要」試題）

23.問卷設計有兩種方式提問問題，開放式問題（open-ended questions）和封閉式問題（closed-ended questions），請說明其意義和設計要旨，並舉例之。（25分）（108年身心障礙特考四等考試社會行政類科「社會研究法概要」試題）

24.調查問卷定稿前，問卷初稿通常會進行一連串的檢測，以讓問卷定稿更臻完善。請說明五類相關的檢測方式。（每類5分，共25分）（108年原住民族特考四等考試社會行政類科「社會研究法概要」試題）

Chapter 7

抽樣

抽樣（sampling）是社會研究方法中非常重要的一環，因為研究者往往限於時間與財力而無法調查所有想要瞭解的對象（母群體），因此必須藉由抽樣的方法，由「少許」樣本顯示出來的結果，去推論整個母群體的狀況。當然因為是推論所以就一定會有誤差，但是研究者如何能夠盡可能把誤差控制在最低且可接受的程度／範圍，就考驗著研究者的功力，也直接關係著研究的效度和價值。

第一節　前言

「抽樣」是指在研究問題確定後，研究者決定要觀察誰、觀察什麼，以及決定由誰來回答問題的過程（簡春安、鄒平儀，2005）。抽樣不是普查，而抽樣結果也必須盡可能與母群體真實結果一致（這也就是為什麼要盡可能使用隨機抽樣的方法）。至於樣本可以是人（例如：調查一群學生、家長或是案主等）、事（例如：虐待小孩的事件、夫妻吵架的頻率，或是性生活滿足的程度等），或是組織／機構（例如：調查某機構的人事狀況、收入與職業之間相關性的研究，或是個案對其機構的滿意程度等）（趙碧華、朱美珍，2000；簡春安、鄒平儀，2005）。

第二節　抽樣的概念與術語

在介紹抽樣方法之前，先定義相關的專有名詞（簡春安、鄒平儀，2005；趙碧華、朱美珍，2000；潘中道、郭俊賢，2005；林清山，1988）：

◆**元素**（element）

研究資料分析的基本單位，例如：虞犯少年（以該少年為調查的「單位」）、社團（以該社團為單位，調查其組織架構）、種族（以種族為分析的單位）、離婚率、失業率、自殺率（以社會產物為分析的單位）等，不同研究的抽樣元素也都不同。

◆**母群體**（population）

研究者所有有興趣研究對象的整體，例如：研究者想要瞭解全台北市老人的生活狀況與福利需求，則其所設計研究的母群體就是全台北市的老人。

◆**研究母體**（study population）

樣本實際被選取的架構中所有元素的集合體即為研究母體。例如：某民調中心於總統大選期間想要瞭解民眾對候選人的支持度，於是委請中華電信於全國所有登記家用電話的號碼中隨機選取1,200個號碼作為樣本，而後進行電話訪問調查。在這個例子中，母群體是全國具有投票權的民眾，可是實際上的「研究母體」卻是家中有安置電話的家庭（家戶）；也就是說，家中未裝有線電話的家庭就絕對不可能被抽中而加以調查。此外即便家中裝了有線電話，但家中的所有成員也未必都有相同被抽中的機率（例如：家庭主婦應有較高被抽中的機會，因為在家時間長），這也就是為什麼要發展戶內抽樣的道理（洪永泰，2001）。

因為研究母體才是真正樣本被選取出來的架構，因此理論上樣本的各項統計數，都只能推論到研究母體，而非母群體。不過在真實的狀況中，如果母群體和研究母體之間的差距並不太大時，則樣本的各項統計數就往往直接推論到母群體。不過若兩者間有一些差距時，就必須在研究限制中加以說明。

◆樣本（sample）

樣本是母群體的子集合（subset），也就是研究者在受限於時間與財力的情況之下，所選擇出來要實際進行調查的較少數對象。

◆抽樣單位（sampling unit）

不同抽樣階段中的抽樣元素，例如：在台中市作選舉行為調查時，剛開始時研究者在廿九個區中隨機抽取六區，此時是以區為抽樣單位。再從所抽選的六區中，研究者又在各區中隨機抽取五個里，再從各里中隨機抽取六個鄰，然後在各鄰中隨機抽選十戶為調查的樣本。在這不同的抽樣過程中，我們有不同的抽樣單位，分別就是區、里、鄰、戶等。

◆抽樣架構（sampling frame）

根據研究主題與對象的範圍，列出一份包含所有合乎抽樣條件者的名單；也就是說，在不同抽樣階段中抽樣單位的集合體。就如前述的例子，在台中市作選舉行為調查時，研究者先在廿九個區中隨機抽取六區，因此這廿九個區就是第一階段的抽樣架構；其餘依此類推。

◆觀察單位／資料蒐集單位（observation unit/ unit of collecting data）

根據抽樣的單位與架構，研究者可以選擇觀察的單位／資料蒐集的單位，觀察的單位／資料蒐集的單位與資料分析的單位可能相同，也可能不相同。例如：我們想要瞭解大學生（分析單位）的交友狀況，於是製作問卷直接請大學生（資料蒐集單位）填寫；此時觀察的單位／資料蒐集的單位與資料分析的單位就是相同的。但也有不同的狀況，例如：想要訪問虞犯少年（分析單位）的生活狀況，於是訪問虞犯少年的管理者（資料蒐集單位）；或是想要瞭解幼童（分析單位）的學習與生活狀況，於是訪問幼童在學校的老師或是家長（資料蒐集單位）以獲得資料。

◆變項（variable）

屬性（property）的集合體，會依不同數值或類別的出現而有所變

動。例如：生理性別（類別變項）就包含了男性和女性兩種生理屬性，年齡、收入（連續變項）就包含了各種可能的數值。

◆**母數**（parameter）

　　代表母群體性質的量數。例如：研究者所有有興趣研究的對象為全台灣的老人生活滿意度及其影響因素，因此全台灣地區老人的平均年齡就是一項母數。

◆**統計數**（statistic）

　　描述樣本性質的量數稱為統計數；例如：本次接受抽樣調查的在職肢體障礙者，目前平均就業年數為五年，那麼這樣的資訊就是統計數。

◆**母體分配**（population distribution）

　　是研究者所有研究對象的統計數分布型態。例如，在某個有500位長者居住的長照中心，全部500位長者體重的分布型態，就是母體分配。

◆**樣本分配**（sample distribution）

　　研究者依實際抽樣方法而獲得的樣本的統計數分布型態。例如，在某個有500位長者居住的長照中心抽取30位長者測量體重，這30位長者體重的分布型態就是樣本分配。

◆**抽樣分配**（sampling distribution）

　　是一種符合機率法則的理論分配，指在母體中利用各種抽樣方法，而得的無數次樣本統計數的分布型態。例如，在某個有500位長者居住的長照中心抽取無數次30位長者測量體重（事實上不可能抽取無限次，所以是一種理論性的分配），再將這無數次的體重製作而成的分配型態。

◆**常態分配**（normal distribution）

　　這也是一種理論性分配，是在母體中使用各種抽樣方法，而得的「所有」樣本統計數的理想分布型態，這種常態分配是一種完美的連續

機率分配，具有左右對稱的鐘形曲線，平均數、中數與眾數都相同，而且68.26%的樣本落在距離平均數正負一個標準差的範圍內，正負兩個標準差範圍內會有95.44%的樣本，正負三個標準差範圍內會有99.74%的樣本。

◆抽樣誤差（sampling error）

母數真值與樣本統計數估計值之間的誤差值就是抽樣誤差。研究者往往會藉由良好的研究設計，去盡可能減少抽樣誤差，但無論如何抽樣誤差都不可能為0。

◆顯著水準（significant level；α值）

當拒絕虛無假設時，容許犯錯的機率（第一類型錯誤，Type I error）。

◆信賴區間、信賴水準／信心水準、信賴界限

信賴區間（confidence interval）就是「一段標示出包含被估計的母數機率值的數值區間」，而此機率值就稱為信賴水準／信心水準（confidence level），而此區間的兩端點數值就稱為信賴界限（confidence limits）。例如：某大學全校同學真實托福（iBT）平均成績（被估計的母數）落在71分到89分的機率為95%。則「71分」及「89分」為信賴界限，「95%」為信賴水準／信心水準，71分到89分的間隔為95%的信賴區間。

🔘 第三節　隨機抽樣

決定抽樣的好壞，最重要的因素就是抽樣是否隨機。抽樣之所以能真正代表母群體，其基本的理論就是因為抽樣是透過隨機的原則在進行。因此，當研究者依照一定的機率抽取樣本，使每一樣本都有均等的機

會被抽中時，即可稱為隨機抽樣（random sampling）。任何抽樣，若其樣本沒有同樣公平的機會被抽中時，便不是隨機抽樣。隨機抽樣主要又可以分為四種（簡春安、鄒平儀，2002；趙碧華、朱美珍，2000）：

一、簡單隨機抽樣

簡單隨機抽樣（simple random sampling）是隨機方法中最基本的一個方式，但必須先取得母群體，對母群體能相當掌握時，才能進行。此種方法最常使用的方式是利用亂數表（Random Numbers Table）（亂數表可以透過MS Excel軟體生成），先給母群體名單上的每個人一個號碼，運用固定的號碼表，先隨機抽出某一頁、某一號為起點，然後開始向右或向下抽取一個號碼，例如：若母群體個數為1,000個（含）以下，則以3位為一組；若為10,000個（含）以下，則以4位為一組，直到抽取到足夠的樣本數為止。此外，現在網路也提供各種亂數產生器，或是透過MS Excel軟體，都可以輕鬆進行隨機抽樣。

簡單隨機抽樣的優點是使用容易，但缺點則是當母群體的名單無法獲得時，此法便不可行；因為研究者無法把號碼附在每一個樣本上，也因此在實際的應用上並不常被使用。

二、系統隨機抽樣

系統隨機抽樣（systematic random sampling）又稱間隔隨機抽樣（interval random sampling），也即每隔固定的抽樣間隔（K）就抽取出一個樣本來。如下列公式所示：

$$抽樣間隔（K）= \frac{母群體總數}{取樣數目}$$

除第一個號碼採隨機方式抽出之外,以後的就每隔固定間隔再取之,在使用上相當方便。不過在使用此方法時要特別注意的是必須避免單位的次序和抽樣間隔一致,否則會產生系統偏差;例如:假設某四層公寓大樓的編號如**表7-1**所示,則若抽樣間隔亦為4,就可能造成抽出來的都是同一層樓的,那麼研究者瞭解到的就可能只是該樓層民眾的問題與需求,而不是整棟大樓民眾的看法(例如:如果只抽到住在一樓的住戶,那麼就可能對於電梯是否常有故障的狀況瞭解不深入)。

三、分層隨機抽樣

簡單隨機抽樣與系統隨機抽樣在實施上因為都需要有母群體的名單,因此往往在研究的實務上不常使用或不能單獨加以使用,所以實務上較常見的反而是分層隨機抽樣(stratified random sampling),或是結合分層隨機抽樣之後的複合式隨機抽樣法。茲將分層隨機抽樣的步驟陳述如下:

1.首先研究者需將母群體分成不同的層/類,每一層/類都必須明確,而且類與類之間必須有顯著的互斥性,因此每一個個體都只能歸在其中一類。同時最好符合:「層間異質性高,而層內同質性高」的前提。例如:研究者擬進行「台灣地區身心障礙者的需求調查研究」,因此將身心障礙者依個人身心障礙手冊上的不同障別分

表7-1 假設某四層公寓大樓的編號(範例)

一樓	二樓	三樓	四樓
1	2	3	4
5	6	7	8
9	10	11	12
13	14	15	16
17	18	19	20

為八類，這個動作就是分層。

2.經過歸類以後，每一層／類中的樣本彼此之間相似性很大，而類與類之間卻差異性很大，也因此研究者在每一類別中選取較少數的樣本時就足具代表性，抽樣的效率可以增加。

3.抽取的樣本數，最好能按母群體各層人數比例來計算抽取，以便整個樣本的結構與母群體的結構差異不大。不過若母群體的人口資料中，各層人數比例差異太大的話，則此時恐不易完全按照母群體各層人數比例來抽取樣本。也就是說，此時是適合使用加權（weighting）的狀況。

一般來說，加權處理的邏輯是透過某層權值的計算來調整該層樣本的統計數所占總樣本統計數的比例，也就是說要盡可能將各層的樣本數占總樣本數的比例調整成各層母群體的個數占總母群體的個數比例，如此樣本的統計數才會與真實母群體的母數更為接近而減少誤差。各層權值的計算公式如下：

權值＝（各層母體數／總母體數）／（各層有效樣本數／總有效樣本數）

其意義為：假設某層的母體數與總母體數的比例為1／3，則某層的樣本數與總樣本數的比例也應為1／3，但若某層的樣本數與總樣本數的比例為1／2，則表示該層樣本的統計數占了過多的比重，必須透過乘上某一個數（權值）才會與母體比例一致。至於要乘多少？則是透過解（各層有效樣本數／總有效樣本數）×權值＝（各層母體數／總母體數）這個方程式而獲得，因此可以得到：權值＝（各層母體數／總母體數）／（各層有效樣本數／總有效樣本數）的答案。此處值得一提的是：如果是對於各層內部統計數的呈現，其實並不需要經過加權處理，但如果要得到總體的數據（跨層），就必須依照各層的權值來加權處理。此外，如果層數太多，也可先將相對較近似的層歸在一起成為同一層，然後再對相對較少的

層組依前述做法處理。

例如，傅立葉、周月清（2000）在「八十九年台北市身心障礙者生活需求調查」中，就將調查對象（也就是八十九年六月底戶籍設於台北市、領有台北市政府核發或註記之身心障礙者手冊者）分為三層：第一層是視覺障礙者和聽語障礙者（包括視覺機能障礙者、平衡機能障礙者、聲音機能障礙者或語言機能障礙者）；第二層是肢體障礙者和重要器官與顏面損傷者（包括重要器官失去功能者、顏面損傷者）；第三層是心智障礙者（包括智能障礙者、自閉症者、多重障礙者、其他無法歸類者）、植物人與癡呆症者（包括植物人、癡呆症者）和慢性精神病患者（註：對於未滿十四歲之身心障礙兒童，以及心智障礙者、植物人、癡呆症患者和慢性精神病患等四類障礙者，以其照顧者或監護人為訪問對象）。然後自第一、二層分別抽取（約）690人，第三層抽取755人，（預估）總樣本數為2135人。每層獨立進行抽樣，層內母體名冊先依行政區排序，其次再根據障礙程度和年齡組合分類，排序完成後再以等距抽樣方式抽出樣本。而最後抽取的樣本數與權值計算結果如**表7-2**所示。

四、集叢隨機抽樣

當調查對象符合：「層（叢）間同質性高、而層（叢）內異質性高」的前提時，集叢隨機抽樣（cluster random sampling）是很好的抽樣方法。其步驟如下：

表7-2　本研究各分層樣本的權值

	母體	樣本	權值
第一層	16339	698	（16339／85512）／（698／2148）＝0.588
第二層	39092	695	（39092／85512）／（695／2148）＝1.412
第三層	30081	755	（30081／85512）／（755／2148）＝1.000
合計	85512	2148	

1.先將母群分類或分層。例如：研究者想要瞭解目前台北市的大學生對調高學雜費的態度與看法，假設各大學間並無很大差異（此即層間同質性高），因此該研究者可隨機抽取台北市內的一兩所大學準備進行施測。但若因公立或私立而會有所不同，則可隨機抽取公立一所和私立一所來進行施測，這每一所大學就是一個集叢。

2.擴大每一集叢的選擇數。承上例，若總數還是太大的話（不需要調查整所大學裡全部的學生），每一個集叢裡又可以再做集叢隨機抽樣；例如：每一所大學內可再以學院為單位（當然前提也是每個學院彼此間對此問題的態度差異都不大，而學院內依不同學生的狀況、對此問題的態度有高度的異質性時，才適用集叢隨機抽樣），選取一至兩個學院進行集叢隨機抽樣；或可再細分至以系為單位亦可。

不過此處要注意的是：集叢隨機抽樣的前提往往不易檢證。也就是說，研究者如何知道「層（叢）間的同質性高，而層（叢）內的異質性高」？有具體的計算公式或臨界數值可作為分析比較的參考嗎？因此除非研究者有非常大的把握，或是基於各種研究限制而不得不採取此法，否則作者並不鼓勵隨意使用此法（因為可能會產生蠻大的研究誤差）。

此外，對於不同的抽樣方法，可以混合使用。例如：結合分層隨機抽樣與系統隨機抽樣而成為分層系統隨機抽樣法，像是在同一學院（例如：社會科學院）的不同學系（例如：社會學系、社會工作學系、政治學系、經濟學系等）內依學號等間隔抽樣即是；甚至可以再結合集叢隨機抽樣法（例如：假設各學院間無大差異，且學院內異質性高，則可從全校眾多學院中隨機抽取數個來施測），而成為集叢分層系統隨機抽樣法；只要同為隨機抽樣法，結合之後仍是隨機抽樣。

🔶 第四節　非隨機抽樣法

非隨機抽樣法（non-random sampling），顧名思義就是：每個人被抽到成為樣本的機會是不相同的。就大部分的狀況來說，會採用非隨機抽樣法，多半是因為客觀條件的限制（朱柔若，2000）。茲將非隨機抽樣法的六種類別陳述如下（簡春安、鄒平儀，2002；趙碧華、朱美珍，2000）：

一、具備（既有）樣本抽樣

研究者將手邊現有的樣本拿來作研究，就稱為具備（既有）樣本抽樣（availability sampling）。例如：在學校教書的老師，以所教的學生作為樣本來進行研究；或是醫院中的社工師以本身所負責的個案作為研究的對象，這都可稱為具備樣本抽樣。

二、配額抽樣

配額抽樣（quota sampling）是指根據某些標準將母群體分組，然後用非隨機的方法來抽取樣本，直到額滿為止（簡春安、鄒平儀，2002；朱柔若，2000）。例如：研究者欲進行「大一大二是否採不分系制度」的研究，因此對某大學的學生進行調查，以瞭解他們對此問題的看法。但研究者不管當時學校各年級學生的數額，直接就決定各年級不分男女，不分系別，不管各年級、各科系人數如何，一律以週三早上來校上課的學生作為抽樣架構，每年級各訪問100人，作為研究的樣本，此即為配額抽樣。配額抽樣的樣本是指依據某些既定的標準或特色來抽樣（如以週三早上來上課的各年級學生），其樣本的特色、數目均由研究者主觀來決定，因此當然容易產生誤差。

三、立意抽樣

　　研究者依據自己的研究目的及對母群體的瞭解來選取樣本，特別是當研究者有足夠的知識，可以選出具有代表性的人選時，立意抽樣（purposive sampling）便經常被使用（簡春安、鄒平儀，2002；朱柔若，2000）。例如：研究者欲瞭解身心障礙者對當前政府所提供的福利措施的瞭解與滿意程度，因此立意抽樣八類障別的身心障礙者各4人，共32人進行訪談。或是研究者欲瞭解年長榮民目前的婚姻狀態與滿意度，於是根據年長榮民母群體目前為單身（不婚、離婚、喪偶）、已婚（娶台灣配偶、娶大陸配偶、娶外籍配偶）的人數比例來立意取樣受訪者進行質性深入訪談。雖然立意抽樣可能會產生「選擇性判斷」的錯誤，但這可藉由多選擇具代表性的人選來加以彌補，在質性研究中是最常被採用的取樣方式。

四、滾雪球抽樣

　　滾雪球抽樣（snowball sampling）是運用在對某一特殊人口中，只熟知某一少部分人時，從已知的人數中去蒐集資料，並請他們介紹其周遭朋友或其他可能適合接受訪問的對象（簡春安、鄒平儀，2002；朱柔若，2000）。例如：將問卷交給某系研究者認識的同學，請其代為發給該系其餘同學填寫。因此，樣本是從少數中累積增加，如同滾雪球般愈滾愈大，一直到受試者全部調查完畢，或樣本數已達到研究的要求為止。這一方法在一般研究較不嚴密或粗略的計畫時，可採用以作為補充性的說明資料。

五、便利抽樣

　　便利抽樣（convenience sampling）樣本的選取標準是選擇即時可取到的，其優點是方便，但最嚴重的缺點為：因為樣本的客觀性與代表性都不

足，研究結果的效度與參考價值均因此而大打折扣；作者不鼓勵採用。

六、志願對象抽樣

志願對象抽樣（volunteer sampling）就是研究者透過網路、廣告、公告公開招募志願者參加研究的方式，例如，研究者想瞭解韓劇迷的追劇行為，在各種網路平台（例如，在批踢踢實業坊韓劇版、韓劇粉絲專頁、知名韓劇部落格）張貼招募志願參與研究的貼文。許多線上問卷調查愈來愈普遍使用這種招募志願對象的做法，但志願參與研究者常都是對某些議題具有高度興趣或是積極的熱心者，所以樣本會有代表性不足以及填答結果偏誤的問題。

🔘 第五節　如何決定樣本大小

當抽樣的過程為非隨機抽樣時，研究者比較可以不考慮樣本大小（簡春安、鄒平儀，2002；朱柔若，2000），因為非隨機抽樣原本在對母群體的代表性與推論性上就都受到相當程度的限制，所以它若要推論的話，重點是在於：樣本中所具有的「類型」，母群體中是否具有？因此與樣本大小較無直接關聯。

但若為隨機抽樣（量化研究）時，因為樣本的統計結果要推論回母群體，因此必須考慮統計考驗力（power）與抽樣誤差等因素，所以樣本的大小就必須加以考慮。事實上樣本的大小，主要視母群體之特性及研究問題的本質（是假設檢定還是母數估計）而定，若母群體的變數愈多、異質性愈高，則抽樣的數額就必須多一點；反之，若樣本的同質性很高時，在抽樣的數字上就可以減少一點。

除了上述決定樣本大小的原則之外，若要準確求出具體樣本數應為

多少？則統計考驗力與抽樣誤差是重要的兩項參考指標。大體說來，若研究採用的推論統計為假設檢定類型，則統計考驗力應為主要的考量指標；若研究採用的推論統計為母數估計類型，則抽樣誤差應為主要的考量指標。茲說明如下：

一、統計考驗力

統計考驗力就是「正確拒絕虛無假設的機率」，也就是「正確偵測出自變項確實有效果的機率」，因此它的數值是愈大愈好；也就是說，統計考驗力是在假設檢定過程中必須要考慮的因素。而統計考驗力會受到顯著水準（α）、效果大小（effect size）以及樣本數大小（n）的影響。基本上，當顯著水準數值愈大、自變項效果大小愈強以及樣本數愈大的時候，統計考驗力就會愈大。一般來說，在假設檢定中，統計考驗力至少要大於0.8，這個研究的結果才有足夠的效力。

事實上，不同的統計檢定，即便對應到相同的參數時，它的所需樣本數也不一樣。例如：

當使用獨立樣本t檢定時，若顯著水準設定在0.05（$\alpha = .05$），效果大小設定在「中等」〔effect size＝0.5（medium）〕，且兩組人數假設為1：1時，此時若為單尾（one-tailed）假設檢定，則當樣本數等於102時（sample size＝102），統計考驗力為0.8（power＝0.8）；而若為雙尾（two-tailed）假設檢定，則當樣本數等於128時（sample size＝128），統計考驗力為0.8（power＝0.8）。而若使用的是多元線性迴歸分析（F檢定）時，若顯著水準設定在0.05（$\alpha = .05$），效果大小設定在「中等」〔effect size＝0.15（medium）〕，且假設自變項數為4個時，則當樣本數等於85時（sample size＝85），統計考驗力為0.8（power＝0.8）{註：針對不同的統計檢定，效果大小「中等」〔effect size＝（medium）〕的數值也不一樣。}站在研究的角度，作者會建議樣本可以稍微多抽一點，例如

抽取對應到統計考驗力為0.95時的樣本數,如此可以避免萬一有一些無效樣本時,整個有效樣本數還是足夠的。

當然這些是最基本的要求,而如果研究者想要得到更多不同的統計檢定、精確的樣本數和統計考驗力數值之間的關係,可透過G*POWER軟體的計算而獲得(網路上都有免費下載,非常方便)。

二、抽樣誤差

抽樣誤差因素的重要性特別顯現在母數估計的部分,也可以說是主要應用在探索性研究與描述性研究上。舉例來說,如果一位研究者想要瞭解台灣民眾究竟是贊成墮胎合法化的人多,還是反對墮胎合法化的人多,於是作了一項民意調查。事實上研究者並沒有預設立場,所以不是假設檢定,而只是想要瞭解一下目前民眾的想法。不過因為抽樣總有誤差,所以若兩者人數非常接近時,例如:贊成墮胎合法化的民眾占48%,而反對墮胎合法化的民眾占47%,那麼前述的結果是否真的代表了台灣民眾贊成墮胎合法化的比率高於反對墮胎合法化的比率,且其差距正好是1%?還是可以有不同的解讀?

事實上根據機率理論,欲測量民眾對某一議題／人的態度(合於二項分配條件者,例如:贊成或反對),可利用下述涵蓋標準誤、母數、與樣本數之間的量化關係式來解答(趙碧華、朱美珍,2000):

$$S_{\bar{X}}\% = \sqrt{\frac{P \cdot Q}{n}}$$

P＝母群體對某一議題持肯定態度的機率
Q＝母群體對某一議題持否定態度的機率,所以Q＝1－P
n＝樣本數
$S_{\bar{X}}\%$＝樣本平均數的標準誤的百分比

一般來說，母群體對某一議題持肯定與否定態度的機率都設定為50%（因為不預設立場），因此樣本數愈大，根據統計學的理論就表示樣本平均數有愈趨中的趨勢，也就是說樣本平均數的標準誤會愈小。因此循上例，若某研究者抽取有效樣本1068位，則該研究的標準誤百分比（$S_{\overline{X}}$ %）就是0.015（＝1.5%）。

$$標準誤百分比（S_{\overline{X}} \%）＝\sqrt{\frac{P \cdot Q}{n}}＝\sqrt{\frac{0.5 \times 0.5}{1068}} \fallingdotseq 0.015＝1.5\%$$

而因為

$$t = \frac{\overline{X} - \mu_{\overline{X}}}{S_{\overline{X}}}$$

t＝t分數

$\overline{X}$＝樣本平均數

$\mu_{\overline{X}}$＝樣本平均數的平均值（＝母群體的真實平均值μ）

若研究者設定95%信心水準，且樣本數遠大於30（i.e.趨近於常態分配），則t的兩端點之臨界值趨近於$-t_{0.025(1tail)}＝-1.96$與$t_{0.025(1tail)}＝1.96$。也就是說，樣本平均數的百分比與母群體真實平均值的百分比相差$\pm 1.96 \times 0.015＝\pm 0.0294 \fallingdotseq \pm 0.03＝\pm 3\%$。

亦即所獲得的調查結果是：有95%的可能，真實贊成墮胎合法化的民眾是45%～51%（48%－3%～48%＋3%），而反對墮胎合法化的民眾也高居44%～50%（47%－3%～47%＋3%）。也就是說，贊成墮胎合法化的民眾與反對墮胎合法化的民眾的差距在統計誤差的範圍之內，究竟真實的民意孰高孰低，尚難定論。

解釋名詞

1. **抽樣**：在研究問題確定後，研究者決定要觀察誰、觀察什麼，以及決定由誰來回答問題的過程。

2. **元素**：研究資料分析的基本單位。

3. **母群體**：研究者所有有興趣研究對象的整體。

4. **研究母體**：樣本實際被選取的架構中所有元素的集合體即為研究母體。

5. **樣本**：母群體的子集合；也就是研究者在受限於時間與財力的情況之下，所選擇出來要實際進行調查的較少數對象。

6. **抽樣單位**：不同抽樣階段中的抽樣元素。

7. **抽樣架構**：根據研究主題與對象的範圍，列出一份包含所有合乎抽樣條件者的名單；也就是說，在不同抽樣階段中抽樣單位的集合體。

8. **母數**：代表母群體性質的量數。

9. **統計數**：描述樣本性質的量數稱為統計數。

10. **抽樣誤差**：母數真值與樣本統計數估計值之間的誤差值就是抽樣誤差。

11. **顯著水準（α值）**：當拒絕虛無假設時，容許犯錯的機率（第一類型錯誤）。

12. **信賴區間、信賴水準／信心水準、信賴界限**：信賴區間就是「一段標示出包含被估計的母數機率值的數值區間」，而此機率值就稱為信賴水準／信心水準，而此區間的兩端點數值就稱為信賴界限。

13. **隨機抽樣**：當研究者按一定的機率抽取樣本，使每一樣本都有均等的機會被抽中時，即可稱為隨機抽樣。

14. **簡單隨機抽樣**：這是隨機方法中最基本的一個方式；是利用亂數表，先給母群體名單上的每個人一個號碼，運用固定的號碼表，先隨機抽出某一頁、某一號為起點，然後開始向右或向下抽取一個號碼，直到

抽取到足夠的樣本數為止。

15.系統隨機抽樣：又稱間隔隨機抽樣，亦即每隔固定的抽樣間隔（K）就抽取出一個樣本。

16.分層隨機抽樣：將母群體分成不同的層／類，而後在各層／類抽取與母群體（各層／類）人數比例相同的樣本數（若各層／類人數比例差距過大，則需加權處理）。

17.集叢隨機抽樣：將母群體分類或分層後，抽取其中部分的「集叢」加以施測即可（不需全部）。

18.非隨機抽樣法：每個樣本不是處在一個絕對一樣的機率中被選為研究樣本的抽樣方式。

19.具備樣本抽樣：研究者可將手邊已具備的樣本抽取來研究。

20.配額抽樣：根據某些標準將母群體分組，然後用非隨機的方法來抽取樣本，直到額滿為止。

21.立意抽樣：研究者依據自己的研究目的及對母群體的瞭解主觀地來選取樣本。

22.滾雪球抽樣：從已知的人數中去蒐集資料，並請他們介紹其周遭朋友或其他可能適合接受訪問的案主的抽樣方式。

23.便利抽樣：樣本的取得是選擇即時可取到的，也就是說看到什麼就用什麼。

24.統計考驗力：「正確拒絕虛無假設的機率」，也就是「正確偵測出自變項確有效果的機率」。

考古題舉例

1.何謂機率抽樣？有哪些重要方法？（5分）（83年高考「社會調查與研究」試題）

2.何謂抽樣誤差（Sampling Error）？為何一般民意調查結果會報告抽樣誤差的大小？又為什麼民意調查的樣數通常維持在1000至1500之間？（25分）（86年普考「社會調查與研究」試題）

3.何謂「抽樣誤差」（sampling error）？請討論「抽樣誤差」與「樣本大小」（sample size）兩者之間的關係。（25分）（87年公務人員普通考試第二試「社會研究法概要」試題）

4.何謂抽樣分配？何以說抽樣分配是統計推論的一個重要根據？（25分）（88年公務人員特種考試身心障礙人員四等考試「社會研究法概要」考試試題）

5.試述考慮樣本大小之因素，並舉例說明系統抽樣法（systematic sampling）、分層抽樣（stratified sampling）及多段抽樣法（multistage sampling）。（25分）（東海大學88學年度社會工作研究所博士班「社會工作研究法」入學考試試題）

6.何謂隨機抽樣？如何決定樣本的大小？請以研究台灣省老人安養者為例說明之。（25分）（81年基乙「社會調查與研究」試題）

7.下列關於樣本大小（sample size）的敘述，何者是正確的？

(A)在母數估計（parameter estimate）時，樣本大小的主要考慮因素是統計考驗力（power）。

(B)在假設檢定（hypothesis testing）時，樣本大小的主要考慮因素是抽樣誤差。

(C)當自變項個數較多時，樣本數也需要大一點。

(D)樣本大小並非研究中的重要議題。（5分）（國立臺灣大學104學年度碩士班招生考試「社會工作研究方法」試題）

8.樣本（sample）。（5分）（86年高考三級「社會調查與統計」試題）

9.抽樣分配。（5分）（88年公務人員高等考試三級考試第二試「社會研究法」試題）

10.系統抽樣（Systematic sampling）。（5分）（84年基乙「社會調查與

研究」試題）

11.多階段群聚抽樣（Multistage cluster sampling）。（5分）（84年基乙「社會調查與研究」試題）

12.集體抽樣（cluster sampling）。（5分）（87年公務人員普通考試第二試「社會研究法概要」試題）

13.分層抽樣（Stratified Sampling）。（25分）（88年公務人員特種考試身心障礙人員三等考試「社會研究法」試題）

14.Cluster Sampling（5分）（台灣大學86學年度研究所「社會研究方法」試題）

15.Stratified Random Sampling（5分）（台灣大學86學年度研究所「社會研究方法」試題）

16.分層系統抽樣。（5分）（台灣大學86學年度研究所「社會研究方法」試題）

17.非機率抽樣（Non-probability Sampling）。（5分）（87年公務人員普通考試第二試「社會研究法概要」試題）

18.滾雪球抽樣法（snowball sampling）。（5分）（87年公務人員高等考試三級考試第二試「社會研究法」試題）

19.判斷抽樣（Judgmental sampling）。（5分）（84年基乙「社會調查與研究」試題）

20.非比例抽樣（Disproportionate sampling）。（5分）（84年基乙「社會調查與研究」試題）

21.解釋名詞：系統抽樣（systematic sampling）。（5分）（89年普通考試第二試「社會研究法概要」試題）

22.解釋名詞：

(1)抽樣誤差（sampling error）。（5分）

(2)抽樣架構（sampling frame）。（5分）（90年高等考試三級第二試「社會研究法」試題）

23. 解釋名詞：立意抽樣（purposive sampling）。（5分）（90年普通考試第二試「社會研究法概要」試題）

24. 什麼是「信賴區間」（confidence interval）、「信賴水準」（confidence level）和「顯著水準」（significance level）？請舉例說明研究者如何運用這三個概念得到研究結論？（15分）（91年高等考試三級第二試「社會研究法」試題）

25. 在2004年總統大選期間，有不少選情觀察家對於哪些因素會影響選舉的結果有不同的看法。有些人認為族群認同很重要，有些則認為階級差異是個重要的因素，也有人認為世代與性別間的差異也有其影響力。如果請你設計一個一千人左右在台灣地區的調查研究，來檢證倒底是哪個因素比較重要，你會如何設計以下的項目：

(1)抽樣設計（含抽樣對象及方法）。（5分）

(2)自變項及應變項的設計。（10分）

(3)研究假設。（10分）

統計分析方法（包括選擇該方法的說明，以及判定何種因素比較重要的方法）。（5分）（國立政治大學九十三學年度碩士班招生考試「社會工作研究法」試題）

26. 名詞解釋：結叢抽樣（cluster sampling）。（5分）（91年高等考試三級第二試「社會研究法」試題）

27. 為何社會科學實證研究大部採用抽樣調查而不普查？有哪些因素會影響到抽樣調查樣本的代表性？（10分）（92年高等考試三級第二試「社會研究法」試題）

28. 解釋名詞：sampling distribution。（4分）（國立台北大學93學年度碩士班招生考試「社會工作研究法」試題）

29. (1)統計考驗力（power）的定義為何？（5分）

(2)在假設檢定中，統計考驗力與顯著水準（α）之間的關聯性為何？試說明之。（5分）（國立台灣大學93學年度碩士班招生考試「社會

工作研究法」試題）

30. 何謂「滾雪球抽樣法」？在何種情況下，適合採取「滾雪球抽樣法」？（10分）（東吳大學93學年度碩士班招生考試「社會工作研究法」試題）

31. 名詞解釋：區間估計。（5分）（東吳大學93學年度碩士班招生考試「社會工作研究法」試題）

32. 請問，何謂「抽樣誤差」（sampling error）？我們在媒體上經常可以看見類似「本次調查，以95%信心水準估計，最大可能抽樣誤差為正負三個百分點以內」的敘述，請從社會研究與社會統計學的角度，解釋這類陳述所代表之意義。（10分）（國立政治大學93學年度碩士班招生考試「社會工作研究法」試題）

33. 名詞解釋：

(1)樣本vs.母群體。（5分）

(2)隨機抽樣。（5分）（國立暨南大學93學年度碩士班招生考試「社會工作研究法」試題）

34. 要發行一張唱片，若要參考市場定價時，假設已蒐集到64張同類型唱片，得知平均數為320元，標準差為40元。問在95%信賴水準下，該類唱片平均價格的信賴區間為何？（$Z_{.025}=1.96$）（20分）（靜宜大學93學年度碩士班招生考試「社會工作研究法」試題）

35. 請先說明為何會有抽樣誤差（sampling error）及其意義？再虛擬一個青少年兒童福利專業研究，計算及報告抽樣誤差情形。（25分）（靜宜大學93學年度碩士班招生考試「社會工作研究法」試題）

36. 你是一位縣市政府的社工員，目前正在辦理「老人年金」業務，你公開徵詢縣內二十歲以上居民對發放老人年金的意見，你收到了500人的回覆，其中有348位反對發放老人年金，你的督導看到這個結果後，向局長報告說：「本縣二十歲以上居民大多數反對縣府發放老人年金。」你同意這樣的說法嗎？請簡要說明這件事所涉及的統計議題。

（10分）（國立暨南大學94學年度碩士班招生考試「社會工作研究法」試題）

37. 暨南大學有一位研究生想瞭解不同婚姻狀態者對「親密關係暴力」嚴重性的看法，該研究以南投縣為研究區域，研究生從南投縣人口普查資料中得知，全縣二十歲以上人口中，未婚者占30%，已婚者占60%，分居者占4%，離婚者占3%，喪偶者占3%。研究生經抽樣調查所獲得的樣本婚姻狀況分布情形如下：

婚姻狀況	人數
未婚	70
已婚	110
分居	9
離婚	6
喪偶	5
合計	200

(1) 請就婚姻狀況說明，該研究生之調查樣本是否具代表性？（請列出計算過程）（10分）（df＝4，p＝0.05，χ^2＝9.488）

(2) 該研究生之「親密關係暴力」嚴重性變數之測量，係以1、2、3、4、5、6、7之數據分別代表「一點都不嚴重」至「非常嚴重」之七等分選項。請問你會用何種統計方法來分析不同婚姻狀況者對親密關係暴力嚴重性看法之差異？理由何在？並請陳述你的虛無假設。（5分）（國立暨南大學94學年度碩士班招生考試「社會工作研究法」試題）

38. 解釋名詞：抽樣架構（sampling frame）。（6分）（88年公務人員高等考試三級考試第二試「社會研究法」試題；93年特種考試地方政府公務人員四等考試「社會調查與研究概要」試題）

39. 何謂立意抽樣？何謂理論抽樣？何謂戶中抽樣？試說明執行戶中抽樣的理由。（20分）（93年公務人員特種考試身心障礙人員三等考試「社會研究法」試題）

40.在一項有關於山坡地開發案的意見調查研究中，張先生建議透過網路蒐集1500份資料進行分析，崔小姐建議到各鄉鎮公所服務台蒐集1500份資料進行分析。試比較此兩種資料蒐集法的優劣。（25分）（93年公務人員特種考試原住民族三等考試「社會調查與研究」試題）

41.名詞解釋：

(1)分層抽樣法（Stratified sampling method）。（5分）

(2)抽樣分配（Sampling distribution）。（5分）（93年公務人員高等考試三級考試第二試「社會研究法」試題）

42.解釋名詞：隨機抽樣（Random sampling）。（5分）（93年公務人員普通考試第二試「社會研究法概要」試題）

43.若一個民意調查公司針對最近一次有兩位候選人（候選人A與候選人B）的選舉進行推估，看看那一位將會當選（過半者將可以當選），在針對1000人電話訪問後，提出以下論述：該公司有95%的把握認為：候選人A獲得的支持率應在46%至55%之間，其誤差為0.098。根據以上資料，請問：

(1)候選人A有沒有可能輸掉這場選舉？為什麼？（10分）

(2)該民調公司所謂「有95%的把握」指的是什麼呢？（5分）（國立台灣大學94學年度碩士班招生考試「社會工作研究法」試題）

44.質化研究者除了做立意抽樣外，可以為了符合不同的研究目的，產生不同的抽樣策略。請舉出並說明五種不同的質化研究因研究或探索目的之不同而採取的抽樣策略或方法。（20分）（91年高等考試三級第二試「社會研究法」試題）

45 Discuss the risks associated with relying exclusively on probability sampling techniques when studying hidden and oppressed population. Also discuss the advantages of combining probability and non-probability sampling techniques when studying hidden and oppressed population.（8分）（國立暨南大學93學年度碩士班招生考試「社會工作研究法」試題）

46. 某私立學校教員平均起薪的標準差為一千元，若欲以95%的信賴區間來估計他們的起薪，且估計誤差不得超過五百元，試問需要抽取多少樣本數？（Z＝1.96）（25分）（84年高考二級「社會調查與研究」試題）

47. 某書商聲稱其所供應之書本至少有95%是完整沒有缺頁的。為驗證其說辭，由其書庫中隨抽取600本書，其中有35本缺1頁，有25本缺2頁。試以顯著水準＝0.05定其說辭的可靠性。（註：t＝1.645）（25分）（85年高考三級「社會調查與研究」試題）

48. power of a test（5分）（台灣大學80學年度研究所「社會研究方法」試題）

49. 何謂點估計（Point estimation）？試述決定最佳點估計之標準及其意義。（25分）（台灣大學81學年度研究所「社會研究方法」試題）

50. 信賴區間（confidence interval）。（5分）（台灣大學87學年度研究所乙丙組「社會研究方法」試題）

51. 請說明在探索性、描述性、解釋性三類研究中，抽樣的主要考慮有何不同？樣本代表性的問題在哪一類研究中要求較嚴格？為什麼？（20分）（政大88年度社會學研究所博士班「社會學研究方法」入學考試試題）

52. 我們通常不知道母體平均數的大小，因此經常使用樣本平均數來估計母體平均數。用一個上下限的區間來試圖包括母體平均數的做法，我們稱之為區間估計。但是當我們在進行區間估計時，面臨一個兩難的局面，一方面我們希望估計的區間越小越好，代表精確度越高，但另一方面我們希望估計錯誤的機率（也就是無法包括母體平均數的機率）也越小越好，但魚與熊掌不可兼得，想要儘量符合一方，便得適度犧牲另一方。請你解釋為什麼會如此？（15分）要想解決這個兩難，最好的辦法是什麼？但這個辦法也不是萬能的，因為它會受到一些限制，請問這些限制為何？（10分）（政治作戰學校89學年度研究

所碩士班入學考試「社會工作研究方法」試題）

53. Although samples are usually representative of the populations from which they are selected, you should not expect a sample statistic to be exactly equal to the corresponding population parameter. The natural differences that exist between statistics and their parameters is known as.

(A)statistical error

(B)inferential error

(C)sampling error

(D)standard error（3分）（國立臺北大學97學年度碩士班招生考試「社會工作研究方法」試題）

54. Sampling Distribution（10分）（國立臺北大學97學年度碩士班招生考試「社會學研究法」試題）

55. Multi-Stage Sampling（5分）（國立臺北大學96學年度碩士班招生考試「社會工作研究方法」試題）

56. 非機率抽樣

(1)必然會造成樣本在某些特質上的扭曲

(2)使研究無法使用統計理論去估計正確推論的機率

(3)在任何的情況下都不可使用

(4)包含分層抽樣。（3分）（國立臺北大學96學年度碩士在職專班招生考試「社會研究方法」試題）

57. 針對以下陳述，分別評論之（10分）

(1)某教授想估計二十年前平均每戶生幾個小孩，他在課堂上隨機選取五十位學生，要求他們寫下兄弟姊妹人數，資料收集回來後加上學生本身，得到當時的平均每戶小孩數大約是三個小孩。

(2)某單位多年來對通過審核的研究計畫提供研究經費。現在此單位主管想知道審核過程是否有效，亦即他想確認研究經費的確是提供給較好的研究計畫。他採SRS抽樣方式收集研究人員的出版資料，分

析後發現有得到研究補助的人有較多論文出版。（國立臺北大學96學年度碩士班招生考試「社會學研究法」試題）

58.請說明抽樣誤差（sampling errors）與測量誤差（measurement errors）對社會行為研究的可能影響，並說明如何減少這兩種誤差。（20分）（國立臺北大學96學年度碩士班招生考試「社會學研究法」試題）

59.推論統計對樣本的基本假定為：

(1)機率抽樣

(2)配額抽樣

(3)雪球抽樣

(4)對抽樣方式無任何要求。（3分）（國立臺北大學97學年度碩士在職專班招生考試「社會研究方法」試題）

60.Randomization & random sampling（10分）（國立臺北大學98學年度碩士班招生考試「社會學研究法」試題）

61.Stratified sampling and cluster sampling（10分）（國立臺北大學98學年度碩士班招生考試「社會學研究法」試題）

62.Quota Sampling（5分）（國立臺北大學99學年度碩士班招生考試「社會工作研究法」試題）

63.隨機抽樣（random sampling）。（5分）（國立臺北大學99學年度碩士在職專班招生考試「社會研究方法」試題）

64.進行大型社會調查的目的通常是為了增進我們對此社會（及當中各群體）的瞭解，而調查研究幾乎都很注重、強調適當的抽樣方法（譬如隨機抽樣、分層抽樣等）。請問，重視抽樣設計的理由是什麼？（10分）（國立臺北大學100學年度碩士班招生考試「社會學研究法」試題）

65.Based on response of 1467 subjects, a 95% confidence interval for the mean number of close friends equals (6.8, 8.0).

Which of the following interpretation is (are) correct? State why if incorrect.

（20分）

(A)We can be 95% confident that X is between 6.8 and 8.0.

(B)We can be 95% confident that μ is between 6.8 and 8.0.

(C)Ninety-Five percent of the value of y=number of close friends (for this sample) are between 6.8 and 8.0.

(D)If random samples of size 1467 were repeatedly selected, then 95% of the time X would be (6.8, 8.0).

(E)If random samples of size 1467 were repeatedly selected, then in the long run 95% of the confidence intervals formed would contain the true value of μ.（國立臺北大學100學年度碩士班招生考試「社會學研究法」試題）

66.抽樣誤差（sampling error）。（5分）（國立臺灣大學98學年度碩士班招生考試「社會工作研究方法」試題）

67.Sampling distribution（2分）（國立臺灣大學98學年度碩士班招生考試「社會研究方法」試題）

68.Random Error vs. Systematic Error（6分）（國立臺灣大學99學年度碩士班招生考試「社會工作研究方法」試題）

69.滾雪球抽樣（snowball sampling）。（4分）（國立臺灣大學100學年度碩士班招生考試「社會工作研究方法」試題）

70.社會研究法之中，抽樣方法對於整個研究影響很大，請比較以下抽樣方法，並舉出其適用範圍：

(1)簡單隨機抽樣法（Simple Random Sampling）

(2)分層隨機抽樣法（Stratified Random Sampling）

(3)配額抽樣法（Quota Sampling）

(4)滾雪球抽樣法（Snow-ball Sampling）。（15分）（東吳大學98學年度碩士班招生考試「社會研究法與社會統計」試題）

71.研究法教科書上的抽樣方法寫得琳瑯滿目，各種情境似乎有其適用的

抽樣方法。但是實際進行問卷調查的時候往往才發現會遭遇一大堆問題，就你的經驗或想像，請列舉五點關於進行問卷調查時經常可能遭遇到的問題。（10分）（國立臺北大學98學年度碩士班招生考試「社會學研究法」試題）

72.進行大型社會調查的目的通常是為了增進我們對此社會（及當中各群體）的瞭解，而調查研究幾乎都很注重、強調適當的抽樣方法（譬如隨機抽樣、分層抽樣等）。請問，重視抽樣設計的理由是什麼？（10分）（國立臺北大學100學年度碩士班招生考試「社會學研究法」試題）

73.試說明何種抽樣狀況下需要作加權（weighting）處理？並請用具體數據說明權值（weight）的計算與應用？（20分）（國立臺灣大學100學年度博士班招生考試「社會工作研究方法」試題）

74.下列關於抽樣（sampling）方法的敘述，何者不是正確的？

(A)配額抽樣（quota sampling）是一種隨機（random）抽樣的方法。

(B)不同的隨機抽樣方法結合在一起，還是隨機抽樣。

(C)立意抽樣（purposive sampling）是最常見的質性研究抽樣方法。

(D)當有效樣本數在各層的比例與母體差距頗大時，可用加權（weighting）的方式來處理。（1.67分）（101年第二次高考社會工作師考試「社會工作研究方法」試題）

75.民意測驗結果經常強調「本次調查抽樣誤差不超過上下三個百分點」，這句話代表什麼意義？抽樣誤差的大小，如何影響統計推論？以及影響抽樣誤差之主要因素為何？（25分）（104年原住民族特考社會行政類科「社會研究法」試題）

76.假設你要進行一個「臺中市65歲以上原住民獨居老人之生活需求調查」（假設臺中市65歲以上原住民獨居老人有10,000人；預計抽出1,000名進行研究），請依序回答下列兩個題目：

(a)假設你所要進行的是量化研究，因為研究經費、時間等因素限制，

不能選取所有樣本進行研究，而必須要抽樣，且你預計採取隨機抽樣。請問你會使用那種隨機抽樣的方法？為什麼你會選取此種隨機抽樣方法？請簡單說明上述隨機抽樣方法的步驟？（15分）

(b)請問在下列三種調查方法（郵寄問卷法、面對面訪問法、電話訪問）中，你會選擇以那種方法來進行此研究？為什麼？（10分）

（101年原住民族特考社會行政類科「社會研究法」試題）

77.小明想要研究去澳洲旅遊打工的經驗，但還沒決定要用怎樣的研究方法，請問你會建議他如何進行研究個案的選擇與抽樣？你認為「隨機抽樣」、「立意抽樣」哪一個比較適合，各自有怎樣的優點與缺點？具體來說，如果要隨機抽樣，在這個研究中要如何操作？如果要立意抽樣，你會建議小明考慮怎樣的指標與變異，為什麼？（25分）（國立臺灣大學105學年度碩士班招生考試「社會研究方法」試題）

78.請就隨機抽樣與非隨機抽樣各舉一例說明。（25分）（106年特種考試地方政府公務人員四等考試社會行政類科「社會研究法概要」試題）

79.1989年臺灣「老人保健與生活問題調查」之抽樣方法為「分層三段系統隨機抽樣法」，按同等被選機率抽取4,412位60歲以上之男女人口為調查對象。抽選之程序為先抽選56個鄉鎮市區，再由這些被選定之鄉鎮市區當中抽選樣本鄉，最後再由選定之樣本鄉當中每鄉抽選二位60歲以上之老人為受查個案。請回答下列問題：

(1)請說明抽樣程序中「分層」的意義。（5分）

(2)何謂「系統抽樣法」（systematic sampling）。（10分）

(3)以上述的調查為例，請說明其抽樣過程應該如何確保「每一位60歲以上之男女人口被抽取的機率一樣」。（10分）（106年身心障礙特考三等考試社會行政類科「社會研究法」試題）

80.研究人員想進行一項調查研究，瞭解臺灣某縣市之身心障礙家庭照顧者的照顧經驗和需求；請論述可行的抽樣方法和進行的過程。（25分）（106年普考社會行政類科「社會研究法概要」試題）

81.假設某一縣市擬進行街友（俗稱遊民）生活狀況調查，以瞭解街友的
　　生活狀況、福利服務使用狀況和福利需求，作為政府部門提供服務及
　　制訂政策的參考，請具體說明其抽樣設計以及資料蒐集的步驟。（25
　　分）（107年地方特考三等考試社會行政類科「社會研究法」試題）

82.請論述在調查研究當中抽樣的必要性為何？（25分）（108年公務人員
升官等考試「社會工作研究方法」試題）

83.在調查研究中，常會發生誤差問題，請解釋何謂「抽樣誤差」
　　（sampling error）與「非抽樣誤差」（non-sampling error）？及二者個
　　別形成的原因？（25分）（108年原住民族特考四等考試社會行政類科
　　「社會研究法概要」試題）

84.隨著數位化時代的來臨，民眾網路使用率極高，越來越多社會研究採
　　用網路問卷收集資料。請列舉網路問卷調查的優點和缺點，並分別說
　　明之。（25分）（109年地方特考四等考試社會工作類科「社會工作研
　　究方法概要」試題）

Part 3

研究方法

不同研究方法之分類與比較

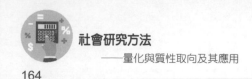
第一節　不同研究方法的分類

在社會科學的領域中，因為不同的研究目的與研究主題，而有各種不同的研究方法。一般來說，大致可有三種不同的分類準則：

一、依蒐集到資料的性質

可分成量化研究（quantitative research）與質性研究（qualitative research）。前者的資料多以數字為主，而且往往是適用於大範圍的研究，所以統計（軟體）是主要的資料分析工具；常見的量化研究方法有：調查研究法、實驗研究法與單案研究法（one-case study, single subject study）等。而質性研究的資料多以非數字為主（包括：文本與非文本），往往適用於小範圍但深入的研究，其分析方法詳見本書第二十章；常見的質性研究方法有：深度訪談法、焦點團體法、行動研究法、參與觀察法與德菲法等。

同一個研究可能同時包含量化與質性兩大類研究方法。例如：周月清等（2002）在「受暴婦女團體工作發展與評估——以台北市新女性聯合會方案為例」的研究中，就一方面透過在每次團體單元結束後，由團體成員提出剛剛團體進行的優點與修正探討，以檢視每位成員的參與以及需求滿足，同時並設計開放性問卷於各單元與整個團體結束時來蒐集成員意見，以作為評估團體（方案）在不同階段進行時，是否有達到預期效果的測量工具（過程評估，質性資料），同時也使用經其修正過的生心理健康量表，藉由單案研究之AB設計，瞭解婦女在參加團體前後其生心理健康狀況是否有所增進（成果評估，量化資料）。

此外，即便是針對某一種研究方法（非一個研究），有時也並不能純然劃分為是屬於質性或量化的研究方法。例如：德菲法雖然一般是將其

歸類為質性的研究方法，但是在其資料的呈現中也往往會有數字或／與統計分析，例如：贊成全民健保總額預算制度的專家有多少位（數字）、反對的有多少位（數字）。雖然在理由的說明部分是文字（質性），但是數字的比較對於最後研究結論的呈現，還是扮演了非常重要的角色。又例如：德菲法的施測究竟要進行幾次？這時要看蒐集資料的「飽和」（saturated）程度，也就是資料的「收斂」（convergent）程度而定。因此相依樣本t檢定（dependent samples t-test）就是非常理想的工具來決定究竟德菲法要施測幾次。又例如：評估研究法一般是將其歸類為量化的研究方法，但是評估研究畢竟是一種取向，而並非單一的資料蒐集方法，因此像是在過程評估（process analysis）中，就往往是作質性的資料分析與探討，來決定究竟在評估研究的過程中，是哪一個階段最有效果（最能達到研究目的）？而這樣的資料也往往是實務工作者所最重視與需要的。

二、依是否要直接獲得被研究者的「第一手」資料或是可作次級資料的分析

可分成反應類研究（reactive research）與非反應類研究（nonreactive research）兩大類。就測量的角度而言，要直接獲得被研究者的「第一手」資料（primary data），往往要「打擾」到被研究者，例如：要填問卷或是要接受訪談（不過有時也有研究對象與資料分析對象不同的例外，例如欲瞭解智能障礙小朋友的福利需求時，可能需要作問卷調查與訪問家長、特教老師與社工員等）；而在「打擾」被研究者的過程當中，可能會產生「霍桑效應」（Hawthorne Effects）（也就是說：由於受試者知道自己正在被研究、觀察，所以受試者的反應很可能與平常並不相同；詳見第十章）。因此反應類研究的測量方法一般稱為「干擾測量法」（obtrusive measures），大部分的研究方法均屬此類，例如：調查研究法、實驗研究法、焦點團體法與德菲法等。而非反應類研究的測量方法一

般就稱作「非干擾測量法」（unobtrusive measures），例如：次級資料分析法、歷史研究法、內容分析法等。

三、依研究所取得資料的時間是現在還是過去

可分成當下的研究與事後回溯研究（retrospective research）。對於橫斷面研究（cross-sectional research）而言，兩者之間的分野是非常明確的；但是對於貫時性研究（longitudinal research）來說，就有可能同時包括這兩種類型在同一個研究中（從過去到現在，詳見第三章）。一般來說，當下的研究多為反應類研究，而事後回溯研究多為非反應類研究；不過如果是使用「剛剛完成」的次級資料來作分析，則基本上是屬於非反應類研究，不過是不是還屬於「當下的」研究，可能就有一定程度的討論空間了。茲將前述不同研究方法依不同的準則所作的分類比較摘要整理於**表8-1**。

🔘 第二節　質性與量化研究方法的比較

質性研究法與量化研究法是指研究者在蒐集資料時因著不同的研究目的與實際情境而採用的不同方法；雖然二者在本質上、哲理上，以及對事務的基本假設上都有差異，但在實際進行研究時卻是相輔相成，甚至是交互進行的。質性研究通常是在研究者對所欲研究的對象尚無詳細資料時，作初步的探索之用。而當研究者掌握了一定程度的資料之後，如果希望將蒐集對象的範圍擴大以增加研究結果的適用性，則量化研究就勢在必行。而當量化研究的結果如果發現到某些議題是研究者感到興趣的，則可再透過質性研究作更深入的瞭解。因此總結來說，量化研究適用於所要研究的環境和對象，事先已有大量的資料，且資料蒐集較為容易；特別是若

表8-1　不同研究方法依不同的準則所作的分類比較

研究方法分類	質性研究／量化研究	干擾測量／非干擾測量	當下的研究／事後回溯研究
調查研究法	多為量化（為主），只有非結構式問卷才會蒐集質性資料	干擾	當下的
次級資料分析法	多為量化	非干擾	（多為）事後回溯
實驗研究法	量化	干擾	當下的
單案研究設計（single subject research design）	量化	干擾	多為當下的（除非趨勢不明，須回溯基線時）
評估研究法[1]	多為量化（但過程評估質性機率亦高）	多為干擾（但成本效益分析可能是非干擾）	都有可能
田野研究法[2]	質性	多為干擾	當下的
深度訪談法	質性	干擾	當下的
焦點團體法	質性	干擾	當下的
參與觀察法	質性	干擾	當下的
行動研究法[3]	質性	干擾	當下的
德菲法	以質性為主（不過也有一點量化的成分）	干擾	當下的
歷史（文獻）研究法	質性	非干擾	事後回溯（為主）
口述史研究法	質性	干擾	當下的
個案研究法[4]	質性	干擾	當下的
內容分析	以質性為主（不過也有一點量化的成分）	非干擾	都有可能

註1：評估研究是一種取向，可使用多種蒐集資料方法。

註2：一種取向，可使用多種蒐集資料方法；不過主要為參與觀察法（實地進入情境）。

註3：行動研究也是一種取向，可使用多種蒐集資料的方法。

註4：個案研究法（case study method）勿與單案研究設計混淆，其定義為：對（單一或多重）個案用質性研究的方法，所作的深入與全貌式的分析。

資料來源：作者自行整理。

研究的目的是要建立變項與變項之間的關係時,量化研究更是適當。而質性研究則是透過研究者直接對真實世界的觀察,特別是當進入一個很不熟悉的社會系統,而且是在一個不具控制和正式權威的情境中,此時往往需要案主的主觀理念去定義一個新的概念和形成新的假設,這時候使用質性研究較為適合(簡春安、鄒平儀,2005)。

　　事實上,質性研究與量化研究並非全然不同,兩者之間最大的相同點,就在於:兩者都是合乎科學邏輯的基本原則,所發展出來的作研究、蒐集資料的方法。也就是說兩種研究法皆為有計畫的、有系統的和可驗證的,也都是探討社會科學與社會工作知識的有效科學方法。只是說在針對不同的研究目的與研究主題時,依照最有效能達到研究目的的基本原則而決定採取不同的研究方法(可能是質性,可能是量化,也可能兩者都有)。以下即將質性研究與量化研究的差異點比較如**表8-1**(胡幼慧,1996;簡春安、鄒平儀,2005;陳向明,2002;Patton, 1990;潘淑滿,2003)。

一、基本假定的差異

　　量化研究者視世界為一個有秩序、有法則,而且極其穩定的「事實」,這個事實能被完全的知道,也能被正確的測量(簡春安、鄒平儀,2005)。舉例而言,量化研究當中最常被使用到的問卷調查法,研究者就是假設當問卷調查時受訪者的意見,與調查結果分析完成公布時是不變的;但事實上因為量化研究通常問的題目可能比較表面而不夠深入(相較於質性研究),因此在一段時間後受訪者確實有相當程度的可能性會改變原來的態度或想法。例如:受訪者對於五等分生活滿意度的看法可能由一個月前的4分變成現在的5分。而信度的議題與此其實也有關聯;因為對於不同「次」的一致性,研究者期望愈高愈好;也就是說研究者期望用同一份問卷施測的結果,這次與下一次要盡可能相同,這樣才表示信度

好。可是事實上,受訪者的想法本來就會改變,因此前後兩次測量結果的不一致,不一定表示測量工具的信度不好,可能真的是受訪者的態度有了轉變;因此在量化研究中對信度的重視,可能一方面反映出量化研究的基本假設:視世界為一個有秩序、有法則、極其穩定且能被正確的測量的「事實」;而另一方面,當樣本數相當大時,受訪者的態度可能轉變的方向與程度,彼此之間可以達到一個平衡(因為測量分數增加與減少的機率相同),這也就是為什麼量化研究的有效樣本數要盡可能大一些的原因之一。

　　質性研究者則把現實世界看成是一個非常複雜(不是用單一的因素或變項所能解釋的),而且是不斷變化的「社會現象」(social phenomena),此現象是由多層面的意義與想法所組成的動態事實,而且會因為不同的時空、文化與社會背景,而有不同的意義。因此質性研究者必須對所研究的社會現象或行為,進行全面性、深入性的理解,同時要融入被研究者的經驗世界中,深入體會被研究者的感受與知覺,並從被研究者的立場與觀點,詮釋這些經驗與現象(潘淑滿,2003;簡春安、鄒平儀,2005)。因此質性研究法的重點不在於「求證」某種假設,而是在探索某種意義與現象。質性研究的結果是某種概念或變項的發現,某種意義的探討,而不是研究結果的「概推」。

二、理論背景與邏輯上的差異

　　量化研究傾向於邏輯實證論與演繹法,也就是說量化研究者通常是先從概念發展成假設,而後再透過研究設計來驗證假設。質性研究則傾向於現象學與歸納法,研究者很少能在研究一開始就預估或假設研究的結果;同時質性研究的重點在於新的理念的發展,譬如建構出紮根理論,也因此較適合在探索性研究中使用。

三、目標上的差異

大體而言，量化研究強調解釋、預測以及檢證有關社會事實的因果假設，因此較適用於解釋性研究／因果性研究（簡春安、鄒平儀，2005）；同時因為量化研究通常是對大範圍的人群、透過隨機抽樣與統計檢定等步驟，去驗證假設是否成立，或是瞭解母群體的需求，因此也格外重視研究結果的推論（外在效度）。反之，質性研究的目的不在於驗證，而是在於深度探索一個較為複雜的、抽象的內心世界，因此質性研究不強調推論，而強調新觀念的開發與探索內涵、意義的深度掌握。

四、觀念上的差異

量化研究強調「客觀中立」地描述社會事實（「客觀中立」是指程度而言，事實上，任何研究均無法從社會判斷裡完全剔除主觀性）。而質性研究則常透過採用研究系統中參與者的觀點去描述社會事實，也就是說質性研究並不特別強調要避免主觀的成分（潘淑滿，2003；簡春安、鄒平儀，2005）。

五、語言型式上的差異

量化研究在進行過程中會先將文字、概念等轉化成數字，然後透過對數字的統計處理再轉回文字形式得到結論；因此量化研究的分析工作通常都會在資料蒐集齊全後，才會進行統計分析。質性研究則使用被研究者本來使用的文字語言來進行歸納、分析，並呈現研究結果與探討「意義」；因此質性研究的分析工作通常都是一邊蒐集資料，並同時進行分析。甚至若初步分析結果提供了重要訊息，則後續資料蒐集的方向與重點（例如：訪談大綱）也很可能會隨之調整。

六、研究方法上的差異

　　量化研究常用調查研究法、實驗研究法與單案研究法等去蒐集資料，希望能檢證兩個變項間是否有差異性、關聯性或因果關係。而質性研究則較常使用深度訪談法、焦點團體法、行動研究法、參與觀察法與德菲法等去蒐集資料，同時仰賴參與者細心觀察、深入理解研究結果的意義。

七、研究資料特質的差異

　　量化研究的資料對於信度與效度的要求較高，同時因為施測方式與測量工具均非常固定，所以研究資料的複製性高，概推性亦高，而這也正是量化研究的特色。質性研究資料的特色是真實、豐富、有深度，不過缺點則是概推性較差（因為通常不會隨機抽樣，樣本數少，而且施測過程與測量工具都往往會調整）。

八、適用條件的差異

　　綜合以上多位學者的研究，量化研究的適用條件大致有下列四項：

1.所要研究的環境和文化，事先已有大量的資料時。

2.容易接近案主，資料的蒐集較為容易時。

3.比較容易控制，或稍具有權威背景時（例如：請學校老師配合作全班問卷調查）。

4.研究的目標是要尋求變項與變項之間的變異、關聯或因果時。

而質性研究的適用條件則為：

1.進入一個很不熟悉的社會系統時較為適用。

2.在一個不具控制和正式權威的情境中，較為適用。

3.概念與理論都尚未明確建立（或是新概念與新假設在初步建立）時。

4.適用於描述複雜的社會現象，而且需要案主的主觀理念與現象陳述時。

以下即將量化研究與質性研究的差異比較如**表8-2**。

表8-2　量化研究與質性研究的差異比較

項目	量化研究	質性研究
基本假定	視世界為一個有秩序、有法則，而且極其穩定的「事實」（靜態），這個事實能被完全的知道，也能被正確的測量。	把現實世界看成是一個非常複雜（不是用單一的因素或變項所能解釋的）而且是不斷變化的「社會現象」，此現象是由多層面的意義與想法所組成的動態事實，而且會因為不同的時空、文化與社會背景，而有不同的意義。
理論背景與邏輯	（傾向）邏輯實證論與演繹法，由既有的概念去發展成假設來檢驗。	（傾向）現象學與歸納法，著重對未知世界的探索，希望能探求到一切事物的自然原始本質，同時期望能建構出紮根理論。
目標	解釋、預測、檢證與推論。	探索、開發、意義尋求。
觀念	以外來的觀察者自居（局外人），追求客觀。	以參與者的角度為主（局內人），不排斥主觀性。
語言型式	將概念操作化，試圖以數據來呈現。	用受訪者本來的語言或系統中成員的暗語來探索研究結果的意義。
研究方法	調查研究法、實驗研究法與單案研究法等。	深度訪談法、焦點團體法、行動研究法、參與觀察法與德菲法等。
研究資料的特質	強調信度與效度、複製性高、可概推的。	真實的、豐富的、有深度的、不易概推的。
適用條件	1.所要研究的環境和文化，事先已有大量的資料時。 2.容易接近案主，資料的蒐集較為容易時。 3.比較容易控制，或稍具有權威背景時。 4.研究的目標是要尋求變項與變項之間的變異、關聯或因果時。	1.進入一個很不熟悉的社會系統時較為適用。 2.在一個不具控制和正式權威的情境中，較為適用。 3.概念與理論都尚未明確建立（或是新概念與新假設在初步建立）時。 4.適用於描述複雜的社會現象，而且需要案主的主觀理念與現象陳述時。

第三節　量化與質性研究的信度和效度比較

　　雖然量化研究非常重視研究的信度和效度，但是質性研究也不是完全不重視，而是評估的角度與使用的語言有所不同而已；事實上兩者之間是呈對應關係的。

　　陳向明（2002）認為：量化研究的「效度」，強調的是「研究結果與某一外在客觀存在的事實相比較，看是否一致」；但質性研究的「效度」，強調的是「對研究結果的表述，是否真實反應了在某特定條件下、某研究人員為了達成某特定研究目的而使用某適當的研究方法所採取的行動」，換言之，質性研究的「效度」是相對的、不同於量化研究「效度」的絕對概念，而透過多種方法與不同來源所蒐集的豐富資料將更能增加質性研究的「效度」。

　　至於「信度」，陳向明（2002）認為：「信度」的「可重複性」概念，與質性研究所強調的「獨特性」、「唯一性」與「變動性」概念並不一致；但若就「信度」的「一致性」概念來說，則作者認為：在目前執行研究多以「研究團隊」的方式來看，研究團隊的不同成員對於同一份逐字稿的編碼應有一定程度的一致性存在是較佳的，而這也可視為是「研究者／編碼者間一致性信度」，測量指標多以「同意度百分比」（percentage agreement）表示（郭玉霞，2009）。

　　此外，根據Guba（1990）和潘淑滿（2003）的看法，可將質性研究與量化研究對內在效度（可信性）、外在效度（遷移性）、信度（可靠性）與客觀性（可確認性）等「信賴程度」的評估指標建立對應關係如**表8-3**。

表8-3 質性研究與量化研究對「信賴程度」的評估指標間的對應關係

研究取向 評估指標	質性研究	量化研究
真實性	可信性：指研究者蒐集之資料的真實程度。	內在效度：控制不相關變項可能對研究結果產生影響。
應用性	遷移性：研究所蒐集之資料，對於被研究對象的感受與經驗可以有效的轉換成文字的描述。	外在效度：研究結果可以推論到外在現實世界的可能性。
一致性	可靠性：研究者如何蒐集到可靠的資料，並加以有效的運用。	信度：測量工具測量的結果，可以不斷地被重複測量，且具有一致性，穩定度相當高。
中立性	可確認性：研究的重心在於對研究倫理的重建，同時希望從研究過程獲得值得信賴的資料。	客觀性：研究過程對於研究資料的蒐集，不會因研究者個人主觀價值評斷而扭曲了社會事實的真相。

資料來源：潘淑滿（2003），頁83。

解釋名詞

1. 量化研究：蒐集到的資料多以數字為主，而且往往是適用於大範圍的研究，所以統計（軟體）是主要的資料分析工具。

2. 質性研究：蒐集到的資料多以文字為主，往往適用於小範圍但深入的研究，內容分析是主要的資料分析方法。

3. 反應類研究：會「打擾」到被研究者的研究方法，例如：調查研究法、實驗研究法、焦點團體法與德菲法等。而其測量方法一般就稱作「干擾測量法」，大部分的研究方法均屬此類。

4. 非反應類研究：不會「打擾」到被研究者的研究方法，例如：次級資料分析法、歷史研究法等。而其測量方法一般就稱作「非干擾測量法」。

5. 事後回溯研究：研究所取得資料的時間是在過去的研究方法，一般來說多為非反應類研究。

6.紮根理論：根據質性研究所探求到的第一手、自然、原始的資料所歸納發展出的理論。

 考古題舉例

1.有人認為定量方法（或數量方法）與定性方法（或質量方法）是相互排斥的，但另有人則認為它們是相輔相成的。試述以上論點的要旨。又研究時應如何作一適當取捨？亦請加以明。（25分）（85年高考三級「社會調查與研究」試題）

2.什麼是質化研究（Qualitative Research），有何特性？您認為質化研究在社會科學有何重要性？（25分）（86年普考「社會調查與研究」試題）

3.何謂「質化研究」（Qualitative Research）？它與「量化研究」在本質上有何差異？請說明之。（25分）（84年公務人員簡任升等考試「社會研究方法」試題；東吳大學93學年度碩士班招生考試「社會工作研究法」試題）

4.試說明質化研究（Qualitative Study）和量化研究（Quantiative Study）的研究資料處理原則和處理過程之異同？（25分）（88年公務人員特種考試身心障礙人員三等考試「社會學研究方法」入學考試試題）

5.質性研究（qualitative research）應該重視信度（reliability）與效度（validity）問題，信度是測量結果的一致性或穩定性，效度是獲得正確答案的程度。請問質性研究的信度、效度測量方法各有那些類型？（25分）（103年第一次高考社會工作師考試「社會工作研究方法」試題）

6.請以「家庭內溝通」為主題，運用定量研究及定性研究方法各設計一個研究，包括題目、研究變項（類屬）、方法及預期結果。（25分）（台灣大學80學年度研究所「社會研究方法」試題）

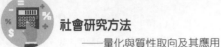

7.試舉實例詳析「計量研究方法」與「計質研究方法」之異同。（20分）
（政大85年度社會學研究所碩士班「社會學研究方法」入學考試試題）

8.試述計質研究法與計量研究法之利弊。（17分）（東海大學83學年度社會工作研究所碩士班「社會工作研究法」入學考試試題）

9.試舉例各種計量（量化）、計質（質化）的蒐集資料方法及統計分析資料方法，並說明上述兩類方法（蒐集及分析）中最有把握及最沒把握之方法各三種。（25分）（東海大學83學年度社會工作研究所博士班「社會工作研究法」入學考試試題）

10.請說明在進行質性研究時，信度如何被測量？有關質性資料的信度會受到那些因素的影響？（25分）（102年原住民族特考社會行政類科「社會研究法試題」）

11.試舉一例來說明質性研究方法的各種特質，確實整合讓社工師藉該研究（及其過程）來提升社工服務的專業程度。（20分）（台灣大學87學年度研究所乙丙組「社會研究方法」試題）

12.社會科學研究在主客觀問題上一向頗有爭議。計質研究對社會現象的陳述及深入瞭解雖極有貢獻，但亦被認為太主觀化。請以己見，把計質研究法的特質作一剖析，並兼論研究者在過程中如何處理主客觀問題。（33分）（東海大學80學年度社會工作研究所碩士班「社會工作研究法」入學考試試題）

13.試舉例說明如何以質化方式進行探索性研究。（34分）（東海大學84學年度社會工作研究所碩士班「社會工作研究法」入學考試試題）

14.請比較質性研究和量化研究的優缺點。（25分）（101年高考社會行政類科「社會研究法」試題）

15.試述個案研究法之特質？（20分）（88年特種考試退除役軍人轉任公務人員三等考試「社會研究法」試題）

16.請問「質性研究」與「量化研究」在本質上有何差異？若想要進行「臺灣地區原住民身心障礙者生活適應之研究」，請分別列出進行量

化研究與質性研究的步驟。（25分）（101年原住民族特考社會行政類
科「社會研究法」試題）

17.使用質性研究法時應注意哪些原則？（25分）（86年專門職業及技術
人員高等考試社會工作師試題）

18.921大地震以後，你做了哪些社會工作「專業」的服務（5分）請從服
務經驗中，以質性研究的觀點，擬定一個研究題目（5分），說明為何
這個題目以質性的方法來進行研究較為妥當（15分）。（88年專門職
業及技術人員高等考試社會工作師試題）

19.使用質性研究法時應注意哪些原則？（25分）（86年專技高考三級
「社會工作研究方法」試題）

20.什麼是質性資料？試舉出兩種質性資料的蒐集方法，並討論其優缺
點。（25分）（88年公務人員高等考試三級考試第二試「社會研究
法」試題）

21.何謂計質研究法？試論其在研究社會科學及人類行為之重要性。（20
分）（東海大學75學年度社會工作研究所碩士班「社會工作研究法」
入學考試試題）

22.何謂歷史比較法？歷史比較法的資料來源有哪些？如何提高歷史比較
法的信度與效度。（25分）（台灣大學82學年度研究所「社會研究方
法」試題）

23.質化資料（qualitative data）。（5分）（87年公務人員高等考試三級考
試第二試「社會研究法」試題）

24.何謂質化研究？何謂量化研究？試說明這兩種類型研究的主要差異？
（30分）（93年公務人員特種考試身心障礙人員三等考試「社會研究
法」試題）

25.試比較調查法（survey method）、內容分析法（content analysis）以及
歷史文獻法（historical archive method）等研究方法之優缺點。比較中
至少應包含各方法之適用範圍、資料特性、目的、研究取向、研究結

果等方面之討論。（25分）（政大86年度社會學研究所碩士班「社會學研究方法」入學考試試題）

26.量化研究與質性研究的抽樣，在本質上有何差異？並舉例說明之。（25分）（88年專門職業及技術人員高等考試社會工作師試題）

27.量化研究與質性研究在本質上（或在哲學背景上）有何差異？請列點說明之。（20分）（89年社會工作師考試「社會工作研究方法」試題）

28.在質性研究當中，常使用「多元方法」（Triangulation），何謂「多元方法」？試說「多元方法」之類型及設計有哪些？（20分）（90年普通考試第二試「社會研究法概要」試題）

29.請說明質化與量化研究的差異重點，並舉一例說明整合質化與量化研究方法於同一個研究中的可能具體做法。（20分）（92年高等考試三級第二試「社會研究法」試題）

30.請您設身處地的想想下面的情況：您是以完全參與者的方式到一個多國公司的工廠工作。您的目的是長期參與觀察該工廠的勞資關係是如何受到全球化的影響。在您發表您的研究結果後，因為一些研究發現與過去以問卷調查方式得到的結果不同，所以有人質疑您研究的效度（validity）。請問您會如何告訴這些人：

(1)量化研究與質化研究在效度這個議題上，有哪些相同與不同的看法？（10分）

(2)以「完全參與者的身分來從事參與觀察」這個方法的特性而言，您認為這個方法可以得到極佳效度資訊的理由，以及可能有的限制為何？（10分）（國立政治大學94學年度碩士班招生考試「社會工作研究法」試題）

31.如果妳／你是質性研究者，在面對外界批判質性研究是不夠客觀、不夠科學與不具代表性時，妳／你如何合理回應這些質疑，並說明質性研究在社會科學研究的價值與意義？（25分）（國立台灣師範大學94

學年度碩士班招生考試「社會工作研究法」試題）

32.名詞解釋：事後回溯設計（retrospective design）。（5分）（92年高等考試三級第二試「社會研究法」試題）

33.何謂紮根理論（grounded theory）？其在研究傳統上之本質為何？使用紮根理論之方法時，應注意哪些事項？（25分）（94年特種考試地方政府公務人員考試「社會研究法」試題）

34.何謂實地研究（Field Research）？什麼情況下適合實地研究？作為一名社會工作者，請舉一個例子說明你正在進行的實地研究（例如研究目的、研究的重要性、研究對象、如何進行研究以及研究可能會面對的困難等）。（15分）（國立臺北大學96學年度碩士班招生考試「社會工作研究方法」試題）

35.相較於實驗法和調查法，田野研究（Field Research）的一般特性是：

(1)信度高、效度也高

(2)信度高、效度低

(3)信度低、效度高

(4)信度低、效度也低。（3分）（國立臺北大學96學年度碩士在職專班招生考試「社會研究方法」試題）

36.質性研究對效度進行檢驗並設法排除「效度威脅」的具體方法有哪些？請舉出至少三種並逐一說明之。（12分）（國立臺北大學98學年度碩士班招生考試「社會工作研究法」試題）

37.紮根理論（Grounded Theory）。（3分）（國立臺北大學96學年度碩士在職專班招生考試「社會研究方法」試題）

38.紮根理論（grounded theory）由何處開始：

(1)理論

(2)模式

(3)觀察／資料

(4)概念。（3分）（國立臺北大學97學年度碩士在職專班招生考試「社

會研究方法」試題）

39. 何謂紮根理論（grounded theory）？紮根理論的操作程序為何？（12分）（國立臺北大學98學年度碩士班招生考試「社會工作研究法」試題）

40. 量化研究與質化研究是目前社會科學研究法的兩大取向，請分別說明量化研究與質化研究這兩大取向的優點與限制。何種情況下適合採取何種研究取向？（10分）（國立臺北大學98學年度碩士班招生考試「社會學研究法」試題）

41. 何謂研究設計？研究設計在質性研究中起何種作用？列舉幾種主要的質性研究設計類型或模式並逐一說明其特性。（20分）（國立臺北大學99學年度碩士班招生考試「社會工作研究法」試題）

42. Please list four ways of combining qualitative and quantitative methods in social research. Also, give an example (a hypothetical research question and research design) to each of the four ways.（每項答案不得超過答案紙2行）

(A)Example:

(B)Example:

(C)Example:

(D)Example:

（每題5分，共20分）（國立臺北大學100學年度碩士班招生考試「社會工作研究法」試題）

43. 質性研究經常遭遇以下三種質疑，請對此逐一進行討論：

(1)抽樣不具代表性？（10分）

(2)分析不夠客觀，易流於個人主觀及價值判斷？（10分）

(3)難以準備判定因果關係？（10分）（國立臺灣大學98學年度碩士班招生考試「社會研究方法」試題）

44. 臺灣社工界近年也很重視質化研究，請問有哪些措施以保障研究參與

者的基本權益？（10分）（國立臺灣大學99學年度碩士班招生考試
「社會工作研究方法」試題）

45.量化研究與質化研究有不同的特點與長短，請以家事的性別分工為
例，分別發展量化與質化的研究設計。請說明這兩個研究中：

(1)你的研究問題為何？為何適合此項研究方法？

(2)你要如何選取樣本／個案？比較量化與質化研究的不同操作邏輯。

(3)根據你的研究設計，闡釋量化與質化分別的優點與缺點。（30分）
　　（國立臺灣大學99學年度碩士班招生考試「社會研究方法」試題）

46.在田野研究中，研究者採取不同的管道、位置與身分進入田野，形成
與報導人不同的互動關係。以性工作／產業的研究來說，有人以受雇
者的身分進入參與觀察，有人以消費者的方式進入田野，也有人透過
政府部門的衛生或社會服務單位，或是透過非營利組織來接觸性工作
者。請說明這些不同的研究管道在蒐集資料時各有怎樣的優缺點，並
反思研究者的主體位置與研究過程，可能涉及怎樣的研究倫理議題與
權力關係（20%）。（國立臺灣大學99學年度碩士班招生考試「社會
研究方法」試題）

47.試比較量化和質化研究的差異性。（10分）（東吳大學98學年度碩士
班招生考試「社會研究法與社會統計」試題）

48.Geertz認為民族誌的關鍵在於深描（thick description），民族誌的詮釋
在於「理解他人的理解」，請以具體的研究案例來說明是什麼意思？
根據上述的看法，你認為怎樣的詮釋是好的詮釋？當有人質疑這樣的
社會科學研究無法建立「客觀性」，你要如何回應？（25分）（國立
臺灣大學105學年度碩士班招生考試「社會研究方法」試題）

49.如果你想針對「獨居長者的生活處境」執行一項質性研究，請問你會
採取那種研究策略（Research Strategy）？並請進一步說明研究進行的
步驟和過程中採用的方法。（25分）（國立臺北大學105學年度碩士班
招生考試「社會工作研究法」試題）

50.請說明實地研究者的角色及其如何進行。（25分）（106年特種考試地方政府公務人員四等考試社會工作類科「社會工作研究方法概要」試題）

51.請舉例說明五個適用質性研究的條件。（25分）（106年特種考試地方政府公務人員四等考試社會工作類科「社會工作研究方法概要」試題）

52.請說明何謂非反應式研究（non-reactive research），並且舉例說明那些研究方法是屬於非反應式研究？（25分）（106年第二次高考社會工作師考試「社會工作研究方法」試題）

53.請論述質性研究的適用狀況，並且舉一例加以說明。（25分）（106年普考社會行政類科「社會研究法概要」試題）

54.請論述科學研究的目的為何？一般而言，社會科學研究可區分為量化研究和質化兩大研究典範，請舉例說明這兩種典範的研究目的和進行過程。（25分）（國立政治大學107學年度碩士班招生考試「社會工作研究方法」試題）

55.進行田野研究（field research）之前，研究者會預先進行那些準備？（25分）（107年原住民族特考四等考試社會行政類科「社會研究法概要」試題）

56.請比較量化（Quantitative）和質性（Qualitative）研究方法著重焦點的差異，諸如目的、結構、研究場域、理論觀點、典範、方法，以及資料分析等等。（25分）（107年第二次高考社會工作師考試「社會工作研究方法」試題）

57.「臺灣的大智文創在取得英國The Big Issue授權後，學習英國社會企業模式經營，透過特別的販售通路，提供露宿者／街友（homeless）一個自食其力的就業機會。其所發行的大誌雜誌成為中文版的街頭報，雜誌內容包含時事、藝文內容、社會議題及其他國家的報導為主，並於2010年4月1日發行創刊號「愚人世代」，許多露宿者會固定時段在捷

運站或熱鬧的街頭來進行販售（網站有公布時間與地點）／……」

(1)若您想要瞭解販售大誌雜誌對於這些露宿者／街友所產生的影響與改變，請問您會用何種研究取向來進行瞭解？您考量的原因為何？（7分）您要如何兼顧研究的品質（如Trustworthiness and Transferability等）及所可能產生的研究限制又可能為何（8分）？

(2)近幾年有幾篇研究在進行有關這個議題的研究，主要都偏向訪談販售大誌雜誌的露宿者／街友，缺乏對於消費者的看法。請問您若要瞭解社會大眾對於販售大誌雜誌的看法，您會如何進行（如方式、對象等），請詳細說明（5分）？若要偏向自然探索（natural inquiry）及非干擾式的研究方式進行瞭解，您又會如何進行（5分）？（國立臺北大學107學年度碩士班招生考試「社會工作研究法」試題）

58.以下是碩士論文常見、但也經常被誤用的幾項研究取徑，包括了網路問卷調查、媒體報導資料分析、紮根理論研究法、自我民族誌。請挑選其中兩項，分別說明這些研究方法或策略：(1)通常如何執行；(2)較適用於哪些研究目的或情境；(3)研究設計與分析推論上的限制，及可能的誤用；(4)研究者若想使用這個研究方法或策略，應如何避免可預見的偏誤。（每項10分）（國立臺灣大學108學年度碩士班招生考試「社會研究方法」試題）

59.台灣大學每年錄取約三千多名碩士生，但有些碩士生因故中途休學、退學，最終並未取得碩士學位。假設你是一個對高等教育感興趣的研究者，請你試著結合量化和質化研究設計，來嘗試解釋這個現象。

1.請設計一個簡單的量化研究，並詳述包括你的研究假設、主要變項（自變項、依變項及控制變項）、測量方法、抽樣、統計方法，以及你的研究發現可能會有的推論限制。（15分）

2.搭配你的量化研究，假設你可以訪談到「曾入學但最終沒有畢業」、具代表性的前台大碩士生們，請你設計出3-5個你覺得最重

要、且具內在邏輯的深度訪談問題。並請你也嘗試分析,利用訪談法可能遭遇的困難、或分析推論上的限制,以及你計畫如何克服這些限制。(15分)(國立臺灣大學108學年度碩士班招生考試「社會研究方法」試題)

60.請從至少3個不同面向,比較質性研究與量化研究的不同?(10分)並請回答,在何種情況下可以在同一個研究中同時採用質性與量化研究方法。(10分)(國立政治大學108學年度碩士班招生考試「社會工作研究方法」試題)

61.Lincoln&Guba(1985)對質性研究提出可信任性(credibility)、可轉換性(transferability)及可靠性(dependability),試分述其如何應用於質性研究。(25分)(109年高考三級社會行政類科「社會研究法」試題)

62.質性研究有六大特色「透過被研究者的眼睛看世界」、「描述」、「脈絡主義」、「過程」、「彈性」及「理論及概念形成」,請申述之。(25分)(109年高考三級社會行政類科「社會研究法」試題)

63.在質性研究方法中,紮根理論(grounded theory)是常用的取向,請敘述紮根理論的哲學基礎、概念及適合的研究問題,並請說明其方法論上的優缺點。(25分)(109年原住民族特考四等考試社會行政類科「社會研究法概要」試題)

64.量性研究中研究者與被研究者的關係要保持客觀中立,而質性研究中研究者與被研究者的關係則要「互為主體」,請問什麼是互為主體?在質性研究中,研究者要將自己的主觀經驗加以「懸置」或「存而不論」(bracketing),請問什麼「懸置」?請問「互為主體」與「懸置」這兩者為何成為好的質性研究的要求?(25分)(國立政治大學109學年度碩士班招生考試「社會工作研究方法」試題)

Chapter 9

調查研究法

調查研究法（survey research method）是量化研究中最常被使用的方法，源起於十九世紀對勞工問題、貧窮問題和社區問題的探討（Smith, 1990; Bradburn & Sudman, 1988; Glock, 1967; Rossi, Wright & Anderson, 1983；簡春安、鄒平儀，2005；朱柔若，2000），到了1930-40年代，社會學家Larzrsfeld使用調查法研究廣播對美國政治民意的影響，成為正式的研究方法（Bhattacherjee, 2012）。研究者透過設計問卷、進行抽樣、再發送問卷，以蒐集研究所需的資料；主要邏輯是藉由對樣本的瞭解「回推」到母群體，因此在調查研究法中，外在效度的考量非常重要。

第一節 調查研究的定義、內容、用途與適合採用調查研究法的主題

調查研究法是以抽樣的方式（可能是隨機抽樣、非隨機抽樣或是全部施測——亦即普查），探討樣本的狀況與現象（即樣本的屬性變項），然後把從樣本所得之資料推論到整個母群體。

調查研究的內容主要有下列四種（簡春安、鄒平儀，2005）：

1.事實：調查受訪者的基本資料，包括年齡、種族、性別、收入和教育程度等，這些特質亦即本文所謂的「屬性變項」（attribute variables）或「社會人口變項」（demographic variables）。

2.態度或意見：此為受訪者的主觀想法，例如：興趣、喜好、生活滿意度等。

3.行為：指受訪者客觀上的具體行動，例如：每週運動時數、居住機構的老人每月親友來探訪的次數等。

4.知識或能力：例如欲瞭解全校同學的英文程度所作的抽樣托福測驗等。

調查研究在社會科學中的用途就是「探索」、「描述」與「解釋」，也就是說：當研究者面對所知非常有限的主題，例如：某地區居民對於在該地區興建天然氣接收站的意見如何？除了可採用質性研究的方式來深入瞭解居民的看法之外，探索式的調查研究也是一個好的選擇，因為至少可以初步瞭解民眾的意向（贊成與反對的百分比）。其次，描述性的調查研究重視的是所要探討事情的全貌（也就是what），例如：社會工作者對921地震受災戶所作的調查研究，可瞭解其家園重建的狀況與目前有哪些福利需求等即是。最後，解釋性的調查研究是指為驗證（或解釋）變項間的因果關係所作的研究，例如：社會工作者為驗證老人之社會支持與生活滿意度間存有正相關。

適合採用調查研究法的主題，最主要是針對研究者希望獲得大量資料，藉由謹慎取得隨機樣本，由隨機樣本的特性，反應出大量母群體的特質。例如：人口普查、民意調查等。

第二節　調查研究的類型

調查研究的類型主要有面對面訪問調查法、郵寄問卷法、集體填答法、電話訪問調查法以及網路調查法等，各項調查研究類型的優、缺點與適用時機，如**表9-1**。其中網路調查法（on-line survey）是將問卷公布於網站上，任由網友上網填答，這種方式具有成本低、回收快速、不受空間距離的限制，而且問卷表單在設計時，能使用多元且複雜設計的題項，並強制回答、避免漏答。由於網路調查常發生志願者偏差（volunteer bias），也因為無法檢證是否是由同一人藉由不同的IP進入填答，而且許多社群（例如低收入者、高齡長者）不易接近使用網路，都使得樣本的代表性與結果的可推論性受到影響，因此並不鼓勵研究者使用。茲將面對面訪問、郵寄問卷、集體填答、電話訪談四種主要調查研究的類型陳述如下

表9-1　各項調查研究類型的優點、缺點與適用時機的比較

調查研究的類型	優點	缺點	適用時機
面對面訪問調查法	1.回答率高。 2.訪問的品質較好，也較深入（效度好）。 3.可觀察非語言行為所透露的訊息。	1.成本太高。 2.調查者與受訪者之間須建立良好的關係。	1.一般性的問題（不要敏感與禁忌）。 2.一定要確定答案為「真」（受訪者本人），例如：身心障礙需求調查、人口普查。
郵寄問卷法	1.省錢（相較於面訪與電訪）。 2.保有受訪者的隱私。 3.受訪者有充裕時間填寫。	1.回收率低。 2.不確定受訪者是否瞭解題意。 3.不確定是否由其本人填寫（所以效度較低）。	1.敏感與禁忌問題（例如：性、所得、政治意向等）。 2.時間壓力較小的時候。 3.經費有限時。
集體填答法	1.省時（相較於面訪與郵寄問卷）。 2.省錢。 3.回收率高。 4.受訪者確實為本人。 5.現場可立刻回答填答者的任何問題。	1.施測填答的時間有限（相較於郵寄問卷法）。 2.在訪問的深度上、答案填寫細緻的程度上，集體填答法無法與面訪比較。 3.有時集體填答法的樣本集合不易。	1.集叢隨機抽樣時（例如：對某校某班全班施測）。 2.經費有限時。 3.行政單位可配合時。
電話訪問調查法	1.省時（相較於面訪與郵寄問卷）。 2.省錢（相較於面訪）。 3.回答率高（相較於郵寄問卷）。 4.效率也不錯（相較於郵寄問卷）。 5.易於監控、資料品質較好（相較於郵寄問卷與集體填表）。	1.所問的問題不能太多。 2.所問的問題也不能太深入。 3.研究者對受訪者的反應很難控制。 4.電話調查無法確定接聽電話的人，是否是中選樣本本人。 5.電訪母體的先天涵蓋率不足。	1.即時資料，例如：某一事件發生後，總統候選人民調（即時）。

資料來源：作者自行整理。

（Baker, 1994; Babbie, 1998；簡春安、鄒平儀，2005；趙碧華、朱美珍，2000）：

一、面對面訪問調查法

面對面訪問調查法（face-to-face interview，簡稱面訪）是指訪問員依據問卷或訪談大綱，對受訪者透過面對面的方式，去蒐集所欲蒐集資料的方法（簡春安、鄒平儀，2005；游清鑫等，2001a）。一般而言，面訪的成功率較高、訪問的品質也較好，因為調查者能較深入地探索受訪者的意見和行為，同時藉著較好的訪談技巧去蒐集到較深入的資料（甚至可觀察非語言行為所透露的訊息）（簡春安、鄒平儀，2005；趙碧華、朱美珍，2000）。面訪成敗的關鍵是，調查者與受訪者之間的關係是否能順利建立，同時不同的訪員彼此間是否能保持一致性（訪員間一致性信度）。此外，面訪的最大缺點就是成本太高，對預算有限的研究者來說，可能必須考慮。

面訪進行前非常重要的工作就是訪員訓練。研究者要讓訪員瞭解到應如何作記錄、遇到各種可能的狀況時要如何處理，同時訪員必須要有禮貌，態度要客觀中立與良好，切忌批判受訪者的某些特殊想法或行為。此外，面訪不適合問太敏感（例如：個人隱私）與禁忌的問題（話題），除在問卷設計時就要加以注意外，在訪談的對話過程中也要留意。簡而言之，一個成功的訪問員必須具備五個條件：(1)對調查資料都澈底瞭解；(2)對整個調查都要負責任（投入與委身）（commitment）；(3)要多加演練;(4)把個人特質所造成的影響減到最低程度;(5)根據專業與常識當機立斷，處理問題（簡春安、鄒平儀，2005）。

此外，隨著科技的進步，目前各民調中心幾乎均使用電腦CAPI（Computer Assisted Personal Interview，電腦輔助面訪調查系統）系統進行面訪。「電腦輔助面訪調查系統」（以下簡稱CAPI）簡單的說就是調

查員用小型的電子設備，如筆記型／平板電腦來展現調查表內容，並直接在畫面上輸入面訪資料，取代傳統的紙筆調查。如此不但可做到電腦跳題、邏輯檢誤，以降低資料輸入錯誤，還可以定時回傳成功問卷資料、增加調查效率。實務上常與傳統的紙筆調查雙軌並用。

實際調查研究使用面訪的例子非常的多，例如王雲東（2007a）在「宜蘭縣95年度身心障礙者生活狀況與福利需求調查研究」中，就是使用面訪方式來進行問卷調查。

二、郵寄問卷法

郵寄問卷法（mailing questionnaire）是指研究者將問卷郵寄給被抽樣到的填答者，藉由填答者回覆的問卷，去蒐集到所欲蒐集資料的方法。在傳統上此法多為一般郵寄（mail by post），不過目前隨著網際網路的發達，電子郵件（e-mail）也是一種新興且可行的方法。但以電子郵件施測時，須注意被抽樣到的填答者是否固定使用此一帳號？因為現代人往往有好幾個e-mail帳號，而常用的卻只有其中一兩個，因此如果不能確定這點，則樣本的代表性與回收率就會發生問題。

大致上來說，郵寄問卷法具有省錢（相較於面訪與電訪）、保有受訪者的隱私、讓受訪者有充裕時間填寫等優點，因此較適用於在經費有限、時間壓力不大時進行，特別是對於欲瞭解敏感與禁忌問題（例如：性、所得、政治意向等）時更是一種可行的研究方法。不過郵寄問卷法的缺點也不少，例如：(1)回收率低，經常不到一半（在催覆後能達到七成就算是非常理想了），若時機不對或問題不妥，可能連20%的回收率都達不到；(2)無法確認受訪者是否瞭解題意？若受訪者對題目不甚明瞭或產生誤會時，經常不能完成問卷，就算勉強完成其問卷，結果也是效度很低，因此郵寄問卷法對問卷的指示和說明都較其他方法來得重要；(3)是否由被抽樣到的填答者本人填寫不得而知。

應用郵寄問卷方式在實際調查研究的例子也非常的多，例如李安妮、王雲東（2008）在其「多元就業開發方案進用人員職業能力提升情形暨後續就業狀況調查研究」中，使用郵寄問卷方式進行調查，在問卷寄發一個月後，由於回收份數並不理想，為加強回收率，於是進行電話催覆，並寄發第二次問卷，最後總共回收率在用人單位為44.97%，而在進用人員部分為26.74%。

三、集體填答法

集體填答法（group interview）是指把抽樣的受測者全部集中在一起而予以施測的方法。這種方法因為是集體樣本，可以當場分發問卷並回收，同時也可以現場回答填答者的任何問題，從而提高問卷調查的效度。因此不僅省時、省錢、回收率又高、受訪者又確實為本人是其優點（簡春安、鄒平儀，2002）。不過並不是每一種調查研究都可以使用集體填答法；國內施行集體填答法常見的場合是學校團體、公私立福利機構或軍隊等，例如：有一些研究者會透過公文的方式，請學校或系所予以配合，利用必修課的部分時間（如十分鐘）進行施測。在集體施測時，有時研究者會親自前來，因為可能填答者有任何問題可以立即回答，而有時若問卷題目意思非常明確，則研究者可能就委託學校老師或單位負責人逕行施測與回收，而後再將問卷轉交或轉寄給研究者。

集體填答法當然也有一些缺點，例如：由於施測填答的時間有限，因此無法像郵寄問卷法可以有充裕的時間仔細思考；同時在訪問的深度上、答案填寫細緻的程度上，集體填答法也無法與面訪比較，最後就是有時集體填答法的樣本並不是那麼容易集合（例如：學校或系所只同意可以利用下課時間進行施測）。不過如果欲施測的單位因為各種原因而無法配合，研究者切忌「強勢動員」，以免招致反彈而得不償失。

四、電話訪問調查法

電話訪問調查法（telephone interview，簡稱電訪）是一種用電話作為訪談工具的訪問調查法。電訪的優點有：省時（即時）、省錢（相較於面訪）、回答率高（相較於郵寄問卷）、效率也不錯，同時又易於監控、資料品質也較好（相較於郵寄問卷與集體填表），因此成為現代社會中最常被使用的調查方法。但是電訪也有不少缺點，例如：(1)所問的問題不能太多（一般以十題以內為原則，或是訪談的時間不要超過十五分鐘），以便能在受訪者不耐煩之前完成訪問；(2)所問的問題也不能太深入，否則受訪者可能無從回答或拒訪；(3)研究者對受訪者的反應也很難控制。例如：有時受訪者可能突然切斷電話，或是一直有小孩在旁哭鬧而影響到電訪的進行；(4)電訪無法確定接聽電話的人，就是研究所抽樣到的樣本（這點類似於郵寄問卷法）；(5)電訪母體的先天涵蓋率不足（雖然2008年台灣地區以「戶籍戶」為計算單位的電話普及率曾一度高達97.56%，但畢竟電話調查的母體仍不等於全體居民，且已經逐年大幅下滑；此外，民眾也可以拒絕將電話號碼刊登在住宅電話簿中；再加上白天時住宅內常因為上班而無人接聽）。這些都是電訪的缺點（簡春安、鄒平儀，2005；陳義彥等，2001；游清鑫等，2001b）。

此外電訪還有以下幾個要注意的事項：

第一，要考慮受訪者家中有電話的比率，同時要儘量降低拒訪率，否則抽樣會造成系統偏差。目前常見的電話抽樣方法有（陳義彥等，2001）：

1.向中華電信購買隨機抽樣電話號碼的方式來進行電訪。此法母體涵蓋率最佳，但因為費用高，且民調中心無法建立自己的電話號碼資料庫，因此民調中心並不常用。

2.自己建立電話號碼的資料庫來進行施測。又可分為下述三種：

(1)用住宅用戶電話號碼簿進行簡單隨機或系統隨機抽樣。不過因為

此法僅涵蓋所有住宅用戶電話號碼數的66%，所以有嚴重的母體先天涵蓋率不足的問題，因此不建議使用。

(2)將上法尾數之一碼、二碼、三碼或四碼代之以隨機亂數後進行隨機抽樣，以增加涵蓋率。

(3)隨機撥號法（Random Digit Dialing, RDD）：以隨機方式自台灣地區三千多個區域碼局碼組合中產生若干個樣本區域碼局碼，再加上後四碼隨機亂數後進行隨機抽樣。另外亦有根據機率估計各區域碼局碼組合占母體的比例，而後再抽出樣本區域碼局碼，如此可再增加母體涵蓋率，並獲得分層隨機的樣本。

第二，不管用哪一種方式，當施測出來的結果與已知母群體的基本資料有所差異時，都必須作加權修正。例如：絕大部分全國性民調成功樣本的教育程度在國中（含）以下所占的比率為三成左右，但實際上母體卻是四成，因此必須作加權修正，否則調查出來的結果必與真實狀況有所差異。

第三，要盡可能訪問到原始的中選樣本，即便要等待到很晚甚至明天（也許要打好幾次電話），仍然要鍥而不捨，堅持到底。例如：在戶中取樣時，可能第一順位中選樣本為家中長子，而第二順位中選樣本為家中次女，而這通電話正好是家中次女所接，她告知電訪員家中長子要等到明天才會出差回來，此時電訪員切不可為求方便而訪問家中次女，應請家中次女代為約定與轉達明天幾時再來電訪問家中長子，因為盡可能訪問到原始的中選樣本的調查結果才會有最好的代表性與推論性（洪永泰，2001）。

另外要加以說明的是：目前各民調中心幾乎均使用電腦CATI（Computer Assisted Telephone Interview，電腦輔助電話訪問調查）系統進行電訪。CATI系統可協助訪問者作撥號、戶中取樣、題序隨機出現、選項答案隨機出現以及資料登錄與分析等工作，大幅地提高電訪的準確性與代表性。

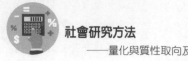
隨著手機普及，愈來愈多的個人與家庭不再安裝家用電話，成為「唯手機族」，因此，手機調查訪問（mobile / cell phone survey）有逐漸補強或取代傳統電話訪問的趨勢。

由於多數人白天時間不在家，接聽家用電話的常是老人或婦女，透過家用電話調查常無法聯絡上家戶中原始的中選樣本（例如，上班族、學生），影響家戶樣本的取樣結果，而手機的機動性使得人們在多數時間都可以接聽。

但各項研究指出，手機調查與電訪之間在取得的人口樣本、某些實質問題的回答有顯著差異，也無法透過手機號碼確認地理區域之間的連結關係（例如，想要研究東部民眾對於交通開發的意見，但透過手機號碼卻無法事先知悉手機擁有者居住的區域）；此外，儘管可以隨時聯繫上手機的持有人，但卻可能因為打擾受訪者的工作、私領域的生活，甚至因為開車、電池不足，而拒絕接聽受訪，或是因為顯示陌生電話號碼，而拒絕接聽；甚至某些國家，接聽手機者要另外付費，更造成拒答率上升。

美國Pew Research Center（2006）研究發現，家用電話較常由成年人接聽，但是手機可以觸及更多年輕族群，這也使得樣本的結構受到影響，相較之下，唯手機族更為年輕、較不富裕、常還沒結婚、沒有自己的住房，甚至在許多政治問題的態度更為開放自由。例如，2019年國民黨與民進黨初選民調時，兩黨各方候選人考量手機樣本結構的利弊得失，對於是否採用手機民調也有激烈的攻防。

整體而言，手機調查受到抽樣框架（sampling frames）影響很大，所以在抽樣方法上也需要更加注意受訪者的資格、訪談時間空間、資費計算方式、拒答情形（Vicente, Reis & Santos, 2009），也因此手機問卷的長度通常相對更短，也因為無法辨識地區門號，手機調查比較適合全國性研究，甚至現在常透過家戶電話與手機雙底冊調查（dual-frame telephone survey）的組合方式，取得不同電話使用族群的資料（張鐙文、黃東益、洪永泰，2017）。

第三節　調查研究的步驟

在本書第三章中曾述及社會工作研究的步驟可包括下列七項：問題形成、研究設計、資料蒐集、資料處理、資料分析、研究發現的解釋以及撰寫研究報告（趙碧華、朱美珍，2000；楊國樞等，1989）。在調查研究中大體上亦依循此一邏輯，具體步驟如下（楊國樞等，1989；簡春安、鄒平儀，2005）：

一、澄清研究的目的與確定研究問題

對於不同的研究目的與研究問題，會有不同的適合採用的研究方法；因此研究者首要之務就在於確定研究目的與研究問題（主題）。例如研究的目的是希望獲得大量資料，藉以反應出大量母群體的特質，甚至作為政策制定的參考依據，就適合進行調查研究。

二、劃定母群體的範圍與決定抽樣方法

這點是調查研究的特色。因為調查研究是希望藉由「少數」（相較於母群體數量）樣本的研究結果去推論整個母群體的狀況，因此當然要先劃定母群體的範圍，並瞭解其特性。若母群體的異質性高，則相對要多抽一些樣本，以確保樣本的代表性良好（也就是說，有比較高的機會抽出母群體中各種特質的代表）；反之若母群體的同質性高，則所抽的樣本可酌量減少，至於具體應抽多少數量的樣本，請參閱本書第七章。

抽樣的方法是依研究目的的不同而有所不同，一般調查研究（量化）是以隨機抽樣為佳，因為這樣的樣本較有代表性，同時外在效度也好。

三、設計測量工具與預試／試測

調查研究主要的測量工具包括：（自編）問卷、量表與測驗。具備良好信效度的測量工具是研究順利成功的必要條件，至於信效度的分類、計算方法與測量工具的編製方法詳見本書第五章與第六章。

預試（pilot study）乃是指在問卷製作完成後，選擇以符合樣本群之背景資料者作為預試樣本，或是瞭解此領域的同僚來作施測，以作為修正問卷內容的標準（趙碧華、朱美珍，2000）；因此是調查研究中不可或缺的步驟。

四、決定用何種方法蒐集資料

是面訪、郵寄問卷、集體填表還是電訪？各種施測方法的優缺點與適用時機已於上節陳述。不過近來為了提高訪問的成功率，國內外的調查研究不以單一實施方式進行調查，而代之以混合方式（mixed mode）進行的調查數量逐漸增多（田芳華，1996）。例如：有的調查是在實施面訪後，續以電話訪問追蹤；也有的調查是先作郵寄問卷，再以面訪追蹤（洪永泰，1989）。

五、訪員的挑選與訓練

任何需要與受訪者互動的蒐集資料方法，都需要進行訪員訓練，其中面訪、電訪尤其重要。訪員挑選與訓練的成功與否直接關係調查研究的良窳，若訪員的素質高，講習的效果好時，訪員能保持客觀態度、建立友善關係，較能取得受訪者的合作，使整個研究進行得更為順暢。此外，挑選訪員時，也建議訪員具備多種語言的能力，否則容易遭到拒訪，或是因為詞不達意，而影響訪問品質。

六、實地調查並蒐集資料

研究者此時按照既定的計畫進行調查、蒐集資料，並設法排除各種突發狀況與問題。

七、整理與分析資料

當蒐集到填答者的答案後，還要登錄（coding，又稱「過錄」）在電腦的統計軟體後再作統計分析；分析完成後，將結果與解釋呈現在研究報告上就算大功告成了。

🔘 第四節　如何提高有效問卷的比率（回答率、回收率）

拒絕回答的樣本太多，會使得調查的結果發生偏差，因為拒絕填答者的態度、意見可能與願意填答者不同，這種拒答偏差（non-response bias）常會影響研究的外在效度，例如，不滿意服務的顧客會比滿意服務的顧客更願意發聲，當滿意服務的顧客填答比例比較少時，就會造成調查結果比較傾向不滿意者的態度。因此，提高有效問卷的比率（回答率、回收率）是調查研究中一項非常關鍵的問題；根據朱柔若（2000）的看法，如果回答率低於75%，調查出來的結果就可能與母群體真實的狀況大相逕庭。

一般來說，集體填答的回答率接近100%，而面訪的回答率也往往有九成；再來是電訪，回答率大約有七成至八成；最令人擔心的就是郵寄問卷，在未經催覆的情況下，回答率往往只有10～20%，而在催覆後若能達

50%就算是非常理想了（朱柔若，2000）。因此為了提高郵寄問卷的回答率（回收率），下面幾項重點應特別加以留意（簡春安、鄒平儀，2002；朱柔若，2000）：

1.指明問卷是寄給某某人填寫，而不是貴住戶（也就是要確定填答對象，而不要模稜兩可）。

2.附上一封印有機構（單位）名稱、研究者姓名（含職稱）、聯絡方式與為什麼要作本研究的說明信，目的是使填寫者能放心，並瞭解本研究的背景。同時問卷文字中不要有太多的專有名詞；此外一定要特別強調匿名和保密，以降低填答者的疑慮，並進而提高回收率。

3.最好得到贊助。一些受訪者對調查的單位若存有戒心時，研究的過程會增添一些不必要的麻煩，若研究者得到組織、財團等的贊助（例如：由科技部贊助的研究）可附在信中指出，說明受這些機構贊助的理由，以便得到受訪者更多的信心。萬一沒有任何機構贊助時，則設法得到學校公文的支持，如此訪問公家機構時較不會受到阻撓。此外，由指導教授具名推薦，也是一途。

4.附上回寄信封。如果份數不多（1,000份以內）可直接貼上郵票；但如果份數很多時，則可以用商業回函的方式郵寄，有寄回的才算郵資，費用上較為節省。

5.問卷的外觀要整齊清潔、有吸引力，同時文字排版不要太過擁擠，頁數也不要過多。

6.給予參與者誘因也是增加回收率有效的方法。例如：不妨在問卷中註明研究的目的，告知受訪者若想要進一步的瞭解研究的結果時，可以如何聯絡，以便得到資料，如此受訪者的支持度就可以提高。而經費若足夠的話，用金錢、小禮物或抽獎作為誘因也是可行的方法。

7.郵寄程序也要注意。問卷寄交的方式和時間會影響回收，所以最好不要接近假日，尤其是長假前後。若訪問的對象是老師和學生，則其時間最好不要在學期剛開始或快要結束時（學期剛開始時大家兵慌馬亂，學期快結束時，則又焦頭爛額），否則一定會流失很多問卷。

8.承諾保密與確保隱私。在卷首語中提供剴切的知情同意說明，並且承諾問卷所獲得的個人資料會受到保護，並且不會移作他用，這也有助於提高回收率。

9.催收。若是受訪者未寄回問卷，研究者可用電話催收，通常第一次的催收會在問卷寄出後一個禮拜進行；而第二次的催收則是在兩三個禮拜以後，可用電話、明信片或追蹤郵寄信函（following-up mailing）再次解釋研究的目的，但不附寄問卷。第三次的催收除寄附信以外，也可再附上問卷，這是大約在問卷寄出後的一個月到六個禮拜之間。不過確實的催收次數與頻率，還是要看研究時間的壓力而定。

面訪與電訪，雖然一般來說回答率往往有八成以上，不過還是應該注意一些地方，以盡可能讓回答率再提高一些。Baker（1994）指出讓自己成為好的訪問員的方法如下：(1)對整個調查必須要有所瞭解，否則無法判斷什麼事情重要或什麼東西不能有誤；(2)對研究必須要忠誠，因為訪問調查時只有訪員一個人在進行，而且往往勞累不堪，若是對研究不忠誠，任何不誠實的事情都很可能會發生；(3)對調查要練習，以使自己能認知會有什麼狀況產生，更因練習而在正式調查時能熟能生巧；(4)訪員的個人特質在調查時應盡量減少或避免（保持中立）；(5)不要忘了使用一般常識或臨機應變。例如：就算早就約好了訪問時間，一進門看到人家夫妻在吵架，最簡單的常識也應該知道趕快改期，縱使你心裡是那麼的不願意。遇到有危險的情況（如受訪者有性的引誘或攻擊行為），訪員當然要臨機應變，緊急處理，安全總比成功的訪問重要。

此外對於面訪訪員而言，誠懇的態度、適度的傾聽、乾淨整潔的儀容，更是成功完成訪問調查不可或缺的條件。

解釋名詞

1. **調查研究**：以抽樣的方式（可能是隨機抽樣、非隨機抽樣或是全部施測——亦即普查），探討樣本的狀況與現象（即樣本的屬性變項），而後把從樣本所得之資料推論到整個母群體。

2. **面對面訪問調查法（簡稱面訪）**：訪問員依據問卷或訪談大綱，對受訪者透過面對面的方式，去蒐集到所欲蒐集資料的方法。

3. **郵寄問卷法**：研究者將問卷郵寄給所被抽樣到的填答者，藉由填答者回覆的問卷，去蒐集到所欲蒐集資料的方法。

4. **集體填答法**：把樣本全部集中在一起而予以施測的方法。這種方法因為是集體樣本，可以當場分發問卷並回收，同時也可以現場回答填答者的任何問題，從而提高問卷調查的效度。

5. **電話訪問調查法（簡稱電訪）**：是一種用電話作為訪談工具的訪問調查法。

6. **CAPI（Computer Assisted Personal Interview）**：一種電腦輔助面訪調查系統。就是調查員用小型的電子設備，如筆記型／平板電腦來展現調查表內容，並直接在畫面上輸入面訪資料，取代傳統的紙筆調查。如此不但可做到電腦跳題、邏輯檢誤，以降低資料輸入錯誤，還可以定時回傳成功問卷資料、增加調查效率。

7. **CATI（Computer Assisted Telephone Interview）**：一種電腦輔助電話訪問調查系統，可協助訪問者作撥號、戶中取樣、題序隨機出現、選項答案隨機出現以及資料登錄與分析等工作，大幅地提高電訪的準確性與代表性。

考古題舉例

1. 試述調查研究（survey research）的意義及特徵。（25分）（85年高考三級「社會調查與研究」試題）

2. 下列何種調查研究方法的成本相對較高？

   (A)面訪問卷調查研究法

   (B)電訪問卷調查研究法

   (C)集體填答問卷調查研究法

   (D)郵寄問卷調查研究法。（1.67分）（101年第二次高考社會工作師考試「社會工作研究方法」試題）

3. 試述調查訪談的意義及成功條件？並說明訪員的主要工作。（25分）（83年高考「社會調查與研究」試題）

4. 追蹤郵寄問卷（following-up mailing）。（5分）（87年公務人員高等考試三級考試第二試「社會研究法」試題）

5. 對個人填答的問卷或是集體填答的問卷作問卷設計，有何一般規則須注意？（25分）（82年普考「社會調查與統計概要」試題）

6. 利用郵寄問卷法蒐集研究資料，有些什麼缺點？有何改善的方法？（25分）（87年公務人員普通考試第二試「社會研究法概要」試題）

7. 面對面訪問乃為調查研究蒐集資料的方式之一，請問這種方式有何優點？訪員執行面談工作，需注意哪些事情？（25分）（87年公務人員普通考試第二試「社會研究法概要」試題）

8. 在調查社會中，以訪談的方式去蒐集資料，相對於以郵寄的方式，其優缺點為何？（25分）（88年公務人員特種考試身心障礙人員四等考試「社會研究法概要」考試試題）

9. 下列何種調查研究方法的回收率相對較低？

(A)面訪問卷調查研究法

(B)電訪問卷調查研究法

(C)集體填答問卷調查研究法

(D)郵寄問卷調查研究法。（1.67分）（101年第二次高考社會工作師考
試「社會工作研究方法」試題）

10.試討論進行量化資料蒐集（如200～500個樣本），如受訪對象為社會
菁英，例如：大學教授、企業主、政府中／高層官員、醫生、專技人
士時，應採行哪些手段，以提高訪問成功率？假設訪問問卷約45題，
需要25分鐘。（20分）（台灣大學86學年度研究所「社會研究方法」
試題）

11.CATI（Computer Assisted Telephone Interviewing）（5分）（87年公務
人員高等考試三級考試第二試「社會研究法」試題）

12.比較說明調查法（Survey methods）與觀察法（Observational methods）
的意義與不同。（25分）（83年基層丙等「社會調查與研究」試題）

13.藉調查蒐集研究資料時，一般可採方式有哪些？試舉例說明並比較各
方式之異同與優劣。（25分）（84年基丙「社會調查與研究概要」試
題）

14.調查法（survey research）取得資料的方式主要有：訪問法（personal
interview）、問卷郵寄法（mail questionnaire）與電話調查法
（telephone survey）等三種，請說明這些方法的目的及其優點。（25
分）（85年普考「社會調查與研究概要」試題）

15.試從經濟成本、時間、回覆率以及回覆資料之偏誤，來比較郵寄問
卷、電話訪查與面對面訪問等三種調查研究資料蒐集的方式。（25
分）（88年公務人員特種考試身心障礙人員三等考試「社會研究法」
試題）

16.試比較調查法（survey method）、內容分析法（content analysis）以及
歷史文獻法（historical archive method）等研究方法之優缺點。比較中

至少應包含各方法之適用範圍、資料特性、目的、研究取向、研究結果等方面之討論。（25分）（政大86年度社會學研究所碩士班「社會學研究方法」入學考試試題）

17. 請比較郵訪（mail survey）、面訪（face to face interview），和電訪（telephone survey）等各種調查研究方法之優缺點，並討論上述調查方法適用於哪些研究主題。（17分）（政大88年度社會學研究所碩士班「社會學研究方法」入學考試試題）

18. 何謂調查研究？調查研究有哪幾種常見的形式？並請分析調查研究法的優缺點。（15分）

19. 使用電話號碼簿作為抽樣的架構有何優缺點？在台灣地區採用電話號碼簿來進行抽樣需注意哪些事項？（10分）（89年普通考試第二試「社會研究法概要」試題）

20. 請說明何謂調查研究法（survey research method）？其優缺點為何？（20分）（90年普通考試第二試「社會研究法概要」試題）

21. 一般問卷調查中，經常會面臨拒答或針對某些項目不作答的現象，請問有哪些因素可能會導致拒答或不作答的情形？（91年高等考試三級第二試「社會研究法」試題）

22. 名詞解釋：
    (1)民意測驗（poll）。
    (2)電腦輔助電話訪問（Computer Assisted Telephone Interview, CATI）。
    （10分）（92年高等考試三級第二試「社會研究法」試題）

23. 何謂調查法（survey method）？說明實施調查法蒐集資料的步驟。又使用調查法蒐集資料的優點及限制為何？（92年社會工作師考試「社會工作研究方法」試題）

24. 請先比較自填問卷、面訪及電話訪問的優缺點；再舉一個青少年兒童福利專業研究實例，說明資料蒐集方法及過程。（25%）（靜宜大學93學年度碩士班招生考試「社會工作研究法」試題）

25.請問調查研究法包含哪幾種類型？請各別敘述其優缺點與適用時機。
（20分）（國立台灣大學94學年度碩士班招生考試「社會工作研究
法」試題）

26.試以調查法為例，設計一完整之研究，包括研究主題、研究目的，以
及研究方法中之樣本、問卷設計和資料分析方法。研究主題可自行決
定。（25分）（93年公務人員高等考試三級考試第二試「社會研究
法」試題）

27.一般而言，調查研究適用於：
(1)描述母體的特性
(2)以個人為分析單位的研究
(3)探索母體的特性
(4)以上皆是。（3分）（國立臺北大學97學年度碩士在職專班招生考試
「社會研究方法」試題）

28.某全國性身障團體接受聯勤方案補助，於全國執行復康巴士免費載送
身障人士就醫的服務，為瞭解方案執行的成效，該團體委託你進行問
卷調查，並加以分析使用者的滿意程度，以及影響滿意度的因素為
何？以便作為下年度執行該方案的修正參考。
請說明你如何進行這項研究，例如：
(1)如何抽樣
(2)問卷內容大要為何
(3)滿意度如何測量
(4)影響滿意度的可能因素為何
(5)選擇何種統計方法分析滿意度的決定因素
(6)這個研究發現對於該身障團體與聯勤可能有何價值。（20分）（國
立臺北大學99學年度碩士班招生考試「社會工作研究法」試題）

29."Face-to-face interviews" is a method used both in qualitative and
quantitative research projects. Yet the way questions are asked differ greatly

in either approach. Now imagine you are to conduct a qualitative interview, not a survey questionnaire. Explain how and why you should ask questions differently. Give two explanations.（每項答案不得超過答案紙2行）

(A)How?

　　Why?

(B)How?

　　Why?

　　（每題5分，共10分）（國立臺北大學100學年度碩士班招生考試「社會工作研究法」試題）

30.以調查法為社會研究法，設計一完整研究，以解決日益嚴重社會犯罪問題，包括主題、自變數、應變數、研究對象、研究架構以及問卷主要內容。（13分）（東吳大學96學年度碩士班招生考試「社會研究法與社會統計」試題）

31.何謂郵寄問卷調查？其優點及缺點為何？（25分）（104年原住民族特考社會行政類科「社會研究法」試題）

32.請說明調查研究的主要步驟。（25分）（106年特種考試地方政府公務人員四等考試社會行政類科「社會研究法概要」試題）

33.請詳細比較自填之郵寄問卷和電話訪談兩種資料蒐集方法之優點和缺點。若欲針對從事兒童保護服務之社工員進行調查，探究其基本資料、勞動條件、服務經驗、心理感受，共有約20個變項，預計蒐集300份問卷；請論述那一種為可行之問卷施測方法和進行方法？（25分）（106年普考社會行政類科「社會研究法概要」試題）

34.請比較郵寄、面訪和電訪等三種調查法，分別在操作化（結構完整）、成本、回收率、社會可欲性（social desirability）和資料保密性等方面的特性。（25分）（106年身心障礙特考四等考試社會行政類科「社會研究法概要」試題）

35.請說明在一對一的面訪過程中，造成訪談偏誤（bias）的來源有那些？

並以例子說明如何減少這些偏誤的發生。（25分）（107年高考社會行政類科「社會研究法」試題）

36.訪員進行訪談時，應如何扮演其角色才適宜？請進一步說明訪談法可能涉及那幾種偏誤。（25分）（107年身心障礙特考三等考試社會行政類科「社會研究法」試題）

37.請說明電話訪問調查法與面對面訪問調查法內容為何？各有何優、缺點？（25分）（109年地方特考三等考試社會行政類科「社會研究法」試題）

38.請說明調查研究的意義為何？問卷設計和編排應遵循的原則有哪些？請就長者使用居家服務之滿意度設計五個問項。（25分）（國立政治大學109學年度碩士班招生考試「社會工作研究方法」試題）

39.近幾年來，時常有人談論起社會工作的實務現場面臨底薪、工作量大、人員流動快速等狀態，以至於影響社工服務品質。由於蘇同學對這個現象感到很懷疑，因此想透過社會調查法進行分析，請問他應該怎麼設計此調查研究中的研究架構、研究假設、測量工具、抽樣方法及分析統計策略？（30分）（國立臺北大學109學年度碩士班招生考試「社會工作研究法」試題）

40.面訪、電訪、郵寄和網路都是常見的問卷調查形式，請比較此四種調查法之優缺點。如果你想要進行一項家庭照顧者心理適應相關調查，請問你會採用那種方式？請說明理由。（25分）（110年第一次高考社會工作師考試「社會工作研究方法」試題）

實驗研究法

第一節　實驗研究法的定義與分類

一、實驗研究法的定義

　　實驗研究法（experimental research method）是量化研究法中另一種非常重要的方法，其重要性在於：相較於其他量化研究的方法，實驗研究法不只可以指出「是什麼」（what），而且可以回答「為什麼」（why）。實驗研究法對於建立變項之間的因果關係的能力，是優於其他種類的研究方法。實驗研究法最簡單的定義，就是：為了解答研究問題，所採取的一種控制變異來源，並操作自變項以觀察依變項變化的研究方法（簡春安、鄒平儀，2005；趙碧華、朱美珍，2000；楊國樞等，1989）。

二、實驗研究法的分類

　　實驗研究又可以分為兩種：實驗室研究與實地實驗。實驗室研究就是在實驗室內所進行；研究者把受試者分為兩組：實驗組與控制組（experiment and control groups），所要觀察的變項完全控制在實驗室內，實驗施行完畢後，比較實驗組與控制組之間的差距，這是典型的實驗室研究（簡春安、鄒平儀，2005）。例如：隨機抽樣某大學100名學生，然後隨機分派到實驗組與控制組各50名。給實驗組同學觀賞有關「敬老」的電影，而給控制組同學觀看一般的電影，電影放映結束後作敬老態度的問卷調查，看看兩組同學的得分是否有差異。而實地實驗則是把實驗的範圍放在實地的情境裡，做實驗處遇的工作。例如：實驗新的英語教學方法是否有較好的教學成效。研究者可將學校修習大一英語的班級隨機分成兩大「組」，實驗組使用新的英語教學方法，而控制組則仍用傳統教法，比較修課一年後成績的差異，即可得知新教法是否有效。

(一)實驗室研究（laboratory experiments）

實驗室研究的優點有：(1)它能將研究的情境做有效的控制，可排除或降低許多影響自變項和依變項的外在干擾因素；(2)實驗室研究一般都有精密的工具可做測量，誤差較小；(3)內在效度（internal validity）高，而這也正是實驗室研究的最大優點（相較於其他研究方法）。

不過，實驗室研究也有其不可避免的缺點，包括：(1)缺乏較有力、較自然的自變項，因為實驗的情境都是為了達到研究目的而被創造出來的，人工控制的程度頗為嚴重，而一旦太人工化而不自然時，研究結果就算得到證實，將來在實務上的使用仍然還有一段距離；(2)當研究者太強調實驗的精確性和對統計的精細程度要求，卻往往容易因這種精確性和精細程度要求而造成與自然事實相差太遠；(3)外在效度（external validity）偏低，而這也正是實驗室研究的最大缺點。

(二)實地實驗（field experiments，或稱田野實驗）

實地實驗的優點有：(1)實地實驗比實驗室研究更適合於研究複雜的社會現象，因為很多時候變項不易被安排在實驗室中操控，因此實地實驗的使用性較實驗室研究為高；(2)實地實驗因為是在真實的情境中進行，不像實驗室研究那麼的人工化；因此，實地實驗的外在效度與可推論性也比實驗室研究為佳。

不過，實地實驗也有其缺點，包括：(1)自變項在真實的情境中很難操作；(2)實地實驗因為外在的干擾變項太多且不易控制，因此準確性較實驗室研究為低；(3)實地實驗的內在效度較實驗室研究為低（簡春安、鄒平儀，2005）。以下即將兩種實驗研究方法的分類與優缺點列表比較，如**表10-1**。

表10-1　實驗室研究與實地實驗的優缺點比較

類別	定義	優點	缺點
實驗室研究	研究者把所要觀察的變項完全控制在實驗室內，實驗進行完畢後，比較實驗組與控制組之間差距的研究方法。	1.能將研究的情境做一有效的控制（也就是可排除或降低外在的干擾因素）。 2.一般都有精密的工具可做測量，誤差較小。 3.最大的優點就是內在效度高。	1.缺乏較有力、較自然的自變項（也就是太人工化）。 2.當研究者太強調實驗的精確性和對統計的精細程度要求，卻往往造成與自然事實相差太遠。 3.其結果造成外在效度偏低。
實地實驗	把實驗的範圍放在實地的情境裡，做實驗處遇的工作。	1.實地實驗比實驗室研究的使用性較高（因為較自然）。 2.實地實驗的外在效度與可推論性也比實驗室研究為佳。	1.自變項在真實的情境中很難操作。 2.實地實驗因為外在的干擾變項太多且不易控制，因此準確性較實驗室研究為低。 3.實地實驗的內在效度較實驗室研究為低。

資料來源：作者自行整理。

　　在社會科學的領域中，因為操弄變項不易，甚至還牽涉到倫理議題，所以，除了心理學、教育學等領域外，目前實驗研究（包括實驗室研究與實地實驗）並不多見，不過由於實驗研究嚴謹度最高（相較於其他研究方法），也最能建立變項間的因果關係，所以仍有學習的必要。

第二節　實驗研究的特質（元素）

　　Baker（1994）認為實驗研究一般都包括三大元素（components），茲分述如下：

一、自變項與依變項

這是實驗研究不可或缺的元素。自變項是因，依變項是果，通常實驗研究都會盡可能控制住其他的變項，一次只處理一個自變項與一個依變項之間的關係（因為這樣變項間的因果關係才會明確）。

二、實驗組與控制組（經隨機抽樣與隨機分派所形成的）

理想上一個良好的實驗研究應該要具備實驗組與控制組，如此才能確定實驗組的「成效」是因為實驗干預（experimental intervention）所致。但是有時候受限於客觀因素的限制而無法做到，那就會變成前實驗設計（pre-experimental design）或是準實驗設計（quasi-experimental design）的狀況（後面會有詳細說明），也就是說沒有辦法達到像真實驗設計（true experimental design）那麼符合科學實驗要求的設計，不過研究結果仍有參考價值。

在有實驗組與控制組的情況之下，一定要儘量設法隨機化（randonization），也就是使這兩組在進行實驗干預之前是相同或相等的，這可以用隨機抽樣（random sampling）與隨機分派（random distribution或random assignment）的方式來達成。隨機抽樣與隨機分派常被混淆，隨機抽樣是指一種抽樣的過程，此時母群體中每一個個體被抽到的機率都是相等的；而隨機分派則是指將被抽出的樣本隨機地安排到一些實驗的情況或團體中（例如：實驗組與控制組），重點是要盡可能讓兩組（或各組）在進行實驗干預之前是相同或相等的。此外隨機分派還有一種特殊的型式叫做「配對」（matching，或稱匹配）法；「配對」法就是根據樣本中與實驗干預有關的特性，平均將具備此特性的樣本分配到兩組（或各組）中（朱柔若，2000）。例如：若研究者想要實驗新的英語教學方法是否有較好的教學成效，則將學校修習大一英語的班級隨機分成兩

大「組」，實驗組使用新的英語教學方法，而控制組則仍用傳統教法，此時若此兩大「組」中同學的平均大考英文成績有所不同，則可依同學的大考英文成績作配對處理；例如：將同學大考英文成績劃分為十個等級（90～100分，80～89分，70～79分，餘類推），而在實驗組與控制組中每個等級的同學人數大致相同，此時實驗組與控制組的基本狀況才類似，而實驗干預是否有效才能夠由實驗結果推知。

三、前測、後測之間的比較

與「實驗組與控制組」這一元素類似，理想上一個良好的實驗研究也應該要具備「前測、後測之間的比較」（pre-test and post-test）這項元素，因為如此才能具體算出實驗組與控制組的「成效」（前後測的差值）而加以比較。但是有時候也是會受到客觀因素的限制而無法做到，具體的處理方法後面會有說明。

將實驗組與控制組的前後測差值各別求出並加以比較，其最大的意義在於：雖然研究者可能已經儘量做到隨機抽樣與隨機分派，但是個體之間總有差異（也就是說實驗組與控制組的前測值往往未必會相等），因此藉由前後測的差值是否達到統計上的「顯著」，將是更有力的驗證實驗干預是否「有效」或「夠大」的依據。

第三節　實驗設計（研究設計）的定義與標準

「實驗設計」（experimental design）是研究者為了解答研究問題，說明如何控制各種變異來源的一種扼要的計畫、架構和策略（楊國樞等，1989），又稱為研究設計（research design）。

為了使研究目的能夠準確、有效、省時、省力，一項好的實驗設計

（研究設計）應該符合下列幾項標準（簡春安、鄒平儀，2005）：

1.透過該實驗設計可以回答研究問題與驗證假設是否成立。

2.實驗變異數（variances）儘量擴大，外在干擾變項所造成的變異數儘量縮小。也就是說藉著實驗設計的規劃，能使接受實驗或處遇的實驗組，與沒有接受實驗或處遇的控制組間所產生的差異愈大愈好。至於控制外在干擾變項所造成的變異數，舉前例而言，欲瞭解新的英語教學方法是否有較好的教學成效，研究者可將學校修習大一英語的班級分成兩大「組」，實驗組使用新的英語教學方法，而控制組則仍用傳統教法，比較修課一年來成績的差異，即可得知新教法是否有效。不過在過程中間，可能有的干擾變項包括：是否實驗組與控制組同學的大考英文成績原本就有所不同？是否兩組的學生有參加校外補習？是否兩組的學生有交換講義與交流教學方法的狀況？這些外在干擾變項所造成的變異數都必須設法在研究設計中予以排除或儘量控制。

3.內在效度（研究結果的準確性）儘量提高。

4.外在效度（研究結果的推論性）儘量擴大。

當以上的問題，研究者的回答都是「肯定」時，該實驗設計就是一個好的實驗設計。

第四節　影響實驗設計（研究設計）內在效度與外在效度的因素

當研究者在進行研究時，有時雖然不是採用實驗研究法，但是也可以考量實驗設計中的某些因素，作為參考，對於研究的進行也頗有助益。

一、影響實驗設計內在效度的因素

可能會影響到實驗設計內在效度（準確性）的因素列述於下
（Campbell & Stanley, 1963; Jones, 1990; Cook & Campbell, 1979；楊國
樞，1989；簡春安、鄒平儀，2005；朱柔若，2000）：

(一)歷史效應（history effect）

即研究過程中，是否發生一些外在的特殊事件左右了受測者的反
應。例如：如前所述，在進行新式英語教學法（實驗組）與傳統英語教學
法（控制組）的實驗期間，班上有同學前往校外英語補習班補習，因此實
驗結束後，研究者不能確認兩組的成績差異確實是因為不同教法所致，抑
或是外來干擾變項（校外補習）造成。

處理或控制歷史效應的方法，除了儘量縮短研究的時間，以減少發
生外來干擾的機率或頻率之外，還有就是要有控制組作比較。因為在一般
正常的狀況下，實驗組與控制組受到外來干擾的機率是相同或近似的，因
此兩相抵銷（實驗組與控制組分數的差值）之後，歷史效應所造成的影響
自然就會減少。

(二)成熟效應（maturation effect）

受試者個人的成熟以及身心變化當然也會對研究造成影響。例如：
一個研究有前測及後測，若前後測相距的時間甚長，則後測的結果往往會
比前測要好，而這種較好的結果不一定是處遇產生效果所致，可能只是因
為案主在後測時，身心已經比較成熟所致，而這個效應對於正處發育期
的青少年尤為明顯。不過成熟效應也不能說後測的結果一定會比前測要
好，譬如實驗研究的對象是老年人，則有老化的問題。總之，只要是因
為實驗期間受測者發生身心變化所造成對研究結果的影響都屬於成熟效
應。

　　處理或控制成熟效應的方法，與歷史效應完全相同，就是要盡量縮短研究的時間與安排控制組作比較。

(三)測驗效應（testing effect）

　　此指前測本身對實驗所造成的影響。如果測量工具為同一份測驗卷，後測成績較前測為佳是相當正常的，因為受試者在後測時可能對前測的問題仍留有印象，因此後測成績較前測為佳不一定是新教法（實驗干預）所造成的。處理或控制測驗效應的方法，是要稍微延長前測與後測的間距時間，以免受試者仍對前測的問題印象深刻（至於究竟應該延長多久，以及如何避免在此過程中反而增加了發生歷史效應與成熟效應的機率與影響程度，就端視研究者考量研究問題而加以妥善拿捏的功力了）。此外，安排控制組作比較，使得測驗效應對實驗組成員與控制組成員所造成的影響得以互相平衡，也是非常重要與有效的方法。

(四)工具效應（instrumentation effect）

　　實驗的結果必須藉測量工具來測量，若是測量工具不準確，或是被破壞，所測出來的結果當然會使研究的準確性降低。例如：在減重實驗中，若體重計的彈簧在實驗過程中變鬆，則必然會影響到實驗結果的準確性。又如：若問卷（或量表）由於節省起見已經被用了數次，且有以前填答者做過記號時，這種測量工具所測出來的結果當然不準確，研究的內在效度也就會隨之降低。

　　處理或控制工具效應的方法，除了在作實驗（研究）前必須盡可能審慎檢視研究的測量工具外，就是要安排控制組作比較（萬一測量工具還是有偏差，但因為對實驗組與控制組的影響相同，則透過兩組比較還是可以看出實驗干預的真實影響力）。

(五)統計迴歸（statistical regression）

若受試者的前測值相當極端（可能極優或極劣）時，則經過實驗干預後結果往往會有趨中的現象發生，這在統計上稱為迴歸的趨中現象。例如：若對於監獄裡面的暴力犯播放暴力電影，看看是否會再更進一步增加其暴力傾向，結果發現這些暴力犯不但沒有增加其暴力傾向，反而有減少的現象，這就表示：因為受試者的暴力傾向已經很高，因此不容易因實驗處遇而讓其更高。同樣的道理，若對於英文資優班學生施以英文新教法，因為其英文成績原本已趨近滿分，因此在新教法的教導之下，可能成績反而會退步，但這也不能推論說新教法無效。

統計迴歸牽涉到的議題是：研究者希望實驗干預所適用（推廣）的對象為何？如果英文新教法原本就是希望拿來教英文資優班的學生，則在新教法的教導之下，英文資優班學生的英文成績反而退步了，那麼英文新教法是否適合拿來教英文資優班的學生，就有一定程度值得商榷的地方。但若是新教法打算拿來教所有的學生，則在取樣時或許可以更為全面與隨機抽樣一些；此外，前測題目也不要過於簡單或困難，以免使得分數過於偏向某一端而無法檢測出實驗干預是否真的有效。至於在取樣對象與測驗題目均妥適考慮之後，就還是要安排控制組與實驗組相比較（因為即便有趨中現象，但兩組之間還是可以互相抵銷或平衡，而看出實驗干預的真實影響力）。

(六)差異選擇（differential selection）或選擇偏差（selection bias）

此指受試者未能將實驗組與控制組成員調整成相同或相等的狀態（也就是說沒有做到隨機抽樣與隨機分派），以至於對研究結果所產生的影響。如前所述，研究者要盡可能用隨機抽樣與隨機分派的方式，將樣本公平地區分為兩組。然而，有時候受到客觀因素的限制而無法做到，此時

這種差異選擇或選擇偏差所造成實驗結果的「顯著差異」，就不能推論說是因為實驗處遇的影響所造成。例如：研究者欲實驗新的英語教學方法是否有較好的教學成效，可是學校並不同意進行此全校性的實驗，因此該研究者只有選擇自己所任教的兩個班級，一個設定為實驗組，使用新的英語教學方法，而另一個班設定為控制組，仍用傳統教法，比較修課一年後成績的差異。因此在沒有隨機抽樣與隨機分派的情況之下，就算最後實驗組的英文成績優於控制組，我們也不能確定說是因為實驗干預（新的英語教學方法）的影響所造成。

(七)實驗過程中的損耗／傷亡問題（即受試者的流失問題，experimental mortality）

如果實驗的過程太過冗長，或整個研究耗時太久（縱貫性研究往往如此），原先參與研究的受試者可能搬家，或者本身病亡等因素，會使研究的完整性大打折扣。也就是說，實驗處遇的有效與否，不能單看剩下來的參與者，提前離開的參與者的狀況也必須加以記錄與分析。

(八)受試者被選擇參與研究與本身成熟度之間的交互作用（selection maturation interaction）

前曾述及，成熟效應本身已是可能會影響到實驗設計內在效度的因素，而若參與者被選擇分配在實驗組與控制組時又產生了微妙的情緒（即便是隨機抽樣與隨機分派），如此二者形成的交互作用，勢必很可能會影響到實驗的結果。例如：對國中生做異性態度的調查或實驗，實驗組採男女合班，而控制組採男女分班，因為這個題目本身已經很容易造成性別或組別之間的競爭，再加上國中階段對兩性關係一定會有不同程度的成熟狀況，如此一來，這些相關因素之間的交互作用很可能會使研究的結果造成偏差，而影響到內在效度（簡春安、鄒平儀，2005）。

(九)實驗、控制兩組之間的相互學習與混淆（diffusion or imitation of treatment）

這特別是在實地實驗的狀況下更容易發生。例如：如前所述，研究者將學校修習大一英語的班級隨機分成兩大「組」，實驗組使用新的英語教學方法，而控制組則仍用傳統教法，可是兩組的學生仍能交換講義或交流教學方法的狀況，如此一來，實驗組與控制組之間的「純度」就大打折扣，而實驗結果也當然會受到影響。

(十)實驗者的期望（experimenter expectancy）且／或對控制組所做的補償（compensation）

實驗者在研究的過程中本應保持客觀中立，可是有時難免會期望自己的假設能夠獲得驗證。因此可能會「有意無意」期望實驗組往實驗者希望的方向表現；例如：對於使用新的英語教學方法的實驗組，期望成績能「顯著超越」控制組。可是在另一方面，實驗者也可能會覺得「愧」對控制組，因為實驗組接受的「待遇」優於控制組（實驗組正在進行一項較為「合理先進」的實驗方法，而控制組則和過去完全相同）。因此實驗者可能會在不知不覺之間對控制組的成員做或多或少、有形無形的補償。例如：對於仍用傳統英語教學法的班級，研究者可能會更認真，以免影響到學生的英文程度。

因此，在實驗者的期望與對控制組所做的補償這兩種因素的作用之下，實驗者有可能會倒向任一方，而無法完全維持客觀中立。

(十一)補償性的競爭現象（compensatory rivalry）且／或士氣低落（demoralization）

補償性的競爭現象是指接受實驗者的心態與處理所可能造成對內在效度的影響，在此特別是控制組成員的心態與處理所可能造成對內在效度

的影響。

如果控制組的成員覺得自己是因為不夠優秀而無法成為實驗組的成員，如此就可能會有特別的動機與意圖，希望藉著自己額外的努力，來彌補因為不是屬於實驗組的缺憾，因此在心態中，會產生要與實驗組的成員「競爭」和「一較高下」的想法與行為。例如：身在傳統英語教學法班級（控制組）的學生，可能會特別認真、力爭上游，不希望被別人看扁，當然成績就可能會比原本「應有的」要更好。不過也有另外一種相反的可能叫做「士氣低落」；也就是說，控制組的成員知道自己很不幸是屬於控制組，可能就是素質較差的一組，因此既然如此，那還有什麼好爭的，不如就放棄算了。所以「士氣低落」的結果，就是控制組的表現比原先「應有的」還要差。而不管是哪一種，都會造成內在效度的下降。

二、影響實驗設計外在效度的因素

可能會影響到實驗設計的外在效度（推論性、代表性）的因素也有下列四種（Campbell & Stanley, 1963; Jones, 1990; Cook & Campbell, 1979；楊國樞，1989；簡春安、鄒平儀，2005；朱柔若，2000）：

(一)對測驗本身的反應或交互作用效果（the reactive or interaction effect of testing）

採用實驗法時，在實驗處理前的前測，往往會增加受試者對實驗變項的敏感性。例如：研究者想要瞭解某一電影是否有助於提高民眾對老人的關懷與重視。於是在前測時就問到：你認為自己是否關懷老人家？你認為敬老是不是一種美德？因此在接下來看電影時，受試者自然就會特別注意敬老或是重視老人的部分；但在真實生活中，民眾看電影是不會先有前測的，所以實驗的情境與真實狀況不同，當然實驗的結果推論到真實狀況就會有所差別。

(二)選擇偏差與實驗變項之間交互作用所產生的影響（interaction effect of selection biases and the experimental variable）

前曾述及，選擇偏差會影響到實驗的內在效度，而若再加上與實驗變項之間的交互作用，則研究的外在效度也會受到影響。例如：某研究者想要實驗新的自然教學方法對於國中生是否有較好的教學成效。可是大部分的國中受限於師資、設備與經費的限制而無法同意，最後在經過九所學校的拒絕之後，第十所國中終於同意進行此全校性的實驗；因此最後實驗的結果只能推論到像第十所國中這樣師資、設備與經費俱優的學校，而不能推論到每一所國中；也就是說，外在效度會下降，而這也正是志願性樣本（volunteer subjects）所造成的問題。

(三)對實驗安排所產生的反應作用（reactive effects of experimental arrangement）

由於實驗情境的安排，受試者知道自己正在被觀察，此時受試者的反應很可能與平常頗不相同（可能更好也可能更差），這樣所造成對實驗結果的影響，就稱之為「霍桑效應」（Hawthorne effect）。由此可見實驗安排本身就會影響其外在效度，而且安排愈精密，外在效度愈差。因此研究者要儘量設法讓受試者都不知道誰是實驗組、誰是控制組，也就是要讓實驗情境的安排成為「雙盲實驗」（double-blind experiments），以減少霍桑效應所造成的影響。例如，研發新冠肺炎（COVID-19）疫苗時，各藥廠必須透過雙盲測試來評估疫苗的安全性、耐受性與免疫生成性，也就是受試者並不會知道他所注射的是新冠疫苗還是生理實驗水（安慰劑）。

(四)多重處置所帶來的困擾（multiple-treatment interference）

有時研究者的實驗處置不只一種，因此在各種不同的處置間就可能會有交互作用的效應產生。例如：某研究者想要瞭解對於生產線上的作業員來說，是放音樂還是不放音樂其生產量較高。因此他就利用某工廠生產線上的一組作業員擔任受試者，放音樂一段時間（X_1）與不放音樂一段時間（X_0）交替出現，而後在每一段時間結束後，記錄其生產量（Y）。則此實驗的結果一方面可能受到每一段實驗處理所造成的「殘餘」效應的影響而減低其內在效度，而在另一方面本研究結果只能適用於音樂交替出現的工廠環境，而不能適用於只放音樂或是不放音樂的工廠環境，外在效度顯然受限。

總而言之，外在效度的重點是在於它的概推性和代表性，考量的關鍵就是：實驗的情境是否與真實的狀況相同或接近？

💡 第五節　一般常見的實驗設計類型

Campbell和Stanley（1963）與簡春安、鄒平儀（2005）將實驗設計依其可控制變異量的程度分為下列三種類型：

1. 前實驗設計：指實驗設計無科學的嚴謹性，只具備了實驗研究三大要素中最重要的第一項或前兩項（「自變項與依變項」以及「實驗組與控制組」）之一，因此只是簡單的研究而已。

2. 真實驗設計：意即實驗設計至少完全具備了實驗研究三大要素中最重要的前兩項（「自變項與依變項」以及「經隨機抽樣與隨機分派所形成的實驗組與控制組」），是一種符合科學實驗要求的真正實驗設計。

3.準實驗設計：當某些情境不能用真實的實驗方法來控制變異量時，
可利用準實驗設計的方法來進行。這種方法雖然不能完全具備實驗
研究設計中的所有元素，但是大體上已抓住了科學的精神與實驗應
有的態度，因此其研究結果仍具相當參考價值。

一、前實驗設計（pre-experimental design）

前實驗設計又可分成三種類型（Campbell & Stanley, 1963；楊國樞
等，1989；簡春安、鄒平儀，2005；朱柔若，2000）：

(一)單組末測設計（one-group posttest-only design，或稱一次性個案研究設計one-shot case study）

X　　　　　Y

X代表一種實驗或處遇，Y代表觀察或結果。根據Baker（1994）所提
出的實驗研究三大元素，這種實驗設計只具備了最基本的一項元素：自變
項與依變項，因此我們還是把它歸類為實驗研究設計。也正因為它缺乏了
後面兩項重要的元素：「實驗組與控制組」以及「前測、後測之間的比
較」，因此我們無法斷定實驗觀察的結果就是實驗處遇所造成，只能把實
驗的結果作為參考，還須加上其他的研究結果作為佐證，才能確定本實驗
處遇是否「有效」。

(二)單組前測、末測設計（one group pretest-posttest design）

Y_1　　　　　X　　　　　Y_2

與單組末測設計相比較，多了一項元素：前測、後測之間的比較。
因此對於實驗處遇所造成的影響有了更明確的數據。不過，由於仍然缺乏

「實驗組與控制組」這一重要元素，因此前測、後測之間的差值除了可能是實驗處遇所造成的之外，也有可能是其他因素干擾的結果；例如：歷史效應、成熟效應、測量效應，以及工具效應等。

(三)雙組、無控制設計（two-group, no control）或小組靜態比較（static-group comparison）

$$X \qquad Y_1 \qquad \text{或} \qquad X \qquad Y_1$$
$$Y_2 \qquad\qquad\qquad Y_2$$

此設計的特質是多了一個組別可以與實驗組來比較；如上圖所示，比較的時間可以同時，也可以把時間錯開，一前一後。

與「單組末測設計」相比，本設計多了一個「比較組」（因為沒有隨機抽樣與隨機分派，因此不是理想的實驗組與控制組），而與「單組前測、末測設計」相比，本設計又少了一個「前測」，因此Y_1與Y_2的差異，我們無法確認是X所造成的（因為可能是兩組本來就已存在的差異）。

二、真實驗設計（true experimental design）

真實驗設計有四種主要類型（Campbell & Stanley, 1963；楊國樞等，1989；簡春安、鄒平儀，2005；朱柔若，2000）：

(一)實驗組控制組前測、末測設計（pretest-posttest control group design）或稱古典實驗設計（classical experimental design）

$$\boxed{R} \qquad Y_1 \qquad X \qquad Y_2$$
$$\boxed{R} \qquad Y_3 \qquad\qquad Y_4$$

如圖所示，R 意為隨機抽樣與隨機分派。與之前三種類型相比，本設計除具備了「自變項與依變項」以及「前測、後測之間的比較」兩種主要的元素之外，尚多出一項「經隨機抽樣與隨機分派所形成的實驗組與控制組」重要元素。這種設計最大的優點是可以使前八項可能影響內在效度的因素同時得以克服，因為縱使有這些因素造成的困擾，也因為「經隨機抽樣與隨機分派所形成的實驗組與控制組」兩組都面臨到了，所以在比較上可以「扯平」，而不致於造成誤差，因此在內在效度上可以說相當完美。但是在外在效度的考量上，這種設計因為強調了前測與後測，因此在「對測驗本身的反應或交互作用效果」一項因素上會對外在效度多少造成一些負面影響。以實際的研究為例，羅淑芬、王雲東等（Lo et al., 2010）在其「對造口病患之多媒體學習方案的成本效能分析」（A cost-effectiveness analysis of a multimedia learning education program for stoma patients）研究中，使用「實驗組控制組前測、末測設計」，研究結果發現：實驗組（多媒體學習組）在成效指標分數與成本效能比（cost-effectiveness ratio）等依變項上都顯著優於控制組（傳統方法組），也顯示新的多媒體學習方案是有效的。

此外，對於這類設計最正確的資料分析方法是：二因子混合設計變異數分析。因為它能一方面比較實驗與控制二組的前後測分數的差值，同時又能控制住在隨機分派過程中所產生的些微變異量對依變項的影響力，所以是社會科學領域中採用實驗研究法時，最正確的資料分析方法。此外，若欲控制住某些變數的影響，更可採「二因子混合設計共變數分析」。例如許華慧（2008）在其「求職技巧輔導方案對職業訓練脊髓損傷成員的一般自我效能與求職自我效能之影響」研究中，使用「二因子混合設計共變數分析」發現求職技巧輔導方案確實有助於提升脊髓損傷職業訓練成員之自我效能（包括「一般自我效能」、「求職自我效能」與「肢體障礙者面試管理效能」等）。

(二)實驗組控制組僅末測設計（posttest only control group design）

$$\boxed{R} \qquad X \qquad Y_1$$
$$\boxed{R} \qquad\qquad\quad Y_2$$

此設計與前述之「實驗組控制組前測、末測設計」相比，只是少了前測，餘皆相同。因此適用於若前測可能引起副作用（明顯影響外在效度），或不方便行使時，可用此法來考驗所得之資料。統計檢驗方法可使用「獨立樣本t檢定」，即可確定其實驗效果是否達到顯著。但若有三個或以上的實驗處理時，則用單因子變異數分析（one-way ANOVA）來加以考驗（楊國樞等，1989；簡春安、鄒平儀，2005）。

此法最大的優點即是：在具備了基本而重要的實驗元素的前提之下，相對來得簡單、經濟；但要特別注意一定要有良好的隨機抽樣與隨機分派過程（因為少了前測）。

(三)所羅門四組設計（Solomon four-group design）

$$\boxed{R} \qquad Y_1 \qquad X \qquad Y_2$$
$$\boxed{R} \qquad Y_3 \qquad\qquad Y_4$$
$$\boxed{R} \qquad\qquad\quad X \qquad Y_5$$
$$\boxed{R} \qquad\qquad\qquad\quad Y_6$$

由Richard Solomon發展的「所羅門四組設計」可說是將前述之「實驗組控制組前測、末測設計」與「實驗組控制組僅末測設計」加在一起組合而成。雖說在社會科學、社會工作領域中使用的頻率不是太高（因為較複雜、費時與花錢），但卻具有較高的評價，不僅相當嚴謹地考慮內在效度，外在效度掌握的情形也較「實驗組控制組前測、末測設計」為優（楊國樞等，1989；簡春安、鄒平儀，2005）。

　　所羅門四組設計最大的優點有二：

　　其一，研究者等於重複做了四個實驗；因為藉由Y_2比Y_1、Y_4比Y_2、Y_5比Y_6、Y_5比Y_3的分析可以看出處遇（X）的功能。此外藉由Y_6、Y_1、Y_3的比較，可以綜合看出成熟以及歷史的效應到底有多少，而從Y_6與其他組的比較，我們更可以算出樣本對測驗所累積的反應有多嚴重。

　　其二，本設計除了可以考驗「有前測組與無前測組之差異是否達到顯著」，以及「有實驗處理組與無實驗處理組之差異是否達到顯著」外，還可以考驗「有無前測與有無實驗處理之交互作用是否達到顯著」。因此統計分析的方法要使用「獨立樣本二因子變異數分析」（independent samples two-way ANOVA）。如圖10-1所示，由縱行（column）平均數可以估計「有無實驗處理」這一變項的主效果（main effect），而由橫列（row）平均數可以估計「有無前測」這一變項的主效果，甚至由細格（cell）平均數可以估計「有無實驗處理」與「有無前測」這兩個變項的交互作用效果（interaction effect）（楊國樞等，1989）。

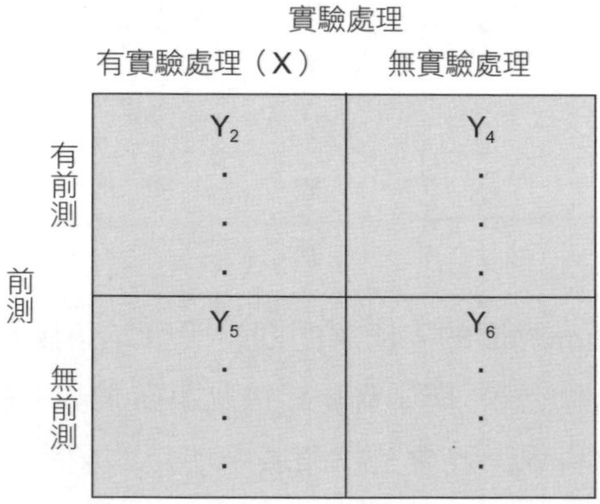

圖10-1　「所羅門四組設計」的基本模式

資料來源：楊國樞等（1989），頁113。

(四)不同後測時間的所羅門四組設計（Solomon four-group design with extend in time）

R Y_1 X Y_2
R Y_3 Y_4
R Y_5 X Y_6
R Y_7 Y_8

　　本設計與前述之「所羅門四組設計」相比，增加了兩個前測值，但是將其對應的後測值之測量時間延後，其目的在於確定：(1)處遇是不是有效？(2)處遇是不是在一段時間之後才會產生效果？

　　當Y_2比Y_4好，且Y_6比Y_8好，而且都比Y_1、Y_3、Y_5、Y_7等都要好時，我們可以相當肯定地說，實驗處遇X的確有它的效果。更重要的，為了測出處遇是不是在一段時間以後才產生出其效果，我們必須也能證明Y_6是不是比Y_2好，而Y_8卻不見得比Y_4好時，才能顯示出X的真正功能。萬一Y_6比Y_2好，而Y_8也比Y_4好時，那麼可推論出除了X的因素之外，可能也有成熟效應或歷史因素在其中作用（簡春安、鄒平儀，2005）。

　　本設計的統計分析方法也是使用「獨立樣本二因子變異數分析」。與「所羅門四組設計」的唯一差別，是將「有無前測」這一變項改成「後測值之測量時間有無延後」，至於其他檢視主效果與交互作用效果的邏輯與做法均相同。

二、準實驗設計（quasi experimental design）

　　準實驗設計也有三種主要類型（Campbell & Stanley, 1963；楊國樞等，1989；簡春安、鄒平儀，2005；朱柔若，2000）：

(一)時間系列設計（time sequential design）

Y_1　　Y_2　　Y_3　　Y_4　　X　　Y_5　　Y_6　　Y_7　　Y_8

這是特別適用於縱貫性研究的一種設計；當研究者無法順利找到控制組時，可將測量的時間拉長，以觀察實驗處遇是否有效，以及所造成的影響是否可持久或具週期性。

事實上「時間系列設計」與前實驗設計之「單組前測、末測設計」相比，當然會提供較多、也較具準確性的資料，不過缺點就是：因為實驗的時間拉長，所以被外來干擾變項（extraneous variables）影響到研究結果的機率也變大；因此研究者要儘量掌握住測量的間隔時間與總實驗時間均不要太長，否則會增加研究的「歷史效應」與「成熟效應」的機率，影響整個研究的內在效度。至於外在效度方面，實驗的結果只能推論到重複測驗的族群，當然這也是此一設計方法的一大限制（簡春安、鄒平儀，2005）。

最後，對於本設計的統計考驗方法，應將實驗處遇（X）施行前的Y_1、Y_2、Y_3及Y_4的觀測值建構出一條迴歸線（或趨勢線），而後外推到時間在t_5（測量Y_5的時間點）、t_6、t_7及t_8時的觀測預估值（$\hat{Y}_5$、$\hat{Y}_6$、$\hat{Y}_7$及$\hat{Y}8$），然後用相依樣本t檢定（dependent samples t-test）去檢視實際的觀察值（Y_5、Y_6、Y_7及Y_8）與外推預估值是否有「顯著」差異？由此即可得知實驗處遇是否有效（如**圖10-2**）。

(二)相等時間樣本設計（equivalent time sample design）

$X_1 Y$　　　$X_0 Y$　　　$X_1 Y$　　　$X_0 Y$……

對一組受試者抽取兩個相等的時間樣本（time sample），在其中一個時間樣本裡，出現實驗變項（X_1），在另一個時間樣本裡，不出現實驗變項（X_0）之實驗設計。例如：前曾述及，某研究者想要瞭解對於生

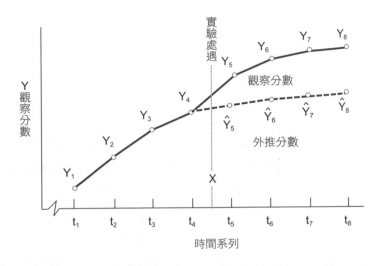

圖10-2 「時間系列設計」的顯著性考驗方法圖示

資料來源：楊國樞等（1989），頁129。

產線上的作業員來說，是放音樂還是不放音樂其生產量較高。因此該研
究者就利用某工廠生產線上的一組作業員擔任受試者，放音樂一段時間
（X_1）與不放音樂一段時間（X_0）交替出現，而後在每一段時間結束
後，記錄其生產量（Y）。

　　這種設計方法因為藉著實驗處遇的交互出現而克服掉很多可能會影
響到內在效度的問題，例如：歷史效應、成熟效應、測量效應、工具效
應以及統計迴歸等，不過每一階段實驗的結果還是可能受到之前實驗處
遇所造成的「殘餘」效應的影響而減低其內在效度。但是若考量外在效
度時，該注意的地方就有很多。首先，「對測驗本身的反應或交互作用
效果」以及「對實驗安排所產生的反應作用」（亦即「霍桑效應」）必
須儘量控制，因為在這種實驗設計中，受試者很容易知道自己正在接受實
驗，因此實驗結果不能推論到沒有這種反應作用效果的實際群體上。其
次，「多重處置所帶來的困擾」也是會影響外在效度的重要因素，因為正

常的工作環境不會有放音樂與不放音樂交替出現的狀況，而此研究的結果只能適用於音樂交替出現的工廠環境，而不能適用於只放音樂或是不放音樂的工廠環境。最後，如果研究者在取樣時不是採用隨機方式，則「選擇偏差與實驗變項的交互作用」也會影響外在效度；因此研究的結果只能適用於與樣本同性質的工作者。

在對本設計的統計考驗方法上，可將「有實驗處遇時的平均觀察值」（例如：所有放音樂時的生產量的平均值）與「沒有實驗處遇時的平均觀察值」（例如：所有不放音樂時的生產量的平均值）作「獨立樣本t檢定」，即可確定實驗處遇是否有效果（達到顯著）。此外，如果受試者只有一人，可重複多次求其平均值（例如：30次）；而若受試者為一組且人數頗多（例如：30人），則不需重複進行太多次，但也不能只有一兩次，以免造成過大的時間抽樣誤差而影響到研究結果（楊國樞等，1989；簡春安、鄒平儀，2005；朱柔若，2000）。

(三)平衡對抗設計（counter-balancing design）

本設計又名輪換實驗設計（rotation experiment design）或拉丁方格設計（Latin square design），其特色是採用拉丁方格的設計，使可能發生的誤差儘量平衡而終能互相抵消（如**表10-2**）。

這種實驗設計中包含著三個主要的處遇變項：X（處遇）、G（組別）、t（時間）；而y則是處遇的效果。研究者利用四組未經隨機分派、維持原來團體型式（例如：原來班級）的受試者，每組在前後四個時機裡，重複接受四種不同的實驗處遇。因此，在四個縱行的總和中，我們可以比較四個處遇的差異；四個橫行的總和中，我們也可以看出組別之間的差異。把四個時機的總和再互相比較，亦可以看出不同時間的不同效果。但因所選擇的四組受試者是不同質的，所以即使「實驗處遇」水準間的差異達到顯著水準，仍有可能是「組別」和「時機」兩個自變項之間的交互作用所造成。所以有關交互作用的處遇，Campbell與Stanley建議：先

表10-2　平衡對抗設計之基本模式

實驗處遇（X）

		X₁	X₂	X₃	X₄
組別	G₁	t₁y	t₂y	t₃y	t₄y
	G₂	t₃y	t₁y	t₄y	t₂y
	G₃	t₂y	t₄y	t₁y	t₃y
	G₄	t₄y	t₃y	t₂y	t₁y

資料來源：楊國樞等（1989），頁127。

算出交互作用的總數後，把組別和時機的主要效果予以排除。如此處遇之後，若四組都是某個實驗處遇的效果最強，則研究者更有信心說實驗處遇之間有顯著性差異存在，而且沒有組別和時機的因素混淆在內（楊國樞等，1989）。

　　總括來說，前實驗設計、真實驗設計、準實驗設計依據實驗對象是否採取隨機分配、是否有控制組、是否進行前測加以區分，可以透過**表10-3**加以比較。

表10-3　實驗設計比較表

實驗設計	隨機分派	實驗組	控制組	前測	末（後）測
前實驗設計					
單組末測設計	X	O	X	X	O
單組前測、末測設計	X	O	X	O	O
雙組、無控制設計	X	O	O	X	O
真實驗設計					
實驗組控制組前測、末測設計	O	O	O	O	O
實驗組控制組僅末測設計	O	O	O	X	O
所羅門四組設計	O	O	O	O	O
不同後測時間的所羅門四組設計	O	O	O	O	O
準實驗設計					
時間系列設計	X	O	X	X	O
相等時間樣本設計	X	O	X	O	O
平衡對抗設計	X	O	O	O	O

解釋名詞

1. 實驗研究法：為了解答研究問題，所採取的一種控制變異來源，並操作自變項以觀察依變項變化的研究方法。

2. 隨機抽樣：一種抽樣的過程，此時母群體中每一個個體被抽到的機率都是相等的。

3. 隨機分派：將被抽出的樣本隨機地安排到一些實驗的情況或團體中（例如：實驗組與控制組），重點是要盡可能讓兩組（或各組）在進行實驗干預之前是相同或相等的。

4. 配對法：隨機分派中的一種特殊的型式，就是根據樣本中與實驗干預有關的特性，平均將具備此特性的樣本分配到兩組（或各組）中。

5. 內在效度：研究結果的準確性。

6. 外在效度：研究結果的推論性。

7. 實驗設計：研究者為了解答研究問題，說明如何控制各種變異來源的一種扼要的計畫、架構和策略。

8. 差異選擇／選擇偏差：此指受試者未能將實驗組與控制組成員調整成相同或相等的狀態（也就是說沒有做到隨機抽樣與隨機分派），以至於對研究結果所產生的影響。

9. 霍桑效應：原指1920-30年間，工商心理學家Mayo在伊利諾州霍桑的西屋電氣公司進行一系列的心理實驗，發現工人會努力揣摩與迎合實驗者預期的結果。由於實驗情境的安排，受試者知道自己正在被觀察，此時受試者的反應很可能與平常頗不相同（可能更好也可能更差），這樣所造成對實驗結果的影響。

10. 雙盲實驗：研究者儘量安排實驗情境，設法使受試者都不知道誰是實驗組、誰是控制組，以減少霍桑效應所造成的影響。

11. 前實驗設計：指實驗設計無科學的嚴謹性，只具備了實驗研究三大要

素中最重要的第一項或前兩項（「自變項與依變項」以及「實驗組與控制組」）之一，因此只是簡單的研究而已。

12.真實驗設計：意即實驗設計至少完全具備了實驗研究三大要素中最重要的前兩項（「自變項與依變項」以及「經隨機抽樣與隨機分派所形成的實驗組與控制組」），是一種符合科學實驗要求的真正實驗設計。

13.準實驗設計：當某些情境不能用真實的實驗方法來控制變異量時，可利用準實驗設計的方法來進行。這種方法雖然不能完全具備實驗研究設計中的所有元素，但是大體上已抓住了科學的精神與實驗應有的態度，因此其研究結果仍具相當參考價值。

 考古題舉例

1.請敘述實驗設計中，隨機化（randomization）的過程及其在研究法上的目的。（25分）（85年普考「社會調查與研究概要」試題）

2.在實驗設計中，對內在效度產生威脅的因素有哪些？試論述之。（25分）（84年基乙「社會調查與研究」試題）

3.一個好的研究設計（Research Design）應有什麼條件或標準？何謂「真實驗設計」（True experiment）？試舉一例說明之。（25分）（86年專技高考三級「社會工作研究方法」試題）

4.試述實驗的意義及其適用的項目。（25分）（86年高考三級「社會調查與統計」試題）

5.一個社會科學的實驗設計，需滿足哪四項條件，請說明之。（25分）（82年高考二級「社會調查與研究」試題）

6.什麼是實驗設計（Experimental Design）？什麼是準實驗設計（Quasi-Experimental Design）？請各舉一例說明之，並比較其特性。（25分）

（86年普考「社會調查與研究」試題）

7.下列何者不是準實驗設計（quasi-experimental design）？

(A)時間系列設計（time sequential design）。

(B)相等時間樣本設計（equivalent time sample design）。

(C)單組前測、末測設計（one group pretest-posttest design）。

(D)平衡對抗設計（counter-balancing design）。（1.67分）（101年第二次高考社會工作師考試「社會工作研究方法」試題）

8.實驗研究法（The experimental method）在研究對象之選擇中牽涉到下列三個問題，請解釋說明之。

(1)概率抽樣（Probability Sampling）

(2)隨機過程（Randomization）

(3)匹配過程（Matching）。（33分）（東海大學82學年度社會工作研究所碩士班「社會工作研究法」入學考試試題）

9.試舉例說明準實驗設計（類實驗設計）之時間序列設計（time series design）。（25分）（東海大學88學年度社會工作研究所碩士班「社會工作研究法」入學考試試題）

10.試舉例說明任何兩種準實驗設計（Quasi-Experimental Design）。（25分）（東海大學88學年度社會工作研究所博士班「社會工作研究法」入學考試試題）

11.解釋名詞：霍桑效應（Hawthorne effect）。（5分）（90年高等考試三級第二試「社會研究法」試題；國立台灣大學94學年度碩士班招生考試「社會工作研究法」試題）

12.解釋名詞：雙盲實驗（double-blind experiment）。（5分）（91年普通考試第二試「社會研究法概要」試題）

13.不論是實驗研究或準實驗研究，研究者皆需要進行研究設計（research design）。請問研究設計的目的是什麼？並詳細討論研究者可以採用哪些具體的做法來達成研究設計的目的，試舉例說明之。（20分）（92

年高等考試三級第二試「社會研究法」試題）

14.解釋名詞：所羅門四組設計（Solomon four-group design）。（5分）
（92年普通考試第二試「社會研究法概要」試題）

15.解釋名詞：quasi-experimental design。（4分）（國立台北大學93學年度碩士班招生考試「社會工作研究法」試題）

16.何謂真實驗設計（ture experimental design）。（5分）？此外，「實驗組控制組前測、末測設計」（pretest-posttest control group design）應用何種統計分析方法去檢視實驗干預是否有效（請說明理由）？（5分）
（國立台灣大學94學年度碩士班招生考試「社會工作研究法」試題）

17.有一位研究者企圖瞭解「觀看反墮胎的紀錄片是否會改變觀看者對墮胎的態度」這個問題。他的研究設計是徵求100位大一的學生來參與研究。然後，他讓這些學生自己選擇看這部反墮胎的紀錄片，還是看一部與墮胎毫無關聯，但時間長短差不多的喜劇片。由於場地的關係，結果大約有一半的學生是看紀錄片，另一半則是看了喜劇片。在這些學生看完片子後，這位研究者以紙筆問卷調查來蒐集資料。問卷中除了蒐集一些個人基本資料外，還有一個用來測量反對墮胎態度的量表。這位研究者發現看紀錄片的人的平均分數，比看喜劇片的人高得多。他進一步用兩個獨立樣本的t-test來作統計分析。分析的結果發現，在 $\alpha = 0.05$，兩尾測定的條件下，這個差異達到統計顯著水準。因此，這位研究者發看了他的研究發現，認為觀看反墮胎的紀錄片，的確會提高一般人反對墮胎的態度。針對這個研究，請你回答下列問題：

(1)請問這個研究者是使用哪種研究方法？（2分）

(2)這個研究認為觀看反墮胎的紀錄片與墮胎態度之間有因果關係。請問確認兩件事情間有因果關係，必須有哪些條件？（3分）

(3)如果有人質疑這位研究者的研究設計及發現，您會如何替這位研究者辯護或如何附和這些批評者？在您辯護或附和的說明中，要包括

您對這個研究的樣本選取、調查方式、統計分析方法的使用，以及推論的範圍等是否適當合理做評估，並說明理由。（10分）

(4)不論您是否覺得這個研究的設計是否合理，如果是您來做這個研究，您認為該如何設計這個研究，可以讓這個研究做得更好？同樣的，請您就樣本選取、調查方式、統計分析方法的使用（包括虛無假設的設定及使用的統計方法等），以及推論的範圍等方面，做清楚的說明。（15分）（國立政治大學九十四學年度碩士班招生考試「社會工作研究法」試題）

18.在社會工作研究中，有許多研究無法用實驗設計來做良好的控制，必須採取「準實驗設計（或稱之為類實驗設計）」（quasi-experimental design），試指出準實驗設計之特色，並舉例說明。（25分）（93年專門職業及技術人員社會工作師高等考試「社會工作研究方法」試題）

19.解釋名詞：

(1)應變數（Dependent variable）。（5分）

(2)外在效度（External validity）。（5分）（93年公務人員普通考試第二試「社會研究法概要」試題；東吳大學93學年度碩士班招生考試「社會工作研究法」試題）

20.請說明實驗設計（experimental design）中，隨機化（randomization）與配對法（matching）在做法上有何不同？請分別說明其優缺點。（25分）（94年特種考試地方政府公務人員三等考試「社會研究法」試題）

21.Pretest Sensitization（4分）（國立臺北大學99學年度碩士班招生考試「社會工作研究方法」試題）

22.實驗法對以下哪一類研究較為不恰當？

(1)小團體的互動

(2)假設檢定

(3)檢測概念和命題

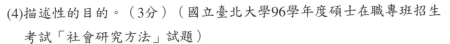
(4)描述性的目的。（3分）（國立臺北大學96學年度碩士在職專班招生
考試「社會研究方法」試題）

23.實驗設計的外部效度（external validity）指的是：

(1)後測（Posttest）的操作

(2)實驗刺激（stimulus）是否真的對依變數有影響

(3)實驗結果是否可推論到其他非實驗的情境

(4)前測（Pretest）的時間。（3分）（國立臺北大學97學年度碩士在職
專班招生考試「社會研究方法」試題）

24.霍桑效應（Hawthorne effect）。（10分）（國立臺北大學97學年度碩
士在職專班招生考試「社會研究方法」試題）

25.假設你是一間社會福利機構的社工員，最近開發了一套新移民充權
（empowerment）方案，你對於其效果相當有信心，也認為此方案對
於每位新移民都有益。為了證明其成效，你決定依照實驗／類實驗法
的理念規劃一個實證評估研究，並以自己機構的新移民案主為研究對
象。請回答下列問題：

(1)此例中的研究構想有哪些倫理議題，你該如何處理？

(2)請描述你預定採用的研究設計，並討論此設計的內在效度與外在效
度。（6分）（國立臺北大學98學年度碩士班招生考試「社會工作研
究法」試題）

26.請說明何謂雙盲實驗與其目的？（5分）（國立臺北大學98學年度碩士
班招生考試「社會學研究法」試題）

27.（研究設計）許多人觀察到，台灣多數私立中學較重視升學，傾向採
取填鴨式教育，相較之下，公立學校的升學主義較不嚴重。有位研究
生，為了要知道不同性質的學校教育，是否會影響學生上大學之後的
學習方式與態度，便設計了一組問卷，以大學生為抽樣母體，問卷內
容包含了與問卷填答者之學習方式與態度有關的問項，以及他／她之
前所就讀的國、高中為私立或公立。假設這位研究生的抽樣方法沒有

問題，請問這個研究設計是否恰當？為什麼？（10分）（國立臺北大學98學年度碩士班招生考試「社會學研究法」試題）

28.相較於其他常用的研究方法，請簡述實驗法的優點與缺點。（10分）（國立臺北大學99學年度碩士班招生考試「社會學研究方法」試題）

29.random assignment（5分）（國立臺北大學100學年度碩士班招生考試「社會工作研究法」試題）

30.安置機構的青少年離院後的生活自立情況是近來頗受關注的議題。假設你是一間機構的資深社工員，你認為自己精心籌劃的離院準備方案有助於少年的自立，請規劃一項實證研究以驗證你的假設。（共20分）

(1)請說明你的研究設計，以及此設計的內部與外部效度議題。（5分）

(2)你預定如何以操作化的方式測量「生活自立」？（5分）

(3)你會使用何種統計檢定來分析你的資料？（5分）

(4)此項研究計畫有哪些潛在的倫理議題？（5分）（國立臺北大學100學年度碩士班招生考試「社會工作研究法」試題）

31.Hawthorne effect（2分）（國立臺灣大學98學年度碩士班招生考試「社會研究方法」試題）

32.請針對下面所簡述的研究案例說明，回答下列的幾個問題（30%）。

研究案例說明：

在1970年代，美國社會認為婚姻暴力事件屬於家庭私領域的議題，不宜以犯罪行為來對待，對施暴者採用「不逮捕政策」。但隨著婚姻暴力事件頻傳、婚姻暴力致死事件激增，各州政府開始視婚姻暴力事件為犯罪行為，於1980年代開始採取「強制逮捕政策」，期待藉由法定權威的介入和強制分開雙方的策略來嚇止婚姻暴力導致的死亡事件發生。為了知道這項政策的成效，許多州的州政府邀請學者進行實驗研究，藉以確定警察強制逮捕正在施暴的配偶是否可以降低婚姻暴力事件的再發生？

以明尼蘇達州的實驗設計為例，說明研究的設計如下：

研究假設：強制逮捕的次數越多，施暴者的再次施暴比例越低。

研究樣本：警察局登記有案的330件婚姻暴力事件。

實驗分組：直接逮捕施暴者和分開並未逮捕的兩組。

研究結果：直接逮捕組暴力事件再發生率為13%，沒有逮捕組的發生
率為26%。

研究結論：從上述的研究來看，明尼蘇達州的研究結果是支持研究假
設的，亦即直接逮捕施暴者確實可以降低婚姻暴力事件的
再發生。但是，另外五個州政府所進行的類似研究，卻發
現僅有兩個州（科羅拉多州和佛羅里達州）的研究證實上
述的研究假設，其他三個州（內布拉斯加州、北卡羅來那
州、威斯康新州）的研究結果卻沒有支持研究的假設，反
而發現被強制逮捕的配偶再度施暴的比例比沒有逮捕的比
例還要高，限制了明尼蘇達州的研究結果之適用性。

(1)請問這項研究案例中的研究設計屬於哪一種研究典範（research
paradigm）？質化典範？量化典範？介入典範？這個研究案例選擇
這種研究典範的理由何在？這種研究典範的特性為何？（10分）

(2)請問這項研究案例的實驗設計屬於哪一種類型的實驗設計？古典實
驗設計？類實驗設計？這項研究會選用這個實驗設計的理由何在？
這種類型的實驗設計有何特色？（10分）

(3)從上述的「研究討論」來看，明尼蘇達州的研究結果確實證實了更
多逮捕可以降低婚姻暴力的再發生率，但同樣的實驗設計在其他五
個州的複製研究中卻未獲得一致的研究結果，請提出各種可能的解
釋來說明此不一致研究結果的理由。（10分）（國立臺灣大學100學
年度碩士班招生考試「社會工作研究方法」試題）

33.作實驗或研究往往希望時間不要拉得太長，以免影響到內在效度。但
下列何項可能影響到內在效度的因素，不會受到作實驗或研究時間較

長的影響而發生？

(A)歷史效應（history effect）。

(B)成熟效應（maturation effect）。

(C)測驗效應（testing effect）。

(D)實驗過程中的損耗／傷亡（experimental mortality）。（1.67分）
（101年第二次高考社會工作師考試「社會工作研究方法」試題）

34.請舉例說明實驗研究可以運用在實務工作的那些面向？（25分）（103
年第二次高考社會工作師考試「社會工作研究方法」試題）

35.何謂準實驗設計（quasi-experimental designs）？準實驗設計與實驗設
計有何不同？又準實驗設計有何優缺點？它與評估研究有何關係？
（25分）（104年原住民族特考社會行政類科「社會研究法」試題）

36.請舉例說明「準實驗設計」之內涵，並說明其優缺點。（25分）（106
年特地方特考三等考試社會行政類科「社會研究法」試題）

37.名詞解釋：Experimental Design（5分）（國立臺北大學106學年度碩士
班招生考試「社會工作研究法」試題）

38.請比較並說明實驗室研究與實地實驗的定義，及其優點與缺點。（25
分）（107年地方特考四等考試社會行政類科「社會研究法概要」試
題）

39.請分別說明靜態比較組設計（static group comparison design）（又稱
不相等組的後測設計）及等組後測設計（equivalent comparison groups
design）。

(1)請寫出這二種研究設計的圖型並舉例說明。（10分）

(2)試比較此兩種研究設計可能觸及的內在效度問題。（15分）（108年
高考社會行政類科「社會研究法」試題）

40.請問在實驗研究中，何謂內在效度？威脅內在效度的來源有那些？請
列舉並說明其意義及解決方法。（25分）（108年第一次高考社會工作
師考試「社會工作研究方法」試題）

Chapter 11

單案研究設計

💡 第一節　單案研究設計的意義

　　「單案研究設計」（single subject research design，或譯單一主題研究設計），又可稱為單案實驗設計（single-case experimental design），屬於準實驗設計中時間序列設計的衍伸應用，其定義是：應用時序法（time series method）的邏輯，對單一個人或社會單位（例如：家庭、團體、機構、社區或方案等）進行實驗干預，再將干預所產生的影響結果加以記錄與分析評估（趙碧華、朱美珍，2000）。由於單案研究設計在社會工作領域的應用是起源於臨床的醫療社會工作，因此沒有控制組。此外，在單案研究設計中，研究的對象一定只有一個。時序法的意義是指：將實驗觀測值依時間先後採多重評量點記錄；正因為有越多的評量點，所以就能有愈穩定的趨勢可供辨識，也就愈容易推演出自變項與依變項間的因果關係與效力大小（及其週期性）。例如：某老人在養老院悶悶不樂，社工師與其會談，同時觀察並測量（多次）其與人交談的時間、臉上出現笑容的次數、食量以及睡眠時數等。而後社工師提出處遇計畫並加以執行，在執行過程中社工師又再度（多次）測量上述四指標，瞭解處遇是否有效果。此一過程即為單案研究設計在社會工作實務上的一項應用。

　　此外，單案研究設計與前章準實驗設計中的「時間序列設計」有部分相似之處。相同的是：二者都是應用時序法的邏輯，對實驗過程及干預所產生的影響結果加以記錄與分析評估；不過相異的是：「時間序列設計」的實驗干預期只有一較短的時間，所以在實驗干預之後所記錄的觀測值，理論上只是實驗干預後所造成的影響（impact），而不像單案研究設計的實驗干預（如前述之社工師對養老院的老人進行會談），會一直持續下去，同時一面處遇一面記錄觀測值。

💡 第二節　基線期與干預期

　　基線期（baseline）是指干預介入之前的重複評量階段（趙碧華、朱美珍，2000）。也就是說：基線期是一種控制階段，在基線期蒐集的資料模式（趨勢）將與干預期（試驗期）所蒐集的資料模式（趨勢）相比較，以確知實驗干預是否有效果。至於什麼時間才是適合由基線期進入到干預期的時間點？端視在基線期的資料模式（趨勢）是否已達「穩定」而定。所謂「穩定」，是指資料模式（趨勢）顯現出一種可以預期和有秩序的情況。一般來說，研究者期望在五到十個基線期的測量點之間，就可以看出資料發展的模式（趨勢）。至於基線期資料發展的可能模式（趨勢），如**圖11-1**所示。

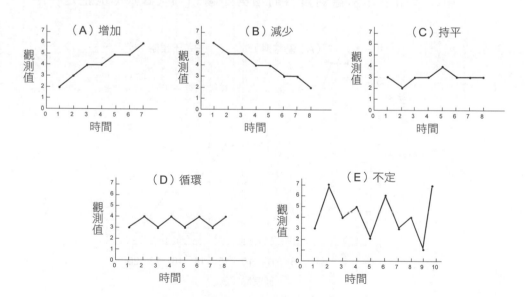

圖11-1　基線期資料發展的可能模式

　　此處有兩點值得注意：

　　第一，如果在基線期，趨勢已經顯示「增加」，那麼在干預期中如果資料發展的模式（趨勢）還是「增加」，且增加的幅度與基線期大致相同（如圖11-2），則我們不能推估說是因為實驗干預造成的「增加」（因為可能就算沒有干預、繼續停留在基線期，仍會維持既定的「增加」趨勢）。例如：某輔導老師想要瞭解對某上課不專心同學所作的輔導是否有助於其成績的進步，在基線階段，發現該同學的成績已呈穩定上揚，若此時的輔導處遇仍能持續穩定該同學的上揚趨勢，且增加的幅度與基線期大致相當，則我們並不能推估說是因為該輔導老師的輔導奏效所致。

　　不過，承上例，我們至少可以推論說：該輔導老師的輔導不會使該同學的成績下滑。因此有可能是正面效果或是沒有效果，但是至少並不會有負面效果。因此要知道究竟是正面效果還是沒有效果，就需要有更進一步的資料來佐證（也許看下一個個案的狀況）。

　　第二，如果在基線期資料的趨勢如圖11-1（E）（也就是「不

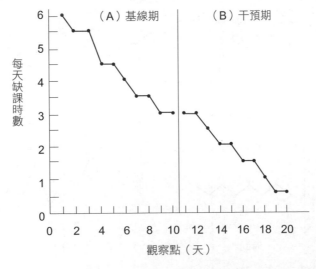

圖11-2　單案研究之設計結果不支持干預之有效性圖例

定」），那麼可能的做法有：(1)再增加基線期幾個觀察點，看看是不是可以達到穩定？(2)如果因現實因素的考量不能等待，必須直接進入干預期，那麼看看在干預期中資料是否會呈現出某種穩定的趨勢？也就是說，如果在干預期中資料確實呈現出上升或下降的穩定趨勢（如**圖11-3**），那就表示：雖然在基線期受測對象在被測項目的表現不是很穩定，但實驗干預還是造成受測者在被測項目的上升或下降狀況，也就是說干預應該還是有效的。但如果在干預期中的資料仍然呈現出不穩定的趨勢（如**圖11-4**），那可能就要藉由回溯的基線〔retrospective baseline，或稱重建的基線（reconstructed baseline）〕去試圖讓趨勢更明朗化，不然的話可能就要另尋個案重作實驗了（Neuman & Kreuger, 2003；趙碧華、朱美珍，2000）。

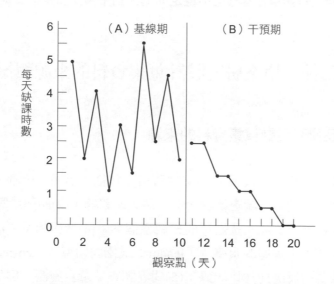

圖11-3　依變項在基線期不穩定但進入到干預期穩定的例子

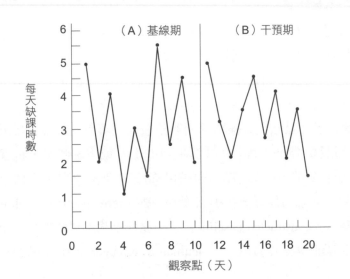

圖11-4　依變項在基線期不穩定而進入到干預期還是不穩定的例子

第三節　單案研究設計蒐集資料的來源與優缺點

一、單案研究設計蒐集資料的來源

　　主要來源有下述幾項：(1)文件資料，包括：信函、會議紀錄、研究計畫與報告、簡報、調查統計資料及個人紀錄等；(2)訪問或晤談；(3)非參與直接觀察，例如：透過單面鏡觀察個案；(4)參與團體／活動之直接觀察，例如：小團體的領導者（leader）或協同領導者（co-leader）可就近觀察成員的反應並加以記錄；(5)問卷調查／量表施測，例如：周月清等（2002）在「受暴婦女團體工作發展與評估——以台北市新女性聯合會方案為例」之研究中，就使用單案研究設計的方式，設計開放性問卷於各單元與整個團體結束時來蒐集成員意見，以作為評估團體（方案）在不同

階段進行時是否有達到預期效果的測量工具（趙碧華、朱美珍，2000）。

　　值得注意的是：三角測量法／多元測量法在此處也扮演重要的角色。也就是說，如果能由多方來源的資料去建構基線期與干預期的數據，那麼推出來的結論一定更翔實可信。

二、單案研究設計的優缺點

(一)優點

　　單案研究設計的優點有：

1.可深入瞭解個案（因為觀察與研究的對象只有一個），因此相對較有機會提出有效而又具體的處理辦法。
2.蒐集資料的方式較有彈性（可針對此觀察與研究的對象而彈性調整）。

(二)缺點

　　單案研究設計也可能有下列的缺點：

1.資料來源的可信度與客觀性可能有疑問（例如：個人紀錄可能是自傳、日記等，也許是主觀看法而未必反映事實）。
2.因單案研究設計強調深入性，因此可能較費時。
3.不易進行有效的推論，也就是外在效度低；而這也正是單案研究設計最大的缺點與限制。主要原因可從兩方面來看：
   (1)因為樣本數太少，又往往非隨機取樣而來，因此樣本的代表性顯然不足。
   (2)與「時間系列設計」的狀況類似，因為重複測量的次數頗多，因此實驗的結果只能推論到重複測驗的族群。

🔍 第四節　單案研究設計的類型

單案研究設計包括四種主要的類型（patterns）（趙碧華、朱美珍，2000）：

一、AB設計法：基本單案設計

這是最簡單的單案設計，包括一個基線階段（A），和一個干預階段（B）（如圖11-2、圖11-3、圖11-4）；這也是一個最常被應用在社會工作實務領域的單案研究設計方式。其優點有：簡單、可行性高、容易完成與複製；但是也有相當大的缺點，即：因為只有一個基線期，所以沒有比較，因此容易得出錯誤結論（例如：受歷史效應影響）。不過還好在單案研究的設計中，一方面有多點的測量，因此就算「歷史」事件發生的起始時間與干預的開始時間完全一致，以至於原本完全無效的處遇被當成是有效（這種機率其實是非常低的）；但我們還是可以直接而明白地指出穩定的改進模式是在哪一天或哪一週開始發生的，並且我們可以跟個案討論有什麼明顯的事件或改變發生在哪個時點上，由此亦可獲得對案主非常有效的處遇模式（趙碧華、朱美珍，2000）。此外，為解決這種單案研究設計方式缺點的可行做法，就是透過複製的方式；也就是說，如果不同的個案在此種設計方式下均呈現出相同的反應模式（趨勢），那我們就有相當的信心認為：這是因干預而造成的（並非受歷史效應影響）。

至於究竟怎樣的狀況才是有效的干預？我們可以用目測法（vision method）與「效果大小計算法」來檢證（Rubin & Babbie, 2001）。

(一)目測法

雖然在圖11-2、圖11-3、圖11-4均已介紹過幾種可能的AB設計法圖

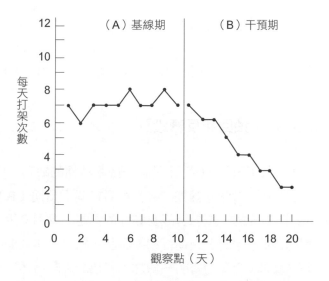

圖11-5　單案研究之設計結果支持干預之有效性

形，但是最理想的有效干預圖形應是如**圖11-5**的類型，也就是在基線期呈穩定的「持平」趨勢，而在進入干預期後呈現穩定的上升或下降趨勢。至於究竟為上升或下降趨勢，則應與假設的方向一致，例如：如果假設輔導工作（干預）會提高同學的成績，則希望進入干預期後呈現穩定的上升趨勢；至於如果假設輔導工作（干預）會降低同學的打架次數，則希望進入干預期後呈現穩定的下降趨勢。

(二)效果大小計算法

「效果大小」（Effect Size, ES）的定義，就是將干預期所有數值的平均值，減去基線期所有數值的平均值，而後除以基線期所有數值的標準差即得。若「效果大小」的數值大於2，就表示在$\alpha = .05$的顯著水準之下，干預期所有數值的平均值顯著大於基線期所有數值的平均值（此時假設基線期所有數值的分布為常態分配），也就表示實驗干預是「顯著」有效的。不過根據一般的經驗值，如果「效果大小」的數值大於0.6，通常

就認為實驗干預「應該」是有效的。

$$效果大小（ES）＝〔\overline{X}（B）－\overline{X}（A）〕／SD（A）$$

二、ABAB設計法：抽回和反轉設計

ABAB設計是為了改進AB設計只有一個基線期的缺點，因此在干預期（B）之後再加上第二個基線期（A）和第二個干預期（B），以期對可能的外在因素所造成的干擾影響能有較好的控制。舉例來說，某社工師對一位在養老院悶悶不樂的老人進行深度訪談，結果在訪談期間，該老人臉上出現笑容的頻率與食量均有明顯增加；不過社工師仍然不能確定是否真是處遇所造成的影響，還是老人的家庭狀況發生什麼變化（例如：出國留學的兒子完成學業，畢業返國）？因此該社工師決定藉出國考查之名，暫時停止與老人訪談一段時間（例如：兩個月），而後再恢復；觀察老人在停止訪談與爾後再恢復訪談的兩個階段其臉上出現笑容的頻率與食量的情形。如果狀況如**圖**11-6（干預有成功倒轉，是ABAB設計最理想的狀況）或**圖**11-7（干預沒有成功倒轉），都表示處遇應該有效，因為外在事件的影響很難恰巧到這種程度來影響ABAB設計的結果。不過如果狀況如**圖**11-8（干預沒有成功倒轉且第二階段干預的影響不明顯），則處遇是否有效就還需要更進一步地驗證。因為在第一階段表面上看處遇是有效的，可是這並不表示不會是「歷史」因素造成的結果；如前例，出國留學的兒子正好在第一階段基線期要進入干預期的時候完成學業，畢業返國，因此在第一階段干預期以後的所有時間，老人的狀況相較於第一階段基線期都有改善，而改善的狀況是維持一持平的曲線，因此未必是處遇的功效；可是另外一種可能是：社工師提供給老人一種不會「倒轉」的能力，例如：社會互動技巧；也就是說，當老人學會這種能力（技巧）而將其運用到日常生活之中，他一方面不會再把這種能力「拋棄」，因此不能反轉；而另

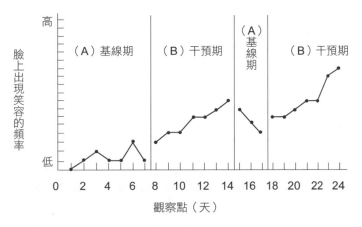

圖11-6　單案研究之設計結果支持干預之有效性圖例（第一階段干預
　　　　期進入到第二階段基線期之干預結果有成功倒轉）

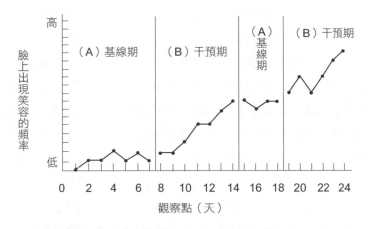

圖11-7　單案研究之設計結果支持干預之有效性圖例（第一階段干預
　　　　期進入到第二階段基線期之干預結果沒有成功倒轉）

一方面，老人應用這種能力到日常生活中所展現的影響可能有其上限（例如：受限於年齡、天分等），因此才會造成第二階段干預的影響不明顯。所以總結來說，如果ABAB設計的結果呈現出如圖11-8的狀況，那麼干預可能有效，也可能沒有效，必須要靠更進一步的檢證來確定。

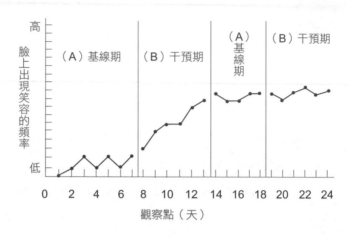

圖11-8　單案研究之設計結果難以判定干預是否有效之圖例

　　ABAB設計最大的優點就是：藉由增加一個基線期（A）和干預期
（B），使得對可能的外在因素所造成的干擾影響能有較好的控制；也就
是說，「實驗」的效果比基本的「AB設計」要來得好。不過ABAB設計
也有缺點，包括：(1)社會工作倫理的問題。例如：若對於有自殺傾向的
案主取消干預，萬一造成案主的危險，甚或生命財產的損失，則是社工實
務者絕對不願見到的；此外，取消干預也可能使得案主再度掉回到痛苦的
情境（例如：從小被虐待的孩童好不容易對人建立起信心），因此可能會
遭到案主強烈的抗拒，這些都是很重要的倫理議題，也使得ABAB設計在
社會工作領域中並不是那麼被常用；(2)當干預具備有無法倒轉的影響力
的特質時（如前例之社會互動技巧），則可能會造成難以判斷干預是否
有效的狀況（若為**圖11-7**的狀況，則干預應該有效；不過若為**圖11-8**的狀
況，則難以判斷干預是否有效）；(3)與前章準實驗設計之「相等時間樣
本設計」類似，也就是說「霍桑效應」與「多重處置所帶來的困擾」兩項
因素會相當程度影響到ABAB設計的外在效度，這也使得ABAB設計的研
究結果在推論與適用性上均受到相當程度的限制。

三、多重基線設計

　　多重基線設計也是為了改進AB設計只有一個基線期，因此容易得出錯誤結論的缺點，因而發展出來的一種單案研究設計的類型。不過其做法並不是像ABAB設計一樣，在干預期（B）之後再加上第二個基線期（A）和第二個干預期（B）；取而代之的，是對兩個或兩個以上的個案在同一個時間點開始進入基線期，而後在不同的時間點進入干預期。如此的做法，一方面可以對可能的外在因素所造成的干擾影響能有較好的控制（類似比較組的作用；因為可能的「歷史」效應出現的時間點不容易那麼巧，因此可以改進AB設計的缺點）；另一方面也能對ABAB設計的主要缺點有所改進，包括：(1)社會工作倫理的問題（多重基線設計不會讓案主重新回到失望與無助的情境）；(2)當干預具備有無法倒轉的影響力的特質時，可能會使得對干預是否有效無法判定（如圖11-8的狀況）。

　　再次舉前例作說明，若某社工師對一位在養老院悶悶不樂的老人進行深度訪談，結果在訪談期間，該老人臉上出現笑容的頻率與食量均有明顯增加，不過社工師仍然不能確定是否真是處遇所造成的影響，還是或許老人的家庭狀況發生什麼變化？因此該社工師決定再找兩位也是在該養老院有悶悶不樂狀況的老人進行深度訪談。如果狀況如圖11-9，表示處遇應該有效，因為外在事件的影響很難恰巧到這種程度來影響多重基線設計的結果。不過如果狀況如圖11-10，則處遇很可能就是沒有效果（因為老人乙與老人丙在還沒有進入干預期時狀況就已開始改善，可能是「成熟」效應在此作用）。

　　不過多重基線設計也有它實施上的缺點與限制；(1)在某些情況下不一定能找到超過一個以上的個案來參與研究；(2)個案的產生往往不是採隨機抽樣，因此樣本本身可能就有很大的不同，因此難以確定研究結果究竟是處遇的有效或無效所造成的，還是個案本身特質因素的不同所導致的。當然解決之道，還是透過複製的方式；也就是說，如果不同的個

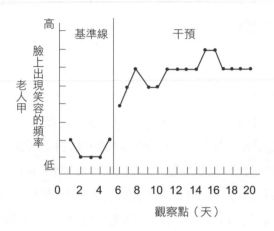

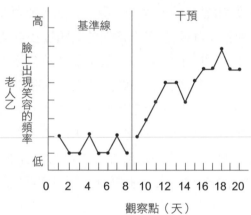

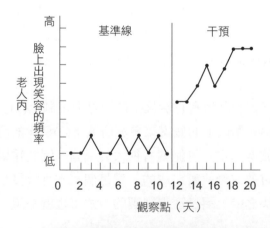

圖11-9　多重基線設計處遇應該有效的干預效果圖

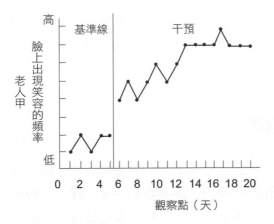

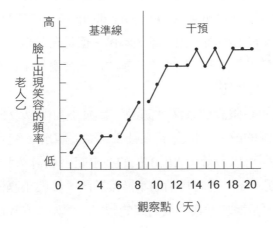

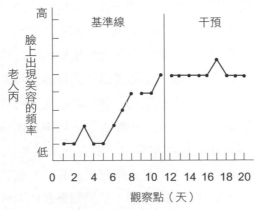

圖11-10　多重基線設計處遇應該無效的干預效果圖

案（多重基線設計組）在此種設計方式下均呈現出相同的反應模式（趨
勢），那我們就更有信心認為：這是因干預而造成的（並非是個案本身特
質因素的不同所導致）。

四、多重組合設計

前述三種設計模式，不論觀測的對象有幾個，抑或是基線期與干預
期有幾個階段，相同的是干預的種類都只有一種。不過如果我們想要瞭
解在幾種可能的干預方式中，哪一種對案主是最有效的？則我們可以採
用「改變增強設計」（changing intensity design）（趙碧華、朱美珍，
2000）。這個設計包括相同干預的數個階段，但是在每個不同的階段，干
預的數量或是對案主期待表現的水平，其中之一會增加；這個設計的象徵
符號是$AB_1B_2B_3$（依此類推）。

舉例來說，如果假設個案深度訪談、參與小團體以及運動都可能有
助於老人憂鬱狀況的改善；因此若某社工師想要瞭解：究竟哪一種處遇
方式效果最好？則可以設計一$AB_1B_2B_3$的多重組合設計來瞭解（如圖11-
11）〔A：基線期，B_1：同時具備個案深度訪談、參與小團體以及運動等
三種處遇方式，但是增加個案深度訪談的頻率（例如：在B_1階段一週兩次
個案深度訪談，而在B_2與B_3階段均一週一次）；B_2：同時具備個案深度訪
談、參與小團體以及運動等三種處遇方式，但是增加參與小團體的頻率
（例如：在B_2階段一週兩次小團體進行，而在B_1與B_3階段均一週一次）；
B_3：同時具備個案深度訪談、參與小團體以及運動等三種處遇方式，但是
增加個案運動的頻率（例如：在B_3階段一週運動兩次，每次一小時，而在
B_1與B_2階段均一週運動一次，每次一小時）〕。如果在B_1階段，老人的憂
鬱狀況改善最多，則表示可能個案深度訪談最有助於老人憂鬱狀況的改
善；同理，如果在B_2階段，老人的憂鬱狀況改善最多，則表示可能個案參
與小團體最有助於老人憂鬱狀況的改善；至於如果在B_3階段，老人的憂鬱

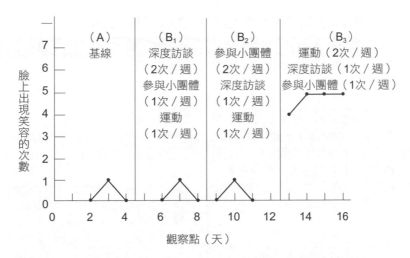

圖11-11　多重組合設計之「改變增強設計」研究結果圖例

狀況改善最多，則表示可能運動才是最有效幫助老人憂鬱狀況改善的處遇方式。

多重組合設計之「改變增強設計」雖然可以免於ABAB設計在倫理議題上的缺點，也可以避免多重基線設計不一定能找到超過一個以上特質因素相同的個案來參與研究的限制；不過還是有可能受「歷史效應」與「干預具備有無法倒轉的影響力特質」的影響，而造成干預是否有效的不易辨識；更重要的是，不同的干預同時出現是否有交互作用效果？不同的干預是否有不等量的「殘餘」效應？不同干預的加權效果呈現如果順序改變是否結果會有不同（例如：$AB_1B_2B_3$變成$AB_2B_1B_3$或$AB_2B_3B_1$）？因此在社會工作領域中，我們不鼓勵大家採取這種研究設計方法。

至於其他還有很多種多重組合設計的模式，例如：A-B-A-C-A-D、A-B-A-C-A-BC、A-BC-A-B-A-C等，有興趣的讀者可尋找相關的書籍來參閱（Rubin & Babbie, 2001; Neuman & Kreuger, 2003；趙碧華、朱美珍，2000）。最後作者將四種單案研究設計類型的優缺點列表比較如**表11-1**。

表11-1 四種單案研究設計類型的優缺點（限制）比較

類型	優點	缺點（限制）
AB設計（基本單案設計）	1.簡單、可行性高、容易完成。 2.易複製。	因為只有一個基線期，所以沒有比較，因此容易得出錯誤結論。
ABAB設計（抽回和反轉設計）	藉由增加一個基線期（A）和干預期（B），使得對可能的外在因素所造成的干擾影響能有較好的控制；也就是說，「實驗」的效果比「基本AB設計」要來得好。	1.社會工作倫理的問題。 2.當干預具備有無法倒轉的影響力的特質時，則可能會造成難以判斷干預是否有效的狀況。 3.「霍桑效應」與「多重處置所帶來的困擾」兩項因素會相當程度影響到ABAB設計的外在效度，這也使得ABAB設計的研究結果在推論與適用性上均受到相當程度的限制。
多重基線設計	1.對可能的外在因素所造成的干擾影響能有較好的控制（類似比較組的作用）。 2.能對ABAB設計的主要缺點有所改進，包括：(1)社會工作倫理的問題；(2)當干預具備有無法倒轉的影響力的特質時，可能會使得對干預是否有效無法判定。	1.在某些情況下不一定能找到超過一個以上的個案來參與研究。 2.個案的產生往往不是採隨機抽樣，因此樣本本身可能就有很大的不同，因此研究結果難以確定究竟是處遇的有效或無效所造成的，還是個案本身特質因素的不同所導致的。
多重組合設計	多重組合設計之「改變增強設計」可以免於ABAB設計在倫理議題上的缺點，也可以避免多重基線設計不一定能找到超過一個以上特質因素相同的個案來參與研究的限制。	1.可能受「歷史效應」與「干預具備有無法倒轉的影響力特質」的影響，而造成干預是否有效的不易辨識。 2.不同的干預同時出現是否有交互作用效果？ 3.不同的干預是否有不等量的「殘餘」效應？ 4.不同干預的加權效果呈現如果順序改變是否結果會有不同（例如：$AB_1B_2B_3$變成$AB_2B_1B_3$或$AB_2B_3B_1$）？

資料來源：作者自行整理。

解釋名詞

1.單案研究設計：應用時序法的邏輯，對單一個人或社會單位進行實驗干預，而後將干預所產生的影響結果加以記錄與分析評估。

2.基線期：干預介入之前的重複評量階段。

考古題舉例

1.什麼是單一主題設計（single-subject design）？適用於社會工作的哪些方面研究？舉簡單例子說明。（5分）（台灣大學85學年度研究所「社會研究方法」試題）

2.single subject design（5分）（台灣大學80學年度研究所「社會研究方法」試題）

3.下列何者是「單案研究設計」（single subject research design）在實務上最常使用到的類型？

(A)AB設計法

(B)ABAB設計法

(C)多重基線設計

(D)多重組合設計。（1.67分）（101年第二次高考社會工作師考試「社會工作研究方法」試題）

4.有一在安置機構工作的社工人員發現：他的個案A少年很不喜歡機構安排的室內運動，他希望能藉由一些方法以增加個案A從事室內運動的行為。該社工人員於是設計出以下策略：讓個案A在早上七點起床，先看電視裡播放的運動節目，並配合說明這些運動的功能，以及對他提供口頭上的鼓勵。此外，社工人員亦將運動腳踏車放置在電視附近，且鼓勵

A去使用。為瞭解他這樣的方法是否能有助於提高個案A使用腳踏車的狀況（例如：每天踩幾公里），他先將腳踏車擺在電視機旁一個禮拜，並於第二個禮拜開始利用一些增強物來促使個案A使用腳踏車，在第三個禮拜則不提供增強物，到了第四個禮拜，則又再提供同樣的增強物。在這過程中，該社工人員每天均記錄個案A使用腳踏車的情況與所踩的里程數。請問：

(1)該社工人員是用何種研究設計來評估他處遇的成效？何以見得？

(2)採用此研究設計可能會面臨哪些問題？試說明之。

(3)在評估其處遇是否有效時（即案主的改變是否顯著），該社工人員應從哪些層面來思考處遇之「有效性」？（15分）（91年社會工作師考試「社會工作研究方法」試題）

5.何謂「研究設計」？何謂「單案研究設計」（Single-subject research design）？單案研究設計中的「AB設計」之內涵為何？又採取「AB設計」的優點和缺點各為何？（25分）（東吳大學93學年度碩士班招生考試「社會工作研究法」試題）

6.Single-Subject Design（5分）（國立臺北大學96學年度碩士班招生考試「社會工作研究方法」試題）

7.何謂單一個案設計（single-subject design）？適用於社工哪些方面的研究？請舉例說明。（10分）（國立臺灣大學99學年度碩士班招生考試「社會工作研究方法」試題）

8.單案研究設計（single-subject design）。（4分）（國立臺灣大學100學年度碩士班招生考試「社會工作研究方法」試題）

9.下列何者是「單案研究設計」（single subject research design）在研究倫理上最受到爭議的類型？

(A)AB設計法

(B)ABAB設計法

(C)多重基線設計

(D)多重組合設計。（1.67分）（101年第二次高考社會工作師考試「社會工作研究方法」試題）

10.何謂「單案研究設計」（single subject research design）？包括那些類型？其優缺點各為何？試舉例說明。（25分）（106年原住民族特考四等考試社會行政類科「社會研究法概要」試題）

11.在社會工作實務領域中，單案研究經常被使用，此種研究可以分為A-B型、ABAB型、多重基線設計和多重處置設計四種，請問：

(1)單案研究的主要目的是什麼？（5分）

(2)A和B分別代表什麼？（10分）

(3)請說明何謂多重基線設計（5分）

(4)請說明何謂多重處置設計（5分）（106年第一次高考社會工作師考試「社會工作研究方法」試題）

12.在進行有關人群服務方案（例如對偏差行為少年、獨居老人、身心障礙者…等服務方案）的成效評估時，使用「實驗設計」（experimental design）方法可能會遭遇什麼困難？如果改用「單案研究設計」（single-subject design）方法來進行，則會有那些優點與缺點？（25分）（107年地方特考三等考試社會行政類科「社會研究法」試題）

Chapter 12

評估研究法

第一節　評估研究的意義與歷史發展

評估研究（evaluation research）是指為了達成評鑑並且改進人群服務方案的概念化（conceptualization）、設計（design）、計畫（planning）、行政（administration）、效能（effectiveness）、效率（efficiency）和效用（utility）等目的，而綜合採用的各種研究設計及方法（例如：實驗、調查、參與觀察等）的研究類型，也就是說，評估研究是一種取向而不是單一的研究方法（Babbie, 1998；趙碧華、朱美珍，2000）。在絕大多數的狀況下，評估研究就是方案評估（program evaluation），因為評估研究的對象多半是一個方案，不論是探討方案實施的過程（process）、結果（performance），還是對已完成的方案作成本效益分析（cost-benefit analysis），都是屬於方案評估的範疇。但是也有某些狀況評估研究與方案評估會有所不同，例如：如果在方案實施之前想要先瞭解案主的需求（need），藉以作為未來方案規劃與實施的參考；或是希望從多個備選方案（alternatives）中選出淨效益值最大的方案來實施，則因為還沒有明顯具體或已定案的方案，所以當然談不上方案評估，最多只能說是方案實施前的預估（assessment），此時就只能算是評估研究，而不是方案評估，例如：需求評（預）估（need assessment）或方案實施前的成本效益分析。所以簡而言之，方案評估可以說是評估研究的一種類屬，而只要是對方案所作的評估研究，就是方案評估。

此外，評估研究對於社會科學領域中的社會工作者而言，是具有相當高的實用價值，因為社會工作研究的目的本來就是希望能解決工作中所面對的問題，更進一步期望能對案主提供更有效、更適切的服務。因此在概念上與評估研究非常接近，也因此在社會工作實務領域中，評估研究是一種非常常見的研究方式。

從歷史發展過程來看，自二十世紀以來，評估研究就開始有系統地

被應用於各個領域；而在社會工作的實務應用上，主要是從第二次世界大戰以後開始，特別是在兒童、青少年、犯罪等領域，評估研究的數量更是大幅成長（Weiss, 1972; Riecken & Boruch, 1974）。事實上評估研究之所以被重視，最主要是經濟因素的影響；因為在社會快速發展的過程當中，資源相對而言是益發的有限，因此如何能夠讓每一分錢都花在刀口上，獲得最大的效益（效能）；以及透過評估研究，具體而清楚地呈現出方案的成效（效益）與重要性，以爭取到更多的資源與預算（或是擊敗其他的競爭者）；是不論公、私部門都非常重視的課題，這也就是為什麼在社會工作領域中，評估研究一直扮演著非常重要角色的原因。

🔘 第二節　評估研究的種類

依評估的性質與對象的不同，評估研究主要包括下列四種類別：需求評估（need assessment）、過程分析／評估（process analysis/ evaluation）、成果評估（performance evaluation）與成本效益分析（cost-benefit analysis）等（過程評估、成果評估因為都是以已定案的方案為探討對象，所以亦屬方案評估）。茲分述如下：

一、需求評估（need assessment）

若研究的目標是以服務對象需求的種類或／且需求量為重點時，此時的研究則為需求評估研究（簡春安、鄒平儀，2005）。需求的定義與分類，根據Houle（1972）的看法，需求是指：「有某種必須或欲求之事物被需要（required or wanted），而這需要可由個體自己的認知或由他人決定。」也就是說，需求包括主觀與客觀兩種層級。Bradshaw（1972）進一步將需求分為四類：規範需求（normative need）、感覺需求（felt

need）、表現需求（expressive need）與比較需求（comparative need）。大部分的學者均認為規範需求與感覺需求是需求分類或需求評估中最重要的兩種類型，分別代表著需求的客觀與主觀兩種成分。此外，需求評估蒐集資料的方法主要包括：直接觀察法、問卷調查法、（社區）重要人士訪談法（例如：鄰里長、社區發展協會理事長等）、文獻分析法、次級資料分析法等（Brookfield, 1988; Hudson, 1993；何青蓉，1995；蔡秀美，1997）。

此外，需求評估本身可以是一個單獨的研究，也可以是其他研究或施政當中的一環或第一步。例如，林哲瑩（2018）的「建構居家服務之照顧服務員的人力需求評估模式」研究，就是鑒於居家服務的需求量的增加，有必要事先對照顧服務員人力需求做預測，並就預估的人力缺口加以培訓，因此分析居家服務的需求量和照顧服務員人數需求及其變動趨勢。衛生福利部（2018）所作的「身心障礙者生活狀況及需求調查」，是藉著對全國身心障礙者的抽樣調查，去瞭解與推估目前各種障別、障度、年齡層、性別等不同狀況的身心障礙者的需求，所以其調查研究的結果，可作為政府未來施政的重要參考。

二、過程分析／評估（process analysis/ evaluation）

過程分析／評估是指：「檢查並測量自變項進行的每個步驟與細節，是如何的造成相關因素的變化。」（簡春安、鄒平儀，2005）。在方案進行的過程之中，可能有非常多的細節步驟，因此如果只看方案最後結果的話，往往無法掌握究竟是哪個步驟或做法「奏效」？抑或是不同階段的步驟或做法正反效果相抵，使得方案最後成效不顯著等，都是有可能的狀況。因此過程分析／評估可說是評估研究中非常重要的一環。

質性研究是探討過程分析／評估很有效的方法，因為在方案進行的過程之中，有很多細節評估者不一定能完全觀察到，同時有很多受評估者

主觀的想法與感受，可以經由質性研究的過程分析／評估方法，清楚而深入地讓評估者瞭解。例如：周月清等（2002）在「受暴婦女團體工作發展與評估——以台北市新女性聯合會方案為例」之研究中，就透過在每次團體單元結束後，由團體成員提出剛剛團體進行的優點與修正探討，以檢視每位成員的參與和需求滿足，同時並設計開放性問卷於各單元與整個團體結束時來蒐集成員意見，以作為評估團體（方案）在不同階段進行時、是否有達到預期效果的測量工具，同時也可作為未來改進的參考依據。

三、成果評估（performance evaluation）

評估研究／方案評估中最常見的就是成果評估（又名成效評估或效果評估）；因為透過成果評估，研究者／方案執行者可以很明確地瞭解到這個方案／政策究竟有沒有效，以及是否達到原來預定的方案／政策目標。

根據簡春安與鄒平儀（2005）的看法，好的成果評估需要具備下列三項元素：

(一)適切的研究設計或研究規劃

成果評估最理想的研究設計方式是真實驗設計，因為透過實驗組與對照組（控制組）在同時間卻不同方案情境的安排下，可以準確地瞭解兩組之間的差異確實是不同方案安排所造成的，這樣做法所得到的結論也應會有最佳的內在效度。

不過在真實的狀況中，往往不能如此理想，因此其他的研究類型（例如：單案研究、調查研究等），也往往會為研究者所使用作為成果評估之用。

(二)具備良好信效度的測量工具（問卷或量表）

如前所述，評估研究是一種取向（approach），而不是單一的研究方法；因此不管最後決定採用哪一（幾）種方法來作評估，良好信效度的測量工具都是不可或缺的。

(三)觀察仔細且具備良好分析能力的研究者

以前述之「受暴婦女團體工作發展與評估——以台北市新女性聯合會方案為例」的研究為例，其方案目標包括：(1)提供婦女社會支持；(2)提升婦女生心理健康；(3)滿足婦女需求。其測量工具為：(1)研究者自行設計的開放性問卷，用以瞭解參加團體之婦女其社會支持狀況是否有所增進（質性資料）；(2)經修正過的生心理健康量表，藉由單案研究之AB設計，瞭解婦女在參加團體前後其生心理健康狀況是否有所增進（量化資料）；(3)工作者於每單元結束之後的檢討會討論個別案主情形，並配合相關資料瞭解參加團體之婦女的需求是否被滿足。藉由以上這些多重資料來源、信效度兼備的質性與量化資料，對於本方案是否達成預期目標自然就可得到明確的答案了。

好的成果評估除了要具備上述三項元素外，還必須建立適當的成果／成效指標。例如：王雲東（Wang, 2010）在其所作的「身心障礙者社區化就業服務成效與就業服務員之關聯性研究：以台灣為例」（Job Coach Factors Associated with Community-based Employment Service Program Outcome Measures for People with Disabilities - A Taiwan Case Study）中，就使用薪資與就業月數作為身心障礙者社區化就業服務的成效指標。此外，王雲東（2008）在其「身心障礙者職業輔導評量服務的成效分析——以台北市90-94年職評服務方案為例」研究中，使用**表12-1**中所載的成效指標進行台北市勞工局90-94年身心障礙者職評服務的成效評估。

表12-1　台北市勞工局90-94年身心障礙者職評服務成效評估指標（含次指標）與其評分要點／標準及資料蒐集方法概要表

指標	次指標	評分要點／標準	資料蒐集方法
1.職評報告的內容是否涵蓋應有的面向，且其正確性與適切性是否獲得專業肯定	1.職評工具的選擇是否適切	1.以四等分量表計分，分數愈高表示該項成績愈佳。 2.須同時考量「正確性」與「適切性」。 　(1)「正確性」的指標為： 　　‧是否針對轉介目的設定評量項目？ 　　‧是否針對評量項目及考量障礙特性而選擇合適的評量工具？ 　(2)「適切性」的指標為： 　　‧使用工具本身是否具有信效度？ 　　‧使用工具的功能是否重複？ 　　‧是否有多測一些與轉介目的無關的項目？	將90-94年的職評報告書依分層隨機抽樣法，每年隨機抽出40份，所以五年共有200份進行正式評估。
	2.職評工具分析結果的解釋是否適切	1.以四等分量表計分，分數愈高表示該項成績愈佳。 2.於此項目的評估須考量「正確性」、「完整性」與「整合性」。 　(1)「正確性」的指標為： 　　‧各分測驗的解讀是否正確？ 　　‧是否有前後矛盾不一致的狀況？ 　(2)「完整性」的指標為：分測驗的解釋是否完整？ 　(3)「整合性」的指標為：是否就個案所有分測驗的結果做出適切的綜合分析？	
	3.職評報告建議事項是否適切	1.以四等分量表計分，分數愈高表示該項成績愈佳。 2.評估之主要原則： 　(1)建議事項是否完整回應轉介目的？ 　(2)所做之建議是否與職評報告結果有邏輯一貫性？ 3.評估之輔助原則： 　(1)建議事項是否符合具體可行性？ 　(2)輔導策略是否完整？	
2.職評報告的使用者是否依照報告建議加以執行		將每一個案的結案後追蹤結果與職評報告建議之個案就業安置狀態，與輔導策略相比較，可瞭解個案的狀況為「未依照職評報告執行」、「部分依照職評報告執行」、「完全依照職評報告執行」。而將所有個案的狀況加以彙整計算，即可求出三種類型各占多少百分比。	職評追蹤調查結果與職評報告書。

（續）表12-1　台北市勞工局90-94年身心障礙者職評服務成效評估指標
（含次指標）與其評分要點／標準及資料蒐集方法概要表

指標　　　次指標		評分要點／標準	資料蒐集方法
	3.職評報告建議為「可就業」的個案，其後續實際的就業率	針對職評報告建議安置模式為一般性就業、支持性就業或庇護性就業中任一種的「可就業」個案，將其結案後追蹤結果與原職評報告建議之個案就業安置狀態相比較，即可瞭解個案的狀況為「未依照職評報告執行」、「部分依照職評報告執行」、「完全依照職評報告執行」。而將所有個案的狀況加以彙整計算，其中「完全依照職評報告執行」的百分比，就是該種安置類型實際就業率的低估值。	職評追蹤調查結果與職評報告書。
	4.職評服務使用者的滿意度	1.問卷中每一題均以四等分量表計分，分數愈高表示愈滿意。 2.職評服務使用者主要包括：「個案／案家」與「轉介單位／轉介者」，因此針對此兩類使用者進行職評服務滿意度問卷調查，以瞭解受訪者覺得滿意與非常滿意的比例。	職評服務滿意度問卷調查。

資料來源：王雲東（2008），頁118-120。

　　最後，成果評估並非完全沒有缺點或限制；例如：在對量化資料的分析與判斷方面，似乎不宜完全採用干預前與干預後之差異是否達到「顯著」的觀點來評斷是否確實達成預期目標（例如：單案研究設計）；也就是說，中間存在著某些灰色地帶，需要用經驗值或複製才能確認。此外，成果評估的研究對象往往不是用隨機取樣的方式獲得，加上在考量專業倫理的前提下，若被評估對象有拒答的狀況，則研究者在樣本減少或流失的情況下，將益發顯得研究結果的解釋與推論受到限制。

四、成本效益分析（cost-benefit analysis）

　　成本效益分析主要是從方案的社會淨效益（social net benefit，也就是社會總效益減去社會總成本）觀點，來看方案實施是否值得（針對已

完成的方案），或預估究竟要採用哪一個備選方案（針對尚未實施的方案）。因此，成本效益分析與成果評估不同，前者是要同時考量投入與產出，而後者只要看方案是否達成了預期目標，至於付出了多少「代價」，則不在考慮之列。

在成本效益分析中，通常成本與效益的考量，以直接成本與效益（direct cost and benefit）為主，不過若有外部性（externality）的狀況，則外部成本（external cost）與外部效益（external benefit）亦應列入考慮（Boardman, 1996; Gramlich, 1990; Pindyck & Rubinfeld, 1995；張清溪等，1987）。也就是說，在成本方面以考量直接加諸於參與者的投入（input）或是參與者為參加此方案而必須放棄的獲得（gain）為主；而在效益方面則以考量直接從參與者付出所產生的產出（output），或是參與者因參加此方案而減少的負面作為為主（王雲東、林怡君，2004、2007；王雲東，2007b；Wang et al., 2012; Boardman, 1996）。因此，機會成本（opportunity cost）將必須納入計算，因為那是參與者加入此一方案所必須付出或放棄的；而套牢成本（或沉沒成本）（sunk cost）將不納入計算，因為不論是否決策採行此方案，此一成本都是已經付出的，因此不算在「決定」實施此方案之後的成本與效益。至於從能否把成本與效益換算成金錢的角度，可將成本與效益分成（可）貨幣化（monetary，例如：每月薪資）與非／不可貨幣化（non-monetary，例如：增強自信心、提升生活品質與減少依賴等）兩部分；而最理想的狀況當然是希望能將成本與效益都換算成金錢（貨幣化），但如果不行，則至少希望能夠換算成量化的指標（例如：生活品質改進的五等分量表分數前後測差值），而後再進行成本效能分析以提供決策者資訊。

以王雲東、林怡君（2004）的「身心障礙者支持性就業服務方案之成本效益分析——以陽光社會福利基金會90年度支持性就業服務方案為例」作說明，共列出「方案之行政與人事成本」與「機會成本（原本可領的補助或津貼）」兩項直接成本；而在效益的部分，共列出貨幣化效益三

項（包括：增加收入、工作後繳納所得稅與勞健保等特別福利），與非貨幣化效益五項（包括：減少依賴、提升生活品質、改善自尊、增進人際交往的機會與提升勞動參與率等）。其研究結果為：根據貨幣化的成本效益評估，90年度本方案全年社會淨效益為每人新台幣11,765.24元（因此應該是「值得作」）；若考慮社會利潤額（social benefit stream），則需視成功就業者的持續時間而定，所以如何增加成功就業者的人數，以及延長成功就業的時間，應是未來努力的目標。

此外，又以王雲東（2007b）所作的「身心障礙者社區化就業服務方案之成本效益與成本效能分析——以台北市92-94年度就服方案為例」進一步說明，該研究是從成本效益與成本效能分析的觀點，使用貫時性研究的方法，針對台北市92-94年度身心障礙者社區化就業服務方案進行分析。研究結果顯示：當方案剛結束時，總社會淨效益值為每人每年7,396.73元，而益本比為1.460；同時參與者的淨效益值也應為正值，這表示本方案確實有相當程度的機會將福利資源作有效率的運用並提升社會財富分配的公平性。至於若考慮到敏感性分析，則總社會淨效益值更至少上升到每人71,447.19元，益本比2.480。此外在92-94各年分別的狀況中可看出：每年的社會淨效益值均大於0，而且不斷升高，顯示現行制度是符合成本效益的。不過在不同障別間的比較方面，聽語障礙類、視覺障礙類與綜合類的益本比與成本效能比狀況較好，而相對地精神障礙類與心智障礙類則較不佳。

當效益無法以貨幣化的方式呈現時，則宜儘量將其量化而進行成本效能分析（cost effectiveness analysis）。例如，羅淑芬、王雲東等（Lo et al., 2010）在其「對造口病患之多媒體學習方案的成本效能分析」（A cost-effectiveness analysis of a multimedia learning education program for stoma patients）研究中，使用自編之「自我照護之知識／態度／行為量表」的前後測分數差值作為三項效能指標，研究結果發現：實驗組（多媒體學習組）在此三項效能指標分數與成本效能比（cost-effectiveness ratio）上都顯著優於控制組（傳統方法組），也顯示新的多媒體學習方案是有效的。

總之，成本效益分析是評估研究的一種，也是相當好的協助決策的工具。不過仍有許多重要的研究限制，包括：(1)對於若干非貨幣化的效益，有時不易將其貨幣化（價格化），甚至不易量化，以至於無法列入淨效益的計算當中；(2)成本效益分析往往無法採用真實驗設計的方式（現實客觀因素的限制），以至於往往缺乏比較組，同時研究對象也不易採隨機抽樣，因此研究結果的解釋與推論都有其限制（外在效度仍有改進空間）。

🔆 第三節　評估的目的與評估者的角色

根據簡春安與鄒平儀（2005）的觀點，評估的目的主要有下列三點：(1)方案評估後，執行者可以名正言順地向外界宣布方案的有效性（effectiveness），因為方案是否有效業已經過評估；(2)評估也可以促使同仁們提高工作的效率，當任務進行時，若當事者知道他的工作會被評估時，固然壓力會增加，不過也會因此設法增進本身的工作效率，以免會與別人相形見絀；(3)評估也是展現一個新方案與新技術最好的機會。若是一個新案要提出，在眾人可能質疑甚或挑戰的時候，最有力的方法就是提出新方案的成果評估，讓質疑者馬上可以看出新方案與舊方案之間的差異，若評估的過程嚴謹、方法客觀，新的方案很快就可以被眾人接納。

至於評估者的角色，應維持超然客觀中立，不論是來自機構內或機構外，都應對所要評估的人、事、物，專業、客觀以對。同時評估者的組成最好是多元的，例如：評估者有來自於學術界與實務界的，或是同時有來自於機構內和機構外的，如此將使各種觀點一起呈現，不但避免了可能只著重於某些角度觀察的缺點與批評，也減少了受評估者可能產生的不

滿情緒（例如：如果評估結果不甚理想，受評估者可能會認為是「外來的」評估者不瞭解機構，但若評估團隊成員中也包含了機構內的人，則這樣的說法就自然無法成立了）。最後對於評估結果如何對外發表應事先言明，以免引起爭端。

解釋名詞

1. **評估研究**：為了達成評鑑並且改進人群服務方案的概念化、設計、計畫、行政、效能、效率和效用等目的，而綜合採用的各種研究設計及方法的研究類型；也就是說，評估研究是一種取向而不是單一的研究方法。

2. **方案評估**：評估研究的一種類屬，只要是對方案所作的評估研究，就是方案評估。

3. **需求評估**：研究的目標是以服務對象需求的種類或／且需求量為重點。

4. **過程分析／評估**：檢查並測量自變項進行的每個步驟與細節，是如何地造成相關因素的變化的研究。

5. **成果評估**（又名成效評估或效果評估）：檢視方案成效與是否達到預定目標的研究。

6. **成本效益分析**：從方案的社會淨效益（也就是社會總效益減去社會總成本）觀點，來看方案實施是否值得（針對已完成的方案），或預估究竟要採用哪一個備選方案（針對尚未實施的方案）。

考古題舉例

1. 何謂評估研究？（5分）（83年高考「社會調查與研究」試題）

2.過程分析（Process Analysis）。（5分）（84年公務人員簡任升等考試「社會研究方法」試題）

3.結果分析（Outcome Analysis）。（5分）（84年公務人員簡任升等考試「社會研究方法」試題）

4.下列哪一種評估研究的類型，往往都是發生在方案或政策實行之前？

(A)需求評估

(B)過程評估

(C)成果評估

(D)成本效益分析。（1.67分）（101年第二次高考社會工作師考試「社會工作研究方法」試題）

5.下列哪一種研究方法，往往不會被歸類為質性研究的方法？

(A)行動研究法

(B)評估研究法

(C)田野研究法

(D)焦點團體法。（1.67分）（101年第二次高考社會工作師考試「社會工作研究方法」試題）

6.有一針對部落兒童所進行的課後照顧方案，該方案在部落裡對兒童提供學校課程學習的輔導、作業撰寫、才藝課程和團體活動，希望能夠提升這些兒童的課業成就和自信心。請你具體說明你會如何進行一個成效評估研究，來瞭解部落兒童透過課後照顧方案所獲得的改變。（25分）（103年原住民族特考社會行政類科「社會研究法」試題）

7.什麼是評估研究（Evaluation research）？什麼是方案評估（Program evaluation）？評估社會工作方案的重點有哪些？請分別加以陳述。（25分）（台灣大學81學年度研究所「社會研究方法」試題）

8.何謂需求評估（Needs assessment）？其意義、方法及重要性何在？（25分）（台灣大學83學年度研究所「社會研究方法」試題）

9.請從方案執行過程的角度，來說明評估研究的幾種類型，及各類評估研

究的特質、意義與方法。（20分）（台灣大學87學年度研究所乙丙組「社會研究方法」試題）

10.試述方案評估的目的與過程，並以實例分析量化和質化評估之方法。（25分）（93年公務人員高等考試三級考試第二試「社會研究法」試題）

11.試述評估研究之意義及評估之標準，並舉例說明何謂客觀性低而主觀性高的評估。（20分）（東海大學74學年度社會工作研究所碩士班「社會工作研究法」入學考試試題）

12.試述評估研究或方案評估之判斷標準（Criteria）、方式或途徑（Approaches）有哪些。（20分）（東海大學75學年度社會工作研究所碩士班「社會工作研究法」入學考試試題）

13.請界定：評估研究（Evaluation Research）、計畫評鑑（Program Evaluation）；再舉例說明如何進行評估性研究、計畫評鑑。（說明：作答時請輔以例證說明）（50分）（東海大學88學年度社會工作研究所博士班「社會工作研究法」入學考試試題）

14.方案評估有哪幾種主要的形式？試加以說明。並以你所實習（或工作）的機構為例，說明該機構可以進行何種方案評估？（請說明內容）（20分）（東吳大學88學年度研究所入學考試）

15.解釋名詞：評估研究（evaluation research）。（5分）（90年普通考試第二試「社會研究法概要」試題）

16.某機構為國中中輟生提供自信心增強的服務方案（為期三個月的團體活動），假設你是負責此方案評估工作的社工員，請回答下列問題：

(1)提出你的評估研究的假設。（6%）

(2)你如何測量依變項？請用量表（scale）方式來表示。（15%）

(3)試說明你的研究設計內容。（12%）

(4)你的研究設計是屬於前實驗設計、準實驗設計或是實驗設計？試說明之。（10%）

(5)舉出三個影響內在效度的因素。（15%）

(6)根據你的研究設計，你會運用何種統計方法去分析此服務方法是否有效果？（6%）

(7)如果你想瞭解參加此方案的男生與女生在自信心增強上有無運用何種統計方法？（6%）

(8)如果你依據參加的國中生的出席率將他們分為三組（即出席率高、中低三組），你想瞭解此三組在自信心增強上有無差異，你會運用何種統計方法？（6%）

(9)說明此研究運用量化方法的優點與限制。（12%）

(10)如果機構董事會非常支持此方案，但是你的評估結果發現參加的國中生並沒有顯著的進步，你會如何處理你的評估研究結果？（12%）

（輔仁大學93學年度碩士班招生考試「社會工作研究法」試題）

17.從一些社會工作者的實務經驗中指出，部分外籍配偶家庭的子女有自信心較低、同儕關係不佳等問題。若你想設計一個服務方案，協助12名十二到十六歲的外籍配偶子女改善同儕關係。請簡要說明服務策略與執行過程？並說明如何評估此一方案的績效（包括評估方法、測量工具、評估過程、資料分析方法等）？（30分）（國立暨南大學94學年度碩士班招生考試「社會工作研究法」試題）

18.若您授命研究當前原住民老人的生活需求，您將如何進行此項研究？（30分）（93年公務人員特種考試原住民族四等考試「社會調查與研究概要」試題）

19.Cost-Effective Analysis（5分）（國立臺北大學96學年度碩士班招生考試「社會工作研究方法」試題）

20.假設你是一間社會福利機構的社工員，最近開發了一套新移民充權（empowerment）方案，你對於其效果相當有信心，也認為此方案對於每位新移民都有益。為了證明其成效，你決定依照實驗／類實驗法

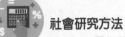
的理念規劃一個實證評估研究,並以自己機構的新移民案主為研究對象。請回答下列問題:

(1)此例中的研究構想有哪些倫理議題,你該如何處理?

(2)請描述你預定採用的研究設計,並討論此設計的內在效度與外在效度。(6分)(國立臺北大學98學年度碩士班招生考試「社會工作研究法」試題)

21.評估研究(evaluation research)。(5分)(國立臺北大學99學年度碩士在職專班招生考試「社會研究方法」試題)

22.有一健身中心發展出一套自稱能夠有效降低體重的減重計畫,該中心隨機招募了100名會員,讓他們持續參與這個減重計畫達三個月之久。為了評估該減重計畫是否有效,該中心聘請一研究人員針對這個計畫的參與者進行調查。該研究者決定在這些會員參與計畫前先測量他們的體重,在他們完成計畫後一個月再測量每一位參與者的體重,請問這位研究者應該:

(1)將它們所得的資料轉換成什麼樣的統計量來進行評估?(5分)

(2)若該中心要能夠宣稱這個減重計畫能有效降低體重的話,並能夠大肆推廣的話,研究人員應該採取哪種統計分析方法來分析他所得的資料?為什麼(10分)

(3)該研究人員要得到什麼樣的資料分析結果才能夠宣稱這個減重計畫是有效的?(5分)(國立臺灣大學98學年度碩士班招生考試「社會工作研究方法」試題)

23.評估研究的目的為何?在測量面向上,需注意那些議題?(25分)(102年原住民族特考社會行政類科「社會研究法」試題)

24.列舉方案評估研究的類型,並舉例說明。(20分)(101年第一次高考社會工作師考試「社會工作研究方法」試題)

25.請舉例說明五種方案評估的分類。(25分)(106年特種考試地方政府公務人員四等考試社會工作類科「社會工作研究方法概要」試題)

26.評估研究是社會工作研究的一種類型，以檢驗政策實施、服務、處遇的效益。今有某政府單位針對社區的獨居老人設計健康促進和關懷服務方案，目標是想改善具有憂鬱症之獨居老人之憂鬱程度和生活品質，請論述適切的研究設計類型和內涵，以及可行的資料蒐集方法。（25分）（106年高考三級社會行政類科「社會研究法」試題）

27.請論述評估研究在實務模式發展之重要性為何？又評估研究的類型有那些？（25分）（108年公務、關務人員升官等考試「社會工作研究方法」試題）

28.何謂「評估研究」？那些議題適合評估研究？請舉例說明。（25分）（108年普考社會行政類科「社會研究法概要」試題）

29.假設你是一個老人服務機構的員工，發現住在機構裡的一些老人喜歡種植花草植物；而你也蒐集到一些研究報告指出，種植花草植物有助於老人更快適應機構內的生活，且會對生活感到更快樂。你想試辦這樣的方案，規劃了一個實施期程計六個月的方案內容；主管要求你必須在方案計畫中，提出本方案實施結果的總結性評估（summative evaluation）方法。請試述你將如何進行此評估？另根據評估問題，說明需要那些資料？以及如何蒐集這些資料？（25分）（108年高考社會行政類科「社會研究法」試題）

30.某服務機構的專業人員針對弱勢青少年設計了一個以優勢觀點為基礎的團體方案，目的在增強權能；目前該機構所服務的弱勢青少年有50人，此團體為封閉性的團體，若想評估此方案的執行成效，你會採用何種研究設計？請說明理由，並論述其研究設計之內在效度和外在效度之優點和缺點。（25分）續上題，在進行此項評估研究時，會涉及那些研究倫理議題，又如何確保研究倫理？（25分）（國立政治大學110學年度碩士班招生考試「社會工作研究方法」試題）

Chapter 13

深度訪談法

　　從本章開始將進入到對不同質性研究方法的個別說明。由於質性研究強調對研究對象與問題的深入理解，可以彌補量化研究的不足。以下五章，作者特別介紹深度訪談法、焦點團體訪談法、參與觀察法、德菲法、行動研究法等社會科學領域較常使用的質性研究方法。

🔅 第一節　深度訪談法的意義與特質

　　「深度訪談法」（in-depth interview method）是社會科學領域中非常基本與常用的質性研究方法。「訪談」（interviewing）是十九世紀的後期成為社會科學研究中的主要資料蒐集的工具。社會科學研究中的「訪談」與一般的「談話」有著相當大的出入。在日常生活中，談話的形式可以說是無所不在的；然而不一定所有的談話都是有目的的（或者說目的主要是情感交流）；但是「訪談」就是針對特定目的（一般來說，主要目的為蒐集資料）所進行的面對面、口語與非口語等相互溝通的方式（潘淑滿，2003；陳向明，2002；內政部社區發展雜誌社，2000；Crabtree & Miller, 1992; Holstein & Gubrium, 1995；黃惠雯、董琬芳、梁文蓁與林兆衛，2002）。也就是說，質性研究的訪談是一種有目的的談話過程；研究者（訪問者）透過訪談，可以進一步瞭解受訪者對問題或事件的認知、看法、感受與意見（Marshall & Rossman, 1989; Berg, 1998; Fontana & Frey, 1998；范麗娟，1994；黃瑞琴，1999）。

　　此外，質性研究的訪談與助人專業的會談，兩者之間有些相似之處；但事實上質性研究的深度訪談只是著重在蒐集資料，不作處遇，因此特別強調傾聽。而助人專業的會談其目的則在於協助案主解決問題與困難，因此要作處遇；同時，助人專業的會談除了傾聽之外，社工員有時可能要主導談話內容，並給予案主明確的建議等（潘淑滿，2003；陳向明，2002）。

綜合上述所言，深度訪談法具有下列幾項特色（潘淑滿，2003）：

1.是有目的的雙向交流（談話）過程。

2.研究者與受訪者之間是一種平等的互動關係：質性研究的訪談工作大多是在一種自然情境中進行，同時與受訪者的關係是建立在一種平等的基礎上。Crabtree與Miller（1999）甚至認為在訪談中研究者與受訪者是一種特殊的「夥伴關係」（partnership）。由於訪問者並不具有決定受訪者權益的權力，所以在整個訪談過程中，受訪者可以根據個人意願決定接受或不接受訪談，同時也可以根據自由意願決定表露的程度。

3.進行的方式具有彈性：質性研究的訪談工作非常重視彈性原則，強調研究者在整個訪談過程中，必須根據訪談的實際狀況，對訪談的問題、形式或地點作彈性調整。

4.研究者需要積極地傾聽：當研究者透過訪談方式來進行資料蒐集的過程，「聽」就比「說」來得更為重要。傾聽不只是聽受訪者說了什麼，更重要的是使研究者（訪問者）能夠積極地融入受訪者的經驗中，感同身受地同理受訪者的感覺。對質性研究而言，訪問者在訪問過程中所提的問題，只是一種引導談話的潤滑劑，重點則是要使研究者能夠深入瞭解受訪者的社會文化背景，並從受訪者的觀點來分析其所陳述與經歷的生命事件。因此，研究者是否運用受訪者熟悉的語言來進行訪問工作？訪談的內容是否為受訪者所熟悉的主題？以及研究者是否以適合受訪者溝通的形式來進行訪談？就是訪談過程中非常重要的考慮與安排重點。

綜上所述，我們可以將深度訪談法界定為：「在自然情境下，研究者與被研究者透過雙向溝通的互動過程，蒐集有關口語與非口語的訊息，以便深入式的全面理解研究的現象。」（潘淑滿，2003）

💡 第二節　深度訪談法的類型

深度訪談法的類型相當多元，根據不同的分類標準會有不同的分類結果（Bainbridge, 1989）。一般來說，訪談的結構性是主要的分類標準；根據訪談的結構性（或說問題的嚴謹度）可將深度訪談法劃分為三種類型（Babbie, 1998; Berg, 1998; Fontana & Frey, 1998; Nieswoadomy, 1993; Tutty, Rothery & Grinnell, 1996；潘淑滿，2003）：

一、結構式訪談

「結構式訪談」（structured interview）又稱為「標準化訪談」（standardized interview）、「封閉式訪談」（closed interview）或「正式訪談」（formal interview）。結構式訪談是指研究者在訪談過程中，運用一系列預先設定好的結構式問題（順序亦不能改），進行資料蒐集的工作。結構式訪談的優點是：不同受訪者接受到的問題大體上都是相同的，因此可以降低可能的偏誤；而缺點則是：缺乏彈性；也因為問題過度強調標準化的結果，問題深度會受到限制，反而喪失了質性研究中最有價值的部分，因此對於某些受訪者的狀況可能不易深入（潘淑滿，2003）。

此外，對於受訪者的回答，研究者（訪問者）要盡可能做到「中立」，也就是不表示贊同，但也不表示反對。因為深度訪談的重點，本來就在於希望瞭解受訪者主觀的看法，同時要與其所處的時空背景、社會脈絡相連結；因此研究者（訪問者）同不同意受訪者講的話並不是那麼重要。此外，當受訪者對於訪問的問題有疑義時，研究者不要過度解釋問題的意義，只需要重複問題或適度澄清即可，以免讓受訪者從研究者的解釋之中，瞭解到社會期待的答案，而影響到訪談的效度（Fontana & Frey, 1998）。

　　有學者認為：對於較沒有訪談經驗的研究者來說，結構式訪談是一種可以考慮使用的「深度訪談」資料蒐集方式，因為它可以避免訪問者被受訪者言語帶著走的狀況（潘淑滿，2003）。

二、非結構式訪談

　　「非結構式訪談」（unstructured interview）又稱為「非標準化訪談」（un-standardized interview）、「開放式訪談」（open interview）與「非正式訪談」（informal interview）。非結構式訪談是指研究者在進行訪談的過程中，毋需預先設計一套標準化的訪談大綱作為訪談的引導指南，而是隨著受訪者的談話內容，自然而深入地與受訪者溝通對談（潘淑滿，2003）。選擇採用非結構式訪談的時機，通常是因為研究者對於受訪者的一些基本資料、關心的問題與思考問題的方式，仍掌握不清，因此採用非結構式訪談作為一種初步蒐集資料的方法（類似探索性研究），爾後再結合其他研究方法，俾更進一步深入瞭解與受訪者相關的行為、事件、現象與其背後的意義（Fontana & Frey, 1998; Douglas, 1985; Tutty et al., 1996; Berg, 1998；陳向明，2002）。

三、半結構式訪談

　　「半結構式訪談」（semi-structured interview）又稱為「半標準化訪談」（semi-standardized interview）或「引導式訪談」（guided interview）。半結構式訪談是介於結構式與非結構式訪談之間的一種資料蒐集方式，研究者在訪談進行之前，必須根據研究的問題與目的，設計訪談的大綱，作為訪談的指引方針。不過，在訪談進行過程中，訪談者不必根據訪談大綱的順序，來進行訪問工作。甚至訪談者也可以依實際狀況，對訪談的問題做彈性調整（Berg, 1998；潘淑滿，2003）。

對於採半結構式訪談的研究者而言，訪談大綱的設計只是為了要讓訪談進行得更流暢，所以在引導式的問題之後通常會緊隨著開放式的問題，用以詢問受訪者的感受、認知與內在想法（潘淑滿，2003）。舉例來說：研究者想要瞭解年長榮民目前的婚姻狀況，與對目前的婚姻是否滿意，那麼半結構式訪談大綱的設計可大致如下：

（引導式的問題）請問您目前是處於結婚狀態嗎？

如果受訪者回答：是。那麼訪談者可以接著詢問：

（開放說明的問題）請問結婚多久了？住在一起嗎？相處如何？

如果受訪者回答：不是（或沒有）。那麼訪談者可以接著詢問：

（開放說明的問題）為什麼呢？想結婚嗎？

由於半結構式訪談是介於結構式訪談與非結構式訪談之間，因此一方面可以大體上維持訪談問題與內容的一致性，也就是可以相當程度地控制住因受訪者基本狀況的不同所造成的偏誤；而另一方面又保有了一定程度的彈性，因此可以在面對不同受訪者的不同狀況時彈性處理，所以是一種非常適合運用的訪談類型與方式，也是目前在社會科學領域中最常使用到的深度訪談法類型。

第三節　深度訪談進行前的準備工作

完整的深度訪談過程至少需要包括三個步驟：訪談前的準備工作、訪談進行，以及訪談後資料的分析與詮釋。

訪談是否能夠順利成功，事前的準備工作往往扮演了極為關鍵的角色。通常在一項訪談工作進行之前，研究者需要準備的工作事項，最主要

有下列數項（Padgett, 1998; Maxwell, 1996; Crabtree & Miller, 1999；高熏芳、林盈助與王向葵，2001；黃惠雯等人，2002）：

一、決定訪談的類型與對象

　　質性研究的受訪對象通常都是由立意取樣（purposive sampling）的方式來獲得。即便不是採用隨機取樣，可是取樣的原則仍是強調樣本的代表性與飽和度，也就是可獲得資料的豐富性；換言之，樣本的數目並沒有絕對的要求，只要能滿足上述兩項原則即可。

　　由於立意取樣仍期待樣本有一定的代表性，因此對母群體基本資料的掌握就顯得非常重要。例如，在王雲東（2005b）的「年長榮民生活照顧與婚姻問題之研究」中，因為當時單身年長榮民（六十五歲以上的榮民）占年長榮民總人數的四分之一，因此在深度訪談的取樣人數中，就選取10人（深度訪談總取樣人數）中的3人作為單身年長榮民的代表，同時分別考量其狀況，而決定其中一位為目前單身且終身未娶，另一位為目前單身且曾喪偶，以及第三位為目前單身且曾離婚；年長榮民娶大陸配偶的比例，截至研究時的民國92年為止，共有17,051位年長榮民娶大陸配偶，占年長榮民總人數332,053人中的5%。因此在深度訪談的10位總取樣人數中，選取1人作為娶大陸配偶之年長榮民的代表。這裡要強調的是，質性研究不像量化研究一樣，要求不同類型（層）的樣本數與母群體數之間都要成正比，否則就要加權處理；而是強調要把不同類型的代表性樣本找出來加以訪談，樣本數與母群體數之間不一定要完全成正比。

　　此外，在訪談對象的取樣上，依照研究目的的不同，也可能有不同的設計方式。例如：王雲東（2010）在其「身心障礙者居家就業服務措施及成效評估計畫」研究中，為了瞭解民國92-97年台灣實施身心障礙者居家就業服務狀況與身心障礙者實際從事居家就業之感受，以作為政府相關部門在制定政策、提出立法／修法草案、與執行相關措施之參考。因此立

意取樣訪談了民國92-97年執行居家就業服務的九個身心障礙福利機構負責人／代表及其配對個案共18人（註：配對樣本的設計有助於瞭解執行身心障礙者居家就業服務的機構與其所服務的身心障礙者在各項議題上的看法是否相同），加上政府部門人員2位、學者專家6人，共計26人，如**表13-1**所示。

表13-1　「身心障礙者居家就業服務措施及成效評估計畫」研究之深度訪談受訪者編碼表（範例）

身分別	受訪者編碼	區域／計畫職類（年度）	受訪者編碼	個人屬性（障別／障度／年齡／性別）
機構及配對個案	A01	北區、網頁製作／網站建置及管理（94-97）	a01	肢障極重度／約50歲／男性
	A02	北區、手機維修（93-97）	a02	肢障中度／約57歲／男性
	A03	北區、美工設計／印刷排版（94-95）	a03	肢障重度／約43歲／男性
	A04	北區、電子商務（93）／網頁製作／網路商店（94-96）	a04	肢障重度／約36歲／女性
	A05	北區、勞務承攬（97）	a05	視障重度／約43歲／女性
	A06	北區、網頁製作（93-97）／印刷排版（94-97）／美工設計（96-97）	a06	肢障重度／約35歲／女性
	A07	中區、網路行銷（93-94）	a07	肢障中度／約49歲／男性
	A08	南區、網頁製作（95-96）	a08	多重中度／約33歲／男性
	A09	東區、網路行銷（97）	a09	肢障重度／約43歲／男性
身分別	受訪者編碼	代表屬性	受訪者編碼	代表屬性
政府	S01	地方政府	S021 S022	地方政府
學者專家	T01	產業代表	U01	身障實務專家
	T02	產業代表	U02	身障實務專家
	T031 T032	產業代表	U03	學者代表

資料來源：王雲東（2010），頁13。

另外，若要滿足資料的豐富性原則，則要儘量選取合乎取樣比例條件且口才與表達能力較佳者，如此才能在有限的時間與取樣對象中，獲得最豐富且滿足研究需求和目的的飽和資訊。

二、確定訪談的時間和地點

一般來說，訪談的時間和地點應該以受訪者的方便為主。這樣做一方面可以表示對受訪者的尊重，另一方面也是為了使受訪者在自己選擇的時間和地點裡可以感到輕鬆、自在，而能夠放開心胸、暢所欲言。例如：如果讓一位女性在一個與其他同事共同使用的辦公室來談最近離婚的心情，似乎並不適當；但若能按照其意願在下班後至公司附近的咖啡廳進行訪談，應是較理想的選擇。

此外，研究者與受訪者初次接觸時，宜就訪談的次數與時間的長短彼此溝通。一般來說，一個比較充分的資料蒐集過程可能包括一次以上的訪談（至於究竟要幾次，端視資料蒐集的飽和程度），而每次訪談的時間應該在一個小時左右，但是最好不要超過兩個小時。當然，如果受訪者本身希望能延長時間，則研究者可視實際狀況彈性決定是否要加長。不過即使加長也不要再超過半個小時，以免因太過勞累而影響資料的正確性與品質。同時研究者可不時注意受訪者的神情，並隨時提醒其已超過約定時間，只要願意，隨時可以結束訪談（陳向明，2002）。

三、發展訪談大綱

訪談大綱的設計是深度訪談過程中非常重要的一環，因為透過訪談大綱所建構的問題，就是研究者欲蒐集受訪者資料的工具。訪談大綱設計的良好與否，直接關係到研究目的是否能達成。一般來說，訪談大綱的發展可能會包括下列幾個步驟（Spradley, 1980; Patton, 1990; Berg, 1998；潘

淑滿，2003）：

第一，從文獻回顧與實務經驗中，逐步發展出訪談的範疇（categories）。例如：王雲東（2005b）在「年長榮民生活照顧與婚姻問題之研究」中，根據文獻回顧與實務經驗，共發展出六大訪談的範疇：

1.退伍後至今的工作與生活狀況。

2.與家人、親友、袍澤的相處情形以及目前的婚姻狀況與滿意度。

3.健康狀況與醫療照顧情形。

4.目前經濟來源與狀況。

5.目前主要的需求為何？（覺得還欠缺什麼？）

6.對退輔會及政府相關部門提供服務措施的瞭解與滿意程度。

第二，根據上述的訪談範疇，逐步發展出訪談大綱／問題。例如：從上述六大訪談範疇，可發展出下列的訪談大綱／問題：

1.退伍後至今的工作與生活狀況：

(1)何時退伍？退伍時官階？

(2)退伍後有去工作嗎？經驗為何？

(3)食衣住行育樂等生活狀況為何？

2.與家人、親友、袍澤的相處情形，以及婚姻狀況與滿意度：

(1)目前有哪些家人、親友？常聯絡嗎？感情好嗎？

(2)有太太嗎？（若有）結婚多久？婚姻狀況如何？

(3)平日與袍澤常聯絡或見面嗎？

3.健康狀況與醫療照顧情形：

(1)自認為自己健康狀況如何？

(2)有無定期健康檢查？

(3)有無常罹患的疾病？如果生病，去哪裡看病？對您看病醫院／榮院提供的服務滿意嗎？

(4)當自己身體狀況欠佳行動不便時，誰來照顧您？

(5)（針對獨居年長榮民）縣市政府是否有為您安裝緊急救援連線？是否核發緊急呼叫器？

4.目前經濟來源與狀況：

(1)目前主要的經濟來源為何？夠用嗎？

(2)您有被詐騙過嗎？如何預防與處理？

5.目前主要的需求為何？（覺得還欠缺什麼？）

6.對退輔會及政府相關部門提供服務措施的瞭解與滿意程度：

(1)您知道退輔會及／或政府相關部門有提供哪些服務措施？您覺得足夠嗎？

(2)整體而言，您對退輔會（含榮服處）及／或政府相關部門提供的服務措施滿意嗎？有哪些期望與建議？

第三，當訪談的問題大致確定之後，研究者必須進一步思考訪談問題的次序、內容、句型、用詞與語氣等問題。

在設計訪談大綱的過程，研究者必須依據受訪者的社會文化背景、教育程度，甚至年齡等因素，作為建構與修改問題的依據。而在訪談過程中提問題的順序，很明顯的會影響到資料蒐集的結果。一般來說，溫和的或沒有威脅性的問題，例如：社會人口問題，都會被安排在訪問之初；由於這些問題對受訪者而言，是簡單而沒有威脅性的，可以幫助訪談者用來發展良好的溝通關係。當關係建立之後，再進一步詢問較為敏感、隱私或複雜的問題時，受訪者也就有較大的機率可以坦率回答，而不會加以拒絕（潘淑滿，2003）。

訪談問題的內容，要儘量簡短與直接，切忌過於冗長，因為如此可能會使受訪者無法完全理解問題的涵義，而只能抓到其中一部分問題來回答。此外，對於問句的用詞應儘量口語化，並減少專有名詞的使用；同時語氣應儘量和緩，以降低可能引起受訪者防衛或敵意的結果。

對於採取半結構式訪談的研究者而言，訪談大綱的設計只是為了要讓訪談進行得更流暢，所以訪談大綱的「完整詳細」程度其實是相對的，而沒有絕對的標準。以前述王雲東（2010）「身心障礙者居家就業服務措施及成效評估計畫」研究為例，其針對執行居家就業服務的身心障礙福利機構負責人／代表、及其配對接受居家就業服務的身心障礙者、與政府部門代表／學者專家等所設計的訪談大綱如**表13-2**、**表13-3**、**表13-4**所示。

到達訪談場域之前，研究者更需要再一次檢查訪談所需的設備，包括：訪談大綱、足夠的空白錄音帶或記憶體儲存空間、預備更換的電池、錄音機（或錄音筆）、訪談（知情）同意書（informed consent）（參考範例如**表13-5**）和記錄工具（紙、筆等）。即使受訪者不同意錄音，錄音工具也應準備，因為受訪者有可能臨時改變態度，同意錄音。

表13-2　「身心障礙者居家就業服務措施及成效評估計畫」研究之深度訪談大綱——針對執行居家就業服務的身心障礙福利機構負責人／代表（範例）

1.請問　貴單位之居家就業服務計畫的執行情形（實施期間、計畫內容與執行方式、申請何種職類及其原因、服務對象、收案標準、結案原因、服務人數、個案勞健保狀況、個案工作內容與機構所申請職類之間的相關／差距、個案薪資狀況），以及當初是基於什麼因素的考量，申請本項計畫？ 2.請問參與居家就業服務計畫的個案，若需購置電腦設備或是與工作相關的輔具，貴單位是否曾協助他們申請職務再設計的補助？ 3.貴單位在申請、執行本計畫的過程中，曾否遭遇到哪些困難？如何面對或克服？ 4.就您所知，貴單位所服務的對象對於參與本項計畫的看法如何？您認為他／她們參與本計畫之後，對於其未來就業機會或職業技能是否帶來影響？其後續就業情形為何？ 5.整體而言，您認為要提高本項計畫的效益，政府還可以在政策、立法或具體措施上提供哪些協助？

資料來源：王雲東（2010）。

表13-3 「身心障礙者居家就業服務措施及成效評估計畫」研究之深度訪
談大綱──針對配對接受居家就業服務的身心障礙者（範例）

1.請問 您參與居家就業服務計畫的情形為何（參與期間、計畫內容與執行方式、個人工
作內容、薪資狀況、勞健保狀況），以及當初是基於什麼因素的考量參與本項計畫？後
來又是因為什麼原因而離開本計畫？

2.請問 您在參與居家就業服務計畫時，您所購置電腦設備或是與工作相關的輔具，是否
為機構協助申請職務再設計的補助？

3.請問您在參與本計畫的過程中，曾否遭遇到哪些困難？如何面對或克服？

4.請問您對於居家就業服務計畫有何看法？您認為參與本計畫之後，對於您未來的就業機
會或職業技能是否帶來影響？您離開計畫之後，後續就業情形為何？

5.整體而言，您認為要提高本項計畫的效益，政府／機構還可以在政策、立法或具體措施
上提供哪些協助？

資料來源：王雲東（2010）。

表13-4 「身心障礙者居家就業服務措施及成效評估計畫」研究之深度訪
談大綱──針對政府部門代表／學者專家（範例）

1.就您的觀察，您認為國內居家就業服務計畫過去的執行情形有何優缺點？您認為參與本
計畫之後，對於身心障礙者未來的就業機會或職業能力是否帶來正面影響？為什麼？

2.根據您的瞭解，國外有哪些居家就業服務的作法值得國內相關部門作為參考？

3.整體而言，您認為要提高本項計畫的效益，政府還可以在政策、立法或具體措施上提供
哪些協助？

資料來源：王雲東（2010）。

第四節　深度訪談正式進行時的注意事項

　　當訪談開始進行之後，研究者（訪談者）的任務就是要努力使訪談
進行流暢，並讓受訪者保持敘述故事的能力。通常，初步引導式的談話約
十至二十分鐘，但是主要的目的卻是試圖引出對於人、行為、時間、目
標、期望、動機和經驗的理解與感受（Crabtree et al., 1998）。此外，並
不是所有的訪談工作都能順利進行，研究者必須能夠靈活運用不同的技

表13-5 「年長榮民生活照顧與婚姻問題之研究」中的訪談（知情）同意書（參考範例）

> 　　您好！我是台大社工系王雲東老師。目前接受行政院國軍退除役官兵輔導委員會委託執行「年長榮民生活照顧與婚姻問題之研究」，誠摯邀請您接受我們的訪談，研究結果將作為未來擬定相關福利服務政策與措施的參考。請您放心，您的所有資料僅用於本研究，絕不會將您個人的任何資料洩漏。您的參與完全是自願的，同時您也可以在任何時間點決定退出。此外，為了分析研究資料所需，我們會在現場錄音。
> 　　若您同意接受訪談，請您簽署這份同意書。
>
> 您同意參與（請簽名）：＿＿＿＿＿＿＿＿＿　日期：＿＿＿＿＿＿＿＿＿
>
> 研究者簽名：＿＿＿＿＿＿＿＿＿　　日期：＿＿＿＿＿＿＿＿＿
>
> 　　再次感謝您撥冗接受訪談！

資料來源：王雲東（2010）。

巧，來回應不同形式的抗拒。例如：如果受訪者迴避問題，那麼研究者可以委婉改變主題或從不同角度再切入（例如：訪談者請問有藥癮的青少年為什麼要嗑藥？而受訪者卻回答：跟好朋友在一起很開心。那麼訪談者可順勢問說：為什麼跟好朋友在一起很開心？你們平常在一起都做些什麼？）；而如果受訪者對問題沉默以對，那麼研究者不要催促，也不要害怕「冷場」，應給予受訪者思考的時間，因為或許受訪者正在考慮要不要說出非常重要的資訊。如果受訪者正在回想模糊的經驗、感受或記憶時，研究者也可以運用鼓勵的方式，讓談話更順暢（潘淑滿，2003）。

　　此外，在訪談過程中，研究者必須做簡短的田野摘要記錄。這些記錄必須包括：對受訪者的觀察、對周遭情境的觀察、對訪談內容與過程的觀察。當正式訪談結束，且研究者關掉錄音設備之後，須維持約五分鐘左右的後續訪談接觸；因為這時受訪者已「解除警戒」，因此有很大的可能會將心中真正的想法說出來，而研究者此時也可以特別注意是否有新的資訊出現（潘淑滿，2003）。

🔩 第五節　訪談資料的分析與詮釋

　　Kvale（1996）認為將深度訪談法運用於研究過程，應包括下列幾項程序：(1)尋找研究主題（thematizing）；(2)研究設計（designing）；(3)訪談（interviewing）；(4)轉譯（transcribing）；(5)分析（analyzing）；(6)意義化（verifying）；(7)報告撰寫（reporting）等七個步驟。因此在訪談結束後，就必須將錄音的內容轉化為文本逐字稿，然後再透過研究者本人或輔以電腦軟體的運用，進一步對文本資料進行資料的分析與詮釋，以得出有意義的結論，並撰寫成報告。相關質性訪談資料分析的細節步驟可詳見本書第二十章。

　　事實上，在訪談工作進行之前，研究者就必須對受訪者說明錄音的必要性及研究倫理的考量，在取得受訪者的同意之後，才能對訪談進行全程的錄音。同時對於質性研究來說，任何資料分析的工作，都絕對不可以等到資料蒐集完畢之後，才開始著手進行分析。質性研究是採取迴遞式的研究設計方式，也就是說資料蒐集與資料分析往往是同時進行的，也因此質性研究有可能根據先前蒐集的資料，而來調整後面的抽樣對象與訪談大綱（潘淑滿，2003；陳向明，2002）。

　　對訪談錄音的轉譯工作來說，有逐字轉譯或摘要式轉譯兩種；不過一般來說，摘要式的轉譯往往因為逐字稿轉譯者對問題的認知與重要性的判斷不同，而導致許多重要的訊息流失，因此，研究者還是應該儘量採取逐字轉譯的方式。普遍來說，一個小時的訪談錄音內容，約需要用十個小時左右的時間來完成逐字轉譯的工作，但這樣的付出還是有其價值和必要性的（潘淑滿，2003）。隨著科技進步，網路也提供多種免費軟體可以協助處理逐字稿轉譯。

解釋名詞

1. 深度訪談法：在自然情境下，研究者與被研究者透過雙向溝通的互動過程，蒐集有關口語與非口語的訊息，以便深入式的全面理解研究的現象。

2. 結構式訪談：又稱為「標準化訪談」、「封閉式訪談」或「正式訪談」。是指研究者在訪談過程中，運用一系列預先設定好的結構式問題（順序亦不能改），進行資料蒐集的工作。

3. 非結構式訪談：又稱為「非標準化訪談」、「開放式訪談」與「非正式訪談」。是指研究者在進行訪談的過程中，毋需預先設計一套標準化的訪談大綱作為訪談的引導指南，而是隨著受訪者的談話內容，自然而深入地與受訪者溝通對談。

4. 半結構式訪談：又稱為「半標準化訪談」或「引導式訪談」。半結構式訪談是介於結構式與非結構式訪談之間的一種資料蒐集方式，研究者在訪談進行之前，必須根據研究的問題與目的，設計訪談的大綱，作為訪談的指引方針。不過，在整個訪談進行過程中，訪談者不必根據訪談大綱的順序，來進行訪問工作。甚至訪談者也可以依實際狀況，對訪談的問題作彈性調整。

考古題舉例

1. 一對一個別訪談是質性研究經常使用的資料蒐集方法之一，試問當要執行一對一的個別訪談資料蒐集時，事前應準備的工作事項以及訪談時應注意原則為何？（25分）（103年第二次高考社會工作師考試「社會工作研究方法」試題）

2.試分析「量化前質化研究」的功能，以及採行深入訪談（Indepth Interview）及焦點團體（Focus Group Interview）方法，以進行「量化前質化研究」之利弊。（20分）（台灣大學86學年度研究所「社會研究方法」試題）

3.請自你的工作領域中，設想去訪問一個必須作深度訪談（質性訪談）的個案，請問這個深度訪談應大略包括哪些內容？（10分）（89年社會工作師考試「社會工作研究方法」試題）

4.Informed Consent（4分）（國立臺北大學97學年度碩士班招生考試「社會工作研究方法」試題；104年原住民族特考社會行政類科「社會研究法」試題）

5.下列哪一種蒐集資料的方法，最無法確保研究對象的匿名性（anonymity）：

(1)面對面訪談

(2)次級資料分析

(3)郵寄問卷

(4)內容分析。（3分）（國立臺北大學97學年度碩士在職專班招生考試「社會研究方法」試題）

6.小說家村上春樹曾對東京地鐵沙林毒氣事件受害者（共計62位接受採訪），進行了一為期一年的訪談，並以《Underground》為書名出版。請閱讀該書序言中的一段作者自述，並以社會研究者的觀點，討論如此訪談設定的優缺點。

　　在採訪時筆者首先提出的問題，是各個受採訪者的個人背景。在什麼地方出生、如何長大、有什麼興趣、從事什麼樣的工作、和什麼樣的家庭成員一起生活──這些事情。尤其對工作問得相當詳細。

　　像這樣採訪撥出許多時間和部分在被採訪者的個人背景上，是想讓每一位「被害者」的容貌細部都盡可能更明確真實地浮現出來。因為我不想讓每個活生生在那裡的肉身的人，只成為「沒有臉的許多被害者

中的一個（one of them）而敷衍了事」。或許因為身為職業作家也有關係，我對「總合性的、概念性的」資訊這東西不太感興趣。而只對每一個人具體的——不可能（難以）交換的——存在方式感到興趣。因此當我面對被探訪者時，在有限的兩小時左右之間，便集中精神試著努力更深入具體地去瞭解「這個人是什麼樣的人」，並希望依照原樣傳達給讀者，努力以這個基準化為文章。雖然實際上有很多是因為被採訪者的特殊內情而無法化為活字的。

我之所以採取這樣的態度採訪，是因為「加害者＝奧姆關係者」每一個人的相貌和人物介紹（profile）都經由大眾傳播媒體的採訪而連細部都明確顯示出來，以一種魅惑性的資訊或故事向世間廣泛地傳播了；而相對地另一方面對處理「被害者＝一般市民」的人物介紹（profile），卻像是一個模子定型了似的。其中所有的情況幾乎都只是在扮演被賦予的角色（「路人A」），極少提供人們會想要側耳傾聽的故事。而且那些少的的故事，也只是以被定型化的文脈述說。

或許那是因為一般大眾傳播媒體的文脈，是想將那些被害者以「受傷害的無辜一般市民」的形象確實地固定下來吧。如果更進一步說的話，就是那些被害者沒有真實的臉，文脈比較容易展開。而且由於「（沒有臉的）健全市民」對「有臉的惡黨們」這種古典對比，畫面就容易畫得多了。

可能的話，我想盡可能打破這樣的固定公式。因為照理說那天早晨，搭地下鐵的每一位乘客，應該都各有臉、有生活、有人生、有家人、有歡喜、有煩惱、有戲劇、有矛盾和左右為難，也應該有結合這些形式的故事才對。不可能沒有。換句話說因為那也就是你，而且也就是我。

所以，我首先就比什麼都更想知道他／她的人格。不管那能，或不能化為具體的文章。

就這樣在問過了個人的訊息之後，才把話題移到事件當天的事。當

然不用說這才進入本題。我側耳傾聽他們的話，提出問題。

「那對您來說是什麼樣的一天？」

「您在那裡看見了什麼，體驗了什麼，感覺到了什麼？」

（並依情況的不同）「您從這次的事件受到什麼樣（肉體上、精神上）的痛苦？」

「那痛苦後來也還繼續嗎？」

（20分）（國立臺灣大學98學年度碩士班招生考試「社會研究方法」試題）

7.知情同意（informed consent）。（4分）（國立臺灣大學100學年度碩士班招生考試「社會工作研究方法」試題）

8.你的研究夥伴找你一起進行研究，想要以一年的時間，比較台灣與日本的社會問題。大家想要結合問卷調查與深度訪談這兩種研究方法。請提出一個你感興趣的社會問題作為研究的主題。請說明你打算要如何針對這個社會問題，進行問卷調查、深度訪談，並請比較這兩種蒐集資料方法特性。（25分）（國立臺灣大學107學年度碩士班招生考試「社會研究方法」試題）

9.在質性研究當中，研究者想透過深度訪談蒐集受訪者的觀點和經驗，請舉例說明如何確保資料及分析之嚴謹性，包括確實性、可轉換性、可靠性和可確認性。（25分）（106年地方特考三等考試社會行政類科「社會研究法」試題）

10.有研究者想就弱勢家庭青少年之社會支持網絡與希望感進行質性研究，請詳述你會如何獲得研究對象和進行訪談。（25分）（107年第一次高考社會工作師考試「社會工作研究方法」試題）

11.告知後同意（informed consent）為研究倫理之一項原則，請說明在落實此項原則之過程中可能產生的議題；又，該如何處理這些議題讓研究得以進行，且能確保研究的效度？（25分）（107年身心障礙特考三等考試社會行政類科「社會研究法」試題）

12.在質性研究個別深入訪談過程中，研究者為遵守知情同意（informed consent）倫理規範，通常會在進行個別訪談之前向研究參與者說明相關的研究資訊，並且研究者與研究參與者會同時簽署一式兩份的受試者同意書，來實踐知情同意之倫理規範。請詳述受試者同意書應包括那些內容，才能落實知情同意之倫理規範？（25分）（108年第二次高考社會工作師考試「社會工作研究方法」試題）

13.若要研究被安置的受虐青少年之人際關係和自尊狀況，採取到機構進行深度質性訪談的方式蒐集資料，在執行此研究時，研究者應採取哪些作為以確保研究倫理？（25分）（國立政治大學108學年度碩士班招生考試「社會工作研究方法」試題）

14.如果要以一對一訪談方式對民間社福組織社工薪資回捐議題進行研究，你會如何進行取樣？取樣標準為何？合理的訪談對象人數是多少？說明理由。（15分）（國立政治大學108學年度碩士班招生考試「社會工作研究方法」試題）

15.深度訪談是質性研究資料收集的一種常見方式。依據訪談問題和結構的嚴謹度，可劃分為三種類型。請說明此三種訪談類型，並各舉一個研究為例。（25分）（109年地方特考四等考試社會工作類科「社會工作研究方法概要」試題）

16.文化敏感度是社會工作研究和實務的一個重要議題。假設你正在規劃一項無家者生命經驗的訪談研究，請問有哪些具文化敏感度的做法，利於招募和維繫研究參與者？請舉出五種具體策略，並詳細說明之。（25分）（國立臺北大學109學年度碩士班招生考試「社會工作研究法」試題）

17.為遵守知情同意（informed consent）倫理規範，研究者須在資料蒐集前先預想好研究參與者在受訪／受訪中與後所產生的風險與傷害，並在其受訪／受訪前向研究參與者說明相關的研究資訊與權益保障。試問，若今天想進行一個男性收容人社會復歸的前導性研究，這個研究

對這群研究參與者造成之風險會高於微小風險嗎？若要設計此研究的知情同意書，其內容應包括哪些才能落實知情同意之倫理規範？（15分）（國立臺北大學109學年度碩士班招生考試「社會工作研究法」試題）

18.社會系所的學生常常會使用訪談法蒐集資料，在與其他科系交流時，常常會遇到「光憑訪談資料去推論、建構理論，這樣樣本太小了，沒有代表性，推論的邏輯也太主觀了。」的質疑，面對這樣的說法，你同意嗎？你會如何回應？（10分）（國立臺灣大學110學年度碩士班招生考試「社會研究方法」試題）

Chapter 14

焦點團體訪談法

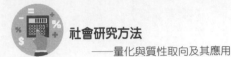
🕯 第一節　焦點團體訪談法之意義與特性

「焦點團體訪談法」（focusing group interviewing method）又稱為「焦點團體法」（focusing group method）或「焦點訪談法」（focused interview method），其運用於社會科學研究的領域，已超過七十年之久，尤其在社會學、社會工作、公共衛生、傳播、廣告、行銷、教育、公共行政等領域廣泛使用。簡單來說，焦點團體訪談法就是研究者將訪談法的技巧，運用在團體的情境中，並透過團體互動與討論預先設定議題的過程，來達到蒐集研究資料的目的；因此與團體工作／團體治療帶有處遇／治療的性質與目的者是完全不同的（Morgan, 1996；劉唯玉，1991；胡幼慧，1996；張英陣、彭淑華，1996；潘淑滿，2003）。

焦點團體訪談法的特性，綜合學者的主張可歸納如下（Morgan, 1996; Vaughn, Schumm & Sinagub, 1996；潘淑滿，2003；黃惠雯、董琬芬、梁文蓁、林兆衛，2002）：

1. 焦點團體訪談法的團體是由非正式的團體成員所組成的；一般來說，成員間都具有相當高的同質性（因為如此方能在有限的時間內分享彼此經驗與看法並達成共識）。
2. 在團體中，主持人（moderator，不一定是研究者本人）的角色主要是要求並引導參與團體的成員，針對預先設定的議題，表達其個人的觀點與意見，而從團體互動過程中，激盪出團體成員的主觀經驗與看法。
3. 通常焦點團體訪談法的團體，都是由八到十二人不等的成員組合而成〔迷你團體（mini group）甚至只有四到六人左右〕，進行約一至二小時的互動式討論。
4. 基本上，焦點團體訪談法在團體中所討論的內容，不容易產生量化的資訊；同時因為不同團體成員會激盪出不一樣的「火花」，因此

　　即便是同一個人針對同樣的議題，當他身處不同團體時，也有可能表達出不同的意見或看法，因此焦點團體訪談法的研究結果，其外在效度就受到很大的限制。

　　焦點團體訪談法與深度訪談法的差異在於：深度訪談法是研究者運用訪談的技巧，與一位受訪者，透過面對面的方式來進行訪談工作；而焦點團體訪談法卻是研究者運用訪談的技巧，同時與數位團體成員，透過團體的互動過程，來達到資料蒐集的目的（潘淑滿，2003；胡幼慧，1996）。因此兩者之間的相同點是：都是運用訪談的技巧來蒐集資料（包括語言與非語言的資料）；而兩者之間的相異點則是：焦點團體訪談法可以在短時間之內，針對焦點議題，蒐集到大量（相較於深度訪談法）的資料，在效率上是優於深度訪談法的，而且透過團體成員的協力（synergism），可以取得團體成員的語言互動資料，加上團體相互刺激（stimulation）的作用，可以引發團體成員回應個人的感受、認知及經驗，並像滾雪球（snowballing）一樣帶動成員一系列的討論，所以具有資料豐富的優點。可是焦點團體成員之間的互動與討論情境，和自然情境之間的差距甚大，加上討論方向是由研究者設計和操控，以及不同團體成員間會激盪出不一樣的意見內容，而且成員也可能受到團體互動的壓力〔例如，團體極化（group polariztion）、團體思考（group think）、花車效應（bandwagon effect）〕而沉默或是附和，尤其當主持人未能充分掌握現場氛圍時，甚至可能發生偏離焦點主題，或是使成員的討論產生爭吵，這些情況都使得焦點團體訪談法的研究結果呈現出一定程度的不確定性與低外在效度，這些都是焦點團體訪談法的缺點（Merton, Fiske & Kendall, 1990; Morgan, 1996；胡幼慧，1996；周雅容，1997；胡慧嫈，1998）。

第二節　焦點團體訪談法的適用情境

　　焦點團體訪談法基本上的適用時機有二：(1)當研究者想透過團體互動與討論的過程，來瞭解團體成員對某一現象或議題的看法；(2)當研究者希望在有限時間內蒐集到較大量的資料（Stewart & Shamdasani, 1990; Morgan, 1996; Greenbaum, 1998）。例如：魏米秀、洪文綺（2010）所作的「都市與偏遠社區成人的健康資訊尋求經驗：焦點團體訪談結果」，就是以台北市（都市地區）及花蓮縣（偏遠地區）為範圍，各選取六個村里，每個村里進行一場焦點團體訪談，希望瞭解都市與偏遠社區民眾的健康資訊尋求經驗，發掘可能影響資訊尋求行為的因素，並比較偏遠與都市地區的差異。

　　焦點團體訪談法最好不要使用的時機有（Greenbaum, 1998；潘淑滿，2003）：

1.當團體成員之間有明顯的意見衝突時，研究者不可以將焦點團體訪談法視為解決團體成員之間衝突的手段，或作為改變團體成員態度之策略。

2.當研究的議題較為敏感或是會涉及到個人的隱私時，研究者更不可以運用焦點團體訪談法，作為討論個人隱私或敏感議題之策略。

3.當研究議題的討論可能超出參與成員的實際生活經驗時，參與者根本無法透過團體的互動過程提供充分的資訊，當然也就不適合運用焦點團體訪談法。

第三節　焦點團體訪談法的實施階段與注意事項

焦點團體訪談法的實施階段可分為：(1)準備階段；(2)執行階段；(3)分析與詮釋階段。茲將各階段之內涵與應注意事項說明如下（Carey, 1994; Morgan, 1988；黃惠雯等，2002；潘淑滿，2003）：

一、準備階段

準備階段研究者應做的工作有：

(一)形成清楚明確的研究問題，並據以發展出焦點團體討論題綱

例如：王雲東（2010）在其「身心障礙者居家就業服務措施及成效評估計畫」研究中的焦點團體，主要列出兩大部分的討論題綱，包括：

1.針對研究團隊所提供的資料與初步政策建議，您認為國內身心障礙者居家就業服務措施應如何調整、改善或創新？為什麼？
2.整體而言，您認為要提高身心障礙者居家就業服務措施的效益，政府還可以在政策、立法或具體措施上提供哪些協助？

事實上，焦點團體的討論題綱也是焦點團體進行的引子與潤滑劑，而其設計的原則與深度訪談的訪談大綱亦相同。

(二)找尋適當的主持人

焦點團體主持人的素質，關係著資料蒐集的品質與研究成效，所以在實施焦點團體之前，必須找尋適當的主持人。通常，有下列幾項特質的

人，會比較適合擔任主持人（Vaughn et al., 1996；潘淑滿，2003）：

1.有興趣傾聽別人談話。
2.坦承自己的觀點可能有偏見，同時富有高度的幽默感。
3.能同理團體成員的感受，並且可以使用尊重、關懷的正向語詞。
4.能瞭解討論的議題，並清楚地表達以引導討論。
5.能掌握團體討論的議題，並有效地引導討論或控制團體互動情境。
6.能運用參與成員熟悉的語言討論議題，並適時地輔以圖形、圖畫或
投影片，來加強團體成員的討論。
7.熟悉團體互動的技巧與動力關係。

(三)篩選團體的參與成員

考量的重點有：

1.選擇同質性、相容性與互補性（資料的豐富性）高的成員加入：如
前述陳孝平等（2000）所作的「大型醫療機構作為全民健保改革之
動力——以醫療管理者之焦點團體法為基礎的可行性分析」研究，
就是邀請國內十三家醫學中心、四十七家區域醫院以及部分地區醫
院的管理階層（經營者）進行焦點團體訪談，也就是說彼此之間具
備高度的同質性（都是醫院的經營管理者），也能夠互相相容（並
未有利益上的衝突），同時互補性亦高（北中南東都有，同時涵蓋
了醫學中心、區域醫院與地區醫院，因此可謂城鄉、區域發展與不
同層級醫院差異的各種狀況均同時納入考量），因此是相當適當的
焦點團體參與成員。
2.考量「涵蓋層面」、「經費」與「時間」等因素，來決定團體參與
成員的數目與數量：一般來說，一個團體的人數通常會設定在四至
十二人之間；至於團體的數量則需考量團體成員在個人背景和看問
題角度的同質性大小，一般以三至八個為原則（胡幼慧，1996；陳

向明，2002）。例如：王雲東（2006）在台北市勞工局所委託之
「社區化就業服務採個案委託之可行性研究」中，選取並邀請能提
供豐富資訊的五大類相關人員，例如：(1)學者專家；(2)目前委託
機構負責人；(3)就業服務員；(4)職業重建管理員；(5)參與勞工局
社區化就業服務之個案（或其家人），進行五場焦點團體訪談討
論，期能從各個面向角度獲得與本研究主題有關的重要資訊。每場
的人數最少五人、最多十人。

3.如果討論的議題只適合在熟人當中表達（私密性較高），則團體
成員應全部以熟人來參與，否則仍應以不相識者為佳（對大部分
的議題）。此外，盡量不要混合熟人和生人在同一個團體中，如
此會形成小圈圈，讓訪談進行更為複雜（Morgan, 1988；胡幼慧，
1996）。

(四)決定團體的次數與時間長度

事實上，次數的多寡並無一定準則。只要能夠達到資料飽和
（saturated）的目的即可。至於團體進行的時間長度，還是以一至二小時
為佳（黃惠雯等，2002；潘淑滿，2003）。

(五)安排團體討論的情境

此時研究者要注意與準備的事項有（胡幼慧，1996；潘淑滿，
2003）：

1.選擇輕鬆舒適的團體進行地點，並準備點心、水果與茶水（如此將
有助於團體成員之間的暖身互動）。

2.座位安排：座位安排的考量重點是讓團體成員能夠透過面對面的方
式，來進行溝通討論。因此比較理想的座位安排型式有（胡幼慧，
1996；潘淑滿，2003）：

(1)圓形式：這是最理想的座位安排型式，因為這表示所有在場的人（包括：研究者、主人）都是平等的。主持人與成員之相關位置見**圖14-1**①。

(2)長條式：若受場地所限，長條式也是可以採用的型式。其相關位置為：主持人坐在長邊的中間位置，如此方便於引導成員的互動與討論（如**圖14-1**②）。

(3)半圓式／U型／ㄇ型：這也是不錯的座位安排型式。此時，主持人坐在「頭」的部位，而成員坐在「外圈」。這種安排有利於主持人的觀察和掌控全局（如**圖14-1**③）。

不過需要注意的是：成員不要坐入「內圈」，否則團體成員彼此間就不易看見對方，而變成不理想的座位安排了（如**圖14-2**①）。

除了成員坐入「內圈」的半圓式／U型／ㄇ型是比較不理想的型式外，其他還有：一字排開式（如**圖14-2**②，因為團體成員彼此不易看見對方）；課堂式（如**圖14-2**③，因為團體成員也不易彼此看見對方）。

3.準備錄音／錄影設備：錄音設備的安置應儘量避免對參與者造成干擾，主持人在作完簡單介紹之後，應進一步徵求參與成員的同意之後，才可以進行錄音的工作。如果可能的話，在徵得參與團體成員的同意之後，也可以採取錄影與錄音同步進行的方式。

4.簽署知情同意書（informed consent）：與深度訪談相同，研究者應在告知所有團體成員研究的目的、經費的來源，以及團體成員擁有自由決定是否參與團體、隨時有權利退出的權利，未來發表採取匿名的措施等，並獲得書面的同意。

5.提供誘因（incentive）：為感謝團體成員參與與協助，除了交通車馬費之外，在經費許可時可以提供金錢的感謝，在經費較為拮据時，也可以提供小禮物或謝卡。

 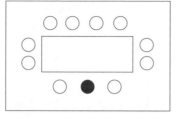 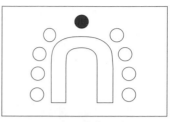

①圓形式　　　　　　②長條式　　　　　　③半圓式／U型／ㄇ型
　　　　　　　　　　　　　　　　　　　　　（內排不坐人）

●：團體主持人　　○：團體成員

圖14-1　理想的座位安排型式

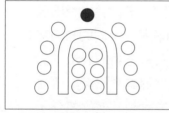  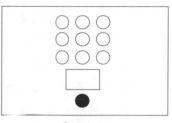

①半圓式／U型／ㄇ型（內排坐　②一字排開式　　　　③課堂式
　人）

●：團體主持人　　○：團體成員

圖14-2　不理想的座位安排型式

二、執行階段

　　如前所述，主持人的角色主要是要求並引導參與團體的成員，針對預先設定的議題，表達出個人的觀點與意見，並從團體互動過程中，激盪出團體成員的主觀經驗與看法。因此在焦點團體進行的過程中，主持人首要任務就是建立團體參與者彼此間的互信與對主持人的信賴關係。在步驟上，主持人應先向所有參與者說明研究的目的為何、參與者名單如何

產生、團體討論所蒐集到的資料將如何運用，以及絕對會遵守保密原則等。接下來就要請成員作簡單的自我介紹，或是由主持人來介紹成員，這一步驟的重點是使參與者彼此都能相互認識；主持人對成員的介紹應以姓名為主，可以省略頭銜，而以某某先生、小姐／女士（如此可以避免階級化，否則將會造成社經地位較低的成員不敢或不願發言）。當然，如果成員彼此之間已經認識或大概知道對方，同時討論的議題又可能較為複雜或重要（例如：牽涉到政策決定與資源分配），需要花費大量的時間才能充分討論時，就應該儘量縮短介紹成員的時間。

主持人在團體討論與互動過程中，應先由輕鬆簡單的話題開始，再導入較為困難的問題。同時必須透過不斷地鼓勵，激勵參與者針對議題討論與回應，特別是對於可能受到壓抑而較少發言的成員。若討論過程出現一些術語，則主持人應先加以界定，使得參與者的討論都有共同的知識基礎。而若有「冷場」狀況時，主持人應視此為一種具有意義的表示；例如：若主持人評估認為這個問題可能大家並不深入瞭解其意義而無法回答，則可再進一步加以說明解釋，或是先轉換調整成討論其他的部分。例如：王雲東（2006）在「社區化就業服務採個案委託之可行性研究」中，進行「參與勞工局社區化就業服務之個案（或其家人）」的焦點團體訪談討論過程中，當主持人問參與者是否贊成未來社區化就業服務採個案委託方式辦理時，參與者呈現相當安靜的反應，但這樣反應的真實原因是：大家對於個案委託制度的內容與實施後可能造成的結果等資訊瞭解還是有限，即便主持人先前已經加以解釋；因此主持人就轉換討論的題綱而繼續進行其他部分的討論。此外，若「冷場」的原因可能是此一問題碰觸到參與者的「敏感神經」，例如：問家暴受害人焦點團體的參與者談其受暴的經驗，則參與者可能在回溯自己此一過往的痛苦經驗，而需要經過一段時間的調整醞釀後才能發言，此時主持人就應該靜靜地等待大家沉澱與調整好心境後再發言，切記不要過於急躁而破壞了這樣的情境，因為這樣也會損失掉重要的資訊。

　　再者，若團體成員反問主持人問題，如果這些問題只是在澄清研究的目的，主持人可直接回答；但如果這些問題是一種避免表達自身感受的轉移注意力策略，則主持人應運用技巧，例如：重述、澄清受訪者的感受，或反問其他成員，以引導討論。例如：王雲東（2006）在「社區化就業服務採個案委託之可行性研究」中，進行「就業服務員」的焦點團體訪談討論過程中，有部分就服員一直持續問主持人為何要作這個研究？政府部門對於社區化就業服務採個案委託方式是否已有既定的立場等？主持人即一再重述絕無預設立場，純粹是以一種開放中立的態度來廣泛蒐集意見，試圖化解該就服員的心中疑慮，而能將其心中對此一問題的看法坦率地表達出來。最後焦點團體的主持人要切記：主持人絕不是評論者，所以在團體訪談過程以至於最後的結語都要保持中立的角色與立場（Morgan, 1988; Carey, 1994；胡幼慧，1996；潘淑滿，2003）。

三、分析與詮釋階段

　　焦點團體訪談法與其他質性研究之資料分析方法大同小異，也就是說可以作摘要式（summary）分析與系統登錄後進行內容分析（content analysis）／論述分析法（discourse analysis）（潘淑滿，2003）。在分析的步驟上通常是先詳細檢視一兩個團體的轉錄資料，同時參考討論題綱，然後據此發展出假設和分類架構（與深度訪談法相同，焦點團體訪談法的資料分析與詮釋過程也是與資料蒐集同時進行）；接著再從冗長的轉錄資料中根據分類架構分類後，以便於選取合適的引用句（quotations）來表達內容。不過焦點團體訪談法的特色是在於其資料有互動的動態層面，因此在選取引用句時，最好也能呈現出其對話動態（Greenbaum, 1998；胡幼慧，1996）。在分析與詮釋工作上，更必須從團體成員的觀點出發來加以理解。

以前述王雲東（2010）「身心障礙者居家就業服務措施及成效評估計畫」研究為例，邀請學者二名（專精於職評、社工及身心障礙者就業領域）、政府部門代表二名（分別為中央及地方政府代表）與企業代表二名（各為執行網路及客服業務，其中一位企業代表，過去係某身心障礙團體負責居家就業業務之執行者），共計六人參加焦點團體進行討論（編碼表詳見**表14-1**）。針對身心障礙者居家就業服務措施應如何界定服務對象的討論，可選取出如下具對話動態的引用句：

「居家就業有兩種，一種就是我有能力但是我選擇在家工作，這是我的選擇，但是另外一種是我想去外面工作，但是我的行動能力限制讓我只能在家工作，所以現在我在思考這種政策的時候有點為難，到底是哪種有能力我在政策上不去管它，我只要去導引那些沒有能力出去工作，那可能真的是比較小眾，所以，在談居家就業好像就是混在一起談，到底要的是什麼？」（V04）

「這也是我剛剛一直在講的居家就業的定義在哪裡？我自己是這樣認為，以前我們就有聽過有些企業它們有些工作就是分包在外面，像XX他們也有服務中心，他只要去詢問買他車子的人過兩個月或三個月去問他的服務滿意度，所以他就會請一批在家裡面的人去詢問這件事情。」（V02）

表14-1　「身心障礙者居家就業服務措施及成效評估計畫」研究之焦點團體參與者編碼表（範例）

編號	單位
S01	地方政府代表
T031	企業代表
V01	社工領域學者
V02	職評領域學者
V03	曾執行居家就業方案之企業代表
V04	中央政府代表

「這跟他們沒有聘僱關係。」（V04）

「他跟他們是聘僱關係的，這些人他們在家就業，但他們跟XX是聘僱關係的。」（V02）

「那他們投保？」（V01）

「如果以北市來說沒有要求。」（S01）

「沒有要求。因為他有個彈性，按件計酬，而且對企業來講不要投保就是提供了彈性。」（V01）

「有企業就有勞僱關係。」（V04）

「所以有勞僱關係。其實有些企業他本來就有些工作是可以允許在外面的，像接各種的翻譯工作、設計工作回來做。但現在身心障礙者這邊的問題是他是不是能力不足？是不是可以完成？或者是因為他資訊不足，所以他不知道怎麼去找尋這些案件，所以才需要設立一個人來協助他這些事情。如果這個人可以自己接案子，他根本不需要中間這個人幫他，所以剛問的到底居家就業需要怎樣的能力，其實就涉及我們到底有哪些職種？那這些職種身心障礙者的能力是足以做、還是說像有的身心障礙者他一個人沒有辦法在一個月內就完成，例如打字或網路設計，所以我可能要分給三或四個人同時進行，每個人負責一個部分，所以我也需要一個人來做統籌這件工作。當然居家就業的服務對象首要條件就是說他出外就業是有困難的，不管他是在行動上面是有困難的，或者是像剛才所說的視覺上面有問題，那甚至有些個案他的自我照顧是有困難的，所以我們可能要評的是他的交通能力與移動能力，還有自我照顧能力方面。」（V02）

「這樣的人是適合政府應該要有資源投入，而不是說他適合在家就業。我是說這裡有兩種分類在，就是他可能是需要政府給些資源讓他去工作，但是不代表他就是適合在家工作。」（V04）

「這裡面其實也涉及到他行動不便或是他移動有困難，交通的一個部分，那另外這裡面我們都還會評估，家裡人是不是可以帶過去，因為這涉及到他是不是還有另外的資源可以提供，因為畢竟居家就業其實資源

少，我們在評量的時候一定會先找資源最多的，那這些都不可能的情況下才會考慮居家就業。」（V02）

由上述的引用句可以看出，參與焦點團體的學者專家和代表等透過焦點團體的運作過程，更進一步釐清了身心障礙者居家就業服務措施的定位，連帶地也將如何界定服務對象的指標等討論了出來。

解釋名詞

1. 焦點團體訪談法：又稱為「焦點團體法」或「焦點訪談法」。是指研究者將訪談法的技巧，運用在團體的情境中，並透過團體互動與討論預先設定議題的過程，來達到研究資料蒐集的目的。

考古題舉例

1. 下列關於深度訪談（in-depth interview）法與焦點團體（focus group）法的敘述，何者不是正確的？

　(A)在深度訪談法中，訪談者與受訪者之間是一種平等的關係。

　(B)深度訪談法進行時，常常會準備一個「半結構式的訪談大綱」。

　(C)焦點團體法蒐集資料的效率往往是優於深度訪談法的。

　(D)焦點團體法的主要優點之一就是擁有高外在效度。（1.67分）（101年第二次高考社會工作師考試「社會工作研究方法」試題）

2. 何謂「焦點團體」（focus groups）？並說明其特色與應用時機？（20分）（台灣大學88學年度研究所甲組「社會研究方法」試題）

3. 試比較郵寄問卷（mail questionnaire）、焦點團體（focus group）與面對

面訪問（face-to-face interview）等三種資料蒐集方法，並各舉一例說明之。（25分）（88年公務人員高等考試三級考試第二試「社會研究法」試題）

4. 焦點團體（focus group）是一種質化研究方法，請問適用在何種特性之研究情境及研究目的？相較於常用的兩種質化研究方法如參與觀察法（participation observation）及深入訪談法（in-depth interview），它有何優、缺點？根據研究目的如何選擇適合的受訪者形成焦點團體，又一般而言，焦點團體較合宜的人數上下限是多少？（92年社會工作師考試「社會工作研究方法」試題）

5. 請說明焦點團體（focus group）的定義、適用時機及其優缺點（10分）。並試以「失能老人主要照顧者之需求」為主題，設計一個焦點團體研究，研究步驟須含訪談大綱、抽樣設計、研究者角色與資料分析等（12分）。（國立台北大學93學年度碩士班招生考試「社會工作研究法」試題）

6. 何謂焦點團體法？（5分）在採用焦點團體作為資料蒐集的方法時，研究者在團體大小、次數、成員、空間安排以及團體主持人方面應注意哪些事項以確保資料品質？（15分）（國立臺灣大學93學年度碩士班招生考試「社會工作研究法」試題）

7. 某研究計畫，希望瞭解台灣社會目前是否有「工作貧窮」、「新貧」的現象。但礙於經費限制以及既有瞭解有限等原因，目前只能採取焦點座談的研究方法。請你幫忙做出相關研究設計。（10分）（國立臺北大學100學年度碩士班招生考試「社會學研究法」試題）

8. 深度訪談法與焦點團體法在資料蒐集與運用上各有何優點與缺點？如何因應和處理？試舉例說明。（25分）（106年原住民族特考四等考試社會行政類科「社會研究法概要」試題）

9. 請從以下資料蒐集方法中選擇兩個，比較其優缺點：(1)焦點團體訪談；(2)參與觀察；(3)一對一深度訪談；(4)檔案回顧。（15分）（國立政治

大學108學年度碩士班招生考試「社會工作研究方法」試題）

10.請簡述「焦點團體」訪談法之定義和特性。相較於個別訪談，焦點團體方法有哪些優點？又有哪些缺點？請列舉說明之。（25分）（國立臺北大學110學年度碩士班招生考試「社會工作研究法」試題）

11.2016年小燈泡事件發生後，政府推動社會安全網計畫，要讓民眾生活在沒有暴力威脅的環境中，增聘了三千名社工，整合家暴保護體系與高風險家庭服務，並增加脆弱家庭服務體系。現在你是全國社工團體的代表，想要從基層社工的角度用質性研究來進行「社會安全網」計畫的評估研究，理解基層社工的經驗，希望向政府提出後續政策修正的建議。請問你會使用以下哪一種質性研究設計：(1)民族；(2)深度訪談與焦點團體訪談；(3)行動研究，請比較這三種方法的優劣，並說明你選擇這個方法的理由。（25分）（國立政治大學109學年度碩士班招生考試「社會工作研究方法」試題）

Chapter 15

參與觀察法

第一節　觀察法的意義和分類

　　觀察法（observational methods）是科學研究者蒐集資料經常使用的重要方法之一，同時也是人類用來認識周遭環境最根本與最簡單的方法。不過日常生活中的觀察與科學研究者的觀察法並不一樣。簡單來說，日常生活中所運用的觀察通常沒有特定目的、也不會借重科學儀器進行較無系統的觀察。科學研究中的觀察，是一種有目的、有計畫的活動，研究者透過感官知覺或藉助科學儀器，對研究之現象、行為或事件，進行有系統的蒐集資料行為（潘淑滿，2003）。

　　科學研究中的觀察法，可依觀察的場域分成「實驗室觀察」與「實地觀察（field observation，或稱田野觀察）」。「實驗室觀察」是指研究者在操控良好的情境中，對研究的現象、事件或行為，進行操弄與有系統的觀察與記錄。而「實地觀察」則是強調研究者在自然的情境中，對發生的現象、事件或行為，透過直接的感官知覺與觀察，有系統的歸納整理研究的現象與行為（陳向明，2002；潘淑滿，2003）。

　　「實地觀察」又可依研究者本身對研究情境的涉入程度與角色，區分為「參與觀察」及「非參與觀察」兩種形式。「參與觀察」（participant observation）是指研究者在研究場域中，對研究的現象或行為透過觀察的方式，來進行相關資料的蒐集與對現象的瞭解。由於參與觀察法大都是在自然的情境中，對研究現象或行為進行觀察，所以研究者不僅能夠對研究現象的文化脈絡，有較為具體、清楚的認識，更可以深入瞭解被研究現象或對象的內在文化，及其對行為或現象意義的詮釋。通常，質性研究者對於研究現象之觀察，都是在自然的情境中進行，所以質性研究所指涉的觀察法，通常也都是指「參與觀察法」（陳向明，2002；潘淑滿，2003；朱柔若，2000）。而「非參與觀察法」（non-participant observation）是指研究者置身於被觀察的生活世界之外，從旁觀者或局外

人（outsider）的角度與立場，來瞭解現象或行為的意義。非參與觀察法的優點是研究者或觀察者與被觀察現象保持一定距離，這種空間的「絕緣」關係，不僅可以讓研究者對研究對象進行比較客觀的觀察，同時在實際的操作過程也比較容易（陳向明，2002；潘淑滿，2003；趙碧華、朱美珍，2000）。

第二節　參與觀察法之特質與類型

一、參與觀察法之特質

文化人類學家馬林諾夫斯基（Malinowski）早在1922年就將「參與觀察」用於田野工作（field work）。歸納學者們的看法可得出參與觀察法具有下列七項特質（陳向明，2002；潘淑滿，2003）：

1.以圈內（或局內）人的角色自居，完全融入研究場域，並對研究現象進行密集式的觀察。

2.研究者主要是以日常生活的情境脈絡作為研究的基礎。

3.研究者非常重視對觀察現象或行為背後所隱含的意義作解釋和理解。

4.研究者以開放及彈性的態度，對觀察現象或行為給與重新定義。

5.研究者是透過直接的、小範圍情境的觀察方式，對研究現象與行動進行有系統的資料蒐集。

6.研究者是以參與者的角色，進入研究情境，並與研究情境中的研究對象，維繫良好關係。

7.研究者經由實務累積與意義的詮釋，發展出理論建構的基礎。

　　直接觀察是研究者蒐集相關資料最根本的方式，但在許多時候，研究者對於研究資料的蒐集，還需輔以其他的研究方法，例如：訪談法或檔案資料蒐集方法。因此在實際社會研究領域裡，參與觀察法常與其他研究方法搭配使用。例如：在社會工作領域中，欲瞭解青少年為何休閒活動喜歡前往網咖的原因，或是哪種類型的青少年比較傾向於會前往網咖，研究者可以用問卷調查或是深度訪談的方式來蒐集資料與分析，不過可能受訪的青少年未必願意把所有真實的狀況呈現出來，因此研究者可以安排直接前往網咖實地參與觀察，而這往往可以補足問卷調查或是深度訪談蒐集資料的不足。

二、參與觀察法之類型

　　參與觀察法的類型可依被觀察者知不知道研究者的身分及彼此之間是否有互動，而區分為四種類型（如**圖15-1**）（Patton, 1990；潘淑滿，2003；劉世閔，2006；趙碧華、朱美珍，2000）：

(一)完全參與者（complete participant）

　　在實地參與觀察時，研究者或觀察者的身分與其他人是一樣的，被觀察的人並不知道觀察者真實的身分，所以觀察者可以自然地和被觀察者互動。例如：人類學家Small隱瞞教授的身分，重新進入大學就讀，藉以實地觀察大學生的生活、文化、互動，並使用化名Rebekah Nathan發表《當教授變成學生：一位大學教授重讀大一的生活紀實》（Nathan, 2006），就是以完全參與者的身分進行觀察。

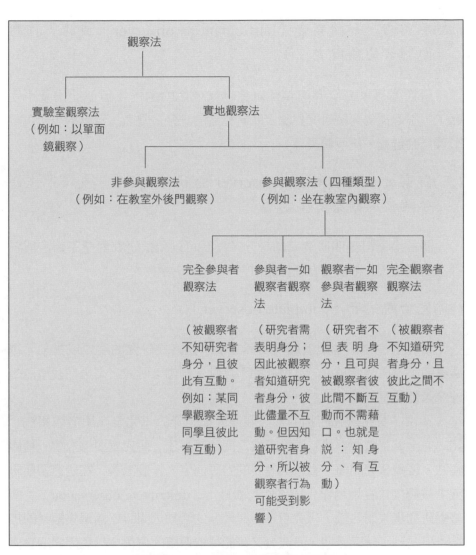

圖15-1　（參與）觀察法的類型

資料來源：修改自潘淑滿（2003），頁276。

(二)參與者一如觀察者（participant as observer，或譯「作為觀察者的參與者」）

研究者可以完全參與整個研究場域或活動過程（但彼此儘量不互動），不過需要向被研究對象表明研究者的身分。當然，身分的表明可能影響互動過程，使原貌失真。

(三)觀察者一如參與者（observer as participant，或譯「作為參與者的觀察者」）

研究者不但表明研究者的身分，同時可以和被研究對象不斷參與各種互動過程，而不需要有任何藉口。

(四)完全觀察者（complete observer）

研究者完全從旁觀者的角度與立場，觀察被研究的現象或對象。被觀察者不知研究者身分，且彼此間不互動。例如：研究者是坐在教室內的外來旁聽學生。

通常，質性研究所指的參與觀察大都是介於「完全參與者觀察法」和「完全觀察者觀察法」兩種方式之間的觀察法，而究竟要採取哪一種觀察法，要視研究問題、對象與發展的階段而定。一般來說，在研究初期研究者較趨向於在現場作「描述性的觀察」（descriptive observation）；隨著對研究場域的熟識，研究者會參與較多的活動，同時逐漸聚集觀察的焦點；但是到了研究後期，研究者又可能採取退出的角色，以免因過度參與而迷失研究的重點和意圖（Spradley, 1980；潘淑滿，2003）。

💡 第三節　參與觀察法的適用情境

　　研究者必須根據研究問題、目的與現象，來決定要採用何種研究方法。Jorgensen（1989）及Bernard（1998）認為下列幾種情形較適合使用參與觀察法：

1. 當研究者進入研究場域或情境時，被觀察對象不會因研究者的出現而改變行為，也就是說，研究者可被包容，而不會成為好奇或感興趣的對象。

2. 研究者對於研究的現象所知有限，因此研究者可以透過參與觀察法對研究現象產生初步的瞭解。

3. 當真實行為與語言之間有明顯差異時（也就是說，受訪者不一定說真話時）。例如：研究者運用訪談或問卷調查方式，無法瞭解真實的行為；那麼，就比較適合運用參與觀察法。

4. 當研究的現象、事件或行為具有連續性時，參與觀察法的運用有助於研究者從整體脈絡觀點來瞭解現象、事件或行為之意義。

5. 當研究的現象並不是日常生活中的尋常現象，或者被視為是違反社會規範的行為時（例如：幫派聚會），參與觀察法可說是頗為適合的研究方式。

　　例如：黃薏如（2020）的「道家淑世精神與大學社會責任實踐：以莫拉克災後婦幼生活重建為例」的研究，正是研究者實地在林邊鄉參與婦女在八八風災後重建的志願服務工作，透過近距離觀察，深入瞭解災後微創業婦女在重建路上的心路歷程、以及經濟自主的具體做法與挑戰，他的研究正是基於婦女的真實行為和想法有所差異、重建行為的連續性與連結性有助於解釋現象產生的意義，而且當研究者進入重建的研究場域中，原本成員不會因為研究者的突然出現，而改變他們的行為。

哪些社會現象或問題比較不適合運用參與觀察法來進行相關資料之蒐集呢？主要有：

1. 研究的場域是完全祕密的，參與觀察對被觀察者而言是一種禁忌時（甚至陌生人會被視為是入侵者）。

2. 研究所需的樣本要非常大量，同時希望建立或驗證變項間的因果關係時，此時其他的研究方法——如調查法或實驗法，可能比參與觀察法更適合（潘淑滿，2003）。

🔆 第四節　參與觀察法的實際運用步驟

根據潘淑滿（2003）與陳向明（2002）的看法，參與觀察法的實際運用步驟可區分為下列幾個階段：

一、階段一：觀察前的準備工作

在此階段又可區分為：確定觀察的問題、制定觀察計畫、設計觀察題綱等。

(一)確定觀察的問題

觀察的問題通常與研究問題不同。一般來說，「研究問題」（research problem）（大項）是研究者在這個研究中所要探究與回答的主要問題；而「觀察問題」（細項）則是研究者在確定了「研究問題」之後，決定選擇使用觀察法，同時根據觀察的需要而設計。所以觀察問題主要的目的，就是為了要回答研究問題。例如：某社會研究者想要瞭解活躍老化的情況，因此訂定在健身公園觀察的現象有：(1)老人是否多為自

行前往？或是與親友一同前往？(2)老人在運動公園從事哪些活動（健身操、國標舞、太極拳）？

(二)制定觀察計畫

在確定觀察的問題之後，可以進一步制定初步的觀察計畫。一般來說，觀察計畫應包括（陳向明，2002；潘淑滿，2003）：

1. 觀察的內容、對象與範圍：研究者要觀察什麼（人、事、物）？內容為何？範圍有多大？同時思考為什麼這些人、事、物值得觀察？透過這些觀察我可以回答研究問題嗎？

2. 地點：研究者打算在什麼地方進行觀察？觀察的地理範圍有多大？同時考量為什麼這些地方對研究很重要？研究者與被觀察的對象之間是否有（或有多遠）距離？這個距離對觀察的結果有什麼影響？

3. 觀察的時刻、時間長度與次數：研究者打算在什麼時間進行觀察？一次觀察多長時間？準備對每一個人（群體）或地點進行多少次觀察？為什麼選擇這個時間、長度和次數？

4. 方式、手段：研究者打算用什麼方式進行觀察（隱蔽式還是公開式）？觀察時是否打算使用錄影機、錄音筆等設備（分析利弊得失）？是否準備現場進行筆錄？如果不能進行筆錄怎麼辦？

5. 效度：觀察中可能出現哪些影響效度的問題？研究者打算如何處理這些問題（事先規劃與預防）？

6. 倫理道德問題：觀察中是否會出現倫理與道德的問題（例如：某些人不希望曝露自己是同性戀者的身分，可是在同性戀酒吧的觀察過程中，研究者自然就會知道）？研究者打算如何處理這些問題？研究者如何使自己的研究儘量不影響到觀察者的一般生活與行為？

(三)設計觀察題綱

初步計畫擬定後，研究者可以開始編製具體的觀察題綱，以便將觀察的內容具體化。參與觀察之題綱至少應回答下列5W1H六個問題（陳向明，2002；潘淑滿，2003）：

1. 誰（who）：有誰在場？多少人？他們是什麼人？他們的角色、地位和身分各是什麼？這是一個什麼樣的群體？在場的這些人在群體中各自扮演著什麼角色？誰是群體的負責人？誰是追隨者？

2. 什麼（what）：發生了什麼事情？在場的人有什麼行為表現？他們說／做了什麼？他們說話／做事時使用了什麼樣的語調和肢體動作？他們相互之間的互動是怎麼開始的？哪些行為是日常生活的常規？哪些是特殊表現？不同參與者在行為上有什麼差異？他們行動的類型、性質和細節產生與發展的過程是什麼？在觀察的期間，他們的行為是否有所變化？

3. 何時（when）：有關的行為或事件是什麼時候發生的？這些行為或事件持續了多久？事件或行為出現的頻率是多少？

4. 何地（where）：這個行為或事件是在哪裡發生的？這個地點有什麼特色？其他地方是否也發生類似的行為或事件？這個行為或事件與其他地方發生的行為或事件有什麼不同？

5. 如何（how）：這件事是如何發生的？事件的各個方面相互之間存在著什麼樣的關係？有什麼明顯的規範或規則？這個事件是否與其他事件有所不同？

6. 為什麼（why）：為什麼這些事件會發生？促使這些事件發生的原因是什麼？對於發生的事情，人們有什麼不同的看法？人們行為的目的、動機和態度是什麼？

二、階段二：進行觀察

一般來說，參與觀察法的步驟是從開放到集中，觀察者對觀察現象先進行全方位的觀察，然後再逐步聚焦。無論是開放或聚集，在觀察的過程中，研究者都需要思考如何與被觀察者產生互動關係，以及如何選擇觀察內容。以下即是參與觀察法進行中的不同階段說明（陳向明，2002；潘淑滿，2003）：

(一)開放式觀察

一般來說，在觀察的初期，研究者通常採取比較開放的方式與心態，對研究的現場進行全方位的、整體的、感受性的觀察。

(二)逐步聚焦觀察

當研究者對於觀察場域有一定的認識，並進一步釐清研究的問題之後，便可以開始進行聚焦式的觀察。焦點的選擇往往取決於研究問題、觀察對象及研究情境等因素。

(三)回應式互動的觀察

「回應式互動」就是對當地人發起的行為做出相對的反應與互動，而不是自己採取主動的行為（陳向明，2002）。在開始逐漸聚焦之後，研究者要更進一步自然地將自己融入於研究場域之中，這可以藉由透過保持謙遜友好的態度、不公開自己與當地人不一致的意見等方式而達成。

(四)選擇觀察內容

無論是在觀察的早期、中期還是晚期，研究者都需要對觀察內容不斷檢視與選擇，同時還要經常問自己：「我到底打算觀察什麼？什麼內容

對我比較重要？我觀察的內容應該廣泛到什麼程度？應該具體、細微到什麼程度？」基本上，觀察的內容要注意實體環境的細節、被觀察對象外在可見的特質，以及被觀察對象的社會互動（Neuman, 2017）。

三、階段三：記錄觀察結果

在進行觀察時，研究者除了可以使用自己的感官（例如：眼睛、耳朵）外，在當事人同意的情形之下，使用其他的輔助儀器設備（例如：錄影機、錄音機、錄音筆等）也非常重要，而且對研究的進行會有非常重大的幫助。

質性研究與量化研究最大的不同，就是研究者要盡可能將所有的事情都記錄下來，特別是在觀察的初期，記錄的完整性和豐富性是觀察筆記的一個首要要求。此外，質性研究的觀察記錄，其格式往往不像量化研究那麼統一與固定，而是因人或因研究的具體情境而異。但是研究者必須遵守的原則是：具體、清楚、有條理、便於日後查詢（潘淑滿，2003）。通常，研究者可以在記錄的第一頁上方，寫上觀察者的姓名、觀察內容的標題、地點、時間、本筆記的編號與此套筆記的名稱；然後，在筆記的每一頁標上本筆記的標號和頁碼。筆記的段落不宜過長，每當一件新的事情發生、一個不同的人出現在現場、一個新的話題被提出來，都應該重起一個段落（陳向明，2002）。

根據潘淑滿（2003）與陳向明（2002）的看法，可將現場觀察筆記分成四個部分：

1. 實地筆記（field notes，或稱田野筆記）：專門用來記錄觀察者看到和聽到的事實性內容（客觀成分）。實地筆記的紙張應該比較大，在記錄的左邊或者右邊留下大量的空白，以便今後補充記錄、評說、分類和編號。記錄紙的頁面應該分成至少兩大部分，從中間垂

直分開，左邊是事實筆記，右邊是研究者個人的思考。

2.個人筆記：用來記錄觀察者個人在實地觀察的感受和想法（主觀成分）。

3.方法筆記：記錄觀察者所使用的具體方法及其作用。

4.理論筆記：用於記錄觀察者對觀察資料進行的初步理論分析。

四、階段四：觀察結果的推論

觀察結果的推論可以說是整個研究最後也是最重要的一個步驟。其要領就是研究者要儘量地客觀，不要將自己的情感因素放進去，同時還應不斷地反思與檢討，如此才有可能將真正的「事實」真相與影響因素正確而具體地呈現出來。

解釋名詞

1.參與觀察：研究者在研究場域中，對研究的現象或行為透過觀察的方式，來進行相關資料的蒐集與對現象的瞭解。通常質性研究所指涉的觀察法，都是指「參與觀察法」。

2.非參與觀察法：研究者置身於被觀察的生活世界之外，從旁觀者或局外人的角度與立場，來瞭解現象或行為的意義。

考古題舉例

1.你要進行家庭照顧者的相關研究，假設你是初次接觸這個領域的研究者，在從事實地田野研究工作之前，應該有哪些準備及考量？你與被

研究者（家庭照顧者）接觸時，該如何建立開放互信關係？（25分）
（104年高考社會行政類科「社會研究法」試題）

2.何謂自然觀察法，有哪些類別？各有何優缺點？請以九二一震災以後，
在你的實務工作中所面臨到的問題為範疇，回答此問題。（20分）（89
年社會工作師考試「社會工作研究方法」試題）

3.試問觀察法（observational methods）在研究問題（research problem）、
抽樣（sampling），以及資料蒐集與分析的策略上，應該考量的事項為
何？（25分）（87年專門職業及技術人員高等考試社會工作師試題）

4.請您設身處地的想想下面的情況：您是以完全參與者的方式到一個多
國公司的工廠工作。您的目的是長期參與觀察該工廠的勞資關係是如
何受到全球化的影響。在您發表您的研究結果後，因為一些研究發現
與過去以問卷調查方式得到的結果不同，所以有人質疑您研究的效度
（validity）。請問您會如何告訴這些人：

(1)量化研究與質化研究在效度這個議題上，有哪些相同與不同的看
法？（10分）

(2)以「完全參與者的身分來從事參與觀察」這個方法的特性而言，您
認為這個方法可以得到極佳效度資訊的理由，以及可能有的限制為
何？（10分）（國立政治大學94學年度碩士班招生考試「社會工作
研究法」試題）

5.在田野研究觀察者可扮演哪些角色？從事田野工作前觀察者應作哪些準
備？試述之。（25分）（83年高考「社會調查與研究」試題）

6.田野研究（field research）是蒐集質性資料的主要方法之一，請問哪些
是蒐集的重點？（25分）（87年公務人員普通考試第二試「社會研究法
概要」試題；88年公務人員特種考試身心障礙人員四等考試「社會研究
法概要」考試試題）

7.請比較「田野研究法」（field research）和「非介入性的研究」
（unobtrusive research）在信度和效度的優缺點。（15分）（政大88年

度社會學研究所博士班「社會學研究方法」入學考試試題）

8.比較說明調查法（Survey methods）與觀察法（Observational methods）的意義與不同。（25分）（83年基層丙等「社會調查與研究」試題）

9.試述田野研究的優點及缺點。（10分）（91年普通考試第二試「社會研究法概要」試題）

10.行為觀察研究的信度與效度分別所指為何？執行行為觀察研究時，如何提升其信度與效度？（25分）（106年身心障礙特考四等考試社會行政類科「社會研究法概要」試題）

11.觀察法廣泛的被運用在田野研究當中，請說明依照觀察情境、觀察對象、觀察者與被觀察者的關係，觀察法可以區分為那幾種？（25分）（107年普考社會行政類科「社會研究法概要」試題）

12.在行為觀察研究中，依觀察者參與方式以及涉入程度之不同，可分為四種觀察研究類型，試分別舉例說明。（25分）（108年身心障礙特考三等考試社會行政類科「社會研究法」試題）

13.在進行質性研究觀察法的時候，觀察者依其參與欲研究之活動的程度多寡，可區分為數種角色。請描述各種角色類型及其特性，並舉例說明研究者的參與對於欲研究之活動可能產生的影響。（25分）（110年第一次高考社會工作師考試「社會工作研究方法」試題）

行動研究法

🔆 第一節　行動研究法的意義與特性

一、行動研究法的意義

　　「行動研究」（action research）在社會科學領域的研究方法（取向）中愈發受到重視，尤其因為它強調具體行動、實務、解決問題、由下而上等觀念與做法，此與社會工作、教育、諮商輔導等價值觀相當接近，因此在社會工作、教育學與心理學等領域中有愈來愈多的學者與實務工作者投入行動研究，其概念與意涵也受到愈來愈多的重視。

　　「行動研究」是一種由下而上的研究方式，強調以實務工作者的需求與立場出發，對實務工作者本身所處的工作情境與內涵進行反省與批判，並結合研究的過程與步驟，找出解決或改變實務工作的困境，與問題之解決方案或行動策略。換句話說，行動研究的目標，不只是在對研究的現象與行為進行詮釋而已，同時也要達到對研究現象進行改變或改革的目標（潘淑滿，2003）。就實踐行動的層次而言，行動研究其實包含了規劃（研究）、行動與發現（評估）等，不斷循環的過程（如圖16-1）（蔡清田，2000；潘淑滿，2003；陳向明，2002）。因此行動研究是一種取向（類似評估研究也是一種取向），它可以包含很多種研究方法，而不僅僅是單一一種研究方法。例如：楊培珊（2001）在「台北市獨居長者照顧服務經驗之反思——一個行動研究的報告」中使用檔案研究法、焦點團體訪談法、深度訪談法、個案研討會以及實地參與觀察法等多種研究方法蒐集

圖16-1　行動研究之循環過程

資料。

二、行動研究法的特性

根據學者們的看法，可以將行動研究歸納出下列五項特質（蔡清田，2000；潘淑滿，2003；Hart & Bond, 1995; Reinharz, 1992）：

(一)以實務問題為導向，並強調實際問題的立即解決方法

此處所指的實際問題，通常是特殊的問題，而非概括性的問題。例如：前述楊培珊（2001）的「台北市獨居長者照顧服務經驗之反思──一個行動研究的報告」，其最主要的目的，就是希望瞭解在民國87年台北市實施了「台北市獨居老人照顧方案」之後，對於台北市獨居長者照顧服務的推行是否確實有所助益？特別是從實務工作者的觀點，想要瞭解方案實施之後的優缺點，並提出具體改進策略，同時希望相關部門能立刻付諸實行。也就是說，不是只討論學術、理念或是大概的方向，而是很具體地、從實務工作者的觀點，針對某個方案實施的狀況來加以分析探討，同時希望即知即行，劍及履及。

(二)重視實務工作者的民主參與

行動研究法強調實務工作者協同參與研究過程之重要性，因為行動研究法主張任何理論知識的生產，必須與實踐行動結合才有意義；同時也可以使得從事研究者與運用研究者為同一人；而這種協同參與研究的過程，必須是建立在一種民主參與及平等合作的原則之上。也就是說，無論是研究者或實務工作者，所有的參與成員都是在一種夥伴、平等的關係中，共同參與整個研究過程；而這樣也就正可以達到「意識覺醒」（consciousness-raising）與「充權」（empowerment）兩種作用（潘淑

滿，2003）。

實務工作者參與研究過程，依參與程度的不同，可區分為三種模式（鄭金洲，1997；陳向明，2002）：

1. 合作模式（partnership model）：專家（研究者）與實務工作者一起合作，共同進行研究。研究問題與具體行動方案，由專家與實務工作者一起商議訂出。
2. 支持模式（supportive model）：研究的動力來自實務工作者，他們自己提出並選擇研究的問題，同時也自己決定行動的方案；專家在此只是諮詢的角色。
3. 獨立模式（independent model）：實務工作者獨立進行研究，不需要專家的指導與諮詢。

(三)研究場域是實務工作的場域

行動研究法是實務工作者對工作現況的反省與批判，並期望透過研究行動策略的運用，找到有效解決的策略；因此，行動研究法的進行，必須是在實務工作場域進行，從做中想與做中學。

(四)研究結果的適用性受到相當的限制（外在效度受限）

行動研究法往往是根據特定對象的特定問題發展出研究策略，所以研究結果通常只能適用在該情境，無法進一步推論到其他情境。

(五)具有批判與建構的雙重功能

行動研究法鼓勵實務工作者能夠不斷從實務工作發現問題，並透過對現況的反省與批判過程，尋找出有效的問題解決策略與方法，所以它不只是具有對現況的批判功能而已，也具有提升實務工作品質與效能的功能；換句話說，行動研究法同時兼顧了批判與建構的雙重功能。

🔶 第二節　行動研究法的類型

「行動研究」一詞自1944年社會心理學家Kurt Lewin提出後，演變至今可被歸納為四種類型（Hart & Bond, 1995；潘淑滿，2003）：

一、實驗形態（experiment type）

實驗形態的行動研究主要是以科學方法來探討社會問題，由研究過程來引導實務改變，此種形態被視為是一種理性的活動，是可被規劃與控制的。例如：張德銳、丁一顧（2009）的「教學行動研究及其對中學教師專業成長態度影響之研究」，以及高健源、蔡蕙君、王明志（2011）的「資訊科技融入國小五年級社會學習領域教學之行動研究」，都是屬於實驗形態的行動研究；希望藉由研究者與被研究者的共同參與研究，瞭解到新教法對於問題的解決與現狀的改變是否確有助益。

二、組織形態（organization type）

組織形態強調將行動研究應用在解決組織的問題，希望透過共同確定問題、找出可能的原因，進而找出可行的改變措施等方式，達到建立研究者與參與者之間的合作夥伴關係、對組織工作人員的充權，以及迅速有效解決問題的目的。

組織形態的行動研究數目非常多；例如：夏林清、鄭村祺（1989）研究1989年遠東化纖勞工的罷工運動，就是採用行動研究的方法去瞭解組織（企業體）所面對的問題，以及勞方與資方的觀點或利益的衝突所在。也就是說，研究者藉由對九位女性勞工進行深度訪談的方式，實地深入瞭解站在第一線的勞工，在面對尖銳的勞資衝突經驗時，是如何思

想、感受及行動？而個別勞工在參與罷工行動的邏輯與動機又是什麼？此外，江大樹、詹弘廷、張力亞、李希昌、梁鎧麟（2020）在「建置社區巷弄長照站的培力與治理策略：水沙連區域的行動研究」中，運用行動研究，從2017年開始進行社區資源與需求調查、建立合作社區連結網絡、培力社區發展，以及建構社區培力制度與服務，循序推展在地化的社區培力與治理策略，期待提升社區組織辦理長照據點的意願與能力。

三、專業形態（professional type）

專業形態著重於實務機構為了反應新專業的抱負，或進一步促進與其他專業相同之地位，所以透過行動研究作為發展實務之基礎。例如：鍾雅如、白佩玉（2020）在「共居如何提升歸屬感？以行動研究實證『玖樓共生公寓』之管理實務」研究中，探討台灣第一個將共居作為商業模式的企業——「玖樓共生公寓」（玖樓）經營難題，藉由參訪與歸納荷蘭與英國9家共居標竿企業經營特色，並透過行動研究，希望提升玖樓房客們主動交流的意願，增進人際連結、降低孤獨感而引發的負面影響，也希望此一行動策略可供我國其他共居企業營運時的改善參照。

四、充權形態（empowering type，或稱賦權形態）

充權形態行動研究的形式與社區發展的方式緊密結合，主要是以為社會弱勢群體爭取權益為訴求，其目標除了結合理論與解決實務問題之外，同時也在協助參與者透過問題確認、共識形成，而達到合作階段。例如：前述楊培珊（2001）的「台北市獨居長者照顧服務經驗之反思——一個行動研究的報告」，其最後研究成果就呈現出：對行動者（實務工作者）的充權效果，而這是展現在：(1)行動者有被重視到的高興；(2)行動者有能力為案主提供更好的服務；(3)行動者的工作是有意義的，同時是

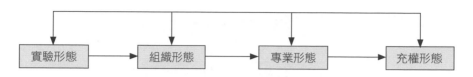

圖16-2 行動研究之類型與互動關係

資料來源：潘淑滿（2003），頁228。

會受到支持的。

　　雖然，這四種類型是相互獨立，但卻不一定都是獨立存在。研究者往往隨著行動研究發展階段不同，可以從某一種類型轉移到另一種類型，所以類型與類型之間，就彷彿螺旋般不斷循環（如圖16-2）。

🔆 第三節　行動研究者應具備的條件與行動研究之實施程序

　　實務工作者若想要成為優秀的行動研究者，首先就需要具備實務工作上的良好專業知識與能力，同時要養成反省與批判的思考習慣。此外還應該不斷吸收研究方法的相關知識，讓自己同時具備良好的研究觀點、態度與能力，如此才能成為一位優秀的行動研究者（賴秀芬、郭淑珍，1996；潘淑滿，2003）。

　　行動研究的實施程序，綜合多位學者專家的意見，彙整如下（如圖16-3）（Hart & Bond, 1995；潘淑滿，2003）：

◆階段一：問題陳述與界定

　　實務工作者是第一線工作人員，對於案主或方案實施的問題與困難所在，會有最清楚的瞭解。因此在這第一階段，實務工作者要儘量將所有可能面對到的問題陳述出來，而由研究者將其明確化與具體化，經由互相

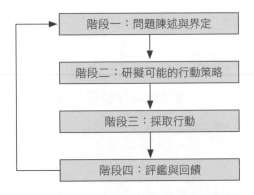

圖16-3　行動研究之實施程序

的討論與商議後，釐清研究的目的與問題並陳述出來。

◆階段二：研擬可能的行動策略

　　針對第一階段所擬定的研究目的與問題，訂出具體可行的行動策略（含實施步驟），當然也包括尋找可能的合作夥伴（資源），同時在實施上要保留一定程度的彈性。

◆階段三：採取行動

　　結合相關之資源與人力，開始實施問題解決的行動策略，並發展出具體、有效的評鑑方式，對行動策略的實施成效進行監控。

◆階段四：評鑑與回饋

　　最後一個步驟是對行動研究的結果進行反省與評鑑，同時回饋到之前的規劃階段。這是協助實務工作者瞭解行動策略對於實務工作所產生的具體影響，同時也作為其調整未來工作方式，以達成更高服務效能的參考。

解釋名詞

1.行動研究：是一種由下而上的研究方式，強調以實務工作者的需求與立場出發，對實務工作者本身所處的工作情境與內涵進行反省與批判，並結合研究的過程與步驟，找出解決或改變實務工作的困境，與問題之解決方案或行動策略。換句話說，行動研究的目標，不只是在對研究的現象與行為進行詮釋而已，同時也要達到對研究現象進行改變或改革的目標。

考古題舉例

1.為了便於清楚說明行動研究繁複的過程，E. Hart和M. Bond曾將行動研究區分為幾種各有特色的類型，請敘述出有哪幾種類型？並各舉一例說明之。（20分）（90年社會工作師考試「社會工作研究方法」試題）

2.名詞解釋：行動研究法。（5分）（國立台灣大學94學年度碩士班招生考試「社會工作研究法」試題）

3.近年行動研究是社領域常被提及的研究方法，請討論其特色、適用情境、研究者角色及可能限制。（10分）（國立台灣大學99學年度碩士班招生考試「社會工作研究方法」試題）

4.如果你是某非營利組織的社工在偏鄉推動弱勢兒少的方案服務，並希望運用「行動研究」的方式紀錄及呈現其服務及行動的歷程及效果，以做為後續發展弱勢兒少服務的參酌，首先，請依「行動研究」的步驟說明你行動研究的步驟與過程（20分）；並說明你可能會碰到的倫理議題（5分）。（國立臺北大學105學年度碩士班招生考試「社會工作研究法」試題）

5.請說明何謂「參與式行動研究（Participatory Action Research）」？此種研究方法特色是什麼？那些議題適合採用這種研究方法？（25分）（107年第二次高考社會工作師考試「社會工作研究方法」試題）

6.教育部近年來積極推動大學社會責任（University Social Responsibility, USR），希望大學老師的課程設計、學生扮演積極參與社區的角色，跳脫學術的象牙塔，透過參與社區發展產生雙向的改變。臺北大學社會科學院院長積極帶領並推展「國立臺北大學在地社會實踐NPO育成與永續發展計畫：邁向服務、協力與組織化」，計畫中針對高齡者強調成功老化、年輕世代與高齡世代的相互學習及共融精神，其中執行三鶯計畫中針對青銀共居試辦計畫、至臺北大學使用校園空間的長者、北大社區參與教會的長者成功老化及三鶯地區使用運動中心公益時段的長者運動健康等議題與社區或相關單位合作進行行動研究。您剛好是參與此USR研究計畫的研究生助教，針對上述相關北大社區及三鶯地區長者進行「成功老化」與學生參與計畫所受的影響之研究，請您回答以下問題：

(1)請描述上述「行動研究」方法相異於其他研究方法的內涵與特色是什麼？（6分）可能的限制為何？（4分）

(2)如果您參與進行北大社區及三鶯地區長者「成功老化」及許年輕學子所受之影響USR的研究，您會如何採用量化、質化或其他的研究來進行研究（請針對研究對象的選取、測量或資料蒐集的過程、潛在的研究倫理議題及研究限制進行詳細說明）？（15分）（國立臺北大學108學年度碩士班招生考試「社會工作研究法」試題）

Chapter

17

德菲法

　　德菲法（Delphi method/ Delphi techniques）是一種介於質性研究與量化研究之間的研究方法。因為它所採用的蒐集資料方法是作問卷調查，同時它會運用到統計方法來協助研究的進行，例如：用次數分配（或百分比分配）來比較對某一議題究竟贊成的人多？還是反對的人多？以及多多少？同時也可用t檢定瞭解對於同一個填答者在不同次、卻是（幾乎）相同題目的問卷所蒐集來的資料之答案是否已呈現出固定（不再變化）的型態（如果臨近兩次施測結果之差異已未達顯著，則表示施測可以停止），因此可說是頗為類似量化的研究。不過由於問卷的問題多為開放式的（非結構式的），因此在作資料的分析與整理時，又大多是針對文字資料進行處理，因此又類似於質性研究。不過總括來說，由於實質上在處理的資料還是以文字（質性）為主，因此還是將德菲法歸類為質性的研究方法（潘淑滿，2003；Gupta & Clarke, 1996）。

第一節　德菲法的意義與特性

　　德菲法運用於社會科學研究的領域，已有七十年左右的歷史（林振春，1992；王雅玄，2002；Schopper, Ronchi & Rougemont, 2000；謝臥龍，1997）。根據Dhaliwal & Tung（2000）的定義，德菲法是一種「不需要電腦輔助，但是可以透過問卷的方式，對多位專家進行意見蒐集的過程。在初始階段，每個成員針對討論的議題提供個人意見，這些意見經由不斷反覆的修改、澄清、整合與摘要過程，再以匿名方式回饋給參與成員，開始進入德菲法的第二輪階段。透過第二輪的意見回應與蒐集過程，不斷讓回饋更具體、更聚焦。這種過程必須反覆不斷地進行，直到成員之間的意見趨於一致，再無需要改變或修正之處為止」。

　　從上述對德菲法的定義中，我們可以看出德菲法運用於研究過程，具有兩項重要的特質：匿名性（anonymity）與一致性（consensus）（潘

淑滿，2003）。因為絕大部分質性資料蒐集的過程中，研究者與被研究者
（受訪者）都是面對面的，特別是焦點團體訪談，除了研究者與被研究者
面對面外，還要面對其他眾多團體成員，因此參與成員表達的意見難免會
受到他人的影響（特別是針對較敏感的議題），而無法（或不敢）表達出
自己的真實想法。此外，其他研究方法的主要目的在於蒐集資料，但並未
希望要使參與成員間的意見趨於一致。而德菲法因為主要是適用於有爭議
的議題〔例如：陳歆華與陳孝平（1999）所作的「全民健保各項改革議題
評析——以德菲法專家意見調查為基礎」，就是藉由對國內各級醫院及相
關醫療衛生政策領域專家學者的兩輪德菲法問卷調查來蒐集資料，希望能
達成對全民健保各項可能的改革方案的共識〕，同時希望透過專家的匿名
討論與溝通，而能達成共識或意見趨於一致；因此德菲法的施測對象，主
要是針對所探討議題領域的專家，而這也就成為德菲法的一項特色。

第二節　德菲法的優缺點與適用條件

　　德菲法的優點有：(1)匿名性高；(2)可同時獲得多重意見；(3)避免
重要成員對全體決策之影響；(4)避免浪費時間或精力在不重要或分歧的
討論上；(5)避免個人的判斷被群體壓力所扭轉（從眾效應）或造成參與
成員發生現場衝突；(6)避免長篇大論的意見；(7)避免成員持續對自己先
前論點作辯護（例如：愛面子等心理因素的影響）；(8)節省時間、金錢
（相較於邀請所有成員齊聚一堂開會），並可克服地理上及交通上的不
便，而使參與者數額增大。

　　但是，德菲法的實施也有其缺點與限制，最主要是在於：德菲法在
方法與概念架構較不嚴謹，例如：德菲法在停止／繼續蒐集意見的關鍵點
要如何判定，以及選擇受訪者（專家）之準據為何？（謝臥龍，1997；
王雅玄，2002；潘淑滿，2003；Dhaliwal & Tung, 2000; Gupta & Clarke,

1996）。

德菲法適用的先決條件有：(1)有足夠的時間，經由至少兩輪的問卷調查，約需至少三十天的時間；(2)參與者要具有文字表達的能力，他們必須看得懂問卷，且能針對問卷用文字書寫來回答問題；(3)要具有高度的參與動機，因為如果沒有動機，便可能敷衍了事或乾脆不填答問卷（這是最重要的考慮因素）（林振春，1992；潘淑滿，2003）。

哪些情境或問題較為適合運用德菲法來進行相關資料的蒐集工作？根據學者的看法，下列六種準據可判定是否選擇德菲法來作為主要研究方法的參考（林振春，1992；潘淑滿，2003）：

◆準據1

研究的問題不需要用精細的分析技術去仔細研究，而是著重於如何集合一群人（特別是專家）的主觀判斷。

◆準據2

代表成員不曾有順暢溝通的經驗，或是代表成員因為不同專業或經驗的考量，不容易建立彼此之間的共識。

◆準據3

由於研究的時間與經費的限制，使得成員無法透過面對面的團體討論。

◆準據4

參與的成員過多，不適合透過面對面的討論會議來蒐集相關資料。

◆準據5

參與成員之間的意見，經常是分歧的，或是因為政治對立的關係，使得團體溝通方式必須運用匿名方式，以避免利害關係或權威因素的影響。

◆準據6

　　必須確保成員的異質性，讓每個成員有平等機會參與並表達意見，避免權威者的影響或干擾。

第三節　德菲法的實施步驟

　　德菲法運用於研究過程，可區分為下列十一個步驟（林振春，1992；潘淑滿，2003）：

◆步驟一：確定研究問題
　　這是適用於所有研究方法的第一個步驟。

◆步驟二：決定問卷的施測方式
　　問卷施測方式的最主要考慮因素就是匿名性，其他則有時間、空間與經費。因此可能的施測方式有（潘淑滿，2003）：

1.e-mail方式或線上表單：這是目前最常使用的方式，因為匿名狀況佳，且時間與經費都相對節省、又不需空間。其調查方式乃是將問卷e-mail或線上表單給參與者，待其填答後再e-mail回給研究小組。

2.郵寄方式：其調查方式乃是將問卷裝入信封寄給參與者（最好採限時或掛號方式交寄，千萬不要用印刷品，以顯示對填答者的重視），待其填答後再寄回給研究小組。不過此法主要的缺點是：較為耗時，同時回覆率也會較為偏低。

3.集體散發填答的方式：如在大型聚會的分組討論會場上，利用休息時間集體填答，可以在短時間內收回，或個別投入回收信箱內（例如：在全國社工師總公會年會時，發放問卷請社工師填答）。

4.個別遞送方式：如在同一住宅社區或同一辦公大樓內的不同單位，

可將問卷分別送至參與成員手中（儘量以辦公場所為主；因為在辦公場所，較為方便填答者填答問卷並將之寄回／取回），由其填答後自行送回或寄回，或稍晚工作小組前往收回。

◆步驟三：選擇回答問卷的成員

研究者在選擇樣本時，應該考慮下列四個因素（潘淑滿，2003；林振春，1992）：

1.關心研究問題且有積極意願參與。
2.對研究問題有足夠的認識和知識。
3.在調查期間能完成回答問卷的工作。
4.對德菲法蒐集資料的方式具有信心並認為具有價值。

應該由多少人參與此項回答問卷的工作，的確沒有一致的結論。如果是同質性高的團體，大約十五人至三十人便已足夠。如果是異質性高的團體或包括多種不同性質的團體，則參與成員也有可能超過百人（潘淑滿，2003）。

◆步驟四：編製第一輪問卷

對於問卷的編製相關原則與事宜，可參見本書第六章。德菲法與一般問卷調查稍有不同的地方在於（潘淑滿，2003）：

1.介紹函的撰寫應盡可能私人化（例如：直接稱某某教授，而不要稱先生／女士），以拉近與受訪者之間的距離，並藉以提高其信任感與回收率。
2.第一次問卷大都採用開放式問題，作答說明必須配合舉例，同時要避免引誘性的例子，而應該保持中立的角色。
3.受訪者的基本資料常引起填答者的疑慮，因此除非研究需要，否則應盡可能減少，以免匿名性受到挑戰。

此外，信中應說明截止日期，如果採用限時郵寄，大約寄發日期的十天內為截止日期；如採親自投送，約五天內即可。

◆步驟五：進行問卷調查

在進行問卷調查前，研究者可以採用不同的策略事先告知受訪者，以便提高回收率；這些策略包括：問卷寄發前打電話通知受訪者，或以私人函件、明信片事先通知。此外，回郵信封應貼足郵票，至於回信要不要採掛號方式，有的研究者主張不要（只需限時專送即可），因為避免讓填答者覺得麻煩而降低回收率；但也有的研究者主張要採掛號方式，因為避免寄丟而耽誤時間。因此研究者就看實際狀況是以時效較重要，還是回收率較重要來決定回信方式。

◆步驟六：回收問卷與催促寄回問卷

約在寄出問卷十天後，可以清點回收數，直到截止日期為止，若還未回收到滿意的件數時，便應辦理催覆工作。如何提高回收率的做法，請參見本書第九章。

◆步驟七：分析第一輪問卷

第一輪問卷的彙整與分析，主要是作為第二輪問卷設計的基礎。此時的分析重點為：(1)評分結果的分析；(2)對於意見的分析。問卷的分析應由工作小組成員集體為之，不宜由單獨一人進行分析，以避免個人主觀意見造成對研究結果的影響。

◆步驟八：編製第二輪問卷

根據第一輪問卷分析的結果，將所有受訪者一致的意見再次送給各別受訪者確認；對分歧的意見，則由受訪者再次評估後作答，以便讓每一位受訪者瞭解到不同專家看法的異同之處。

第二輪問卷的格式，通常需包括三部分：中間的欄位是整理自第一輪問卷的分析結果，並將其轉化為語意完整的項目或問題。右邊的欄位是

要求受訪者對此項目分別作同意、不同意或質疑的填答欄。左邊的欄位則供受訪者評量這些意見的優先次序或重要性。評量的方式，有些採用評定次序法（order-ranking），即以一、二、三依次評定之；有些則採用量表評分法（scaling-rating），即依五點（或四點／六點）量表，對每個項目評定其優先或重要程度（潘淑滿，2003；林振春，1992）。不論採用哪種評量方式，填答說明應清楚地讓受訪者知道，他可以改變以前幾次的投票結果與意見，也可以堅持同樣的看法，不受投票結果和意見摘述兩欄的影響。

◆步驟九：分析第二輪問卷

原則與步驟均同第一輪問卷之分析。

◆步驟十：編製第三輪問卷

通常，德菲法可進行多次的問卷調查，直到受訪者對所有的議題都有了共識，也未再增列新的項目時，此時就可以進入最後一次的問卷調查了。這裡所謂的第三輪問卷，並非真正的第三輪問卷，事實上是指最後一輪問卷的意思（林振春，1992）。

◆步驟十一：分析第三輪問卷及撰寫結果報告

第三輪問卷的分析亦與第二輪相同，只不過最後要將研究結果整理並呈現出來。

以林怡君、王雲東（2009）所作的「建構臺北縣（新北市）身心障礙者庇護工場多元考核指標之研究」為例，主要就是使用「平衡計分卡」的架構與德菲法（兩回合問卷）讓臺北縣（新北市）庇護工場管理者十四位、政府部門相關業務人員〔含中央及臺北縣（新北市）政府〕八位、身心障礙服務及經營管理領域之專家學者五位等根據其專業知識與實務經驗，期能對臺北縣（新北市）的身心障礙者庇護工場多元考核指標建立一致性的共識。

解釋名詞

1.德菲法：透過多次對同樣一群專家進行問卷調查的方式，逐步凝聚共識
　與意見的研究法。

考古題舉例

1.研究方法相關名詞解釋：德菲法。（5分）（國立台灣大學94學年度碩
　士班招生考試「社會工作研究法」試題）

2. Delphi Method（5分）（國立臺北大學96學年度碩士班招生考試「社會
　工作研究方法」試題）

3.德菲法的優缺點與適用時機為何？試舉例說明。（15分）（國立臺灣大
　學98學年度碩士班招生考試「社會工作研究方法」試題）

4.下列關於德菲法（Delphi method）的敘述，何者不是正確的？
　(A)「匿名性高」是德菲法的主要優點。
　(B)德菲法要進行幾輪有一明確的計算標準。
　(C)德菲法適合原本意見分歧的參與者來參加。
　(D)德菲法往往被歸類為是一種質性研究的方法。（1.67分）（101年第
　　二次高考社會工作師考試「社會工作研究方法」試題）

5.請說明德菲法（Delphi method）的操作步驟，並分析其優缺點。（25
　分）（108年第二次高考社會工作師考試「社會工作研究方法」試題）

Part

4

研究方法

Chapter

18

量化資料處理

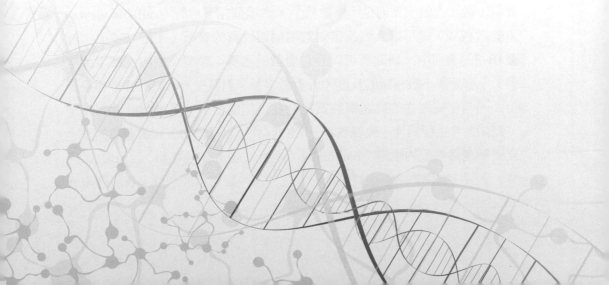

　　量化研究是社會研究中兩大主要研究途徑中的一種，而在研究者採用量化研究的方法（例如：問卷調查法、實驗法）蒐集到所需的資料時，還必須能夠加以分析、回答研究問題，並得出結論，如此才算是完成一個完整的量化研究。

　　量化資料的處理是否正確與完整，就顯得非常重要，因為這直接關係著研究的成敗。在本章中，作者分別就資料的登錄、描述性統計（descriptive statistics）的分析與解釋，以及推論性統計（inferential statistics）的分析與解釋等三部分來加以說明。

第一節　資料的登錄

　　「登錄」（coding）是指將調查所獲得的資料輸入到電腦的統計軟體準備進行分析的過程。社會研究中的量化資料都是採用統計的方法來分析；市面上有許多統計軟體，研究者可以選擇自己喜歡或熟悉的來加以使用，其原理與基本邏輯都是一樣的。在正式進行統計分析之前，研究者必須先將所蒐集來的資料登錄在所使用的統計軟體上。以SPSS 24.0 for Window統計軟體為例，按左下角的「data view」（資料視圖）鍵可進入到輸入資料的畫面（如**圖18-1**），最左邊的一行的數字表示第幾筆資料，最上方的一列則是「變數列」，透過按左下角的「variable view」（變數視圖）鍵可進入到設定變數名稱與性質的畫面（如**圖18-2**）。在**圖18-2**的畫面中，研究者可以設定變數的名稱、類型（例如：數字或字串）、整數與小數位數的長度（針對數字）、對該變數意義的詳細標籤說明（通常是將問卷的問題複製直接貼在這個欄位）、各選項數值的設定（例如：「生理男性」登錄為1，「生理女性」登錄為0）、遺漏值的設定及變數測量類型的設定〔nominal（名義）／ordinal（序數）／scale（尺度）〕等，當變數名稱與性質都設定完成後，就可以回到輸入資料的畫面

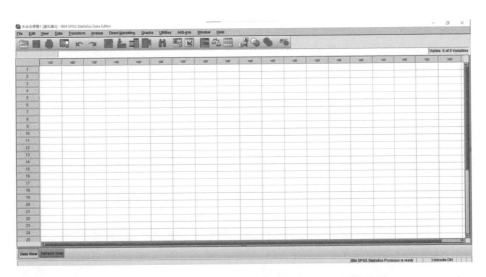

圖18-1 SPSS 24.0 for Window統計軟體輸入資料的畫面（data view／
　　　　資料視圖）

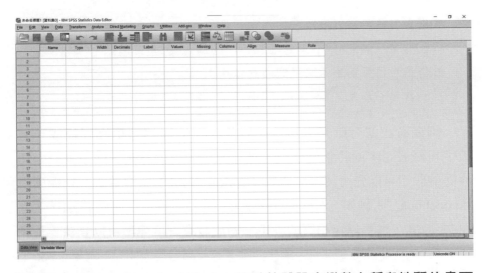

圖18-2 SPSS 24.0 for Window統計軟體設定變數名稱與性質的畫面
　　　　（variable view／變數視圖）

來輸入資料。

　　量化研究的基本邏輯是先把文字陳述的狀況轉化為簡單的數字，而後透過數字的運算得出有意義的結果，再轉換回去解釋資料的狀況；而資料登錄就是其中的第一部分。例如：某研究者所作「生活滿意度的影響因素」調查問卷的部分題目列述如下：

　　1.您的生理性別：
　　　□生理男　□生理女。
　　2.您的教育程度：
　　　□不識字　□小學　□國中　□高中　□大學　□研究所。
　　3.您的年齡：＿＿＿＿歲。（或問民國＿＿＿＿年出生。）
　　4.您的宗教信仰：
　　　□天主教　□基督教　□佛教　□回教　□道教
　　　□其他宗教＿＿＿＿（請說明）　□無宗教信仰。
　　5.您對自己目前健康狀況的滿意程度：
　　　□非常不滿意　□不滿意　□尚可　□滿意　□非常滿意。
　　6.您對自己目前生活狀況的滿意程度：
　　　□非常不滿意　□不滿意　□尚可　□滿意　□非常滿意。

　　研究者在進行研究之初就應將每一個問題的選項應登錄成什麼數字作好設定，同時整個研究的進行都依照這個設定，所以對於各種代碼的設定可以先行擬定登錄表（coding book），登錄表又稱編碼簿（codebook）。例如：對於生理性別變項可以登錄「生理男」為1，「生理女」為0，也可以作相反的設定。對於教育程度變項可以登錄「不識字」為1，「小學」為2，「國中」為3，「高中」為4，「大學」為5，「研究所」為6。

　　至於年齡變項，一方面因為不同人計算年齡的方式可能有所差異（例如：有人算實歲、有人算虛歲，同時虛歲的算法也會因人而異），

二方面對於不同的時間點年齡會自然產生變化（例如：民國109年某人的年齡就鐵定與其民國110年的年齡相差一歲），因此作者建議還是用民國／西元幾年出生，比較明確，同時永遠不會有變化，只要在研究者作此研究的時間（民國／西元幾年），減去填答者出生於那一年，則中間的差值就是填答者的年齡，因為這是研究者用統一的標準一起計算填答者的年齡，因此不會受到不同填答者採用不同的標準所導致的誤差。

　　不過在量化研究資料型態轉換的過程中，事實上難免會產生誤差，特別是在處理填答者主觀意見的部分。例如：填答者對於自己目前健康的狀況，覺得大致還可以，但又不是那麼滿意，因此他可能猶豫於到底要選「尚可」還是「不滿意」？不論他最後選的是「尚可」還是「不滿意」，可能都不是他心中最準確的想法（他心中最準確的想法應該是介於「尚可」和「不滿意」之間，但問卷上並沒有這個選項）。此外，通常可以作文字與數字間轉化的資料是適合處理比較「淺／表面」的問題，而不適合處理比較深入的部分（相對於質性研究），基於大數法則（law of large numbers）的原理，量化研究通常適用於對較大母群體與樣本的施測與研究結果推估。因為當研究的對象增多時，能掌握到這群人的基本屬性與對某問題的看法已屬不易，若能建立變項間的關聯模型，並提供政策建議則更屬難得；因此細節的深入與在轉換資料過程中所產生的誤差，對量化研究來說也就相對變得不是那麼重要了（若希望能更深入，則有賴選用其他質性研究的方法來輔助）。

　　此外，在資料登錄部分還有幾個技術性問題與處理原則應該加以說明：

　　第一，當研究者拿到問卷後，可以在右上角註明該問卷的編號，而後將問卷分配給不同的登錄者，大家可以一起登錄在研究者原先已設定好的欄位上。當各登錄者都登錄完其所被分配到的部分之後，研究者可以將大家登錄好的檔案彙整合併（merge）成同一個檔，這個功能在各統計軟體中都有，以SPSS 24.0 for Window統計軟體為例，研究者先選擇一個檔

為基礎檔（based file，建議以含有編號第1號問卷的檔案），之後在開啟
這個基礎檔的工作狀態下點選最上面一列（指令列，command bar）中的
「data」（資料）欄位，而後再點選其中的「merge files」（合併檔案）
欄位，然後有兩個選項出現，點選其中的「add cases」（新增觀察值）
（加入新個案／筆數的資料）欄位，就進入選取欲被合併檔案的畫面，在
這個畫面中找出欲被合併的檔案，然後按「open」（開啟資料檔），這時
螢幕中會出現兩個變數名稱列，左邊的是基礎檔與欲被合併的檔案中未配
對的變數名稱（也就是其中一個檔有，而另一個檔沒有的變數），而右邊
的是基礎檔與欲被合併的檔案中配對的變數名稱（也就是兩個檔都有的變
數）。如果是對於同一次的調查，但是是不同受訪者問卷的資料登錄與合
併來說，應該是所有的變數都在右邊的欄位，此時點選「OK」，則欲被
合併的檔案就被合併進入基礎檔。持續地使用這個方法，就可以將不同的
登錄者所登錄好的檔案完全彙整合併成同一個檔。

第二，如果問卷的題目有漏答（missing）的狀況，建議在登錄資料
時即加以設定。一般常見的做法：如果該變項的選項中所有可能的數值僅
為一位數者（例如：生理性別），此時即將該筆遺漏值登錄為9。如果該
變項的選項中所有可能的數值為兩位數者（例如：居住縣市），則此時即
將該筆遺漏值登錄為99；其餘依此類推。

不過可能有一些特別狀況時，需要特別處理。例如：當問卷的設計中
有跳答的狀況（例如：當A題指明，若填答未婚者，則跳答兩題之後的C
題，而B題是詢問受訪者對目前婚姻狀況的滿意度），此時若填答者原本就
不該答這個題目（例如：未婚者不該答B題），因此不答是正確，答了反而
不合理。所以「不答」在這樣的狀況下，其實並非漏答；因此在登錄的時
候，不宜登錄為前述的9或99，因此常見的做法是使用8或88等來登錄。

第三，即使再嚴謹的登錄者，也難免會有不慎登錄錯誤的時候。
因此當研究者拿到已登錄好的資料準備開始進行統計分析時，必須要先
「檢查」資料是否有登錄錯誤的狀況。檢查的方法一般是透過統計軟體去

「跑」（run）所有變項的次數（frequency）分配，如果出現有明顯不合理的數字時，就須透過統計軟體的「尋找」（find）功能來找出是編號幾號的問卷登錄錯誤，並且進一步去找出原始問卷加以檢視，看看究竟正確的登錄數字為何。例如：分成五等分（score 1-5）的生活滿意度問卷，卻登錄出7分的數據，就表示一定是登錄有誤，必須趕緊找出正確的數據並加以更正。

上述做法看似簡單，但確是量化研究資料處理部分絕對不可忽略的步驟。因為有的時候研究者可能一時疏忽，就完全「相信」登錄應該沒有錯誤而逕行加以進一步分析處理。例如：（總加）量表通常都是幾個題目的分數加總在一起而得到一個總分，或是再除以題數得到一個平均分數，透過這個總分或平均分數來表示一個作者真正想要探究的變項（例如：由20個題目組成一個憂鬱量表，某一填答者在這20個題目上所得的分數加總在一起才表示該填答者真正的憂鬱程度）。因此如果其中某一個（或是某幾個）變項因為登錄的錯誤而導致整個研究真正要探究的變項總分發生錯誤，甚至研究者還不自知的話，那很可能這個研究的結果就會造成嚴重的誤導。

不過話說回來，登錄者在登錄資料時還是必須要盡最大可能謹慎小心，不要犯錯。因為前面講的「透過統計軟體去『跑』所有變項的次數分配，並且如果出現有明顯不合理的數字時，再透過統計軟體的『尋找』功能來找出是編號幾號的問卷登錄錯誤，並且進一步去找出原始問卷加以檢視，看看究竟正確的登錄數字為何」這樣的做法，是在登錄錯誤是「明顯不合理的數字」時才會發現，如果登錄雖然錯誤，但錯誤值也是一個「合理的數字」時，則研究者就很難找出來了。例如：如果五等分的生活滿意度問卷，本來填答者回答「1」，但登錄者卻不小心登錄成「4」（這是很有可能的，因為鍵盤右側輸入數字部分的按鍵，「4」只在「1」的上方一格而已，因此當輸入速度很快時，不小心將「1」誤按成「4」的機率相當高），因為錯誤值「4」也是一個「填答者有可能回答的

數字」時，則往往研究者很難發現並將其更正。

第二節　描述性統計的分析與解釋

描述性統計分析主要是「描述」樣本的狀態。任何一個研究當中，描述性統計分析是非常重要的，因為讀者要知道整個樣本的基本資訊，其與母群體之內的組成比例是否相同（例如：生理男女比例），如此方能判斷用這個樣本得出來的資訊是否可以適當地推論到整個母群體，需不需要用加權的方式來作一些調整。因此描述性統計也往往可以稱為「單變項分析」（uni-variate analysis）。

單變項分析是指一次只對一個變項進行分析（趙碧華、朱美珍，2000）；主要內容包括：次數分配／百分比分配、集中量數（通常為平均數）、變異量數（通常為標準差），以及偏態係數（skewness，通常是為檢視是否符合迴歸分析的基本假設而作）等。茲以王雲東（2001）的博士論文「美國居住於社區中的接受長期照護老人健康生活品質指標的影響因素研究」（Factors Associated with Health-related Quality of Life Indicators among Community-dwelling Frail Elders: A Revised Health Capital Perspective）中的部分數據舉例說明於下：

一、次數分配（Frequency Distribution）／百分比分配（Percentage Distribution）

在**表18-1**的標題部分，研究者列出了樣本的總數（N＝1,754）；而後在對每一個變項的描述當中，研究者又列出了針對該變項樣本的總數（例如：年齡之n＝1,747）。因此即可看出：對於「年齡」這個問題（變項），有7（＝1,754－1,747）位受訪者沒有回答；也就是說「年齡」這個

表18-1 居住於社區中的接受長期照護老人的社會人口變項特性

（N＝1,754）

變項特性	百分比分配（％）	平均數（標準差）	偏態係數
年齡	n＝1,747	81.20 （6.33）	0.537
67～74歲	14.5		
75～79歲	29.6		
80～84歲	27.1		
85～89歲	17.3		
90～104歲	11.5		
性別	n＝1,747	0.30 （0.46）	0.877
男性	29.9		
女性	70.1		
婚姻狀態	n＝1,730	0.38 （0.48）	0.514
目前已婚	37.6		
目前未婚	62.4		
教育程度	n＝1,690	2.46 （1.12）	0.068
國小以下	2.3		
國小	19.4		
國中	28.2		
高中	33.1		
大學	13.8		
研究所（含以上）	3.2		
種族	n＝1,754	0.83 （0.38）	-1.754
白人	83.0		
非白人	17.0		
居住安排	n＝1,726	0.97 （0.18）	-5.282
單身或與他人居住於家中	96.8		
居住於集體之家	3.2		
（group home）			

資料來源：翻譯自Wang (2001). Factors Associated with Health-related Quality of Life Indicators among Community-dwelling Frail Elders: A Revised Health Capital Perspective. (Ph. D. Dissertation), page 73.

變項有7個遺漏值。此外，雖然在上表中沒有直接列出每一個選項的次數分配，但是透過百分比與對該題總有效樣本數的呈現，也可明確得出每一個選項的次數分配。事實上，「百分比分配」比「次數分配」在研究結果的呈現上還要來得重要，因為當我們拿某一研究的數據去和類似研究相比較時，就會發現往往不同研究的總樣本數都有蠻大的差距，因此次數分配的大小就顯得沒那麼重要，而相對的不同選項之間的比例反而是重點。最後要加以說明的一點是：描述性統計表格中所呈現的百分比通常是指已排除掉遺漏值之後的百分比，若以SPSS 24.0 for Window統計軟體為例，就是valid percent（有效的百分比），因此對於任一變項其所有選項的百分比總和一定是1（100%）。

二、集中量數（Measures of Central Tendency）

此外，描述性統計結果的呈現，適用範圍最廣的就是次數分配／百分比分配，因為這對所有變數類型均能適用。

集中量數、變異量數與偏態係數等，其實只適用於連續變項〔continuous variable，包括：等距變項（interval variable）與比率變項（ratio variable）兩種〕和可視為連續變項的變項，例如：虛擬變項。

集中量數指標的呈現，是希望能用一個數就反應出整個樣本在該指標上的特質。例如：某研究者想要瞭解某大學全校學生的英文程度，因此他從該校所有學生中隨機抽取了1,000位同學進行托福測驗（TOEFL），那麼該研究者最常使用這1,000位同學（樣本）的平均成績來反應出整個樣本在該指標（英文程度）上的特質。

在絕大多數的情況，研究者通常會選擇平均數（Mean）作為集中量數的指標；不過常用的集中量數指標還有中數／中位數（Median）與眾數（Mode）。中位數是指變數依大小排列順序時，位於排列位置最中間的一個數（如果最中間有兩個數，則取其平均值）；而眾數則是指出

現次數最多的一個數（如果有好幾個數出現次數都是最多，則並列為眾數）。

三、變異量數（Measures of Dispersion）

變異量數指標分數的呈現，則是希望能更進一步瞭解樣本在該特質分數的分布／分散情形。例如：若有兩組人，每組各三位，其某次考試成績分別是60、60、60分與20、60、100分，則兩組的平均成績都是60分，但兩組實際上的狀況有很大的差別，若對於任課老師來說，教法也會有很大的不同，因此變異量數指標分數的呈現是有其重要性的。變異量數常用的指標有標準差（standard deviation）、變異數（variance）、全距（range）與四分差（quartile deviation）等，其中以標準差最為常用。

標準差的計算公式是：$\sigma = \sqrt{\dfrac{\Sigma (X - \mu)^2}{N}}$（適用於非抽樣的狀況）

$$s = \sqrt{\dfrac{\Sigma (X - \overline{X})^2}{n-1}}$$（適用於抽樣的狀況）

X＝受試者的分數

μ＝母群體受試者分數的平均值

$\overline{X}$＝樣本受試者分數的平均值

N＝所有受試者的人數

n＝樣本數

σ＝非抽樣狀況下的母群體標準差

s＝抽樣狀況下的樣本標準差

變異數是標準差的平方。全距是指一組數據中最大值與最小值之

差,是最簡單就可計算獲得的變異量數指標,但其缺點則是最不精確。四分差是指一組資料分數按大小順序排列之後,其第25百分位數(P_{25})與第75百分位數(P_{75})之間距離的二分之一(林清山,1988)。例如,如果某次考試贏過全班75%人數的同學其分數為80分,而贏過全班25%人數的同學其分數為40分,則該次考試所有同學成績的四分差為20分〔=(80-40)/2〕。

四、偏態係數(Skewness)

最後,偏態係數的呈現大多是為檢視是否符合迴歸分析的基本假設。因為迴歸分析的基本假設是每一個在迴歸方程式中的變數(包含自變項與依變項),其數值都是自常態分配的母群體中抽取出來的。因此在進行迴歸分析(包含線性迴歸與邏輯迴歸)之前,都要對樣本中將放入迴歸方程式的各變數數值進行偏態係數的檢驗。

一般來說,如果偏態係數的數值介於-1與1之間,則視該變數數值係自常態分配的母群體中抽取出來的。反之,如果偏態係數大於1或小於-1,則需「盡可能」進行變數數值的轉換(recode),而使得新變項的偏態係數是介於-1與1之間的。例如:如果研究者在問卷中問及受訪者其每月所得係以空格呈現,由受訪者自行填寫數字下去,則其優點是:研究者可以得知受訪者準確的每月所得金額,而非僅只是一個區間。不過,缺點則是:受訪者一方面可能不願意把這麼私密的資訊直接提供給並不是很熟悉的研究者,或許會因此而隨便填個數字(效度下降),要不然就是漏答率可能會上升。又或者受訪者每月準確的所得金額可能差距甚大,或許從每月數千元到每月百萬元都有,因此如果直接使用這個原始數據進行統計分析,其偏態係數一定非常大(高所得者人數不多,但會把區間拉得很大)。因此,常見的做法就是選擇一個「適當的點」,在那個點以上的每月所得金額都歸類為同一個選項,如此等於是把原本「拉得很

長」的圖形,「壓縮」在一個較窄的範圍內,同時也把該「適當的點」的
選項次數分配提升,如此等於是朝向常態分配的目標前進一步。

　　至於怎樣的點才算是適當的點?這會因研究狀況的不同而有所不
同,不過,基本的原則是:選了該點以後,偏態係數將會介於-1與1之
間。另外,如果某變數只有兩個選項(例如:生理性別只有「生理男」與
「生理女」),由於無法進行變數數值的轉換,則就算偏態係數大於1或
小於-1,也就只有維持現狀了。

第三節　推論性統計的分析與解釋

　　推論性統計就是希望將對樣本狀態所作的研究和所獲得的結論,能進
一步推論到整個母群體。在實際應用的層面主要包括假設檢定(hypothesis
testing)與母數估計(parameter estimation)兩大部分(林清山,1988)。

一、假設檢定

　　假設檢定就是研究者採用適當的統計分析方法,去檢視當在預
先設定的顯著水準之下,研究假設是否成立的過程。例如:在王雲東
(2001)的博士論文「美國居住於社區中的接受長期照護老人健康生活品
質指標的影響因素研究」中,其主要的研究假設是:在控制住社會人口變
項的情況下,居住於社區中接受長期照護老人的健康資本變項(包括:過
去的健康資本狀況變項、身心功能變項、社會支持系統投資變項、是否
接受健康照護/健康保險變項等四大群變項),與其健康生活品質指標
變項間有顯著相關。因此根據本書第五章中所探討的「自變項及依變項
的尺度與相對應的統計方法」(**表5-1**),可以瞭解到必須透過階層式多
元線性迴歸(Hierarchical Multiple Linear Regression)與階層式邏輯迴歸

（Hierarchical Logistic Regression）的分析方法，才能得出此一假設是否獲得驗證的結論。

二、母數估計

母數估計是指研究者事先並未作任何假設，而是根據所獲得樣本狀態的資料，進一步推論到整個母群體的過程。例如：某研究者欲瞭解其所任教大學的學生英文程度，因此從全校同學中隨機抽取若干名提供英文托福測驗，而後再根據這些樣本同學的英文托福成績，在預先設定的顯著水準之下，推論出全校同學的可能英文托福成績區間（信賴區間），以達到估計全校同學英文程度的目的。

因為大部分的研究都會預先作出假設，所以此處我們主要還是針對假設檢定作探討。而在假設檢定的過程中，研究者往往除了希望能驗證主要的假設之外，還期望也能同時多提供一些有意義的「附帶假設檢定資訊」給讀者，因此在此處我們就以變項數目作劃分，分別探討雙變項分析（bivariate analysis）與多變項分析（multivariate analysis）兩大部分。

(一)雙變項分析

單變項分析是單純對每一個變項作描述，而雙變項分析的重點則是不單描述變項中次團體（例如：生理性別變項中的生理男與生理女）的狀況、同時更是要探討兩個變項間的關係（relationship）與次團體之間的差異狀況。因為研究報告的篇幅所限，研究者往往不會任意取兩個變項就來探討其中的關係，而還是會選擇能提供較重要資訊的變項組合來作雙變項分析。茲再以王雲東（2001）的博士論文中的部分數據舉例說明於下：

在**表18-2**中，研究者比較了男性老人與女性老人的年齡、婚姻狀態、教育程度、種族與居住安排等五個變項，然後發現年齡、婚姻狀態與居住安排等三個變項中，男性老人與女性老人之間的差異有達到顯著。一

表18-2　居住於社區中的接受長期照護老人依性別分類下的社會人口變項
特性比較　　　　　　　　　　　　　　　　　　　　　　（N＝1,754）

變項特性	百分比分配（%）	
	男	女
年齡***	n＝521	n＝1,219
67～74歲	16.7	13.6
75～79歲	34.2	27.6
80～84歲	26.9	27.1
85～89歲	14.4	18.6
90～104歲	7.9	13.0
婚姻狀態***	n＝517	n＝1,206
目前已婚	69.6	24.0
目前未婚	30.4	76.0
教育程度	n＝506	n＝1,178
國小以下	1.8	2.5
國小	23.3	17.7
國中	27.9	28.4
高中	30.2	34.5
大學	13.4	13.8
研究所（含以上）	3.4	3.1
種族	n＝523	n＝1,224
白人	84.7	82.2
非白人	15.3	17.8
居住安排**	n＝519	n＝1,200
單身或與他人居住於家中	98.7	95.9
居住於集體之家（group home）	1.3	4.1

註：卡方（Chi-square）分析檢定被使用來比較男女兩組間的差異是否達到顯著。

　　p＜.01，*p＜.001。

資料來源：翻譯自Wang (2001), Factors Associated with Health-related Quality of Life Indicators
among Community-dwelling Frail Elders: A Revised Health Capital Perspective. (Ph. D.
Dissertation), page 77.

一般來說，研究者主要想探討的變項應置於「直欄」（column）的位置，同時在點選所欲觀察的指標時，以SPSS 24.0 for Window統計軟體為例，就要點選column percentage，因為如此操作所呈現出來的結果就會像**表18-2**一樣，對於每一個變數、男性老人與女性老人兩組其各別選項中百分比的總和一定是100%。在解釋時，其重點應是在比較同一列（row）中不同直欄（column）的百分比；例如：在**表18-2**中，女性老人的年齡分布以75～79歲為最多、80～84歲其次，而男性老人也是如此，不過這並非討論的重點；重點其實應該在於：男性老人其年齡在75～79歲的年齡層中占所有男性老人的比例（34.2%）高於女性老人其年齡在75～79歲的年齡層中占所有女性老人的比例（27.6%）；若再加上男性老人其年齡在67～74歲的年齡層中占所有男性老人的比例（16.7%）亦高於女性老人其年齡在67～74歲的年齡層中占所有女性老人的比例（13.6%）的數據，則可得出「年輕男性老人」占所有男性老人的比例，高於「年輕女性老人」占所有女性老人的比例這個重要而有用的資訊。

此外，對於兩個變項相關方向的判定，如果這兩個變項都各只有兩個選項，則非常容易。例如：在**表18-2**中，男性老人與女性老人兩組婚姻狀態的比較，可以看出：男性老人傾向於目前已婚，而女性老人則傾向目前未婚。如果兩個變項中有一個變項有兩個選項，而另一個變項有多個選項，就如同**表18-2**中，性別與教育程度之間的關聯性探討的話，則可先用簡化成兩個區塊的方式，再來作細部的比較。例如：先將教育程度的六個選項分為兩組，國小以下、國小與國中為教育程度偏低組，而高中、大學與研究所（含以上）為教育程度偏高組；在教育程度偏低組中，雖然男性老人的教育程度在「國小以下」的比例少於女性老人0.7%（＝2.5%－1.8%），且男性老人的教育程度在「國中」的比例也少於女性老人0.5%（＝28.4%－27.9%），不過男性老人的教育程度在「國小」的比例卻大幅高出女性老人5.6%（＝23.3%－17.7%），因此來回相抵後，男性老人的教育程度在偏低組中的比例仍然高出女性老人4.4%（＝5.6%－0.7%－

0.5%）；反之，女性老人的教育程度在偏高組中的比例即高出男性老人4.4%；因此我們可以說：男性老人傾向教育程度偏低，而女性老人傾向教育程度偏高（雖然差距未達顯著）。

　　雙變項分析應該採用的統計分析方法，則端視變項的尺度而定。如第五章（**表5-1**）中所述，若兩個變項均為類別變項（如**表18-2**的例子），則採用卡方檢定（χ^2 test）較為適宜。不過就算不是類別變項（例如：年齡），但只要透過分組（降階）的處理，一樣可以視為類別變項而進行卡方分析檢定。因為這樣的分析方式可說占所有雙變項分析的絕大部分，而同時其往往都是用列聯表（contingency table）的方式來呈現，因此雙變項分析又常被稱為交叉分析；此外，因為雙變項分析是以比較為主，因此一般大多只呈現百分比分配，次數分配的呈現多僅作為參照使用。

　　如果兩個變項中，有一個是類別變項，而另一個是連續變項，則通常如果類別變項的選項有兩類時就用「獨立樣本t檢定」，而如果超過兩類時就用單因子變異數分析。茲以王雲東（2004）之「2004台灣老人人權指標調查報告」中的部分內容舉例說明如**表18-3**、**表18-4**。

　　而如果兩個變項均為連續變項，則須採用相關分析。不過相關分析通常還有一個重要用途，就是當研究者要進行線性迴歸／邏輯迴歸分析

表18-3　獨居與否和老人人權評分之關係（使用獨立樣本t檢定作比較分析）

居住安排 評估項目	獨居（n＝157）	非獨居（n＝589）	平均
基本人權*	3.15	3.27	3.24
參與***	2.98	3.20	3.16
照護*	3.25	3.36	3.35
自我實現***	3.01	3.21	3.18
尊嚴	3.26	3.30	3.30
平均**	3.13	3.27	3.25

註：*$p < .05$，**$p < .01$，***$p < .001$。

資料來源：王雲東（2004）。「2004台灣老人人權指標調查報告」，頁24-25。

表18-4　籍貫和老人人權評分之關係（使用單因子變異數分析作比較分析）

評估類別	籍貫 閩南（n＝561）	外省（n＝156）	客家（n＝49）	原住民（n＝36）	平均
基本人權***	3.28	3.20	3.25	2.76	3.24
參與***	3.18	3.18	3.16	2.71	3.16
照護***	3.37	3.30	3.38	2.95	3.35
自我實現***	3.23	3.14	3.11	2.65	3.18
尊嚴*	3.33	3.24	3.27	2.94	3.30
平均***	3.28	3.21	3.23	2.80	3.25

註：*$p < .05$，***$p < .001$。

資料來源：王雲東（2004）。「2004台灣老人人權指標調查報告」，頁23。

時，為避免多元共線（multi-collinearity）的問題，則需要求出自變項兩兩之間的相關係數（Pearson r correlation coefficient），看其絕對值是否均小於0.7。而如果有兩個自變項間的相關係數是大於0.7的話，則必須要對此二自變項作一些調整（例如：捨棄一個，或將此二自變項透過線性組合的方式結合成一新的自變項），而後才能進行迴歸分析。

(二)多變項分析

多變項分析是指探討一個以上的自變項對依變項所造成影響的統計分析。多變項分析的優點，是可以同時考慮多個自變項對依變項影響的整體效應，而不需要只各別考慮單一自變項對依變項影響的效應（因為不同自變項間會有交互作用，因此整體自變項一起考慮，會比各別自變項影響效應加在一起考慮，更能代表整個模型的影響力），也就是說多變項分析的重點是在考慮整個模型（model）的適用性或解釋力，而往往也是整個研究假設檢定的重點。

◆多元線性迴歸

從**表5-1**中可以看出，多變項分析最主要的統計分析方法，就是多元線

性迴歸與邏輯迴歸。在多元線性迴歸統計分析方法中，主要的做法有三種：

• 多元線性迴歸完全模型（full model）

這種方法是一次把所有的自變項全部「強迫」放入迴歸方程式中〔若以SPSS來說，在設定迴歸方法（method）時，就要設定ENTER〕，看看決定係數（coefficient of determination）R^2是多少？同時也看一下R^2是否達到顯著（如果R^2達到顯著，就表示整個模型的解釋力達到顯著）？此外，如果整個模型達到顯著，可以進一步檢視各別自變項是否達到顯著？同時其影響力的大小排序為何？例如：陳毓文（1999）在其「論少年暴力行為與暴力環境之相關性」一文中，提出「家庭暴力（包括：目睹與親身經歷）、校園暴力（包括：目睹與親身經歷）以及媒體暴力（對媒體暴力之心理反應），對於少年暴力行為會產生『增強』的影響」的假設。於是她採用多元線性迴歸完全模型法，把上述三類自變項與社會人口變項等一共九個自變項，全部一起放入迴歸方程式中，得出決定係數R^2為0.4625（p＜.001），同時性別、年齡、家人互動的暴力程度、成長經驗中被父親或母親虐待的程度、親身遭受同學以暴力相待的程度、目睹同學間的暴力行為的程度、對媒體暴力的心理感受的程度等七個自變項對依變項的影響達到顯著（除年齡變項p＜.01外，餘均為p＜.001）。其中從標準化迴歸係數（β）絕對值的大小來排序，可以發現對「少年暴力行為」影響力較大的達到顯著自變項依序為（由大到小）：目睹同學間的暴力行為的程度、性別、家人互動的暴力程度、對媒體暴力的心理感受的程度、親身遭受同學以暴力相待的程度、成長經驗中被父親或母親虐待的程度、年齡等（如**表18-5**）。而從政策介入與資源分配的角度，相關單位就應該選擇影響力較大的自變項優先介入加以處理（譬如：避免目睹同學間的暴力相向等），以改善「少年暴力行為」的狀況與嚴重程度。

• 階層化多元線性迴歸分析

「階層化」多元線性迴歸分析是一次將「一群」自變項「強迫」放

表18-5　暴力環境與少年暴力行為之多元線性迴歸分析

變項名稱	標準化迴歸係數（β）	r^2
性別	-0.13***	0.017
年齡	0.08**	0.006
家人互動的暴力程度	0.13***	0.015
成長經驗中被父親或母親虐待的程度	0.11***	0.009
親身遭受同學以暴力相待的程度	-0.11***	0.010
親身遭受師長以暴力相待的程度	0.06	--
目睹同學間的暴力行為的程度	0.48***	0.162
目睹師長對同學的暴力行為的程度	0.06	--
對媒體暴力的心理感受的程度	0.13***	0.015
F 值	70.48***	
R^2值	0.4625***	
調整後R^2值	0.4560***	

註：性別：男＝1，女＝2；** p＜.01，*** p＜.001。

資料來源：修改自陳毓文（1999）。〈論少年暴力行為與暴力環境之相關性〉，《台大社會
　　　　　工作學刊》，1，23。

入迴歸方程式中，看其決定係數R^2是多少？然後再將另「一群」自變項也
「強迫」放入迴歸方程式中，看其決定係數R^2是多少？同時決定係數R^2的
值增加多少（incremental R^2）？從決定係數R^2增加的值的大小與是否達到
顯著，就可以看出後放入迴歸方程式中的那「一群」自變項對依變項的解
釋力有多大（自變項若超過兩群，可依照上述步驟持續依次放入迴歸方程
式中）。

　　當然這樣的做法對於後「強迫」放入的那「一群」自變項對依變項
的解釋力其實是較為嚴苛的。因為先「強迫」放入的自變項與後放入的自
變項對於依變項來說可能有共同能解釋的部分，但是因為先「強迫」放入
的自變項已經「先入為主」，因此後「強迫」放入的那「一群」自變項
只能去解釋尚未被先「強迫」放入的自變項所解釋的依變項部分。因此
若在這種情況下，後「強迫」放入的那「一群」自變項所造成的R^2值增加
量（incremental R^2）仍然達到顯著的話，那麼研究者就更有理由認為：後

「強迫」放入的那「一群」自變項對依變項的影響（相關）達到顯著。而此時通常會用「在控制住先『強迫』放入的那『一群』自變項的影響之下，後『強迫』放入的那『一群』自變項對依變項的影響達到顯著」；而這也就是所謂的「統計控制」（statistical control）。

以王雲東（2001）的研究為例，從**表18-6**中可以看出，社會人口變項（自變項）對於接受長期照護老人於1994年的自評健康（依變項）的解釋力僅有3.7%，雖然達到顯著（p＜.001），但是仍然不高。而另「一群」自變項——健康資本變項，在控制住社會人口變項的情況之下，對於接受長期照護老人於1994年的自評健康（依變項）的解釋力仍舊高達29.2%（當然也達到顯著，p＜.001）。因此該研究在該依變項上的假設：「在控制住社會人口變項的情況之下，健康資本變項對於接受長期照護老人於1994年的自評健康（依變項）的影響達到顯著」也就獲得了驗證。

如果要看哪些個別的自變項對依變項的影響達到顯著，則與多元線性迴歸完全模型相同，仍舊是看「最後步驟」（也就是所有自變項均已放入迴歸方程式的狀況）中哪些自變項的影響達到顯著而定。

・**逐步多元線性迴歸分析**

逐步多元線性迴歸分析（stepwise multiple linear regression）是指：一次將「全部」自變項放入迴歸方程式中，由統計軟體根據個別自變項對依變項所造成的F值所對應的顯著水準機率值，來決定該自變項是可以進入迴歸方程式中，還是必須被剔除而無法進入迴歸方程式中。選擇的標準是：如果某自變項對依變項所造成的F值所對應的顯著水準機率值≦0.05的話，則該自變項可以被選入；不過，如果某自變項對依變項所造成的F值所對應的顯著水準機率值≧0.10的話，則該自變項就必須被剔除。「逐步」進入迴歸方程式的過程有先後次序，也就是說在同樣都可以進入到迴歸方程式中的前提之下，如果某自變項與依變項間的相關係數絕對值愈大的話，就愈會被優先選入。而在後面依次要被選入的自變項，如果它的t

表18-6 接受長期照護老人於1994年的自評健康的影響因素階層化多元線性迴歸分析

	標準化迴歸係數（β）	
	第一步驟	最後步驟
社會人口變項		
年齡	-.14***	-.17***
性別	-.03	.05*
婚姻狀態	.02	.02
家戶所得	-.06*	-.05*
教育程度	-.09***	-.01
種族	-.05	.01
居住安排	.00	.01
R²增加量	.037***	
健康資本變項		
1989自評健康		.26***
1989自評快樂		-.01
1989憂鬱徵候		-.06**
1989生活滿意度		.04
1989年曾住過養老院		-.00
1989年曾住過醫院		.03
1989年曾看過門診		.04*
日常生活必需活動（ADL）損傷狀況		.10***
日常生活工具性活動（IADL）損傷狀況		.13***
認知狀況		.03
照顧者人數		.14***
每週被第一位照顧者照顧的天數		.13***
被第一位照顧者照顧持續時間長度		-.02
每週是否被第一位照顧者協助日常生活必需活動（ADL）		.04
每週被第一位照顧者協助照顧日常生活工具性活動（IADL）的程度		-.05*
每月與親友面對面接觸的次數		-.08***
每月與親友電話聯絡的次數		.04
是否使用老人中心／成人日照中心		.00
是否使用居家護理服務		.02
是否接受低收入老人與身心障礙者醫療補助（Medicaid）		-.01
是否有私人健康計畫／健康保險		.00
R²增加量		.292***
總R²		.329***
調整後R²		.318***
F值		30.190***

註：*p＜.05，**p＜.01，***p＜.001。

資料來源：翻譯與修改自Wang (2001), Factors Associated with Health-related Quality of Life Indicators among Community-dwelling Frail Elders: A Revised Health Capital Perspective. (Ph. D. Dissertation), page 132: Table 5.14b.

值所對應的顯著水準機率值大於0.10的話，就表示該自變項與原先已在迴歸方程式（迴歸模型）中的自變項有線性重合的問題，因此該準備要被選入的自變項將會被剔除（王保進，2006）。

事實上，逐步多元線性迴歸分析通常係用於探索性研究，或是在並沒有明確假設、模型或理論的情況之下使用。例如：凌嘉華和劉信柱（2001）在其「統計迴歸分析在癌症研究」中使用1990～1994年美國人口普查局與華盛頓特區的資料庫，從其中六十三個變數中選擇與依變項「癌症死亡率」相關係數絕對值超過0.4的十三個變數，採用「逐步多元線性迴歸分析法」將其放入迴歸方程式中，最後共有六個自變項被納入迴歸方程式中，依照與依變項相關係數絕對值大小的次序，依序（由大至小）為：「心臟病死亡率」、「65歲以上人口數占當地總人口數百分比」、「65歲以上人口之家戶數占當地總家戶數百分比」、「具高中畢業以上教育程度之民眾占當地總人口數百分比」、「當地平均每10萬公民分配到的護士人數比率」與「社會安全制度受益人口占當地總人口數百分比」等。因此使得研究者一方面對於哪些變項可能會與「癌症死亡率」有高度相關有了更進一步的瞭解，同時也可以據此提供政府相關部門作為未來政策規劃或是資源分配的參考。

◆**邏輯迴歸**

在邏輯迴歸統計分析方法中，其基本原理原則與多元線性迴歸分析方法可說完全相同，但最主要的差異就是依變項的尺度是「名義（類別）變項」而非「連續變項」，而又因為名義變項可以分為「二分（binary）名義變項」或是「多重類別（multinomial）名義變項」，因此使得邏輯迴歸的複雜程度較多元線性迴歸稍微高一些。

邏輯迴歸統計分析的做法，主要也可分為：「邏輯迴歸完全模型」、「階層化邏輯迴歸分析」、「逐步邏輯迴歸分析」（forward/backward logistic regression）三種，因為前兩種使用頻率較高，因此此處主要介紹與說明前兩種類型。

• 邏輯迴歸完全模型

這種方法與多元線性迴歸完全模型一樣的地方，是一次把所有的自變項全部「強迫」放入迴歸方程式中（若以SPSS來說，在設定迴歸方法時，也是要設定ENTER），然後看看模型卡方值（Model χ^2）是否達到顯著？與多元線性迴歸完全模型相同，如果模型卡方值達到顯著，就表示整個模型的解釋力達到顯著；但與多元線性迴歸完全模型不同的地方是：模型卡方的數值，無法換算成對依變項變異量解釋的百分比。此外，如果整個模型達到顯著，可以進一步檢視個別自變項是否達到顯著？同時其影響力的大小排序為何？

如果依變項是「二分名義變項」的話，以王雲東（2006b）所作的「台灣地區中老年與老年人醫療服務使用率的影響因素研究」為例，可以發現對於「最近一年內是否曾住院」依變項來說，研究者所建構的模型對其解釋力達到顯著（模型卡方值＝445.122，p＜.001）。同時，年齡、自評健康、日常工具性活動完成狀況、日常必需性活動完成狀況、憂鬱症狀出現頻率、過去三年是否作過健康檢查等六個自變項對依變項的影響達到顯著。其中從Wald χ^2值的大小來排序，可以發現對「最近一年內是否曾住院」影響力較大的達到顯著自變項依序為（由大到小）：自評健康（Odds ratio＝0.686，Wald χ^2＝58.362，p＜.001）、過去三年是否作過健康檢查（Odds ratio＝1.720，Wald χ^2＝37.364，p＜.001）、日常工具性活動完成狀況（Odds ratio＝0.750，Wald χ^2＝32.084，p＜.001）、日常必需性活動完成狀況（Odds ratio＝0.857，Wald χ^2＝5.796，p＜.05）、年齡（Odds ratio＝1.255，Wald χ^2＝5.421，p＜.05）、憂鬱症狀出現頻率（Odds ratio＝1.149，Wald χ^2＝4.413，p＜.05）等（如表18-7）。

此處要加以說明的是：發生比（odds）是指在某自變項的某一個屬性上，對於發生與不發生依變項事件的比值（王濟川、郭志剛，2004）。因此對於任一個自變項來說，至少會有兩個屬性，而在相鄰兩屬性間（通常分子屬性大於分母屬性一單位），對於發生與不發生依變項事件的比

表18-7　台灣地區中老年與老年人對於「最近一年內是否曾住院」依變項
的邏輯迴歸顯著預測因素與模型卡方值

自變項	顯著發生比率值Significant Odds Ratio（Wald χ^2）
性別	
年齡	1.255（5.421）*
婚姻狀態	
居住地域	
居住型態	
居住安排	
夫妻去年收入	
自評健康	0.686（58.362）***
日常工具性活動完成狀況	0.750（32.084）***
日常必需性活動完成狀況	0.857（5.796）*
憂鬱症狀出現頻率	1.149（4.413）*
衛生健康習慣	
運動頻率	
過去三年是否作過健康檢查	1.720（37.364）***
目前是否已參加全民健保	
Total Model χ^2	445.122***

註：＊p＜.05，＊＊＊p＜.001。

資料來源：修改自王雲東（2006b）。〈台灣地區中老年與老年人醫療服務使用率的影響因
素研究〉。發表於2005年10月14-16日「台灣健康城市國際學術研討會」。

值的比率就稱為發生比率（odds ratio）。舉例來說，在**表18-7**中，自變項
「過去三年是否作過健康檢查」對依變項「最近一年內是否曾住院」的影
響達到顯著，且發生比率等於1.720；這就表示：在過去三年內作過健康
檢查的中老年與老年人，其在最近一年內住過院的發生比（odds）是過去
三年內沒有作過健康檢查的中老年與老年人在最近一年內住過院發生比
（odds）的1.720倍。由此我們可以看出：只要發生比率大於1的話，就表
示自變項與依變項間為正向連動；反之，如果發生比率小於1的話，就表
示自變項與依變項間為負向連動。

如果依變項是「多重類別名義變項」的話，以薛承泰（1996）所作

的「影響國初中後教育分流的實證分析：性別、省籍、與家庭背景的差異」為例，可以發現對於「國初中後的教育分流」依變項來說，研究者所建構的模型對其解釋力達到顯著（-2 log likelihood＝9437.3，p＜.05 at least[1]）。同時，從**表18-8**中可以看出：「多重類別名義變項」的依變項與自變項間的關係是需要建立在一個參考屬性上來加以分析的（也就是說，不能用一個方程式來表達整個自變項與依變項間的關係）；以這個例子來說，就是用就讀職業學校作為參考屬性〔不過若要更換參考屬性，只需把欲比較的變項與欲當成參考變項的兩行相減即可，例如：若欲比較不升學與就讀普通高中兩種依變項屬性與某一自變項（譬如：「父親教育程度」）屬性間的關係，則只需把左邊數來第二行的數值（－0.087）減去左邊數來第三行的數值（0.083）後即可加以分析〕。

表18-8　分流教育（普通高中、高職和專科）對背景因素的多重類別邏輯迴歸

自變項	未標準化邏輯迴歸係數（標準誤）		
	不升學／職業學校	普通高中／職業學校	專科學校／職業學校
常數項	1.130（.115）	-.903（.126）	-2.520（.200）
父親教育程度	-.087（.013）	.083（.013）	.088（.020）
母親教育程度	-.069（.014）	.039（.013）	.042（.020）
性別	-.152（.085）+	.198（.083）+	.436（.127）
省籍	-.131（.134）#	.299（.112）	.259（.165）+
是否為民國45年以後出生	-.827（.091）	-.514（.092）	-.233（.142）+
-2 log likelihood	9467.3		

註：係數未標明記號者均已達.05或以上顯著水準，#：p＞.10，+：.10＞p＞.05。

資料來源：修改自薛承泰（1996）。〈影響國初中後教育分流的實證分析：性別、省籍、與家庭背景的差異〉，頁70：表5.3。

---

[1] 因為本篇論文作者薛承泰（1996），並未明確指出達到顯著的程度，只有說明達.05或以上顯著水準，因此作者用「p＜.05 at least」表示。

對於**表18-8**的結果，我們可以說：以「不升學和就讀職業學校」來比較，父母親教育程度愈高、愈年輕者，國（初）中畢業後愈傾向就讀職業學校（達.05或以上顯著水準）。以就讀普通高中和就讀職業學校來相比，父母親教育程度愈高、外省籍、愈年長者，國（初）中畢業後愈傾向於就讀普通高中（達.05或以上顯著水準）。而以就讀專科學校和就讀職業學校相比較，父母親教育程度愈高、男性，國（初）中畢業後愈傾向於就讀專科學校（達.05或以上顯著水準）。

• 階層化邏輯迴歸分析

「階層化」邏輯迴歸分析與階層化多元線性迴歸分析方法相同，也是一次將「一群」自變項「強迫」放入迴歸方程式中，看其模型卡方值（Model χ^2）增加量是多少？然後再將另「一群」自變項也「強迫」放入迴歸方程式中，看其模型卡方值增加量是多少？是否達到顯著（自變項若超過兩群，可依照上述步驟持續依次放入迴歸方程式中）？由此就可以看出後放入迴歸方程式中的那「一群」自變項對依變項的解釋力是否達到顯著。

再以王雲東（2001）的研究為例，從**表18-9**中可以看出，社會人口變項（自變項）對於接受長期照護老人於1994年是否住院（依變項）的解釋力（模型卡方值）僅有10.842。而另「一群」自變項——健康資本變項，在控制住社會人口變項的情況之下，對於接受長期照護老人於1994年是否住院（依變項）的解釋力（模型卡方值）高達98.569（當然也達到顯著，p＜.001）。因此該研究在該依變項上的假設：「在控制住社會人口變項的情況之下，健康資本變項對於接受長期照護老人於1994年是否住院（依變項）的影響達到顯著」也就獲得了驗證。

如果要看哪些個別的自變項對依變項的影響達到顯著，則與邏輯迴歸完全模型相同，仍舊是看「最後步驟」（也就是所有自變項均已放入迴歸方程式的狀況）中哪些自變項的影響達到顯著而定。

表18-9 接受長期照護老人於1994年是否住院的影響因素階層化邏輯迴歸分析

	發生比率odds ratio	
	第一步驟	最後步驟（Wald χ^2）
社會人口變項		
年齡	.99	.98
性別	.97	1.27
婚姻狀態	1.30*	1.37*　（5.03）
家戶所得	.97	.97
教育程度	.94	.98
種族	1.18	1.41*　（4.40）
居住安排	1.01	1.17
模型卡方值（Model χ^2）增加量	10.842	
健康資本變項		
1989自評健康		.98
1989自評快樂		1.24
1989憂鬱徵候		.83*　（4.16）
1989生活滿意度		.80
1989年曾住過養老院		.93
1989年曾住過醫院		1.57***　（12.18）
1989年曾看過門診		1.15
日常生活必需活動（ADL）損傷狀況		1.90***　（13.78）
日常生活工具性活動（IADL）損傷狀況		1.08
認知狀況		1.02
照顧者人數		1.22***　（11.85）
每週被第一位照顧者照顧的天數		1.01
被第一位照顧者照顧持續時間長度		.99
每週是否被第一位照顧者協助日常生活 　必需活動（ADL）		.80
每週被第一位照顧者協助照顧日常生活 　工具性活動（IADL）的程度		1.04
每月與親友面對面接觸的次數		.99
每月與親友電話聯絡的次數		1.01***　（11.65）

（續）表18-9　接受長期照護老人於1994年是否住院的影響因素階層化
邏輯迴歸分析

	發生比率odds ratio	
	第一步驟	最後步驟（Wald χ^2）
是否使用老人中心／成人日照中心	1.25	
是否使用居家護理服務	1.68**	（8.45）
是否接受低收入老人與身心障礙者醫療補助（Medicaid）	1.21	
是否有私人健康計畫／健康保險	1.13	
模型卡方值（Model χ^2）增加量	98.569***	
總模型卡方值（Model χ^2）	153.701***	

註：*p＜.05，**p＜.01；***p＜.001。

資料來源：翻譯與修改自Wang (2001), Factors Associated with Health-related Quality of
　　　　　Life Indicators among Community-dwelling Frail Elders: A Revised Health Capital
　　　　　Perspective. (Ph. D. Dissertation), page 152: Table 5.19b.

解釋名詞

1. 登錄：將調查所獲得的資料輸入到電腦的統計軟體準備進行分析的過
程。

2. 描述性統計：「描述」樣本狀態的統計分析，其目的並不是要推論到整
個母群體。

3. 推論性統計：將對樣本狀態所作的研究和所獲得的結論，進一步推論到
整個母群體的過程。

4. 單變項分析：一次只針對一個變項進行的統計分析。

5. 雙變項分析：為探討兩個變項間的關係與次團體之間差異狀況所進行的
統計分析。

6. 多變項分析：探討一個以上的自變項對依變項所造成影響的統計分析。

考古題舉例

1. 以下表一分析婚姻品質的相關因素，請簡略說明分析程序及為何要分成
   四個模型分析，然後根據表一詮釋研究結果。（30分）

Variable	Model 1			Model 2			Model 3			Model 4		
	b	SE b	â	b	SE b	â	b	SE b	â	b	SE b	â
Education	.58	0.27	.10*	-0.99	0.59	-.08	-1.67	0.54	-.13**	-1.66	0.55	-.13**
Income	1.16	0.59	.10	0.33	0.28	.06	0.12	0.25	.02	0.12	0.25	.02
Age				0.22	0.07	.13**	0.14	0.06	.08*	0.13	0.07	.08*
Depression							-0.71	0.06	-.41**	-0.71	0.07	-.41**
Age X depression										-0.01	0.01	-.01
R^2		.011			.16			.43			.43	
F for change in R^2		2.87			8.94**			105.79**			0.18	

Note: Age and depression were centered at their means.

*$p < .05$.   **$p < .01$.

（國立臺北大學97學年度碩士班招生考試「社會學研究法」試題）

2. 中央極限定理（central tendency theorem）。（3分）（國立臺北大學96
   學年度碩士在職專班招生考試「社會研究方法」試題）

3. 中部某市有一公園綠地，市政府以發展經濟為由，擬將此公園綠地改成
   工業園區。此一消息一經媒體披露，遂引起一些地方人士和環保團體的
   反對。市政府為了瞭解市民的意見，因此委請某民意調查機構作了一次
   民意調查。該民意機構針對全市20歲以上的人口作隨機抽樣，而後施予
   調查（有效樣本＝500）。其結果如下表：
   贊成或反對公園綠地改成工業園區？

	男	女	
贊成	95	25	120
反對	105	275	380
總計	200	300	500

請問：

(1)贊成這個議題的男、女兩性的百分比是多少？（5分）

(2)你可以用什麼「統計值」來判斷男、女間有無明顯差異？（5分）

(3)計算這個統計值的主要觀念為何？（10分）（國立臺北大學96學年度碩士在職專班招生考試「社會研究方法」試題）

4.請由下表選出所有適用的統計方法的代號，若無適用方法請寫「無」（24分）：

依變項：

1.學業成績表現：零到100分

2.成績優等：是及否

自變項：

1.家庭結構：單親及完整家庭

2.社經地位：上、中、下三種

3.收入：以千元為單位

A.虛擬變項迴歸

B.ANOVA

C.兩獨立樣本t檢定

D.列聯表分析

E.卡方檢定

F.相關分析

G.迴歸分析

H.邏輯迴歸

I.交互作用模型

J.ANCOVA

K.重複測量ANOVA

1.家庭結構與子女學業成績表現

2.家庭社經地位與子女學業成績表現

　　3.父親社經地位與成年子女社經地位

　　4.家庭社經地位與政黨傾向的關聯

　　5.家庭收入及家庭結構與子女學業成績表現

　　6.家庭結構及社經地位與子女學業成績表現的關係是否具條件性
　　　（conditional）

　　7.家庭收入與子女學業成績是否得優等

　　8.入學第一年成績優等與畢業時成績優等（國立臺北大學96學年度碩士
　　　班招生考試「社會學研究法」試題）

5.人在面對壓力（stress）會因此有distress的狀況，包含焦慮及憂鬱等等。
　針對社會支持（social support）在這狀況之下的角色，文獻上有不同觀
　點。請說明上表是檢定社會支持的哪兩種效果／哪兩種觀點（Hint：參
　考詳析模型）並詮釋結果。（16分）

Effect	Regression Models		
	Model I	Model II	Model III
Intercept	23.309	28.230	26.04
Stress	.090	.103	0.16
	(.036)	(.032)	(0.085)
Social support (SS)	——	-.097	-0.06
		(.029)	(0.063)
Stress *SS	——	——	-0.0008
			(0.001)
R^2	.138	.339	0.347
(n)	(40)	(40)	(40)

　　*standard errors in parentheses（國立臺北大學96學年度碩士班招生考試
　　「社會學研究法」試題）

　　（國立臺北大學96學年度碩士班招生考試「社會學研究法」試題）

6.變數X和Y的Pearson's coefficient of correlation為2.1，代表：

　(1)X和Y是高的相關

(2)X和Y是低的相關

(3)X和Y沒有關聯

(4)計算錯誤。（3分）（國立臺北大學97學年度碩士在職專班招生考試「社會研究方法」試題）

7. 如果一研究者以失業、兼職、全職、家管、學生來測量個人所從事的經濟活動（employment status），我們可用何種統計來代表這變數的集中趨勢？

(1)中位數（median）

(2)平均數（mean）

(3)標準差（standard deviation）

(4)眾數（mode）。（3分）（國立臺北大學97學年度碩士在職專班招生考試「社會研究方法」試題）

8. 無母數統計（nonparametric statistics）。（10分）（國立臺北大學97學年度碩士在職專班招生考試「社會研究方法」試題）

9. 選擇題（30分，每小題3分，單選）

(1) For an extremely skewed distribution of scores the best measure of central tendency would be _____.

(A) the mean

(B) the median

(C) the mode

(D) Central tendency cannot be determined for a skewed distribution.

(2) Sample variance provides an unbiased estimate of the population variance. The term unbiased means _____.

(A) for any sample, the sample variance will equal the population variance.

(B) for large samples, the sample variance will equal the population variance.

(C) if sample variance is computed for many samples, the average sample variance will equal the population variance

(D) None of the other choices is correct.

(3) A distribution with mean=35 and SD=8 is being standardized so that the new mean and standard deviation will be mean=50 and SD=10. When the distribution is standardized, what value will be obtained for a score of X=39 from the original distribution?

(A) X=54

(B) X=55

(C) X=1.10

(D) impossible to determine without more information

(4) For a normal distribution whit mean=500 and SD=100, what is the 40th percentile ?

(A) 475　(B) 525　(C) 552　(D) 584

(5) If a sample is selected from a normal population, then the probability that the sample mean will have a z-score greater than z=2.00 is_____.

(A) p=.0228　(B) p=.9772　(C) p=.0456　(D) cannot determine without knowing the sample size

(6) Which of the following will increase the power of a statistical test ?

(A) change Alpha from .05 to .01

(B) change from a one-tailed test to a two-tailed test

(C) change the sample size form n =100 to n =25

(D) None of the other options will increase power.

(7) Whith Alpha=.05 and df=8, the critical value for a one=tailed test is t=1.860. Assuming all other factors are held constant, if the df value were increased to df=20, the critical value of t would _____.

(A) increase　(B) decrease　(C) stay the same　(D) not enough

information to answer

(8) The homogeneity of variance assumption states that_____.

　　(A) the two sample variances are equal

　　(B) the two sample come from the same population

　　(C) variance must stay constant for each subject in the experiment

　　(D) the samples come from populations with equal variances

(9) An analysis of variance is used to evaluate the mean differences for a research study comparing four treatment conditions with a separate sample of n=5 in each treatment. The analysis produces SSwithin treatments=32, SSbetween treatments=40, and SStotal=72. For this analysis, what is MS within treatments ?

　　(A) 32/5　(B) 32/4　(C) 32/16　(D) 32/20

(10) The chi-square test for goodness of fit evaluates_____.

　　(A) the relationship between two variables

　　(B) the mean differences between tow or more treatments

　　(C) the shape or proportions for a population distribution

　　(D) None of the other options are evaluated by the chi-square test.（國立臺北大學98學年度碩士班招生考試「社會工作研究法」試題）

10. Central limit theorem and the law of large number（10分）（國立臺北大學98學年度碩士班招生考試「社會學研究法」試題）

11. outliers and influential data points in regression（10分）（國立臺北大學98學年度碩士班招生考試「社會學研究法」試題）

12. 請說明何謂標準誤（standard error）？（5分）（國立臺北大學98學年度碩士班招生考試「社會學研究法」試題）

13. 選擇題（均為單選題，每題4分；共40分）

(1) Which of the following samples would have the largest value for sample variance?

(A) 1, 3, 5 (B) 11, 13, 15 (C) 51, 53, 55 (D) the variances are the same.

(2) The median for any distribution corresponds to a z score of _____.

(A) 0 (B) 1 (C) N (D) cannot be determined from the information given

(3) A vertical line is drawn through a normal distribution at z= 1.00. The proportion of the distribution that is located between the mean and the line is _____.

(A) 0.1587 (B) 0.3413 (C) 0.6826 (D) 0.8413

(4) A random sample of n=4 scores is obtained from a normal population with mean= 20 and standard deviation= 4. What is the probability of obtaining a sample's mean greater the 22 ?

(A) 0.50 (B) 1.00 (C) 0.1587 (D) 0.3085

(5) A Type I error means that a researcher has _____.

(A) falsely concluded the a treatment has an effect

(B) correctly concluded that a treatment has o effect

(C) falesly concluded that treatment has no effect

(D) correctly concluded that a treatment has an effect

(6) If all other factors are held constant, increasing the sample size will

(A) incerase the standard error

(B) decrease the width of the confidence interval

(C) increase the width of the confidence interval

(D) None of the other 3 choices is correct.

(7) Post hoc tests are necessary after an ANOVA whenever _____.

(A) null hypothesis is rejected

(B) there are more than two treatments

(C) null hypothesis is rejected and there are more than two treatments

(D) We always should do post hoc tests after an ANOVA.

(8) The chi-square distribution is _____.

(A) symmetrical with a mean of zero

(B) positively skewed with all values greater than or equal to zero

(C) negatively skewed with all values greater than or equal to zero

(D) symmetrical with a mean equal to n-1

(9) A chi-square test for independence is being used to evaluate the relationship between two variables, one of which is classified into 3 categories and the second of which is classified into 4 categories. The chi-square statistic for this test would have df equal to _____.

(A) 6   (B) 7   (C) 10   (D) 11

(10) The regression equation is determined by minimizing _____.

(A) the total error between the X and Y values

(B) the total error between the predicted Y values and the actual Y values

(C) the total squared error between the X and the Y values

(D) the total squared error between the predicted Y values and the actual Y values（國立臺北大學99學年度碩士班招生考試「社會工作研究法」試題）

14.「您是什麼時候出生的？民國_____年」

請依此題的回答建構「名目」（nominal）、「等級」（ordinal）、「等比」（ratio）三個層級的變數各一，並指出測量其「集中趨勢」（central tendency）及「離散／離異」程度（dispersion）的恰當統計。（30分）（國立臺北大學99學年度碩士在職專班招生考試「社會研究方法」試題）

15.在解釋性的研究中，研究者常將其解釋模型中的變項分為「控制變項」（control variable）、「依變項」（dependent variable）、「自變項」（independent variable）三個類別，請舉例並說明三者的異同。

（30分）（國立臺北大學99學年度碩士在職專班招生考試「社會研究方法」試題）

16. 請試著提出五種方法，在時間（1-2天）與經費有限（台幣2,000元以內）的範圍內，估計出臺北市的計程車數量。（10分）（國立臺北大學99學年度碩士班招生考試「社會學研究方法」試題）

17. 與簡單迴歸（指解釋變項只有一個）相比，分析方法採用多元迴歸（解釋變項多於一個）的目的與好處是什麼？（10分）（國立臺北大學99學年度碩士班招生考試「社會學研究方法」試題）

18. 選擇題（均為單選題，每題4分，共40分）

(1) In order to estimate the amount of TV watched by Taipei City adults, a sociologist surveys a random sample of adults from this city. The average (mean) of the raw scores is a _____.

(A) population (B) sample (C) statistic (D) parameter

(2) "Whih university did you graduate from" is measured on a(n) _____.

(A)nominal scale

(B)ordinal scale

(C)interval scale

(D)ratio scale

(3) If 10 points were added to each score in a distribution, which of the following will happen?

(A) the mean will remain unchanged

(B) the mode will remain unchanged

(C) the standard deviation will be unchanged

(D) the mean, median, and mode will remain unchanged

(E) (C) and (D) are both correct

(4) Consider the following scores: 21, 22, 22, 0.1, 20, 25, 28, 26, 23, 19, 0.5. Which of the measures below give the best description of the central

tendency of these scores ?

(A) mean   (B) variance   (C) range   (D) median

(5) A distribution has a mean of 60.0 and a standard deviation of 4.3. The raw score corresponding to a z score of 2.02 is _____.

(A) 51.3   (B) 68.7   (C) 51.4   (D) 68.6

(6) A history professor gives a quiz to his class and records the following scores:

13, 11, 11, 9, 12, 13, 16, 14, 11, 10, 8, 13, 20.

The standard deviation is _____. Assume sample scores.

(A) 3.12   (B) 3.00   (C) 13.26   (D) 12.74

(7) In a negative correlation relationship, _____.

(A) as X increases, Y increases

(B) as X decreases, Y decreases

(C) a and b

(D) as X increases, Y decreases

(8) An alpha level of 0.05 indicates that _____.

(A) if H0 is true, the probability of falsely rejecting is limited to 0.05

(B) 95% of the time, chance is operating

(C) the probability of a Type II error is 0.05

(D) the probability of a correct decision is 0.05

(9) Using the test for independent groups, a directional alternative hypothesis predicts _____.

(A) $\mu_1 > \mu_2$

(B) $\mu_1 = \mu_2$

(C) $\mu_1 < \mu_2$

(D) A or C, depending on the direction

(10) Chi-square is used to test differences between_____.

(A) proportions

(B) means

(C) variances

(D) none of the above（國立臺北大學100學年度碩士班招生考試「社會工作研究法」試題）

19.初學迴歸模型與研究法的大學生阿剛認為，同學們如果越用功，考試成績應該越高，兩者之間應該是正相關。為了瞭解同學們的用功程度對成績到底有多大的影響，他首先取得所有同學的考試成績資料，並請大家填答問卷（問項包括每週讀書幾小時），接著他將迴歸模型設定為：

Y= a＋bX

Y為考試成績估計值，X為每週讀書時數，b為迴歸係數，a為常數項。請問這樣的模型假設適當嗎？請解釋為什麼。（10分）（國立臺北大學100學年度碩士班招生考試「社會學研究法」試題）

20.有一健身中心發展出一套自稱能夠有效降低體重的減重計畫，該中心隨機招募了100名會員，讓他們持續參與這個減重計畫達三個月之久。為了評估該減重計畫是否有效，該中心聘請一研究人員針對這個計畫的參與者進行調查。該研究者決定在這些會員參與計畫前先測量他們的體重，在他們完成計畫後一個月再測量每一位參與者的體重，請問這麼研究者應該：

(1)將它們所得的資料轉換成什麼樣的統計量來進行評估？（5分）

(2)若該中心要能夠宣稱這個減重計畫能有效降低體重的話，並能夠大肆推廣的話，研究人員應該採取哪種統計分析方法來分析他所得的資料？為什麼？（10分）

(3)該研究人員要得到什麼樣的資料分析結果才能夠宣稱這個減重計畫是有效的？（5分）（國立臺灣大學98學年度碩士班招生考試「社會工作研究方法」試題）

21.有一大學校長認為學生高中的成績能夠預測其大一時的學業表現。他遂

請學校統計人員分析大一新生第一次期中考的分數與其高中時的總成績之相關性，該相關細述有達統計上的顯著，故他們更進一步進行迴歸分析，並得到以下分析數據。請根據下表所提供的資料回答下列問題：

變異來源	差異平方和（SS）	自由度（df）	平均平方和（MS）	F	顯著度（Sig）
迴歸效果	124.038	1	124.038	16.660	0.004
誤差	59.562	8	7.445		
總合	183.600	9			

	未標準化係數		標準化係數	t	顯著性
	B之估計值	標準誤	（Beta）		
常數	49.369	8.577			
高中GPA	0.434	0.106	0.822	4.082	0.004

(1)該迴歸模式是否有達到統計上的顯著？何以見得？（5分）

(2)大一新生第一次期中考的分數與其高中時的總成績之相關係數為多少？（5分）

(3)該分析的樣本數為多少？（5分）

(4)根據這樣的分析結果，該校長的論述是否成立？為什麼？（5分）

（國立臺灣大學98學年度碩士班招生考試「社會工作研究方法」試題）

22.假設臺灣大學社會系碩士班入學考的筆試成績為常態分配，平均分數為80，標準差為5，如果只要錄取筆試成績最高的前2.5%，求最低錄取分數為何？（10分）（國立臺灣大學98學年度碩士班招生考試「社會研究方法」試題）

23.用「臺灣社會變遷基本調查」的資料來分析影響收入的因素，得到以下的SPSS的結果，請依照所得結果回答問題（每小題5分，共20分）：

變數定義

GENDER：1＝女性　0＝男性

EDUCAT：教育年數（年）

TENURE：工作年資（年）

INCOME：年收入（千元）

(1)請簡單解釋ANOVA表的意義。

(2)如果把GENDER這個變數的編碼改成（1＝男性，0＝女性），則迴歸模型會產生什麼變化？

ANOVA[b]					
Model	Sum of Squares	df	Mean Square	F	Sig.
1 Regression	71970326	3	23990108.59	241.602	.000[a]
Residual	2.27E+08	2286	99295.943		
Total	2.99E+08	2289			

a. Predictors: (Constant), GENDER, EDUCAT, TENURE

b. Dependent Variable: INCOME

Coefficients [a]					
Model	Unstandardized Coefficients		Standardized Coefficients	t	Sig.
	B	Std. Error	Beta		
1 (Constant)	143.770	23.661		6.076	.000
TENURE	5.527	.778	.136	7.108	.000
EDUCAT	30.822	1.587	.370	19.423	.000
GENDER	-189.098	13.628	-.261	-13.876	.000

a. Dependent Variable: INCOME

(3)上表中，（constant）的係數（143.77）所代表的意義為何？

將EDUCAT與GENDER（1＝女，0＝男）兩變數相乘得到一新的變數（EDUC.GEN），將此變數加迴歸模型中得到新的結果如下表：

Coefficients [a]

Model		Unstandardized Coefficients		Standardized Coefficients	t	Sig.
		B	Std. Error	Beta		
1	(Constant)	90.923	30.222		3.009	.003
	TENURE	5.686	.779	.140	7.304	.000
	EDUCAT	26.817	2.133	.322	12.572	.000
	GENDER	-98.603	35.025	-.136	-2.815	.005
	EDUC.GEN	8.629	3.077	.149	2.804	.005

a. Dependent Variable: INCOME

(4)請解釋EDUC.GEN這個變數在模型中所呈現的意義？（國立臺灣大學98學年度碩士班招生考試「社會研究方法」試題）

24. Statistical Significance vs. Practical Significance（6分）（國立臺灣大學99學年度碩士班招生考試「社會工作研究方法」試題）

25. Parametric tests vs. Nonparametric tests（6分）（國立臺灣大學99學年度碩士班招生考試「社會工作研究方法」試題）

26.是非題（每小題3分，共計12分）

(1)當我們拒虛無假設時，可能會犯第一類型錯誤（Type I error）。

(2)運用ANOVA所計算出的F比值，代表的是「組內變異數」為「組間變異數」的幾倍。

(3)研究者想要知道參與某一社會工作團體的八名案主，其前測與後測的分數是否有顯著地不同，要用相依樣本t檢定。

(4)用三個連續變項，包括：薪資、考績、與工作時間長短，來預測社工員的工作滿意程度的方法稱為簡單迴歸。（國立臺灣大學99學年度碩士班招生考試「社會工作研究方法」試題）

27.以下是關於因果推論的兩個問題：

(1)變數間的因果關係要能夠成立的先決條件有哪些？請各舉一個具體的例子說明這些條件所以必須要先符合的原因。（10分）

(2)在迴歸分析中有所謂「控制住其他變數」，其做法與其含意是什麼？它跟前面所提及的，變數間的因果關係要能夠成立的先決條件

之中的哪一項有關連？請說明為什麼會有關連？（10分）（國立臺灣大學99學年度碩士班招生考試「社會研究方法」試題）

28.假如一個隨機變數（Y）只有兩種可能的數值，0跟1，而且其具有如下表的機率分配，也就是當Y＝1時，其機率是P，當Y＝0時，其機率是（1－P），這樣的隨機變數稱之為白努利隨機變數（Bernoulli random variable）。請回答：

Y	P（Y）
1	P
0	1－P

(1)此隨機變數的期望值是多少？說明此期望值可能的值域範圍。（5分）

(2)此隨機變數的變異數是多少？說明此變異數可能的值域範圍。（5分）

（國立臺灣大學99學年度碩士班招生考試「社會研究方法」試題）

29.假設檢定有多種方法，其中一種是P值（P-value）檢定法。某學生對P值的解釋是「虛無假設（H$_0$）為真的機率。」請先說明妳（你）對P值的解釋，然後請問妳（你）同意他的解釋嗎？（5分）（國立臺灣大學99學年度碩士班招生考試「社會研究方法」試題）

30.某台大教授發展出一種新的智商測驗（IQ test）方式，於是他針對台大學生進行測驗，以便瞭解台大學生的智商分佈狀況。結果，他發現全台大學生的智商大體是呈現常態分配狀況，平均分數是100分，而標準差是16分。請參考試題所附的標準常態分配機率表回答下列問題：

(1)請問隨機抽出一個台大學生，她（他）的智商分數會高於105分的機率是多少？（5分）

(2)如果這個教授隨機抽取64個學生做為樣本，請問這個樣本平均數會高於105分的機率是多少？（5分）

(3)假如台大學生的智商分佈並非常態分配，請問妳（你）在題項(1)跟(2)中求得的答案會受到影響嗎？請解釋妳（你）這麼回答的理由。（5分）（國立臺灣大學99學年度碩士班招生考試「社會研究方法」試題）

Cumulative probabilities and percentiles of the standard normal distribution

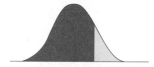

z(a)

(a) Cumulative probabilities

Entry is area a under the standard normal curve from $-\infty$ to z(a).

z	0.00	0.01	0.02	0.03	0.04	0.05	0.06	0.07	0.08	0.09
0.0	0.5000	0.5040	0.5080	0.5120	0.5160	0.5199	0.5239	0.5279	0.5319	0.5359
0.1	0.5398	0.5438	0.5478	0.5517	0.5557	0.5596	0.5636	0.5675	0.5714	0.5753
0.2	0.5793	0.5832	0.5871	0.5910	0.5948	0.5987	0.6026	0.6064	0.6103	0.6141
0.3	0.6179	0.6217	0.6255	0.6293	0.6331	0.6368	0.6406	0.6443	0.6480	0.6517
0.4	0.6554	0.6591	0.6628	0.6664	0.6700	0.6736	0.6772	0.6808	0.6844	0.6879
0.5	0.6915	0.6950	0.6985	0.7019	0.7054	0.7088	0.7123	0.7157	0.7190	0.7224
0.6	0.7257	0.7291	0.7324	0.7357	0.7389	0.7422	0.7454	0.7486	0.7517	0.7549
0.7	0.7580	0.7611	0.7642	0.7673	0.7704	0.7734	0.7764	0.7794	0.7823	0.7852
0.8	0.7881	0.7910	0.7939	0.7967	0.7995	0.8023	0.8051	0.8078	0.8106	0.8133
0.9	0.8159	0.8186	0.8212	0.8238	0.8264	0.8289	0.8315	0.8340	0.8365	0.8389
1.0	0.8413	0.8438	0.8461	0.8485	0.8508	0.8531	0.8554	0.8577	0.8599	0.8621
1.1	0.8643	0.8665	0.8686	0.8708	0.8729	0.8749	0.8870	0.8790	0.8810	0.8830
1.2	0.8849	0.8869	0.8888	0.8907	0.8925	0.8944	0.8962	0.8980	0.8997	0.9015
1.3	0.9032	0.9049	0.9066	0.9082	0.9099	0.9115	0.9131	0.9147	0.9162	0.9177
1.4	0.9192	0.9207	0.9222	0.9236	0.9251	0.9265	0.9279	0.9292	0.9306	0.9319
1.5	0.9332	0.9345	0.9357	0.9370	0.9382	0.9394	0.9406	0.9418	0.9429	0.9441
1.6	0.9452	0.9463	0.9474	0.9484	0.9495	0.9505	0.9515	0.9525	0.9535	0.9545
1.7	0.9554	0.9564	0.9573	0.9582	0.9591	0.9599	0.9608	0.9616	0.9625	0.9633
1.8	0.9641	0.9649	0.9656	0.9664	0.9671	0.9678	0.9686	0.9693	0.9699	0.9706
1.9	0.9713	0.9719	0.9726	0.9732	0.9738	0.9744	0.9750	0.9756	0.9761	0.9767
2.0	0.9772	0.9778	0.9783	0.9788	0.9793	0.9798	0.9803	0.9808	0.9812	0.9817
2.1	0.9821	0.9826	0.9830	0.9834	0.9838	0.9842	0.9846	0.9850	0.9854	0.9857
2.2	0.9861	0.9864	0.9868	0.9871	0.9875	0.9878	0.9881	0.9884	0.9887	0.9890
2.3	0.9893	0.9896	0.9898	0.9901	0.9904	0.9906	0.9909	0.9911	0.9913	0.9916
2.4	0.9918	0.9920	0.9922	0.9925	0.9927	0.9929	0.9931	0.9932	0.9934	0.9936
2.5	0.9938	0.9940	0.9941	0.9943	0.9945	0.9946	0.9948	0.9949	0.9951	0.9952
2.6	0.9953	0.9955	0.9956	0.9957	0.9959	0.9960	0.9961	0.9962	0.9963	0.9964
2.7	0.9965	0.9966	0.9967	0.9968	0.9969	0.9970	0.9971	0.9972	0.9973	0.9974
2.8	0.9974	0.9975	0.9976	0.9977	0.9977	0.9978	0.9979	0.9979	0.9980	0.9981
2.9	0.9981	0.9982	0.9982	0.9983	0.9984	0.9984	0.9985	0.9985	0.9986	0.9986

31.是非題（每題兩分，正確寫T，錯誤寫F，請寫明題號及答案，題號寫錯不予計分）

(1) If $X_1, ...X_n$ are in independent variables such that each expectation E(X) exists, then E $(X_1 \cdot X_2 \cdot X_3...X_n) = E(X_1) E(X_2) ... E(X_n)$

(2) A Type II error is defined to be the probability of failing to reject a false null hypothesis.

(3) Suppose that the variable under consideration is normally distributed on each of the two populations, then F=_____has the F distribution with degree of freedom (n1-1, n2-1).

(4) For the standard normal random variable z, P(z=0)is 0.5.

(5) The matched-pair t test is used to test the difference of two means when the two selected samples are independent.

(6) The mean and the variance for the z distribution and the t distribution are the same.

(7) The X^2 (chi-square) goodness-of-fit test is always demonstrated as a right-tailed test.

(8) A 90 percent confidence interval for a population mean implies that there is a 0.90 probability that the population mean will be contained in the confidence interval.

(9) One property of the distribution of sample means is that if the original population is normally distributed, then the distribution of the sample means is also normally distributed, regardless of the sample size.

(10) If the random variable $X_1, X_2, ...X_n$ form n Bernoulli trials with parameter p and if $X=X_1, X_2, ...X_n$, then X has a binomial distribution with parameter n and p. （國立臺灣大學100學年度碩士班招生考試「社會研究方法」試題）

32.單選題（每題三分，請寫明題號及答案，題號寫錯不予計分）

(1) If two events A and B are independent and $P(A) \neq 0$ and $P(B) \neq 0$, then

    (A) $P(A \mid B) = P(A \cap B)$

    (B) $P(A \mid B) = P(A)P(B)$

    (C) $P(A \cap B) \neq 0$

    (D) $P(A \mid B) = 0$

    (E) none of the above

(2) In hypothesis testing, the level of significance is the probability of

    (A) failing to reject a true null hypothesis.

    (B) failing to reject a false null hypothesis.

    (C) rejection a false null hypothesis.

    (D) rejection a true null hypothesis.

    (E) none of the above

(3) For the following information, n=16 μ_0=15 X=16 S^2=16, assume that the population is normal. Compute the test statistic for testing for a population mean.

    (A) z=1   (B) z=1/4   (C) t=1   (D) t=1/4   (E) none of the above

(4) An advertising agency would like to create an advertisement for a fast food restaurant claiming that the average waiting time from ordering to receiving your order at the restaurant is less than 5 min. The agency measured the time from ordering to delivery of order for 25 customers and found that the average time wan 4.7 min with a standard deviation of 0.6 min. The appropriate set of hypotheses to be tested is

    (A) H_0: $\mu \leq 4.7$ vs. H1: $\mu > 4.7$.

    (B) H_0: $\mu \geq 4.7$ vs. H1: $\mu < 4.7$.

    (C) H_0: $\mu \geq 5$ vs. H1: $\mu < 5$.

    (D) H_0: $\mu \leq 5$ vs. H1: $\mu < 5$.

    (E) none of the above

(5) If tow small samples are selected independently from two different normal populations with equal variances, the sampling distribution of the difference of the sample means

(A) has a mean that is the difference of the two sample means.

(B) has a variance that is the difference of the two variances for the two populations.

(C) has a distribution that is normal.

(D) has a t distribution.

(E) all of the above

(6) Consider the table below, formed by cross-classifying age group and brand of cola consumed.

	Under age 15	Age 15-25	Age 25-35
Cola 1	150	100	200
Cola 2	300	125	200
Cola 3	300	200	300

If you were to test whether there is any difference in the proportions of people consuming the different brands based on age, the test statistic will be (A) 31.029 (B) 26.035 (C) 30.966 (D) 31.035 (E) none of the above is correct

(7) A group of foreign students who would like to study in the United States registered for a special TOEFL (Test of English as a Foreign Language) preparatory course offered in their home country. They took a sample examination on the first day of classes and then retook it at the end of the course. The results for six of the students are given below.

(8) X, Y, Z are independent and E(X)=1, E(Y)=3, E(Z)=5, Var(X)=3, Var(Y)=1, Var(Z)=2, What is the mean and variance of 2X+3Y

(A) mean=11, variance=21

(B) mean=11, variance=9

(C) mean=5.5, variance=9

(D) mean=11, variance=4

(E) none of the above

(9) When computing the sample size to help construct confidence intervals for the population proportion, for a fixed margin of error of estimate and level of confidence, the sample size will be maximum when

(A) p=0.25.

(B) (1-p)=0.25.

(C) p(1-p)=0.5.

(D) p=0.5.

(E) none of the above

(10) Which of the following is true? The t distribution should be used when

(A) the sampling population is nunnormal.

(B) the sampling population is unimodal.

(C) the population standard deviation is unknown, the sample size is small, and the sampling distribution is normal.

(D) the population standard deviation is known.

(E) none of the above（國立臺灣大學100學年度碩士班招生考試「社會研究方法」試題）

33. 何謂變異數分析？何以變異數分析的檢定係採取右尾檢定？（10分）（東吳大學96學年度碩士班招生考試「社會研究法與社會統計」試題）

34. 何謂「中央極限定理」？統計學中，中央極限定理的重要性為何？（10分）（東吳大學96學年度碩士班招生考試「社會研究法與社會統計」試題）

35.國內許多研究所採納「推薦甄試」為入學管道之一。當甄試委員們在
進行書面審查及面試之後，必須在下列二項選擇中做出最後決定：

H_0：該生具有發展潛力

H_1：該生不具有發展潛力

(1)若「錄取該生，但日後發現他的學業表現不佳」係犯下了何種錯
誤？（Type I還是Type II）；其機率表示為 α 還是 β？請說明你的理
由。（10分）

(2)「放寬錄取標準」是增加_____而減少_____。（請填 α 或 β）；
請說明你的理由。（10分）（東吳大學96學年度碩士班招生考試
「社會研究法與社會統計」試題）

36.某研究者想要瞭解年齡對貧窮地位的影響效果，尤其是想要比較退休
老人（65歲以上）、中壯年人、青年人以及兒童等四個類別之生活在
貧窮線下的人數。其研究結果如下：在200位退休老人之中，有36位生
活於貧窮線下；在350位中壯年人之中，有50位生活於貧窮線下；在
240位青年人之中，有40位生活於貧窮線下；而在250位兒童之中，則
有51位生活於貧窮線下。

最適合回答上述問題的統計檢定方法是什麼？請說明你的理由。（10
分）（東吳大學96學年度碩士班招生考試「社會研究法與社會統計」
試題）

37.統計分析中常需要對於變項進行控制，請舉出並說明兩種在統計方法
上「控制」的例子。（20分）（東吳大學98學年度碩士班招生考試
「社會研究法與社會統計」試題）

38.請就以下各敘述予以統計評論：（20分）

(1)若研究者掌握詳細且完整的研究資料，則選擇無母數統計或是無母
數統計並無太大差別。

(2)某大學教師根據班上同學一整個學期的表現進行統計分析，迴歸分
析的結果證實：座位離老師講台愈遠的同學，成績愈差。（東吳大

學98學年度碩士班招生考試「社會研究法與社會統計」試題）

39.近年來常聽聞自殺的案例，某社會學家想要研究各地區自殺的比例是否與婚姻狀態有關。請建議需要蒐集什麼樣的統計資料，以及最適當的統計方法。（10分）（東吳大學98學年度碩士班招生考試「社會研究法與社會統計」試題）

40.與簡單迴歸分析相較，多元迴歸分析的預測變項對依變項總會有準確度較高的預測力。請評論。（10分）（東吳大學99學年度碩士班招生考試「社會研究法與社會統計」試題）

41.解釋名詞：

(1)R^2

(2)變異數分析

(3)抽樣分配

(4)無母數統計。（20分）（東吳大學99學年度碩士班招生考試「社會研究法與社會統計」試題）

42.在量化研究方法中，多元線性迴歸分析（Multiple Linear Regression Analysis）是一個重要的方法，請問：

(1)其基本假定為何？（7分）

(2)何謂多元共線（Multi-collinearity）問題？應如何處理？（8分）

(3)有哪幾種常見的分析模型？其適用時機各為何？請舉社工領域的實例說明之。（15分）（國立臺灣大學100學年度博士班招生考試「社會工作研究方法」試題）

43.下列關於多元線性迴歸（Multiple Linear Regression）分析的敘述，何者不是正確的？

(A)當自變項個數愈多時，Adjusted R2的重要性就愈高。

(B)多元線性迴歸方程式中某一自變項迴歸係數數值代表：排除掉模型中其他自變項對依變項的影響後，該自變項單獨對此依變項的影響力。

(C)多元線性迴歸方程式中的自變項間應避免多元共線（Multi-collinearity）問題，所以各變異膨脹係數（variance inflation factor, VIF）均宜大於10。

(D)多元線性迴歸方程式中的自變項與依變項應儘可能為常態分配。（5分）（國立臺灣大學104學年度碩士班招生考試「社會工作研究方法」試題）

44.下列關於邏輯迴歸（logistic regression）分析的敘述，何者是正確的？

(A)當發生比率（odds ratio）大於1的話，就表示該自變項與依變項間為正向連動。

(B)邏輯迴歸模型的解釋力主要是看R^2。

(C)邏輯迴歸模型中，各自變項對依變項影響力大小的排序是看發生比率（odds ratio）的大小。

(D)虛擬變項（dummy variable）不能放入邏輯迴歸方程式中。（5分）（國立臺灣大學104學年度碩士班招生考試「社會工作研究方法」試題）

45.若有兩組分數，一組分數中每個分數都乘5，而另一組分數中每個分數都除以10，則此兩組分數的相關係數（Pearson r）會有何變化？

(A)變為5倍

(B)變為1/10

(C)不變

(D)變為1/2（5分）（國立臺灣大學104學年度碩士班招生考試「社會工作研究方法」試題）

46.解釋名詞：（每題5分）

(A) non-parametric test

(B) confidence interval

(C) skewness

(D) standard error of the mean

(E)Scheffe's post hoc test（國立臺灣大學104學年度碩士班招生考試「社會工作研究方法」試題）

47. 政府為瞭解國人對生育子女的態度，進行了一項隨機抽樣調查，總計調查3,750位20-39歲男女樣本。下列三維表列出其中一項虛擬的調查數據，為受訪者在未來五年內是否想生子女的人數分配。請就下表資料內容進行適當的統計分析，並詮釋其結果。（25分）（104年高考社會行政類科「社會研究法」試題）

表一　小於29歲者

想要生子女？	男	女	合計
是	90	250	340
不確定	140	100	240
否	570	450	1020
合計	800	800	1600

表二　大於30歲者

想要生子女？	男	女	合計
是	440	800	1240
不確定	110	100	210
否	500	200	700
合計	1050	1100	2150

48. 從統計學上來說，研究中常使用「描述性統計」和「推論性統計」兩類型技術。試說明兩者使用目的，並分別舉例說明在研究上的運用方式。（25分）（103年原住民族特考社會行政類科「社會研究法」試題）

49. 根據下表，解釋臺灣人或新移民使用服務的關係。並解釋你／妳為什麼希望以推論統計，深入分析資料。（25分）（101年高考社會行政類科「社會研究法」試題）

族群和使用服務的關係

使用服務	族群	
	臺灣人	新移民
接受	80% (80)	40% (80)
拒絕	20% (20)	60% (120)
合計	100	200

50.請說明量化資料分析中，集中量數測量方法及離散趨勢測量方法之涵義，並各舉出三種測量方式加以說明之。（25分）（106年身心障礙特考三等考試社會行政類科「社會研究法」試題）

51.有一研究者欲探究性別與權能程度（empowerment）是否相關，分析的結果如表1、表2所示，請就這些數據加以分析和解釋。（25分）

表1 各類性別之權能程度分數描述統計（N=358）

性別	個數	平均數	標準差
男性	65	3.08	.3309
女性	293	2.88	.3728

表2 性別之權能程度差異檢定

		變異數相等的 Levene檢定		平均數相等的t檢定		
		F檢定	顯著性	t	自由度	顯著性 （雙尾）
權能程度	假設變異數相等	.616	.433	3.94	356	.000
	不假設變異數相等			4.26	103.33	.000

（106年高考三級社會行政類科「社會研究法」試題）

52.某位研究者欲針對某社區患有語言障礙兒童（28位，含實驗組15
位，控制組13位），為實驗組提供療育方案；此研究者針對28位兒
童施測，每分鐘答對正確語音的字數作為兩組的比較，分別以中位
數（median）考驗及曼-惠特尼U（Mann-Whitney U）的無母數統計
方法作為統計分析策略。請分別敘述此兩種分析方法所適用的分析
測量尺度？並解釋與比較下列兩表的結果。（25分）

A.中位數考驗

次數分配表		
分數	分組	
	實驗組	控制組
＞中位數	14	0
≦中位數	1	13

中位數=3.50，$P<.000$

B.曼-惠特尼U考驗

等級			
	分組	個數	等級平均數	等級總和
分數	實驗組	15	21.00	315.00
	控制組	13	7.00	91.00

Z檢定=-4.49，$P<.000$

（107年高考社會行政類科「社會研究法」試題）

53.不同地區的經濟發展程度和消費水準有所差異，某研究人員企圖瞭解
工作收入、居住地區和主觀工作滿意度（1-7分）之間的關係。從迴歸
分析結果顯示如下：

預測工作滿意度的迴歸模型

自變項	模型1	模型2
每月工作收入（萬元）	0.05***	0.04***
居住地區		
中部（vs. 北部）	0.14*	-0.06*
南部（vs. 北部）	0.10*	0.06*
中部（vs. 北部）*工作收入		0.05*
南部（vs. 北部）*工作收入		0.01*
Constant	4.95***	4.99***
R^2	0.10	0.12
樣本數	1262	1262

*: $p < 0.05$ **: $p < 0.01$ ***: $p < 0.001$

(1)請根據上述兩組迴歸係數，說明工作收入、居住地區和主觀工作滿意度之間的關係。（10分）

(2)請說明兩個模型裡R^2的數值意義。（5分）

(3)請討論此分析可能的限制。（10分）

（107年地方特考三等考試社會行政類科「社會研究法」試題）

54.近年來，國人學歷有越來越高的趨勢，假設某人想研究教育程度和年收入之間是否有統計上的顯著關聯，他把教育程度從國中（及以下）到研究所博士級（及以上）共分為五個等級，並隨機抽選了1000人（每個學歷等級200人），調查他們的年收入，請根據提示資料回答下列問題。

(1)請把以下單因子變異數分析（one-factor analysis of variance, ANOVA）結果報表照樣畫在答案卷上，填寫／計算其中空缺的其他數字，根據報表資料作適當的統計推論，並說明查表方法及推論過程。（8分）

變異來源	平方和（SS）	自由度（df）	平均平方和（MS）	F值
組別因子	1000			
隨機（誤差）	19900			
總和				

(2)如果這個研究者又針對同樣數據計算了教育程度和年收入這兩個變數的皮爾森積差相關係數（Pearson's Product-Moment Correlation Coefficient），結果發現相關係數很低，統計報表中的p值為 .4352。這個結果表示教育程度和年收入的關係如何？和上述變異數分析作比較的話，你判斷那一種分析比較合理？為什麼？（12分）（107年原住民族特考三等考試社會工作類科「社會工作研究法」試題）

55.研究者想比較都會地區與農村地區的老人對長照資源的滿意度（總加式量表），透過分層隨機抽樣，在二地區各抽取200位老人進行問卷調查。請依序回答下列問題：

(1)研究者假設這二地區老人的滿意度有差異，請說明統計分析時的「虛無假設」為何？（5分）

(2)要用哪一種統計方法進行上述假設的檢驗？為什麼？（5分）

(3)若所設定的顯著水準為0.01，統計分析計算出來的p值為0.002，請問此分析結果代表的意義是什麼？（5分）

(4)研究者根據文獻，認為除了地區差異之外，「性別」也可能是影響滿意度的重要因素，若要將性別也納入分析，請問要用哪一種統計方法進行檢定？分析步驟為何？（10分）（109年第二次高考社會工作師考試「社會工作研究方法」試題）

56.以下是一項關於增強權能研究之五個變項的測量方法：

1.性別：□(1)男　　□(2)女

2.年齡：_____歲

3.教育程度：

　　□(1)不識字　□(2)小學（肄）畢、識字　□(3)國（初）中（肄）畢

☐(4)高中（職）（肄）畢 ☐(5)大學（專）（肄）畢 ☐(6)碩士

☐(7)博士 ☐(8)其他_____

4.工作情況：

☐(1)無工作 ☐(2)全職工作 ☐(3)部分工時 ☐(4)家管

☐(5)臨時工 ☐(6)其他_____

5.增強權能：將增強權能量表之問項分數加總

(一)請指出每個變項之測量尺度為何？（10分）

(二)請指出應使用何種統計分析方法來回答下列研究問題？（15分）

(1)男性和女性之的增強權能程度是否有顯著差異？

(2)男性和女性之工作情況是否有顯著之相關？

(3)年齡與增強權能程度之間是否有顯著相關？

(4)教育程度與增強權能程度之間是否有顯著相關？

(5)工作情況與增強權能程度之間是否有顯著相關？（國立政治大
學109學年度碩士班招生考試「社會工作研究方法」試題）

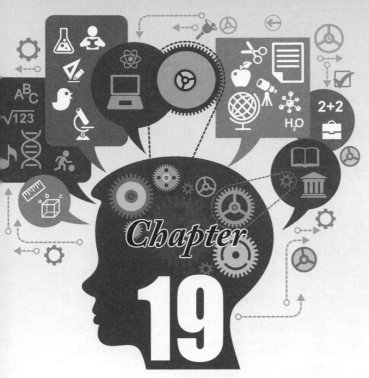

Chapter

19

次級資料分析

第一節　次級資料分析法的定義、重要性與使用時的應注意事項

　　對於資料的分析處理，有時並不一定都需要由研究者向被研究者直接獲取「第一手」的資料（primary data）才能作分析。如果研究者想要研究的題目，已經由其他單位或個人蒐集到信效度良好的資料可供分析和回答的話，則研究者就沒有必要一定要靠自己出錢出力去蒐集這些資料。因此，使用現有的資料（existing data）作更進一步的分析，以呈現新的結論或解釋的一種研究方法，就稱為「次級資料分析法」（secondary data analysis）（Hakim, 1982；簡春安、鄒平儀，2005）。

　　次級資料分析法也是一種非常重要的研究方法，它的運用最早始於1970年代末期。在目前的社會環境中，其重要性更是與日俱增。原因是現在的社會資源愈來愈有限，因此如果已經有別人蒐集到類似且是可以回答研究者想要研究題目的資料的話，那麼研究者當然不需要自己再多出錢、出時間去作重複的工作。此外，如果是作政策研究的研究者，通常需要盡可能瞭解到整個社會的全貌；也就是說，如果用調查研究的方式，則所需要的樣本數通常都蠻大，而且分布範圍很廣，在研究者有限的資源、人力、時間的種種限制之下，即便自己花了很大的力氣去蒐集資料，但往往資料品質還不如政府機關所蒐集（或是所委託蒐集）的來得好。因此政策研究者通常有非常高的機率採用次級資料分析法來進行研究（Nachmias & Nachmias, 1987）。

　　次級資料的來源（種類）很廣，舉凡政府機關所蒐集（或是所委託蒐集）的調查統計資料、各機構單位本身的營運資料（例如：成本資料）與個案資料（例如：社區化就業服務之個案薪資、個案所面對之問題與處遇策略）等，都是可能的次級資料來源。

　　在大數據時代，政府部門及商業機構紛紛透過自己蒐集的第一方

數據（First Party Data）、來自第一方提供、共享或販售的第二方數據
（Second Party Data）、或是購買自外部廠商多方蒐集的第三方數據
（Third Party Data），這些數據具有巨量的特色，透過資料探勘（data
mining）等方法進行運算分析，可以更精準掌握民眾需求與行為，或是瞭
解消費者的意圖，這也使得具備次級資料分析的專業受到重視。例如，
2013年美國的涂爾幹計畫（Durkheim Project）透過電腦與行動裝置的
APP，蒐集退役軍人在社群媒體發布的動態內容，再將這些數據資料上傳
醫療資料庫，藉由人工智慧系統分析退役軍人自殘的傾向，希望能有機會
及時防治。

　　不過在使用次級資料作分析時，需要特別注意：必須與該次級資
料持有人聯繫，取得其正式同意後（最好有書面文件或契約），方能使
用。切記在未經該次級資料持有人同意的情況下，就任意加以使用，如此
將可能會造成侵權等非常嚴重的後果，千萬不可大意。例如，前述的涂爾
幹計畫除了與參加計畫的退役軍人簽署協議，獲得授權，參與者也可以自
由地退出計畫，對於追蹤退役軍人的地點、簡訊的內容等資料也都不會洩
漏給第三方。

第二節　次級資料分析法的執行步驟與應用實例

　　如同本書第三章中所言，社會研究的步驟可包括下列七項：(1)問題
形成；(2)研究設計；(3)資料蒐集；(4)資料處理；(5)資料分析；(6)研究發
現的解釋；(7)撰寫研究報告（趙碧華、朱美珍，2000）。而次級資料分
析與初級（primary）資料分析研究執行步驟最大的不同，就是在於「研
究設計」與「資料蒐集」這兩個階段。決定採用初級資料分析的研究者在
這個階段，通常是要努力找出所欲研究母群的基本資料，然後決定要用何
種抽樣的方式來抽出適當大小的樣本，而後進行調查、訪談、實驗等各種

資料蒐集的方法與步驟。次級資料分析的研究者,則是在透過文獻檢閱等方式,建立了研究架構、研究問題與假設之後,努力於資料庫的蒐集與編碼簿(codebook)的閱讀,期待能從中找到最適當的資料庫來回答之前所設定的研究問題與假設驗證。

作者舉出兩個實例,來說明如何使用次級資料分析法來進行研究。王雲東(2005a)在〈台灣地區社區老人醫療服務使用率影響因素之研究——一個健康資本模型應用的初探〉中,採用次級資料分析法進行研究。次級資料來源為民國88年台灣地區中老年保健與生涯規劃調查資料庫,此為行政院衛生署家庭計畫中心所作的長期追蹤調查(民國78年、82年、85年、88年)之第四次訪查之資料(也是釋出最新的資料)。樣本選取為資料庫(B)部分(七十歲以上之受訪者)之居住於社區中的年長者,共2,250位。

在資料的分析處理方面,次級資料分析與初級資料分析可以說是完全相同。上述研究主要目的係在於檢證健康資本模型是否有助於解釋社區老人醫療服務使用率的情況下,研究者使用下列三個分析步驟:(1)對所有變數作單變項描述統計分析;(2)對所有自變數作相關分析,以確保沒有多元共線(collinearity)的狀況產生;(3)以階層式邏輯迴歸分析法檢證此一模型。其主要研究結果如**表19-1**所示;而其研究結論則是:本研究的基本假設「控制住社會人口變項的影響後,老人『健康資本變項』與其目前的『醫療服務使用率』有顯著相關」可說是完全獲得了驗證。

此外,王雲東、林怡君(2004)選取「陽光社會福利基金會90年度支持性就業服務方案」進行成本效益分析。其次級資料來源就是「陽光社會福利基金會」內部的財務成本資料、該基金會追蹤個案就業狀況以獲致薪資數據所建立的資料庫等兩大部分。因此與上述例子不同的地方是:本研究並非採用大型資料庫進行統計檢定分析,而是針對一家機構內部的資料數據進行分析。由於樣本數較少,因此其推廣性當然也就不如前者了。

表19-1　對各社區老人醫療服務使用率指標的顯著預測因素摘要

	顯著發生比率Significant Odds Ratio（Wald χ²）						
依變項 自變項	最近一年內是否曾住院	最近一年內是否曾看過急診	最近一年內是否曾看過西醫門診	最近一個月內是否曾看過西醫門診	最近一年內是否曾看過中醫門診	最近一年內是否曾接受過居家護理服務	最近一年內是否曾住過護理之家
性別	1.993 （27.343）***	1.671 （11.170）***			0.706 （7.332）**		
年齡	0.866 （5.007）*			0.868 （4.232）*	0.869 （4.627）*		
婚姻狀態							
居住地域							1.487 （4.431）*
居住安排			0.722 （4.181）*	0.595 （6.365）*			
夫妻去年收入		1.066 （6.996）**					
自評健康	0.650 （46.952）***	0.665 （29.844）***	0.571 （64.454）***	0.658 （43.241）***	0.779 （16.901）***		
日常工具性活動完成狀況	0.784 （14.129）***	0.760 （13.742）***					
日常必需性活動完成狀況	0.804 （8.567）**				1.303 （8.979）**	0.398 （17.440）***	0.487 （3.948）*
憂鬱症狀出現頻率		1.320 （8.205）**		1.414 （14.020）***	1.222 （5.992）*		
衛生健康習慣（抽煙、喝酒、嚼檳榔）			1.307 （7.863）**	1.225 （5.351）*			
運動頻率			1.160 （8.240）**		1.099 （4.690）*		
過去三年是否作過健康檢查	1.795 （26.647）***	1.643 （13.958）***	2.979 （61.883）***	1.903 （29.152）***	1.440 （10.865）***		
目前是否已參加全民健保							0.034 （6.991）**
Incre-mental Model χ²	272.137***	217.642***	179.237***	127.616***	55.855***	59.265***	34.482***
Total Model χ²	285.056***	229.266***	189.906***	141.743***	90.357***	73.329***	50.117***

* p＜.05，**p＜.01，***p＜.001。

資料來源：王雲東（2005a）。〈台灣地區社區老人醫療服務使用率影響因素之研究——一個健康資本模型應用的初探〉。《社區發展季刊》，110，226。

　　王雲東、林怡君（2004）的研究結果見**表19-2**，而其結論則是：以90年度方案成果來看，該年的淨效益為正，意即對於參與者及社會二者而言皆帶來利益，也因此足以肯定支持性就業服務方案確實將福利資源作有效率的運用而非浪費。

　　最後，每一個研究都有其研究限制。次級資料分析法最大的研究限制，就是往往研究者從文獻中找出的可能影響依變項的自變項，但在資料庫中卻沒有辦法找到，而這也會因此影響到模型的解釋力。另外一個常

表19-2　九十年度支持性就業服務方案之成本效益分析

（單位：元／每人每年）

	參與者	其他人	社會
成本			
1.方案之行政與人事成本	0	39711.56	39711.56
2.機會成本（原領之補助）	0-72000	-72000-0	0
總成本			39711.56
效益			
Monetary			
1.工作所得	51476.80	0	51476.80
2.所得稅	-3088.61	3088.61	0
3.特別福利（勞、健保）	+／0	-／0	0
Non-monetary			
1.減少依賴	+	+	+
2.提升生活品質	+	0	+
3.改善自尊	+	0	+
4.增進人際交往的機會	+	0	+
5.提升勞動參與率	+／0	0	+／0
總效益			51476.80
淨效益			11765.24

資料來源：王雲東、林怡君（2004）。〈身心障礙者支持性就業服務方案之成本效益分析
　　　　　──以陽光社會福利基金會90年度支持性就業服務方案為例〉。《東吳社會工作
　　　　　學報》，10，137。

見的研究限制，就是在次級資料分析中，研究者往往無法作信效度的檢視；不過好在通常政府部門所作（或是所委託）的大型調查，信效度都不錯。至於民間部門所提供的數據或資料，研究者在使用時，就必須特別謹慎小心，在盡可能瞭解其數據是正確且可信賴的情況之下才加以使用。

解釋名詞

1.次級資料分析法：使用現有的資料作更進一步的分析，以呈現新的結論或解釋的一種研究方法。

考古題舉例

1.Secondary Data Analysis（10分）（國立臺北大學97學年度碩士班招生考試「社會學研究法」試題）

2.最近社會學界舉辦了兩場以「台灣的社會變遷：1985-2005」為主題的研討會，會中發表的論文主要使用「台灣社會變遷調查計畫」之貫時性量化資料（longitudinal quantitative data）。這套台灣學術社群共用的existing data係採survey interview的方式蒐集而來的。請問：

(1)使用existing survey data容易遭遇哪些測量上的問題？（10分）

(2)longitudinal data有哪些種類？請舉一個研究設計為例，說明使用longitudinal data的必要性。（20分）

(3)請比較interviewers在survey interview和field interview兩種方法當中，擔任的角色有何不同？（10分）

(4)目前學術社群共享的existing data多半為量化資料（quantitative data），較少質性資料（qualitative data），為什麼？請從研究概念說

明可能的原因。（10分）（東吳大學97學年度碩士班招生考試「社會研究法與社會統計」試題）

3. 使用現存統計資料與次級資料進行研究時會有什麼樣的限制？除此之外，請舉例說明在研究設計、測量效度及信度、與處理遺漏值上會遭遇哪些問題？（20分）（東吳大學97學年度碩士班招生考試「社會研究法與社會統計」試題）

4. 下列關於「次級資料分析法」（secondary data analysis）的敘述，何者不是正確的？

(A)次級資料分析法很適合作政策研究。

(B)次級資料分析方法對信效度的重視與要求程度比較小一點。

(C)次級資料分析方法最大的研究限制，就是往往研究者從文獻中找出的可能影響依變項的自變項，但在資料庫中卻沒有辦法找到。

(D)使用次級資料作分析時，一定要取得該次級資料持有人的正式同意，方能使用。（1.67分）（101年第二次高考社會工作師考試「社會工作研究方法」試題）

5. 「次級資料」（secondary data）長久以來就是社會研究的重要來源，然而，運用次級資料時，研究者往往必須考量該次級資料的限制。請就次級資料的分析單位、代表的母體，以及效度、信度與遺漏資訊等問題，討論次級資料分析的限制。（25分）（106年身心障礙特考三等考試社會行政類科「社會研究法」試題）

6. 利用次級資料分析進行內容分析在社會工作研究中日益普遍，請問在使用次級資料分析時，有那些應注意的倫理議題？（25分）（107年地方特考四等考試社會工作類科「社會研究法概要」試題）

7. 研究者蒐集檔案、政府統計或次級資料並進行研究時：

(1)會有哪些潛在性的困難？（12分）

(2)即使前述困難可以克服，但在研究設計、測量效度及信度與遺漏值上仍會遭遇哪些問題？請舉例並加以說明。（13分）（108年高考社

會行政類科「社會研究法」試題）

8.近年隨著大型資料庫的建立和紀錄檔案的數位化等趨勢，分析既有資料成為日益普遍的社會科學研究方式。請說明運用次級資料進行研究的優缺點，並舉出國內一個資料庫說明其內容。（25分）（108年身心障礙特考三等考試社會行政類科「社會研究法」試題）

9.次級資料法是屬於非干擾式測量，在有限的資源之下研究者通常會選擇次級資料法來進行研究。請說明使用次級資料法可能面臨的風險。（25分）（108年警察特考三等考試社會行政類科「社會研究法」試題）

10.何謂次級資料分析（secondary data analysis）？請說明次級資料分析的優點和限制。（25分）（109年地方特考四等考試社會行政類科「社會研究法概要」試題）

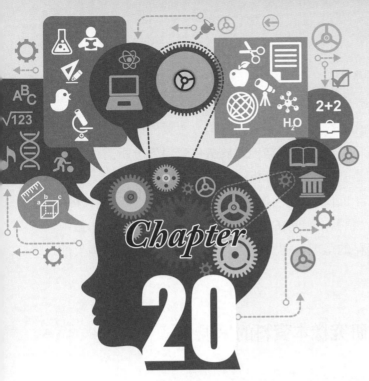

Chapter

20

質性資料處理

第一節　質性研究樣本資料的呈現

第二節　質性資料分析的種類與步驟

　　質性研究與量化研究是社會研究中並列為兩大主要的研究方法，近年來質性研究的使用有日益增加的趨勢。對於量化資料的分析方法，因為資料的呈現多以數字為主，因此其分析方法也以統計分析為主；對於質性資料來說，因為資料的形式多以非數字為主〔包括：文本資料（text data）與非文本資料兩大類〕，因此在分析方法上也比較多元。在本章中將探討質性研究樣本資料的呈現，與質性資料分析的種類和步驟兩大部分。

第一節　質性研究樣本資料的呈現

　　質性研究樣本資料的呈現也是質性資料處理過程中很重要的一環。大體來說，質性研究樣本資料的呈現有兩種常見的做法：一是將研究者取樣的重要考量變項列表呈現，例如：王雲東（2005b）在「台灣地區年長榮民生活照顧與婚姻狀況的研究」中，就是將十位受訪者的重要基本資料列表呈現（如**表20-1**）。

　　從**表20-1**中，讀者可一目瞭然各受訪者的年齡、教育程度、目前主要經濟來源、婚姻狀況、子女（孫）狀況與健康照護狀況等資訊，對於與後面研究所蒐集到資料的對照與深入詮釋，實可達到簡潔扼要呈現資料的效果，對於被研究對象人數稍多時尤為適用。

　　第二種常見的質性研究樣本資料的呈現方式，就是如果被研究對象人數較少時（例如：五人以內），則對於被研究對象的介紹，除了基本的背景資料之外，更可以深入每個樣本的生活狀況、資歷與成長特殊經驗等來作詳細的說明介紹。潘淑滿（2003）就認為：「如果在資料分析之前，每個樣本能有二、三百字的簡介，對資料分析的說服力必可提高不少。」例如在萬育維、張英陣、張素玉（1997）等的「軍旅生活對居住安養機構老榮民生活品質之影響——以某私立安養機構四個個案為例」研究

表20-1　訪談對象基本資料表（範例）

受訪者代稱	受訪者一	受訪者二	受訪者三	受訪者四	受訪者五	受訪者六	受訪者七	受訪者八	受訪者九	受訪者十
年齡	85	74	82	81	76	82	85	75	75	78
教育程度	高職	高中	大學	小學	軍校	私塾	國中	高中	軍校	小學
入伍時間	民國39年	民國37年	沒有登錄	民國38年	民國37年	民國37年	民國28年	民國39年	民國43年	民國39年
退伍時間	民國60年	民國62年	民國41年	民國73年	民國48年	民國58年	民國61年	民國48年	民國63年	民國54年
＊服役時間長度	21年	25年	不知	35年	11年	21年	33年	9年	20年	15年
退伍軍階	陸軍行政上士	陸軍步兵士官長	准尉	陸軍步兵士官長	陸軍通信少尉	陸軍行政上士	陸軍士官長	海軍中士	海軍陸戰上士	陸軍工兵中士
目前主要經濟來源	月退休俸（一個月一萬五千元）	月退休俸	公務人員月退休金	月退休俸（一個月三萬多元）	就養給與	就養給與	月退休俸（一個月二萬八千多元）	就養給與	就養給與	就養給與
退伍原因	限齡除役	限齡除役	停職例退	限齡除役	病傷	依額退伍	殘廢除役	病傷	依額退伍	病傷
目前居住類型	外住（單身退員宿舍）	外住（單身獨居）	外住（單身獨居）	外住(有眷同住)	外住（與妻、子、孫女同住）	內住就養（板橋榮家單身眷舍）	內住自費安養（與夫人同住）	外住(有眷同住)	外住(有眷同住)	外住(有眷同住)
住宅是否自有	否(宿舍)	是	是	是（已住五十餘年）	是(尚在付貸款&欠親戚款)	否(榮家)	否(榮家)	是(已住七年)	是（已住三十多年）	是（已住二十多年）
居住縣市	台北市	台北市	台北市	台北縣	台北縣	台北縣	桃園縣	高雄縣	高雄縣	屏東縣
婚姻狀況	目前單身（從未結婚）	目前單身(喪偶)	目前單身(離婚)	娶非身心障礙一般本省籍配偶	娶非身心障礙一般本省籍配偶	娶大陸配偶	娶大陸配偶	娶大陸配偶	娶原住民配偶(阿美族)	娶身心障礙台灣配偶
子女(孫)狀況	無	一女（二十餘歲）	三子(長子47歲)	二女	一子、一女、一孫女	配偶原前夫育有一子(27歲)	無(但有一乾女兒)	一子（8歲，與個案及個案妻同住）	四女、一外孫、一被收養	一子（23歲）、一女(21歲)
健康照護狀況	有請專人看護	生活可自理，並未請專人看護	生活可自理，並未請專人看護	生活可自理，並未請專人看護	本身為肢障中度（夫人看護），裝有人工關節與助行器	生活可自理，並未請專人看護	生活可自理，並未請專人看護	生活可自理，並未請專人看護	生活可自理，並未請專人看護	身體狀況不佳，但並未請專人看護

＊由於部分受訪年長榮民之入伍與退伍時間，在退輔會書面資料與受訪年長榮民自己口述者不同，因此此時研究者以退輔會書面資料記載為準，而計算出「服役時間長度」。

註：為保護受訪者並遵守研究倫理，受訪者之姓名以「個案編號」代表之。

資料來源：王雲東（2005b）。〈台灣地區年長榮民生活照顧與婚姻狀況的研究──社會排除觀點的初探〉。《東吳社會工作學報》（accepted）。

論文中，對於四位受訪個案的介紹就是以約各二、三百字的篇幅，來作詳盡的介紹與說明。此外，如果個案的介紹篇幅太長時，事實上也可以考慮放到「附錄」處，端視怎樣的排版方式是讀者最易閱讀與符合該刊物出刊規定或慣例而定。

另外，由於目前的研究同時使用質性與量化研究方法，藉以互相參酌比較而更能達成研究目的的數量和比例愈來愈高，因此當一個研究同時使用質性與量化研究方法時，往往在質性研究樣本資料的呈現上就會採取比較概要的方式，例如：王雲東（2010）在其「身心障礙者居家就業服務措施及成效評估計畫」研究中，就使用問卷調查法、次級資料分析法、比較研究法、深度訪談法、與焦點團體法等量化與質性研究方法，蒐集參加居家就業服務方案之身心障礙者、執行居家就業服務方案之機構代表、與此一領域之專家學者／政府部門代表之意見加以整理分析。因此其深度訪談受訪者編碼表（詳見**表13-1**）與焦點團體參與者編碼表（詳見**表14-1**）比起前述的**表20-1**、就顯得比較簡單扼要。此外，若深度訪談受訪者／焦點團體參與者包含有多種不同類型的對象／成員（例如：前述**表13-1**與**表14-1**的參加居家就業服務方案之身心障礙者、執行居家就業服務方案之機構代表、與此一領域之專家學者／政府部門代表等），則可使用不同英文字母（或大、小寫）作為編號的開頭，較易區隔並讓讀者一目瞭然。

第二節　質性資料分析的種類與步驟

如前所述，質性資料可以分為文本與非文本資料兩種形式。「文本資料」是指研究者透過訪談、觀察或文件檔案，所蒐集到的文字資料或記錄；而「非文本資料」則是指研究者透過研究過程，所蒐集到的非文字資料（例如：聲音或影像資料）（潘淑滿，2003）。一般說來，社會科學的質性研究者多是以文本資料分析為主，但同時兼輔以非文本資料作為參

考，來得出研究結論。因此在本節的質性資料分析說明，也是以文本資料的分析為主。

對於社會科學文本資料的分析，最常使用的是內容分析法（content analysis, CA）與敘述／論述分析法（discourse analysis）。茲分述如下：

一、內容分析法

內容分析是指透過系統化的分類過程，將文本資料逐漸由繁化簡的過程，並賦予簡單統計數字作為說明依據（Manning & Cullum-Swan, 1994；潘淑滿，2003）。因此內容分析其實在某種程度上是融入統計的分析方法（特別是描述性統計的次數分配方法）去分析質性的資料，這在社會科學中，以新聞學與大眾傳播相關領域研究中最常使用到。

內容分析的步驟，最主要包括三大部分（Bauer & Gaskell, 2000）：

(一)從文本資料中抽樣

抽樣主要須考量兩個問題：代表性（representativeness）與樣本大小（thc sample size）。以呂傑華（2011）的「聽誰在說話？——我國報紙投書版之南台灣社群投書現象之研究」來說，他以建構星期（constructed-weeks）方式，採「間隔抽樣法」，每三天為一間隔，選取2007年3月28日至5月6日間共二星期的報紙作為分析的時間範圍；在選擇報紙時，則以當時國內發行量最大四家綜合性報紙《自由時報》、《中國時報》、《聯合報》與《蘋果日報》之「讀者投書版」的投書加以分析。

(二)分類與譯碼

分類與譯碼是內容分析的核心工作，研究者須根據研究的目的來設定分析類目並加以整理歸類。將文本加以分類（classification）就在建立

內容分析的類目（category）。類目建立的原則必須符合研究目的、反映研究問題、窮盡、互斥、獨立、單一分類原則、功能性、可操縱性、合乎信度與效度（王石番，1989）。例如，前述呂傑華（2011）的研究，其目的在於希望能透過研究資料的呈現，瞭解我國報紙南台灣言論「近用權」是否遭遇不平等的現象，甚至因為報紙投書版的內容受媒介立場、議題設定以及主要媒體集中台灣北部等因素影響，是否可能漠視台灣南部地方的需求，以及扭曲地方的觀點？因此，就設定投書者生活區域、職業類型、投書主題、版面面積，作為該研究主要分析類目；而後由研究人員將前述2007年3月28日至5月6日間共二星期的四家報紙的讀者投書版內容加以整理登錄歸類，進而依據空間（平方公分）與項目（次數）兩種測量單元（unit）進行統計分析。

(三)分析詮釋經過整理（過錄）的資料並得出結論

從以上內容分析的三個步驟可以看出，內容分析主要的優點有：(1)是一種系統化的分析方式；(2)研究者可以在電腦輔助之下同時分析大量的資料；(3)資料分析的步驟相當成熟。但是內容分析也有其缺點，其中最重要的是：可能會過度重視資料的次數分析，而忽略了不易以數字形式呈現出來的重要／有意義的資料（簡春安、鄒平儀，2002；潘淑滿，2003）。

二、敘述／論述分析法

敘述／論述分析是指研究者從非數字形式的文本資料中，透過深入的整理歸納分析，以瞭解被研究者主觀的深層想法及其意義的過程。這也是目前質性研究資料分析中最常使用的方法，特別像是針對如社會學、人類學、社會工作領域中的深度訪談、焦點團體等研究方法所獲得的資料來加以分析，尤為常用。

　　敘述／論述分析的研究步驟，通常可以包括下列四個主要部分（潘淑滿，2003；陳向明，2002；劉世閔主編，2006）：

(一)資料蒐集與登錄

　　這個部分是指研究者透過深度訪談、焦點團體、參與觀察等質性研究方法所獲得的資料（可能是錄音內容或是觀察筆記內容），加以轉譯登錄成為逐字稿（interview transcript）的過程。

(二)資料譯碼

　　質性資料譯碼是指從零碎的逐字稿內容中，歸納整理出有意義的單位（meaning unit），同時反覆檢核、修正，讓主題（theme）與概念（concept）漸漸呈現出來。此外研究者甚至可以像編輯者的角色一樣，對文本資料進行編輯、剪裁、再重組，直到找出類別之間的關聯和意義，並對資料加以詮釋（Miller & Crabtree, 1992；潘淑滿，2003）。

　　此外研究者並根據分析大綱，將每位被研究者所陳述的內容其與分析大綱相關者勾勒出來，並將性質相同的部分整合成同一主題。通常來說，不論研究者採用何種質性研究方法，都會有一分析大綱；例如：如果研究者採用深度訪談法蒐集個案資料，則會有一訪談大綱；而如果研究者採用焦點團體法蒐集參與者的資料，也會有一討論題綱；如果研究者採用參與觀察法蒐集資料，也會有觀察重點。因此如何將零碎的逐字稿內容，歸納整理進入分析大綱之中，就需要研究者的細心與專業。

　　例如在第十三章中所舉的例子，王雲東（2005b）在「年長榮民生活照顧與婚姻問題之研究」中，發展出六大訪談的範疇：(1)退伍後至今的工作與生活狀況；(2)與家人、親友、袍澤的相處情形以及目前的婚姻狀況與滿意度；(3)健康狀況與醫療照顧情形；(4)目前經濟來源與狀況；(5)目前主要的需求為何？（覺得還欠缺什麼？）；(6)對退輔會及政府相關

部門提供服務措施的瞭解與滿意程度。並以第四項訪談範疇「目前經濟來源與狀況」所發展出的訪談大綱為例，將受訪者三（註：因為篇幅有限，此處僅舉例一位呈現）所陳述的逐字稿內容中與訪談／分析大綱有相關者勾勒出來。例如：

1.目前主要的經濟來源為何？夠用嗎？

「（不好意思，耽誤您時間。您平常的經濟來源啊，是哪方面？）我現在是退休俸。（退休俸啊？一個月大概多少錢？方便講就講，不方便講就不講。）這個能不能不，不是不講、不願講，講出來我也光榮，政府照顧我們，你還想要怎麼樣？我問你。但是我講出來，我要顧到很多……。平常就夠用嘛，夠用就是了……。心中滿意、心中滿意。」（受訪者三）

2.您有被詐騙過嗎？如何預防與處理？

「〔也不是說常去（大陸）啦，就是說有需要才去啦這樣子？〕不是，常去。我一個人年紀大，就拜託各個長官，有沒有遇過我不曉得，看看打電話為什麼我一個榮民在這裡呢？不三不四的男男女女都有，我有個錄音帶錄起來了啊，這爸爸我給人家綁起來啦，你要快點來救我，我要錄音出來。（詐騙集團？！）我要一聽到不是我的孩子，我就不理他，所以我就裝個錄音、答錄機，你不出聲音，我就不打電話、不接電話。」（受訪者三）

近年來，隨著電腦質性資料分析套裝軟體（Qualitative Data Analysis Software，簡稱QDA）的快速發展，在這一階段研究者已可藉由電腦軟體的協助而加速資料整理與歸類的速度。不過，大部分的軟體目前仍是只能處理西文的資料，中文的部分目前主要還是使用NVivo、ATLAS.ti與MAXQDA軟體來處理（劉世閔、曾世豐，2013）。展望未來，中文質性

資料分析套裝軟體的更蓬勃發展應是指日可待的。但是由於質性資料分析的特色，是強調對被研究者主觀想法的深入理解，因此電腦軟體能夠協助的層面畢竟還是有限的。

(三)結構化類別

將不同主題中的資料予以歸類後，找出資料分析主題，賦予定義，並依內容與屬性予以概念化（conceptualization），並可引述受訪者的話作為補充。例如：王雲東（2005b）在「年長榮民生活照顧與婚姻問題之研究」中，根據十位受訪者的逐字稿內容，在「目前經濟來源與狀況」範疇下可歸納整理與「結構化」發展出的共同特性／重點與引述受訪者的話作為補充的內容如下：

1. 受訪年長榮民經濟來源雖穩定，但僅能維持基本生活開銷；若有未工作之配偶及未婚子女（或與孫子女同住者），則經濟相當吃緊。因此希望能：(1)維持18%優惠存款；(2)提高就養給與金額；(3)若有領取就養給與金額身分者，則清寒榮民子女獎助學金應增加一些。

部分受訪年長榮民覺得目前經濟狀況大致足夠，例如：

「（不好意思，耽誤您時間。您平常的經濟來源啊，是哪方面？）我現在是退休俸、公務人員的退休俸。（一個月大概多少錢？夠用嗎？）這個能不能不，不是不講、不願講，講出來我也光榮，政府照顧我們，你還想要怎麼樣，我問你。但是我講出來，我要顧到很多。……顧到同袍啊，我弄的份量也很少，剛好夠用，不會多也不會少。……平常就夠用嘛，夠用就是了……。心中滿意、心中滿意。」（受訪者三）

「（您剛退伍的時候是領月退嘛？！）啊，是是是。（那一個月大

概多少錢啊?)三萬多塊。(所以大致上這個生活、經濟方面,都
還足夠嗎?)要看怎麼活嘛,呵呵。……你也不能說夠、不夠,大
致上還可以啦!大致上,吃飽的啦!」(受訪者四)

「(所以您大致覺得那個經濟上都還過的去嗎?)可以啦,我太太
做工啊。」(受訪者六)

但是也有的受訪年長榮民覺得目前經濟狀況相當吃緊、感受到一定
程度的壓力與無奈,而這些年長榮民幾乎都是領取一次退休金退休者。例
如:

「要用一萬多塊錢養活這個家,真的比登天還難,但是我們又不能
夠怨天尤人,還能怎樣,說命不好?」(受訪者九)

「(那您目前主要的經濟來源是?)經濟來源,大部分就是靠這個
一萬三千塊就養金。(夠不夠啊?)中間現在小孩讀書的話不夠用
啦。……補習班太貴啦。……補數學還有英文。(除了您每個月一
萬三千塊之外沒有其他經濟來源嗎?)沒有。……這錢,本來就不
夠啊,所以現在緊湊、緊湊的啊。(您有借錢嗎?)沒有借,沒有
借錢。……過去的、以前的積蓄拿出來補償啊。(喔,那除了這個
經濟方面稍微吃緊一點之外,那有沒有其他的方面您覺得還可以再
做一些改進的?)改進是錢哪~(笑)!(小孩子有那個申請什麼
助學金嗎?)有,現在國小的話就是一學期五百塊嘛。……補習,
三個月四千五。還有很多其他的才藝還沒有學啊,鋼琴啊小提琴
啊,他只是學比較基礎的。」(受訪者八)

「女兒已考取大學,但因經濟不允許,所以只有放棄,目前在桃園
工業區工作。」(受訪者十)

「（所以您平常這個生活的經濟來源主要是？）經濟是我這個小孩有賺三萬多，他從來不管下大雨、曬太陽啦，都出去跑，他跑外務的。……三萬多，再加上我這個連三萬塊錢，繳貸款二萬多，還有三四萬塊錢，一個月，生活費。……（扣掉貸款？）我還有孫女，扣掉貸款，大概還有三萬多。……我孫女還補習，是這樣的。……那是因為沒有媽媽教他啦，我又從小就沒有讀過書，老師，我從小都沒有讀書，因為弟妹嘛，十一個嘛，那時候很貧窮嘛，所以就要留在家裡工作，那留在家裡工作，我現在小孫女，我也不會教他，不會教他，現在功課都很困難，就要靠他這個補習，他爸爸也因為要跑外務整天，也沒有辦法教他。……我們家裡都不會讀書，就不會讀書，不像教授一樣。……（那所以您領這個就養給與時間有多長啊？）從六十一歲開始。」（受訪者五）

因為部分受訪年長榮民面對相當吃緊的經濟狀況，因此希望能維持既有的經濟來源，或是能夠適度調高一些目前已有的福利給付。例如：

「這個是一個很嚴重的問題，你如果本來有這種優待的，被取消了，他心裡當然有不服，不服的這種感覺，你譬如，報紙提過好幾次，我專門注意這個事情，這個優惠存款獨厚軍公教。那你軍公教大門敞開的啊，你去考軍人、去考公教，你去當十年還是二十年，你有沒有這個種，去幹啊？你去當老師，有沒有這種能力，你大學畢業還要考試，經過考試，你才能當老師啊，軍公教、公務員，一天到晚坐在這個地方，要聽上級使喚，叫你做這樣、叫你做那樣，要經過考試啊，你高考、普考，你考啊，門都是開著的，你去考嘛，你考上你就有優待嘛，你沒考上，你優待什麼嘛，你把我這個意見，請教授啊，反映到社會上面去，這種軍公教大門是開大的，你們去考，看你們要做軍人還是做老師，還是做公務員，大門就是

開著的，你去考啊，都是考試進去的，不是隨便去幹的。（所以您是覺得優惠存款這個制度不應該廢除？）是。」（受訪者五）

「（那您覺得目前還有沒有什麼需求，或者是心願？）需求？你講需求，這個講不完了啊！（沒關係，您說嘛！）比如說這個一萬塊錢太少了，我們要養家的啊！……現在才一萬三千多塊嘛，公家要扣三千伙食費啊！（所以您實際上一個月只能拿到一萬塊。）嗯，一萬零三百塊嘛！（所以說您覺得這個一萬三千多塊一個月的，還是少了一點是不是？）很少的。」（受訪者六）

「（那個退輔會那邊他有提供那個榮民子女的獎助學金哪，這個您有去申請嗎？）每一期要申請一次啊，不過一個學期只有五百塊錢。……就養的應該調高一點，目前的規定都是統一五百。」（受訪者八）

「（那您有沒有對退輔會或榮服處有什麼建議？目前的生活啊，或所經驗到的，有沒有任何的很希望他們還可以做什麼啦？）做什麼倒是不需要啦，這個還是錢的問題。……（其他的呢？）其他就沒有。」（受訪者八）

2. 多位受訪年長榮民均有被詐騙集團選為目標的經驗或是對治安狀況不滿意；甚且有因為怕詐騙而不願意考慮接受內政部所提供的服務（受訪者四也因為過去曾有過被詐騙的經驗而幾乎不願意接受訪談）。例如：

「我一個人年紀大，就拜託各個長官，有沒有遇過我不曉得，看看打電話為什麼我一個榮民在這裡呢？不三不四的男男女女都有，我有個錄音帶錄起來了啊，這爸爸我給人家綁起來啦，你要快點來救我，我要錄音出來。……我要一聽到不是我的孩子，我就不理他，所以我就裝個錄音、答錄機，你不出聲音，我就不打電話、不接電

話。」（受訪者三）

「（那您需不需要我們有那個志工會打電話會給你問安啊，跟您聊
天啊，這個服務，您需不需要？政府有提供這個服務，免費的！）
差不多啦！現在有很多騙人啊，他打電話他騙你啊！（我們這個是
國家派來的，他不會騙人。）過去這個，我們也是有次，他也是說
什麼他是什麼榮民來訪問的，最後他訪問是假的，騙我們榮民，
什麼樣子啊！他說我是輔導委員會派人來看看，他是假的，是騙人
的。（所以您會擔心說，萬一您接受了這個服務，有人來騙您，您
會分不清楚，是不是這個意思？）這是一定要搞清楚的，很多人都
會騙人。（是、是。所以您也覺得不需要這個服務？需不需要？）
很少啊！我都不理，人家打電話我都不理。（那會不會說有時候覺
得無聊啊？！）那騙人的嘛，很多人。……都是騙人的。」（受訪
者二）

(四)抽象化與引證

　　將分類的共同特性抽象化，並舉出經驗世界中具有代表性的實例，
以研究對象的經驗與感受之語言表達方式作資料分析呈現；此外研究者
亦可透過長期融入文本資料和經驗中的來回檢視，並經由不斷地反省思
考，而形成融入／結晶式（immersion/crystallization）的報導與詮釋，
並根據相關理論與文獻中的概念，試圖對研究結果所發現的現象作說明
（Miller & Crabtree, 1992；潘淑滿，2003）。例如：在王雲東（2005b）
「年長榮民生活照顧與婚姻問題之研究」與將其中部分內容改寫並結合社
會排除觀點而發表的「台灣地區年長榮民生活照顧與婚姻狀況的研究──
社會排除觀點的初探」（王雲東、楊培珊、黃竹萱，2007）中，就根據
Barnes（2005）對社會排除的看法：「社會排除是指個人從一個『在社會
中經濟、社會和文化系統整合的狀態』，經由多面向和動態的過程而轉變

成部分或全部被拒絕的狀態。」與相關文獻的整理，而訂出下列社會排除
指標：

1.經濟排除（主要指標：所得貧窮）。

2.福利服務與健康照護使用上的排除（主要指標：社會資源資訊的獲
得與運用、社區參與）。

3.人際間的融合／排除〔主要指標：支持網絡的瓦解、受責難（攻
擊）的團體的集中／邊緣化〕。

4.公民權的排除（主要指標：公民的基本權利——包括：身分證、投
票權、工作權與學歷是否被承認等）。

根據上述指標，檢視與分析歸納逐字稿內容，可發現台灣的年長榮
民在社會排除狀況方面，有下列四項重點：(1)經濟的排除效應在領取一
次退休金退休（目前正在領就養給與）、且有未工作之配偶及未成年子女
（或孫子女）要撫養的年長榮民身上較為明顯；(2)福利服務與健康照護
使用上的排除效應在年長榮民身上依然存在；(3)人際間的排除效應在年
長榮民身上並不明顯；(4)公民權的排除效應在年長榮民的大陸配偶身上
相當明顯。

事實上，王雲東、楊培珊、黃竹萱（2007）針對前述研究中的第一
個發現：「經濟的排除效應在領取一次退休金退休（目前正在領就養給
與）、且有未工作之配偶及未成年子女（或孫子女）要撫養的年長榮民身
上較為明顯」，提出若干說明與詮釋，並舉出受訪者的談話作為補充與引
證如下：在受訪的十位年長榮民中，有四位（受訪者五、八、九、十）明
確地表示：覺得目前經濟狀況相當吃緊，而這些年長榮民幾乎都是領取一
次退休金退休（目前在領就養給與）、且有未工作之配偶及未成年子女
（或孫子女）要撫養的年長榮民。例如：

「要用一萬多塊錢養活這個家，真的比登天還難，但是我們又不能
夠怨天尤人，還能怎樣，說命不好？」（受訪者九）

「女兒已考取大學，但因經濟不允許，所以只有放棄，目前在桃園工業區工作。」（受訪者十）

「經濟來源，大部分就是靠這個一萬三千塊就養金。中間現在小孩讀書的話不夠用啦。…補習班太貴啦。……補數學還有英文。……這錢，本來就不夠啊，所以現在緊湊、緊湊的了啊。」（受訪者八）

　　整體來說，年長榮民的經濟狀況其實也呈現相當程度的異質化，而其關鍵就在於是否有領取月退休俸，以及是否有未工作的配偶與未成年子女（或孫子女）要撫養（引自王雲東、楊培珊、黃竹萱，2007）。

解釋名詞

1.文本資料：研究者透過訪談、觀察或文件檔案，所蒐集到的文字資料或記錄。
2.非文本資料：研究者透過研究過程，所蒐集到的非文字資料。例如：聲音或影像資料。
3.內容分析法：透過系統化的分類過程，將文本資料逐漸由繁化簡的過程，並賦予簡單統計數字作為說明依據。
4.敘述／論述分析法：研究者從非數字形式的文本資料中，透過深入的整理歸納分析，以瞭解被研究者主觀的深層想法及其意義的過程。這也是目前質性研究資料分析中最常使用的方法。

考古題舉例

1. 內容分析（Content analysis）。（5分）（88年公務人員高等考試三級考試第二試「社會研究法」試題；88年公務人員特種考試身心障礙人員三等考試「社會研究法」試題）

2. 試比較調查法（survey method）、內容分析法（content analysis）以及歷史文獻法（historical archive method）等研究方法之優缺點。比較中至少應包含各方法之適用範圍、資料特性、目的、研究取向、研究結果等方面之討論。（25分）（政大86年度社會學研究所碩士班「社會學研究方法」入學考試試題）

3. 一個研究者研究報紙社論如何評論「911事件」。她研究的是美國主要城市的報紙。這個研究的分析單位（the unit of analysis）是

   (1)911事件

   (2)美國主要城市

   (3)報紙

   (4)社論。（3分）（國立臺北大學96學年度碩士在職專班招生考試「社會研究方法」試題）

4. 下列何者不是分析質性資料的軟體？

   (A) NVivo　(B) Atlas.ti　(C) MAXQDA　(D) SAS（1.67分）（101年第二次高考社會工作師考試「社會工作研究方法」試題）

5. 小文想要探討學校中的隱藏課程。小文打算以中學的「校歌」作為分析對象，以內容分析法進行分析。請針對小文的研究目的，提出一份初步的研究設計。請提出具體的研究問題、核心概念的操作方式、抽樣方法、編碼原則，以及資料分析的方式。（25分）（國立臺灣大學107學年度碩士班招生考試「社會研究方法」試題）

6.在越來越進步的資料分析工具協助下，預期內容分析（content analysis）將是更重要的社會工作研究方法，例如大量個案紀錄可望成為寶貴的分析素材，既能作量化分析，也可作質化分析。請分別就量化和質化分析各舉一個例子，說明內容分析如何運用在社會工作的個案研究中。（30分）（107年原住民族特考三等考試社會工作類科「社會工作研究法」試題）

7.何謂內容分析（content analysis）？此一研究方法的優缺點為何？又內容分析涉及對文本（text）內容進行顯性（manifest）及隱性（latent）編碼，請舉例說明這兩種編碼方式。（25分）（107年身心障礙特考三等考試社會行政類科「社會研究法」試題）

8.內容分析是分析現存可用紀錄的方法之一，何謂內容分析？採取內容分析的優缺點為何？（25分）（108年身心障礙特考四等考試社會行政類科「社會研究法概要」試題）

Part 5

撰寫報告

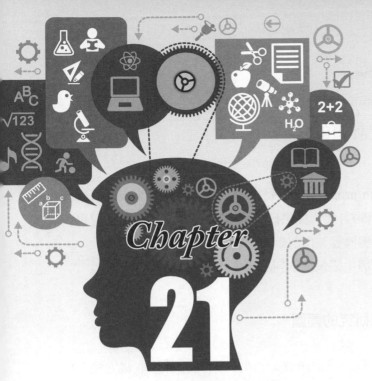

Chapter 21

社會科學研究計畫的撰寫

第一節　研究計畫的功能

　　研究計畫（research proposal）是研究者將其未來所欲真正進行研究的方法、程序，以書面的方式，提供研究者本身與外界（例如：指導教授、可能的委託或贊助機構等）作為參考、審核與溝通之用。

　　研究計畫的功能，最主要包含下列三項（林重新，2001）：

一、作為研究者實施研究的藍圖

　　研究計畫會清楚明確的指出研究的目的、研究設計、取樣方法與樣本數、測量工具、資料分析方法與進行的時程等，因此可以作為研究者實際執行研究時最重要的參考藍圖。

二、提供研究者與外界溝通的機會

　　研究計畫的主要功能之一就是作為一個書面溝通的媒介，其可能與常見的溝通對象有：指導教授（例如：申請撰寫學位論文）、委託招標單位（例如：某政府部門上網公告委託招標研究案，歡迎有興趣且具相關專長的學者專家前來投標）或贊助機構（例如：科技部或某些學術交流文化基金會，鼓勵學者專家選擇有興趣且具學術重要性的題目撰寫研究計畫來申請經費；如果審核通過，就會撥付全部或部分的經費來贊助支持研究的進行）等。

三、作為一種研究的合約與研究結果評量的依據

　　當研究計畫被正式接受之後，就成為一項正式的合約（contract），

研究者必須依研究計畫上所載明的程序與進度來執行研究。例如：研究生在論文研究計畫口試（proposal defense）時，被口試委員（committee member）要求研究計畫必須要做哪些修改，研究生在未來實際執行研究時，必須履行在論文研究計畫口試時所做的承諾，因為當時的一切對話與決議都已記錄下來；而如果研究生無法做到這些承諾的話，就會影響研究生最後論文口試（oral defense）的成績，甚至無法過關、取得學位。所以經過論文研究計畫口試通過定稿的研究計畫，其實是具有合約的效力與最後評量研究結果依據的重要文件。

在其他方面其實也是類似的狀況。例如：在委託招標研究案的審查會議中，審查委員也會提出一些問題或希望修改研究計畫的建議給投標者（通常由計畫主持人代表出席），此時投標代表就必須當場作出決定，如果同意依照審查委員所提出的建議加以修改研究計畫的話，那麼在將來的執行過程中就必須依照修改後的研究計畫（決議）加以執行。如果違反或未能達成，則委託單位依照合約（通常定型化契約都會載明），有權追回當初提供給受委託單位的所有款項，同時還可控告其違約，讓受委託單位負起民事賠償與可能的相關刑事責任。

第二節　社會科學研究計畫的格式

研究計畫因目的的不同，在格式上也有些微的差異。但基本上，社會科學研究計畫的內容會包括下列幾個部分：

一、緒論

在緒論中通常又會包含：研究動機（或背景、問題意識）、研究的重要價值、研究目的與名詞定義（或解釋）等。其中研究動機（或背

景）、研究的重要價值與研究目的等，幾乎是一定會具備，但名詞定義
（或解釋）有時會視情況而決定要不要特別列出。原則上，如果研究主要
的自變項與依變項都是大家非常熟悉的名詞時，此時往往就不需要先予說
明，而是在文獻探討時，再根據主要自變項與依變項的概念型定義、操作
型定義與相關實證研究，作分析整理與深入探討；不過，如果研究主要的
自變項與依變項是較為特殊或是大家比較不熟悉的名詞時，則研究者往往
會選擇提早呈現出名詞定義或名詞解釋，以讓讀者能儘早瞭解研究者所欲
探討的問題和內容。

二、文獻探討

此部分是研究者針對欲研究的題目，找出相關的國內外文獻進行分
析整理，而後選取與欲研究主題接近的理論架構、自變項與依變項、研究
設計與方法等，有系統層次地加以呈現，而後引導出後續的研究計畫內
容。

三、研究理論與架構

在這個部分通常會包含：研究理論、研究架構（一般以圖示的方
法，將自變項、依變項、或／與中介變項等加以連結的研究變項間關係
示意圖）、研究問題與研究假設等。對於研究理論的部分，通常是學位
論文或是學術理論要求程度較高的贊助（或補助）單位（例如：科技部
等），才會一定要求提出。如果是其他較重視實用性與解決實際問題的贊
助（或補助）單位與委託招標單位，則往往不是一定需要這個部分。

研究架構、研究問題與研究假設等部分的呈現，則主要要視該研
究的類型而定。正如本書第三章中所述，社會研究可大分為：探索性研
究、敘述性研究／描述性研究、因果性研究／解釋性研究（趙碧華、朱美

珍，2000；楊國樞等，1989）。因此如果研究類型是屬於探索性研究或敘述性研究，則沒有明確的研究架構與研究假設就是非常合理而正常的事情，但是仍然要有清楚的研究問題。如果研究類型是屬於因果性研究／解釋性研究，則除了要有清楚的研究問題除外，還必須加上明確的研究架構與研究假設。

例如：王雲東（2001）在其博士論文「美國居住於社區中的接受長期照護老人健康生活品質指標的影響因素研究」的研究計畫中，提出下列的研究架構（如**圖**21-1）、研究問題與研究假設（如**表**21-1）。

四、研究方法

研究方法是整個研究計畫的核心部分，也是相關單位最關心與審核的重心。例如：在研究生論文研究計畫口試時，口試委員最關心與問問題最多的地方，幾乎必然是研究方法的部分。此外，如果是委託招標研究案的審查會議中，審查委員問問題與給建議的重心，也通常都是在研究方法的部分。因此研究方法內容是否適當與可行，直接關係著研究計畫的品質與該研究計畫是否能夠順利被審查通過。

對於研究方法內容的排列順序，各個研究者或許會有些微想法與做法的不同，不過大體上都會包含下列幾個部分：

(一)研究設計

研究設計可以說是研究方法的核心內容，也就是說在研究設計部分要決定整個研究要用何種方法去蒐集資料。因此不論是探索性研究、敘述性研究／描述性研究，或是因果性研究／解釋性研究，研究設計都是必須具備，而且是最重要的單元。

舉例來說，如果研究者（或委託單位）想要瞭解目前台北市民的社會福利需求，以作為未來施政或預算資源分配的參考的話，則因為台北市

自變項：   依變項：

健康資本變項
· 健康相關變項
  日常生活必需活動（ADL）損傷狀況
  日常生活工具性活動（IADL）損傷狀況
  認知狀況
· 社會支持系統的投資
  照顧者人數
  每週被第一位照顧者照顧的天數
  被第一位照顧者照顧持續時間長度
  每週是否被第一位照顧者協助日常生活必需
    活動（ADL）
  每週被第一位照顧者協助照顧日常生活工具
    性活動（IADL）的程度
  每月與親友面對面接觸的次數
  每月與親友電話聯絡的次數
  是否使用老人中心／成人日照中心
  是否使用居家護理服務
· 健康照護／保險給付
  是否接受低收入老人與身心障礙者醫療補助
    （Medicaid）
  是否有私人健康計畫／健康保險
· 1989健康相關生活品質指標
  1989自評健康
  1989自評快樂
  1989憂鬱徵候
  1989生活滿意度
  1989年曾住過養老院
  1989年曾住過醫院
  1989年曾看過門診

社會人口變項   1994健康相關生活品質指標
  年齡   1994自評健康
  性別   1994自評快樂
  婚姻狀態   1994憂鬱徵候
  家戶所得   1994生活滿意度
  教育程度   1994年曾住過養老院
  種族   1994年曾住過醫院
  居住安排   1994年曾看過門診

圖21-1　「美國居住於社區中的接受長期照護老人健康生活品質指標的影響因素研究」架構

資料來源：翻譯自 Wang (2001). Factors Associated with Health-related Quality of Life
　　　　　Indicators among Community-dwelling Frail Elders: A Revised Health Capital
　　　　　Perspective. (Ph. D. Dissertation proposal).

表21-1 「美國居住於社區中的接受長期照護老人健康生活品質指標的影響因素研究」之研究問題與研究假設

編號	研究問題	研究假設
1	在控制住社會人口變項的情況之下，健康資本變項是否與「1994自評健康」依變項有顯著相關？	是
2	在控制住社會人口變項的情況之下，健康資本變項是否與「1994自評快樂」依變項有顯著相關？	是
3	在控制住社會人口變項的情況之下，健康資本變項是否與「1994憂鬱徵候」依變項有顯著相關？	是
4	在控制住社會人口變項的情況之下，健康資本變項是否與「1994生活滿意度」依變項有顯著相關？	是
5	在控制住社會人口變項的情況之下，健康資本變項是否與「1994年曾住過養老院」依變項有顯著相關？	是
6	在控制住社會人口變項的情況之下，健康資本變項是否與「1994年曾住過醫院」依變項有顯著相關？	是
7	在控制住社會人口變項的情況之下，健康資本變項是否與「1994年曾看過門診」依變項有顯著相關？	是

資料來源：翻譯與格式修改自Wang (2001). Factors Associated with Health-related Quality of Life Indicators among Community-dwelling Frail Elders: A Revised Health Capital Perspective. (Ph. D. Dissertation proposal).

大約有二百六十多萬市民，而且市民的想法與需要可能隨時都在變化，因此不能拿「舊」資料來作次級資料分析；所以勢必要採用量化的問卷調查方式，才有可能瞭解到這麼多人目前的想法。

如果研究者想要驗證老人的生活滿意度（或生活品質）與其健康之間的關係，從而檢驗健康資本理論是否可以適用在老人身上的話，則其重點就不在於要瞭解目前「最新」的老人生活滿意度（或生活品質）與其健康的狀況，而是在於想瞭解其所設定模型的自變項〔生活滿意度（或生活品質）〕與依變項（健康狀況）間是否有顯著相關。因此如果有近期〔如果是貫時性（longitudinal）次級資料，通常會選擇最近釋出（release）的版本〕的官方次級資料可供分析的話，則研究者往往就不需要自己去設計

問卷及施測,而是可以直接選擇適合研究目的的次級資料來作統計分析即可。

此外,如果研究者(或委託單位)想要對研究對象的某些層面做更深入的瞭解,此時就可能需要透過質性研究的方式來達成。例如:行政院退輔會委託王雲東(2005c)對年長榮民在生活照顧與婚姻狀況的現況與主觀經驗及感受方面進行研究,雖然行政院退輔會(1998)曾經在過去作過「中華民國八十六年台閩地區老榮民狀況調查報告」,對於年長榮民整體的生活照顧與婚姻狀況也有基本的瞭解,但是仍然希望能夠在某些層面有更深入的瞭解,以利於未來調整對年長榮民的服務內容和方式,使能更切合年長榮民的需求。因此在這樣的狀況下,質性研究就是一種非常適當的方式。而研究者又為了考量到希望能將全國各地具代表性的年長榮民在生活照顧與婚姻狀況的現況與主觀經驗及感受方面都能蒐集到資料,因此決定採用質性研究中深度訪談與立意取樣的方式來加以進行。

一個研究的設計,其實並不一定限制只能採取一種蒐集資料的方法,或是限制在只能採取質性或是量化的研究方式。基本上研究的目的,就是要能回答研究者(或是委託單位)的研究問題,因此任何的研究方法只要有助於達成這個目標,就都是適當的研究方法。例如:王雲東(2006)接受台北市勞工局的委託,進行「社區化就業服務採個案委託之可行性研究」,其研究目的就是希望能瞭解台北市勞工局社區化就業服務現行措施的執行成效與其影響因素,以及瞭解到不同的社區化就業服務委託方式的利弊得失與可行性,特別是對於現行制度(方案委託)與「個案委託」兩者做深入比較分析。因此在欲達到上述研究目的的前提之下,研究者採用了次級資料成本效益分析、次級資料統計分析(包括:描述性統計、相關分析、階層化多元線性迴歸分析與階層化邏輯迴歸分析等)、焦點團體與深度訪談等研究方法,希望來達成上述的研究目的,同時也回答「究竟社區化就業服務採取個案委託方式是否可行」這一研究問題。

(二)樣本

　　針對初級資料研究，要說明研究的取樣方法與樣本大小，而對於次級資料研究，就只要說明資料庫的背景資料及所欲選取來做研究的樣本。

　　關於初級資料研究中取樣方法與樣本大小的說明，請參閱本書第七章中都已有詳細的描述。大體來說，量化研究最重視的就是要滿足到「隨機抽樣」的要求（至於要採用何種隨機抽樣的方法，則視情況與客觀限制等因素而定）。因為量化研究通常都是在母群體數較大時才會採用，而只有在隨機抽樣的情況下，量化研究樣本的代表性才會好，也就是說此時樣本的統計數外推到母群體的母數的外在效度才會高。

　　質性研究通常都是採用立意取樣的方式，因為研究者可以依據自己的研究目的及對母群體的瞭解來選取樣本，較易達成研究目的。例如：王雲東（2006）在其「社區化就業服務採個案委託之可行性研究」計畫中，打算實施五次的焦點團體，希望能選取並邀請到能提供豐富資訊的學者專家、目前委託機構負責人、就業服務員（至少需具有兩年以上就業服務專業工作的資歷）、職業重建管理員，以及參與勞工局社區化就業服務之個案（或其家人）等預計共五十人次參與。此外，王雲東（2006）在上述研究中，也計劃深度訪談行政部門主管（預計三位）、學者專家（預計三位）、目前委託機構負責人（預計二位）、就業服務員（預計二位）、職業重建管理員（預計二位）與參與勞工局社區化就業服務之個案（或／及其家人）（預計二位）等。因為上述各領域相關人員的意見，均對該研究案是否能達到研究目的、回答研究問題，有著關鍵性的直接影響。

(三)變項的操作型定義

　　此部分是針對因果性研究／解釋性研究，或是量化的描述性研究而

設計的部分。因為在因果性研究／解釋性研究中，必然有明確的自變項與依變項，同時自變項與依變項還都必須要有明確的操作型定義，如此方能透過準確的測量與統計分析，來檢證研究者的假設是否獲得驗證，或是模型／理論是否適用於這群被研究的對象。茲以王雲東（2001）「美國居住於社區中的接受長期照護老人健康生活品質指標的影響因素研究」的研究計畫為例，其所列出的自變項與依變項的操作型定義如**表21-2**與**表21-3**。

此外，對於量化的描述性研究，其變項通常也會有明確的操作型定義，例如之前所舉的「94年度台北市社會福利需求與意見調查」（梁世武、王雲東，2005）研究案，就是透過封閉式的問卷設計，希望能瞭解台北市民的社會福利需求與相關意見，因此雖然沒有任何假設，但是仍然可以定出明確的操作型定義。在該研究中，「台北市民對於家庭暴力及性侵害保護的瞭解與需求程度」相關變項的操作型定義如**表21-4**。

對於探索性研究，或是質性的敘述性研究／描述性研究（希望能夠更深入瞭解所欲研究的對象），因為對於所欲研究的對象可能瞭解有限，或是考慮到測量的變項可能會隨著研究的進行而持續變化，因此通常在其研究計畫中，就不會包括「變項的操作型定義」這個部分。

(四)測量工具

此部分是針對初級實證研究（primary empirical study）而設計的部分，因此不論是量化還是質性研究，都需要此一部分（次級資料分析研究因為本身並未設計問卷，因此多半只需說明前述「變項的操作型定義」部分即可）。在量化研究方面，通常使用的測量工具多為問卷或量表，因此在本部分就需要說明問卷是如何產生的。正因為此部分主要是針對初級實證研究而設計的，因此問卷或量表多為自行編製，或是修改自目前已有的問卷或量表。因此在這部分作者需要說明問卷的文字內容、排列順序、預試與修改過程、信度與效度狀況等，相關的內容讀者可參看本書第五章與第六章。

表21-2 「美國居住於社區中的接受長期照護老人健康生活品質指標的影響因素研究」之研究計畫中所列出的自變項的操作型定義

自變項	操作型定義
健康資本變項	
日常生活必需活動（ADL）損傷狀況	（虛擬變項）1＝有ADL損傷，0＝沒有ADL損傷。
日常生活工具性活動（IADL）損傷狀況	係將9個IADL損傷狀況變項分數加總。每一個各別IADL損傷狀況變項都以虛擬變項處理，也就是説，1＝有IADL損傷，0＝沒有IADL損傷。因此，本變項的可能數值範圍＝0～9。
認知狀況	請受試者接受心理狀態問卷（Mental Status Questionnaires, MSQ）的施測（10個問題）。0＝全部答錯，1＝答對1題，2＝答對2題，3＝答對3題（含）以上。
照顧者人數	0＝沒有照顧者，1＝1位照顧者，2＝2位照顧者，3＝3位照顧者，4＝4位照顧者（含）以上。
每週被第一位照顧者照顧的天數	直接輸入天數。
被第一位照顧者照顧持續時間長度	直接輸入持續照顧的月數。
每週是否被第一位照顧者協助日常生活必需活動（ADL）	（虛擬變項）1＝是，0＝否。
每週被第一位照顧者協助照顧日常生活工具性活動（IADL）的程度	0＝沒有照顧，1＝每週照顧1～10小時，2＝每週照顧11～99小時。
每月與親友面對面接觸的次數	上個月與親戚面對面接觸的次數，加上上個月與朋友面對面接觸的次數。
每月與親友電話聯絡的次數	上個月與親戚電話聯絡的次數，加上上個月與朋友電話聯絡的次數。
是否使用老人中心／成人日照中心	（虛擬變項）1＝是，0＝否。
是否使用居家護理服務	（虛擬變項）1＝是，0＝否。
是否接受低收入老人與身心障礙者醫療補助（Medicaid）	（虛擬變項）1＝是，0＝否。
是否有私人健康計畫／健康保險	（虛擬變項）1＝是，0＝否。
1989健康相關生活品質指標	
1989自評健康	1＝非常好，2＝好，3＝尚可，4＝差。
1989自評快樂	1＝非常快樂，2＝快樂，3＝不太快樂。

（續）表21-2　「美國居住於社區中的接受長期照護老人健康生活品質指標的影響因素研究」之研究計畫中所列出的自變項的操作型定義

自變項	操作型定義
1989憂鬱徵候	係將兩個憂鬱徵候變項分數加總。包括：(1)因為覺得疲累而不想做事情；(2)發脾氣、亂丟東西、踢東西，以及用力關閉門窗等。對於每一題得分的登錄方式都是1＝經常，2＝有時，3＝從不。因此，本變項的可能數值範圍為2～6。
1989生活滿意度	1＝非常滿意，2＝滿意，3＝不滿意。
1989年曾住過養老院	（虛擬變項）1＝是，0＝否。
1989年曾住過醫院	（虛擬變項）1＝是，0＝否。
1989年曾看過門診	（虛擬變項）1＝是，0＝否。
社會人口變項	
年齡	直接輸入歲數。
性別	（虛擬變項）1＝男，0＝女。
婚姻狀態	（虛擬變項）1＝目前已婚，0＝目前未婚。
家戶所得	受訪者家戶成員年收入總和。登錄方式為：（共分十八類） 01＝$ US 3,000以下 02＝$ US 3,000 - $ US 3,999 03＝$ US 4,000 - $ US 4,999 04＝$ US 5,000 - $ US 5,999 05＝$ US 6,000 - $ US 6,999 06＝$ US 7,000 - $ US 7,999 07＝$ US 8,000 - $ US 8,999 08＝$ US 9,000 - $ US 9,999 09＝$ US 10,000 - $ US 11,999 10＝$ US 12,000 - $ US 14,999 11＝$ US 15,000 - $ US 19,999 12＝$ US 20,000 - $ US 24,999 13＝$ US 25,000 - $ US 29,999 14＝$ US 30,000 - $ US 39,999 15＝$ US 40,000 - $ US 49,999 16＝$ US 50,000 - $ US 59,999 17＝$ US 60,000 - $ US 74,999 18＝$ US 75,000（含）以上

（續）表21-2　「美國居住於社區中的接受長期照護老人健康生活品質指標的
影響因素研究」之研究計畫中所列出的自變項的操作型定義

自變項	操作型定義
教育程度	0＝小學以前，1＝小學，2＝國中，3＝高中，4＝大學，5＝研究所（含）以上。
種族	（虛擬變項）1＝白人，0＝非白人。
居住安排	（虛擬變項）1＝獨立居住（單身或與他人居住於家中），0＝居住於集體之家（group home）

資料來源：翻譯自Wang (2001). Factors Associated with Health-related Quality of Life Indicators among Community-dwelling Frail Elders: A Revised Health Capital Perspective. (Ph. D. Dissertation proposal).

表21-3　「美國居住於社區中的接受長期照護老人健康生活品質指標的影
響因素研究」之研究計畫中所列出的依變項的操作型定義

依變項	操作型定義
1994自評健康	1＝非常好，2＝好，3＝尚可，4＝差。
1994自評快樂	1＝非常快樂，2＝快樂，3＝不太快樂。
1994憂鬱徵候	係將兩個憂鬱徵候變項分數加總。包括：(1)因為覺得疲累而不想做事情；(2)發脾氣、亂丟東西、踢東西以及用力關閉門窗等。對於每一題得分的登錄方式都是1＝經常，2＝有時，3＝從不。因此，本變項的可能數值範圍為2～6。
1994生活滿意度	1＝非常滿意，2＝滿意，3＝不滿意。
1994年曾住過養老院	（虛擬變項）1＝是，0＝否。
1994年曾住過醫院	（虛擬變項）1＝是，0＝否。
1994年曾看過門診	（虛擬變項）1＝是，0＝否。

資料來源：翻譯自Wang (2001). Factors Associated with Health-related Quality of Life Indicators among Community-dwelling Frail Elders: A Revised Health Capital Perspective. (Ph. D. Dissertation proposal).

表21-4 「台北市民對於家庭暴力及性侵害保護的瞭解與需求程度」相關
變項的操作型定義

變項	操作型定義
是否知道台北市受理家庭暴力及性侵害案件的保護專線是「113」	知道＝1，不知道＝2
如果您知道隔壁鄰居發生了家庭暴力，您是否會向保護專線「113」求助	會＝1，不會＝2
如果您或周遭親友有發生家庭暴力之虞，您是否會向保護專線「113」求助	會＝1，不會＝2

資料來源：梁世武、王雲東（2005）。「94年度台北市社會福利需求與意見調查」研究計畫。

　　在質性研究方面，雖然質性研究的特色就是在研究的過程中可以修改蒐集資料的方法（例如：原本只想用焦點團體的方式，但後來發現希望能對某些個案的狀況作更深一層的瞭解，因此加上對某些個案作深度訪談，藉以蒐集資料），或是調整實施步驟的先後順序（例如：原本是想作完所有的焦點團體之後，再來作深度訪談，但後來在實施一兩場焦點團體後，就發現到有某些關鍵問題，可能必須要先加以釐清，因此就調整了研究的順序，先針對某些對象進行深度訪談，而後再來繼續焦點團體的進行），因此研究的測量工具也很可能需要隨之調整。不過大體上來說，在研究計畫中還是要先說明打算用以蒐集資料的測量工具，例如：王雲東（2006）在前述「社區化就業服務採個案委託之可行性研究」計畫中，針對欲選取並邀請的學者專家、目前委託機構負責人、就業服務員、職業重建管理員，以及參與勞工局社區化就業服務之個案（或其家人）等，分別研擬了「焦點團體討論題綱」，藉以引導相關人員探討本研究之各項議題。此外，王雲東（2006）也分別研擬了六份「深度訪談大綱」，希望能藉此引導訪問前述六類對象。

　　在該研究計畫中，針對目前委託機構負責人所作的「焦點團體討論題綱」與「深度訪談大綱」如**表21-5**、**表21-6**。

表21-5 「社區化就業服務採個案委託之可行性研究」計畫中針對目前委託機構負責人所作的「焦點團體討論題綱」

題號	焦點團體討論題綱
1	就您在經營非營利組織方面的專業瞭解，請問您對於台北市現行社區化就業服務（特別是委辦方式）的優缺點看法？您覺得對服務成效的要求是合理的嗎？您認為應該要做一些改變嗎？為什麼？
2	請問您認為影響社區化就業服務成效的因素有哪些？最重要的因素是什麼？
3	請問就您的瞭解，其他國家（或城市）社區化就業服務（特別是委辦方式）有哪些地方可以提供台北市作為借鏡？
4	請問您對於未來社區化就業服務若採取個案委託方式（根據本研究所發現的重要影響因素設定經費補助標準）有何看法？（贊成嗎？為什麼？）您認為標準應如何訂定？

資料來源：王雲東（2006）。「社區化就業服務採個案委託之可行性研究」研究計畫。

表21-6 「社區化就業服務採個案委託之可行性研究」計畫中針對目前委託機構負責人所作的「深度訪談大綱」

題號	深度訪談大綱
1	就您擔任身心障礙者社區化就業委辦機構負責人方面的專業瞭解，請問您對於台北市現行社區化就業服務（特別是委辦方式）的優缺點看法？您覺得對服務成效的要求是合理的嗎？您認為在審核與補助的行政程序上要做一些改變嗎？為什麼？
2	請問您認為現行制度對就服員專業成長與生涯發展方面是否有助益與保障？與個案委託制度相比又如何？
3	請問您認為現行制度對個案及家屬的權益是否有保障？能否真正解決個案及家屬面臨的問題？與個案委託制度相比又如何？
4	請問您認為現行制度對社福機構的成長與發展方面是否有助益？與個案委託制度相比又如何？
5	請問您認為現行社區化就業評鑑制度與委辦結果（例如：人數、金額）之間的關聯性如何？您認為應該有強的關聯嗎？為什麼？現行作法有無改進的空間？
6	請問您對於如果未來社區化就業服務採取個案委託方式（根據本研究所發現的重要影響因素設定經費補助標準）有何看法？（審核與補助的行政程序上可能會有很大的變化嗎？贊成嗎？為什麼？）標準應如何訂定？

資料來源：王雲東（2006）。「社區化就業服務採個案委託之可行性研究」研究計畫。

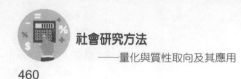
(五)資料分析方法

　　資料分析是任何一種研究類型都必須要有的步驟，因此也是任何一種研究類型的研究計畫都必須要有的部分。在量化研究方面，通常「資料分析方法」都是說明欲採用何種統計軟體（例如：SPSS／PC 24.0套裝軟體），以及欲使用何種統計分析方法（例如：描述性統計分析、皮爾森積差相關、多元線性迴歸分析等）以回答研究問題。

　　在質性研究方面，通常資料分析的步驟都是：(1)資料登錄；(2)將訪談錄音內容轉譯成逐字稿；(3)資料譯碼；(4)結構化類別；(5)抽象化與引證等（李瑞金，2003；潘淑滿，2003；陳向明，2002），詳細內容請參見本書第二十章。

(六)研究限制

　　任何一種研究都必然有其研究限制，因此「研究限制」也是研究計畫中不可或缺的一部分。一般來說，量化研究基本的研究限制，就是對於研究對象的瞭解不容易非常深入；而質性研究基本的研究限制，則是研究結果不容易有很好的外在效度。不過透過對於研究限制的正確瞭解，也就能準確知道該研究的結果能夠外推到什麼程度，以及提供未來如果還想進行相關研究的研究者，能夠繼續努力的方向。

五、研究人員基本資料與時間進度表

　　這個部分通常是研究計畫係針對委託招標單位或是贊助機構才需要提供出來的相關資料，用以證明欲申請執行該研究的相關研究人員是夠資格的（qualified），同時在時間安排上也是適當的。不過如果是申請撰寫學位論文的研究生，則通常就不需要這個部分；因為一方面在這種狀況下研究人員只能有一位，其他人只能提供意見或是從旁協助配合，但絕不

能親自下來幫忙執行；此外，通常研究生撰寫學位論文並無一定的時間表，最多只是自我要求，不像接受行政單位委託或是贊助的研究報告，如果到了事先訂定的時間而仍未完成，就可能會構成違約與需要擔負法律責任，因此對時間進度表的要求自然有所不同。

　　常見的研究人員基本資料表係如**表21-7**。而時間進度表則通常都是採用甘特圖（Gantt Chart）的方式來呈現（如**表21-8**）。「甘特圖」就是：以工作項目為最左一行，以時間為最上一列，所繪製成能表示預期工作進度的圖表。

表21-7　研究人員基本資料表（舉例）

分工配置	姓名	職稱	最高學歷	專長	具體工作性質、項目
計畫主持人					
協同主持人					
顧問					
研究助理					

資料來源：王雲東（2006）。「社區化就業服務採個案委託之可行性研究」研究計畫。

表21-8　時間進度表（舉例）

實施步驟 ＼ 進度	11月	12月	1月	2月	3月	4月
1.國內外文獻蒐集與整理	★	★				
2.將國內中央與地方各縣市的身心障礙者社區化就業服務委託方式資料加以蒐集、整理與分析	★	★				
3.期中審查		★	★			
4.焦點團體		★	★	★		
5.深度訪談		★	★	★		
6.資料分析		★	★	★	★	
7.撰寫報告					★	★
8.付梓與期末審查						★

資料來源：王雲東（2006）。「社區化就業服務採個案委託之可行性研究」研究計畫。

　　不過對於欲申請研究案的學者而言，實際執行時還是要按照委託或贊助單位具體規定的格式來撰寫。

六、預期研究結果與貢獻

　　「預期研究結果與貢獻」也是任何一種研究都必須具備的部分，這個部分的撰寫內容往往會與研究計畫第一部分「研究的重要性」相呼應。因為對於任何一位研究計畫的審核者來說，透過「預期研究結果與貢獻」可以看出該研究的重要性（或說符不符合該系所對於學位論文的標準）與研究者對這個研究的掌握程度，當然也就可以作為要不要委託、贊助或是通過學位論文研究計畫口試的標準。

七、預算

　　「預算」部分通常也是當研究計畫係針對委託招標單位或是贊助機構才需要提供出來的相關資料，藉以讓可能的委託或贊助單位瞭解到：如果審核通過本案，將需要撥付多少金額（主要分成人事費與業務費兩大部分）。同時，審核通過的研究計畫「預算」項目與金額，也將會作為未來在研究進行時，研究人員與會計部門核銷的依據（如**表21-9**）。

　　如果是申請撰寫學位論文的研究生，則因為通常不會有單位提供研究經費的補助（要是有，也多半是透過獎學金的方式來給予），因此也就不需要「預算」這個部分。

八、參考文獻

　　參考文獻（Reference）係將研究計畫內容中，有引用到的書、論文

表21-9　研究經費預算表（舉例）

項目	單價	單位	數量	金額	備註
一、人事費					
計畫主持人費					
協同主持人費					
研究顧問費					
兼任助理費					
二、審查會出席費					
三、調查訪問費					
焦點團體出席費					
深度訪談訪問費					
四、資料（逐字稿）整理費					
五、報告印刷費					
六、參考資料蒐集費					
七、行政費					
合計					

等各項資料出處加以說明，在社會科學領域通常採APA格式（詳見本書第四章）。

九、附錄

　　附錄（Appendix）是不便放在研究計畫本文中（例如：篇幅太長），但卻又應該向讀者交代的資料；通常放在最後。例如：問卷（量表）、知情同意書、訪談大綱、擬訪問人員名單等；其寫法也請依照本書第四章中所述的格式。

解釋名詞

1. 研究計畫：是研究者將其未來所欲真正進行研究的方法、程序，以書面的方式，提供研究者本身與外界（例如：指導教授、可能的委託或贊助機構等）作為參考、審核與溝通之用。

2. 甘特圖：以工作項目為最左一行，以時間為最上一列，所繪製成能表示預期工作進度的圖表。

考古題舉例

1. 試述研究計畫之功用？（20分）（88年特種考試退除役軍人轉任公務人員三等考試「社會研究法」試題）

2. 請以「台灣省老年人安養」為例，設計一份詳細的研究計畫（Research Proposal）。（25分）（81年基乙「社會調查與研究」試題）

3. 請說明研究計畫的主要內容。（10分）（南師84）

4. 名詞解釋：甘特圖法。（5分）（市北師85）

5. 簡述「研究計畫」的功用及主要內容。（10分）（市北師86）

6. 某研究生想要探討「國小六年級學生家庭社經背景（含父母親雙方的教育程度及職業類別）與其智育成績的關係」，請就此題目撰擬一份較詳細的研究計畫（最少應含研究方法、名詞定義、研究對象、資料蒐集分析方法）。（20分）（屏師85）

7. 近年來大學學費逐年調漲，反對者認為會傷害清寒學生的就學權益，贊成者則認為天下沒有白吃的午餐。為解決爭議，請使用已學過的教育研究方法，擬定一份有關「學費調整」的研究大綱。（20分）（政大87）

8.試說明一份研究計畫應包含哪些內容？並申論撰寫一份良好的教育研究
計畫，應遵循的原則？（20分）（中山88）

9.假設你／妳想要對台灣某一離島的教育問題進行一項兩年的研究，你／
妳必須先提出一個研究計畫以便向相關單位申請經費支助。你／妳會提
出怎樣的研究計畫？請將你／妳研究計畫的重點寫出來。（20分）（政
大88）

10.請選擇一個您有興趣的社工領域研究主題，回答下列問題：

(1)試研擬出研究題目與研究問題，並簡述研究動機、目的與重要性。
（10分）

(2)寫出您的方法論（至少包括：研究架構、抽樣方法與樣本、資料蒐
集方法與研究工具，以及資料分析方法等；質性或量化研究方法均
可）。（30分）

(3)試為您的研究方法適當性，以及研究限制等做評論。（10分）（國
立臺灣大學105學年度博士班招生考試「社會工作研究方法」試題）

11.請從下面這14個「105年度科技部大專生研究計畫」題目裡，挑選一個
你有興趣的題目，再依照下面的研究計畫大綱各個項目，寫出一份約
2,000字的研究計畫。答案卷上務必要按照順序寫出研究計畫大綱的八
個項目標題。（50分）

可挑選的題目：

(1)影響大專生願意投入老人照顧服務專業的主要因素

(2)以使用者角度探討我國之原住民族升學保障政策

(3)異性交往對偏差行為少女之影響

(4)三、四級毒品使用者的毒品成癮性與人際連結關聯

(5)童年目睹婚暴經驗對成年前期之親密關係影響

(6)「她」得了那種病—女性愛滋感染者的道德困境與判斷

(7)邁向自立之路：離開安置系統少年之自立歷程

(8)隨機殺人事件後續對社會的影響

(9)失敗的起跑點：育幼院如何「成功」打造院童的「魯蛇」人生

(10)「我沒你這孩子！」──男女同志之父母面對孩子出櫃時的反應差異

(11)國中身心障礙生與班級同學間社會融入情形探討

(12)你拉K了嗎？──原鄉原住民青少年用藥之探討

(13)更生人就業歷程之探究

(14)何謂「成家」：20-35歲青年人的居住現況與對家的想像

研究計畫大綱：

(1)研究題目

(2)目的（3分）

(3)重要性（3分）

(4)研究方法與設計，需包含量化與質化兩種方法（28分）

(5)執行時程與步驟（2分）

(6)倫理考量（10分）

(7)可能的貢獻（2分）

(8)可能的限制（2分）（國立臺北大學106學年度碩士班招生考試「社會工作研究法」試題）

Chapter 22

社會科學研究報告與
研究論文的撰寫

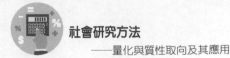
　　研究報告與研究論文將之前所有研究過程的重點以及努力的成果，讓讀者有一完整的瞭解。而社會科學研究報告與研究論文的撰寫，又往往有大致固定的格式（雖然不同學門或是不同學校、機構的要求或許有些微的差距，不過大體上是接近的）；因此熟悉寫作格式的要求，並且有條不紊地將所需的資訊撰寫出來，就可以構成一篇很好的社會科學研究報告／研究論文。

💡 第一節　社會科學研究報告與學位論文的格式與說明

　　社會科學研究報告與研究論文的寫作格式大體上是接近的，但是細分起來，在某些類別間仍會有些微的差別。一般來說，社會科學研究報告主要包括：政府、企業或非營利組織部門委託研究案的成果報告，或是贊助機構（例如：科技部等）補助學者專家針對其有興趣且具學術重要性的題目所作研究的成果報告。兩者之間其實大同小異，不過最大的差別就是在於研究報告內容是否需要具備「研究理論」？也就是說，如果是政府、企業或是非營利組織部門所委託研究案的成果報告，因為其重點主要在於解決實際的問題，因此對於學術上的要求就沒有像科技部或某些學術交流文化基金會等贊助機構來得高，所以在研究報告的內容中就可以不具備「研究理論」這一部分，反之，學術型贊助機構補助研究案的成果報告，幾乎都一定要具備「研究理論／模型」單元。

　　社會科學研究論文又可大分為社會科學學位論文與社會科學期刊論文／會議論文。在社會科學學位論文方面，其內容章節的要求是相當接近學術型贊助機構補助研究案的成果報告，因為同樣都是強調其在學術上的價值與貢獻。不過對於社會科學期刊論文／會議論文，最主要是因為考慮到篇幅的大小，因此必須要盡可能精簡，當然不同的期刊／學術會議要求也不盡相同，將於下一節中再作說明。

　　社會科學研究報告與學位論文的內容，大體來說最主要會包括下列幾個部分（如**表22-1**）：

表22-1　社會科學研究報告與學位論文的目錄與其相關說明

目錄	說明
一、緒論	
1.研究動機（或背景）	
2.研究的重要性	
3.研究目的	
4.名詞定義（或名詞解釋）	這部分視狀況可以置於「緒論」，或併入「文獻探討」。
二、文獻探討	
1.依變項的相關概念、定義、理論與實徵性研究結果	
2.自變項的相關概念、定義、理論與實徵性研究結果	
3.自變項與依變項之間關係的文獻（以實徵性研究為主）	
三、研究理論與架構	此部分的標題視研究的目的與類型來決定（詳細說明於以下三列）。
1.研究理論／模型	對於研究理論／模型的部分，通常是學位論文或是學術理論要求程度較高的贊助／補助單位（例如：國科會等），才會一定要求提出。至於如果是其他較重視實用性與解決實際問題的贊助／補助單位與委託招標單位，則往往不是一定需要這個部分。
2.研究架構	如果研究類型是屬於探索性研究或敘述性研究，則通常沒有明確的研究架構。不過如果研究類型是屬於因果性研究／解釋性研究，則必須有明確的研究架構。
3.研究問題與研究假設	如果研究類型是屬於探索性研究或敘述性研究，則通常沒有明確的研究假設，但是仍然要有清楚的研究問題。不過如果研究類型是屬於因果性研究／解釋性研究，則必須也要有明確的研究假設。

（續）表22-1 社會科學研究報告與學位論文的目錄與其相關說明

目錄	說明
四、研究方法（或方法論）	
1.研究設計	
2.樣本	
3.變項的操作型定義	此部分是針對因果性研究／解釋性研究，或是量化的描述性研究而設計的部分。因此如果是探索性研究或質性的描述性研究，則通常不需說明「變項的操作型定義」。
4.測量工具	
5.資料分析方法	
6.研究限制	
五、研究發現	
1.樣本狀態描述	
2.研究發現內容	
六、結論與建議	
1.結論	
2.建議	
參考文獻	將研究報告／學位論文內容中，有引用到的書、論文等各項資料出處加以說明，通常採APA格式（詳見本書第四章）。
附錄	將不便放在本文（例如：篇幅太長）卻又應該向讀者交代的資料，放在附錄中，供讀者參考。例如：問卷（量表）、受訪人員名單等。

資料來源：作者自行製作。

　　從表22-1中可以看出：社會科學研究報告與學位論文的前四章（包括緒論、文獻探討、研究理論與架構，以及研究方法／方法論）其實與研究計畫中的內容都非常接近，只不過是在研究的過程中，可能會對原本研究計畫中所寫的內容，再作一些增刪和修改而已。因此，社會科學研究報告與學位論文，其和研究計畫最大的不同就是增加了「研究發現」與「結論與建議」兩大部分。在「研究發現」部分，主要包括：「樣本狀態

描述」與「研究發現內容」兩節；而這兩節的內容，在本書第十八與二十章中，均已分別針對量化與質性兩大類型的研究作了詳細的說明。

　　「結論與建議」部分，最主要就是要以簡潔清楚的文字將「研究結果是否回答了研究問題」、「是否驗證了研究假設」很具體的呈現出來，同時要提供相關部門（例如：政府機關、非營利組織、家庭、個人等）具體的建議及說明。例如王雲東（2006）的「社區化就業服務採個案委託之可行性研究」成果報告中，共列出下列兩點主要結論（註：因為篇幅所限，所以相較於原本的研究報告，稍微作了一些刪減）：

1. 在現行社區化就業服務方案委託制度的執行成效方面：現行社區化就業服務委託制度（方案委託）在投入金額與個案就業產出薪資的益本比方面，在92～94年的數據上顯示都是大於0（也就是說效益大於成本），而且不斷升高，顯示現行制度是符合成本效益的。
2. 在個案委託制度是否具可行性方面：雖然實施個案委託制度確實有可能改善現行社區化就業服務的部分缺點，但因為目前配套條件尚未成熟，加以新制度也很可能會帶來新問題，因此目前似乎仍以修正現行制度，以及為實施個案委託制度作準備為宜。

　　此外，在王雲東（2006）的研究成果報告中，也對委託單位台北市勞工局提出下列建議：

1. 在解決／改善眼前的問題方面：
　(1)盡可能提高評鑑與委託結果間的關聯性。
　(2)加強對個案／家屬與雇主滿意度的調查，同時這樣的滿意度調查應由勞工局來作，而不是由受委託機構自己來作。
2. 在為未來可能實施個案委託制度所預作的準備工作方面：
　(1)委託服務對象應將一般性就業與支持性就業分開：由本研究的結果可明顯看出：支持性就業就服員對案主所作的服務（推介）明

顯發生效果，但在一般性就業服務方面則效果極不顯著。因此在資源有限的情況下，應集中用在刀口上，也就是說集中用在服務支持性就業個案（國外也是這樣）。這在未來若欲實施個案委託制度的準備工作上，是非常重要的一環。

(2)委託學者專家將目前「社區化就業服務的標準化流程」中，為因應未來若採個案委託制度時應如何劃分階段付費的標準訂出。同時也要將各階段服務內容（包含質與量）的參考成本算出，以作為各機構提服務計畫時的參考，而且要建立「品質要求／成效指標」與「成本計算／計費標準」間的連動公式，並透過座談會或其他各種方式，期與相關人員達成共識（當然這個工作也可與評鑑指標的修訂配合執行）。

(3)邀請瞭解社區化就業與成本效益計算領域的學者專家，對各機構負責人或財務部門主管開授成本計算方面的課程（或講座），協助機構能自行計算本身執行服務的成本與效益。

(4)加速建立就業服務員的專業證照制度，以去除其覺得工作不安定（穩定）的心理。

第二節　社會科學期刊論文／會議論文的格式與說明

　　社會科學期刊論文／會議論文的內容與社會科學研究報告及學位論文的內容大同小異，只是稍微精簡一些而已。同時，很多研究者會將研究報告的部分內容改寫成期刊論文／會議論文來刊登／發表；例如：王雲東（2009）就將經建會（現更名為國發會）所委託完成的「我國長期照護服務需求評估」研究報告裡面的部分內容改寫成「我國失能與失智人口及其所需照顧服務員人力之推估」論文，並刊登於《台大社會工作學刊》（王雲東等，2012）。此外，王雲東、鄧志松、詹慶恩（2010）亦將前述

研究報告裡面的其他部分內容改寫成「我國長期照護服務數項專業人力的需求推估」論文，並發表於「2010年人口變遷與社會發展聯合研討會」上。最後，社會科學期刊論文／會議論文的目錄與相關說明如**表22-2**。

　　會議論文主要是希望藉由學術平台的提供，讓學者專家能有一個發表自己最近的研究成果，並且提供與相關領域的學者專家認識和交流的機會；當然如果參與的學者專家興趣相近，更可以在未來一起合作進行相關研究。因此會議論文的格式與字數限制等，相對來說就沒有那麼重要，有的會議論文甚至不要求要繳交完整文章，只要先繳交摘要（abstract）通過審查，而後以PowerPoint格式在會議中作報告（presentation）即可。

表22-2　社會科學期刊論文／會議論文的目錄與其相關說明

目錄	說明
摘要（abstract）	一般的規定多在300～500字以內（西文期刊更多半在300字以內），視不同的會議或期刊投稿規定而有些微的不同。
一、研究背景（background）	包括：研究動機、重要性、研究目的與名詞定義等。
二、文獻探討（literature）	包括：對於依變項和自變項各別的相關概念、定義、理論與實徵性研究結果，以及自變項與依變項之間關係的文獻（註：有的期刊為了更為精簡篇幅，會把「文獻探討」也併入「研究背景」中）。
三、研究架構（conceptual framework）	包括：研究理論／模型、研究架構、研究問題與研究假設等。
四、研究方法／方法論（research method / methodology）	包括：研究設計、樣本、變項的操作型定義、測量工具與資料分析方法等。
五、研究發現（findings）	包括：樣本狀態描述與研究發現內容等。
六、結論與建議／討論（discussion）	包括：結論、建議、意涵／應用（implication）、研究貢獻與限制等〔註：西文期刊論文常用「討論」（discussion）〕。
致謝詞（acknowledgements）	也有的期刊將「致謝詞」置於首頁。
參考文獻（reference）	註：一般為節省篇幅，多省略「附錄」部分。

資料來源：作者自行製作。

期刊論文，又可大分為「有匿名審查制度」與「無匿名審查制度」兩種。「有匿名審查制度」的期刊論文，因為審核較嚴，加以中間往往要經過一些修改的過程，因此學術價值與嚴謹性通常也較「無匿名審查制度」的期刊論文來得高。此外，在「有匿名審查制度」的期刊論文中，又可再分級，一般國內最常見的是分為「核心期刊」與「非核心」期刊論文兩大類。核心期刊是由科技部人文社會科學研究中心期刊評比收錄聯席會議確認分級與收錄的期刊。其中，列入分級的期刊又再區分為第一級、第二級與第三級，其中受評為第一級與第二級者，就收錄為核心期刊。核心期刊又區分為歸屬人文學領域的人文學核心期刊（Taiwan Humanities Citation Index，簡稱THCI），以及歸屬社會科學領域的社會科學核心期刊（Taiwan Social Science Citation Index，簡稱TSSCI），因此，被被收錄在名單的核心期刊可說是目前國內最具學術價值的人文社會科學期刊。因此如果研究者所投稿的期刊論文，能夠被收錄在核心期刊名單中，則其學術價值就等於是受到了高度的肯定。

近年來，受到學術國際化潮流的影響，將研究成果投稿到國際上備受肯定的學術期刊且能獲得刊登，已成為學者共同努力的目標。而在國際眾多備受肯定的社會科學學術期刊中，又以「社會科學引文索引資料庫」（Social Science Citation Index，簡稱SSCI）期刊最為大家熟悉與重視。此外，由於科際整合的原因，跨領域的研究也蔚為風潮，因此也有部分社會科學領域研究者將其撰寫的期刊論文，投稿到「自然科學引文索引資料庫」（Science Citation Index，簡稱SCI）期刊中，其學術價值與SSCI相同。

作者在此分享一些自己投稿與刊登在國際SSCI期刊的經驗與大家分享。就是掌握議題的重要性，並且從過去比較沒有人切入的角度去分析探討，如此接受刊登的機會就蠻大了。舉例來說，王雲東（2013）從是否獨立居住（independent living）、是否就業、與是否為低收入戶等三個面向，以量化統計分析的方法，去探討台灣成年智能障礙者是否有社

會排除的狀況？！若有，比率為何？有哪些因素會與社會排除的狀況有顯著關聯？！而將研究成果寫成「Are Adults with Intellectual Disabilities Socially Excluded?: An Exploratory Study in Taiwan」論文，並於2013年刊登於*Journal of Intellectual Disability Research*期刊上。值得一提的是，從這種量化統計分析的角度，去探討成年智能障礙者是否有社會排除的狀況，在過去台灣從未有這樣的文獻；因此即使使用的是相當簡單的統計分析（只有用到描述性統計與卡方分析），但還是能刊登於*SSCI*期刊上。

　　總之，從研究的成果報告到會議論文，再到期刊論文，是一個研究者將研究成果發表出來，並與相關學術社群經驗交流和分享的必經過程；期待也祝福每一位在社會科學領域的研究者都能在這個過程中不斷充實與精進。

參考文獻

一、中文部分

王雲東（2003）。《2003年台灣老人人權指標調查報告》。中國人權協會委託研究。

王雲東（2004）。《2004年台灣老人人權指標調查報告》。中國人權協會委託研究。

王雲東（2005a）。〈台灣地區社區老人醫療服務使用率影響因素之研究——一個健康資本模型應用的初探〉。《社區發展季刊》，110，216-229。

王雲東（2005b）。〈台灣地區中老年與老年人醫療服務使用率的影響因素研究〉。發表於「台灣健康城市國際學術研討會」。2005年10月14-16日。台南：成功大學醫學院。

王雲東（2005b）。《年長榮民生活照顧與婚姻問題之研究報告》。行政院國軍退除役官兵輔導委員會委託研究。

王雲東（2006a）。《社區化就業服務採個案委託之可行性研究》。台北市政府勞工局委託研究。

王雲東（2006b）。〈台灣地區中老年與老年人醫療服務使用率的影響因素研究〉。《健康城市學刊》，4，141-163。

王雲東（2007a）。《宜蘭縣95年度身心障礙者生活狀況與福利需求調查研究》。宜蘭縣政府社會局委託研究。

王雲東（2007b）。〈身心障礙者社區化就業服務方案之成本效益與成本效能分析——以台北市92-94年度就服方案為例〉，《台大社會工作學刊》，14，123-166。

王雲東（2008）。〈身心障礙者職業輔導評量服務的成效分析——以台北市90-94年職評服務方案為例〉，《台大社會工作學刊》，18，89-142。

王雲東（2009）。《我國長期照護服務需求評估》。行政院經建會委託研究。

王雲東（2010）。《身心障礙者居家就業服務措施及成效評估計畫》。勞委會職訓局委託研究。

王雲東、林怡君（2004）。〈身心障礙者支持性就業服務方案之成本效益分析——以陽光社會福利基金會90年度支持性就業服務方案為例〉。《東吳社會工作學報》，10，119-147。

王雲東、林怡君（2007）。〈身心障礙者支持性就業服務方案之成本效益分析——以某社福基金會之貨幣化成本效益分析為例〉。《中華心理衛生學刊》，20(2)，179-200。

王雲東、楊培珊、黃竹萱（2007）。〈台灣地區年長榮民生活照顧與婚姻狀況的研究——社會排除觀點的初探〉。《東吳社會工作學報》，17，35-66。

王雲東、鄧志松、詹慶恩（2010）。〈我國長期照護服務數項專業人力的需求推估〉。發表於「2010年人口變遷與社會發展聯合研討會」。2010年4月29、30日。台北：台灣大學。

王雲東、薛承泰、鄧志松、陳信木、楊培珊、詹慶恩（2012）。〈我國失能與失智人口及其所需照顧服務員人力之推估〉。《台大社會工作學刊》，25，51-102。

王雅玄（2002）。〈得懷術在課程評鑑上之應用〉。http://www.nmh.gov.tw/edu/basis3/25/gz11.htm

王保進（2006）。《中文視窗版SPSS與行為科學研究》。心理。

王濟川、郭志剛（2004）。《Logistic迴歸模型——方法及應用》（二版）。五南。

中華民國兒童福利聯盟文教基金會（2019）。〈2017年台灣社會大眾校園霸凌經驗調查報告〉。https://www.children.org.tw/research/detail/69/1355

內政部社區發展雜誌社（2000）。《社會工作辭典》（四版）。

台灣兒童暨家庭扶助基金會（2021）。〈2021年教養知能與生活情境調查〉。https://cp.ccf.org.tw/#top

田芳華（1996）。〈自填與訪填對答題效應之影響〉。《調查研究》，2，59-88。

行政院退輔會（1998）。《中華民國八十六年台閩地區老榮民狀況調查報告》。

朱柔若譯（2000）。《社會研究方法——質化與量化取向》。揚智。

江大樹、詹弘廷、張力亞、李希昌、梁鎧麟（2020）。〈建置社區巷弄長照站的培力與治理策略：水沙連區域的行動研究〉。《社會政策與社會工作學

刊》，24(2)，143-182。

呂傑華（2011）。〈聽誰在說話？──我國報紙投書版之南台灣社群投書現象之研究〉。《長榮大學學報》，15(1)，1-30。

李安妮、王雲東（2008）。《多元就業開發方案進用人員職業能力提升情形暨後續就業狀況調查研究》。行政院勞工委員會職業訓練局委託研究。

李沛良（1988）。《社會研究的統計分析》。巨流。

林哲瑩（2015）。〈建構居家服務之照顧服務員的人力需求評估模式〉。《社會發展研究學刊》，16，67-94。

李瑞金（2003）。《擴大榮譽國民之家安養對象及功能之研究》。行政院國軍退除役官兵輔導委員會委託研究。

何青蓉（1995）。〈需求評估概念的澄清與分析〉。《成人教育》，23，41-46。

周雅容（1997）。〈語言互動與權力：倫理的思考〉。嚴祥鸞編，《危險與秘密：研究倫理》。三民。

周月清、李淑玲、徐于蘋（2002）。〈受暴婦女團體工作發展與評估──以台北市新女性聯合會方案為例〉。《台大社會工作學刊》，7，59-125。

林清山（1988）。《心理與教育統計學》（十四版）。東華。

林振春（1992）。〈台灣地區成人教育需求內涵的德惠法研究〉。《成人教育學刊》，1，43-82。

林重新（2001）。《教育研究法》。揚智。

林怡君、王雲東（2009）。《建構臺北縣身心障礙者庇護工場多元考核指標之研究》。台北縣勞工局委託研究。

金車文教基金會（2019）。〈《青少年暑期休閒》八成青少年今夏不煩惱？老師家長要警覺！〉。https://kingcar.org.tw/survey/500833

胡幼慧主編（1996）。《質性研究──理論、方法及本土女性研究實例》。巨流。

胡慧嫈（1998）。〈焦點團體法對促進社會工作專業研究實務性之探索〉。《社區發展季刊》，81，282-292。

范麗娟（1994）。〈深度訪談簡介──戶外遊憩研究〉。《教育研究》，7，327-339。

洪永泰（1989）。〈抽樣調查中訪問失敗問題的處理〉。《社會科學論叢》，

37，33-55。

洪永泰（2001）。《戶中選樣之研究》。五南。

凌嘉華、劉信柱（2001）。〈統計迴歸分析在癌症研究〉。《中華技術學院學報》，22，262-271。

夏林清、鄭村祺（1989）。《行動科學——實踐中的探索》。張老師。

高熏芳、林盈助、王向葵譯（2001）。《質性研究設計：一種互動取向的方法》。心理。

高健源、蔡蕙君、王明志（2011）。〈資訊科技融入國小五年級社會學習領域教學之行動研究〉。《北市教大社教學報》，10，265-291。

許華慧（2008）。《求職技巧輔導方案對職業訓練脊髓損傷成員的一般自我效能與求職自我效能之影響》。國立臺灣師範大學復健諮商研究所碩士論文。

郭玉霞主編（2009）。《質性研究資料分析：NVivo 8活用寶典》。高等教育。

張清溪、許嘉棟、劉鶯釧、吳聰敏（1987）。《經濟學》。雙葉。

張英陣、彭淑華（1996）。〈從優勢的觀點論單親家庭〉。《東吳社會工作學報》，2，227-271。

張德銳、丁一顧（2009）。〈教學行動研究及其對中學教師專業成長態度影響之研究〉。《課程與教學》，12(1)，157-181。

張鐙文、黃東益、洪永泰，2017。〈住宅電話與手機雙底冊調查的組合。估計：以2016總統選舉預測為例〉。《選舉研究》，24(2)，65-96。

陳毓文（1999）。〈論少年暴力行為與暴力環境之相關性〉。《台大社會工作學刊》，1，3-33。

陳孝平、鄭文輝、陳歆華、王憶秦（2000）。〈大型醫療機構作為全民健保改革之動力——以醫療管理者之焦點團體法為基礎的可行性分析〉。《台灣社會福利學刊》，1，41-70。

陳義彥、洪永泰、盛杏湲、游清鑫、鄭夙芬、陳陸輝（2001）。《民意調查》。五南。

陳向明（2002）。《社會科學質的研究》。五南。

梁世武、王雲東（2005）。《94年度台北市社會福利需求與意見調查》。台北市社會局委託研究。

黃光雄、簡茂發（1991）。《教育研究法》。師大書苑。

黃瑞琴（1999）。《質性教育方法》。心理。

黃惠雯、童琬芬、梁文蓁、林兆衛譯（2002）。《質性方法與研究》。韋伯文化。

黃蕙如（2020）。〈道家淑世精神與大學社會責任實踐：以莫拉克災後婦幼生活重建為例〉。《人文社會科學研究》，14(4)，77-105。

游清鑫、鄭夙芬、陳陸輝（2001a）。《面訪實務》。五南。

游清鑫、鄭夙芬、陳陸輝（2001b）。《電訪實務》。五南。

楊培珊（2001）。〈台北市獨居長者照顧服務經驗之反思──一個行動研究的報告〉。《台大社會工作學刊》，5，105-150。

楊國樞、文崇一、吳聰賢、李亦園編（1989）。《社會及行為科學研究法》（十三版）。東華。

萬育維、張英陣、張素玉（1997）。〈軍旅生活對居住安養機構老榮民生活品質之影響──以某私立安養機構四個個案為例〉。《國立政治大學社會學報》，27，121-145。

趙碧華、朱美珍（2000）。《研究方法》。學富。

廖宏文（2020）。〈Mayaw Komod與陳家豪都有相同的面試機會嗎？〉。《人社東華》，24。http://journal.ndhu.edu.tw/2020/mayawkomod與陳家豪都有相同的面試機會嗎/

潘淑滿（2003）。《質性研究──理論與應用》。心理。

劉世閔主編（2006）。《質性研究資料分析與文獻格式之運用》。心理。

劉世閔、曾世豐（2013）。〈NVive10在臺灣質性研究中的位置與批判〉。《臺灣教育評論月刊》，2(4)，65-71。

劉唯玉（1991）。〈質的研究法之探討〉。《國立成功大學社會科學學報》，4，295-316。

潘中道、郭俊賢譯（2005）。《行為科學統計學》（七版）。雙葉。

蔡秀美（1997）。〈社區學習需求評估之探討〉。《成人教育學刊》，1，229-252。

蔡清田（2000）。《教育行動研究》。五南。

鄭金洲（1997）。〈行動研究：一種日益受到關注的研究方法〉。《上海高等研究》，1，23-27。

賴秀芬、郭淑珍（1996）。〈行動研究〉。胡幼慧主編（1996），《質性研究——理論、方法本土女性研究實例》。巨流。

賴香如、李碧霞、李景美、彭如瑩（2000）。〈青少年藥物教育需求研究——以焦點團體為例〉。《衛生教育學報》，13，165-188。

謝高橋（1988）。《社會學》。巨流。

謝臥龍（1997）。〈優良國中教師之德懷分析〉。《教育研究資訊》，5(3)，14-28。

薛承泰（1996）。〈影響國初中後教育分流的實證分析：性別、省籍、與家庭背景的差異〉。《台灣社會學刊》，20，49-84。

簡春安、鄒平儀（2005）。《社會工作研究法》（二版）。巨流。

衛生福利部（2018）。《105年身心障礙者生活狀況及需求調查》。衛生福利部。https://dep.mohw.gov.tw/DOS/cp-1770-3599-113.html

鍾雅如、白佩玉（2020）。〈共居如何提升歸屬感？以行動研究實證「玖樓共生公寓」之管理實務〉。《商略學報》，12(3)，173-193。

魏米秀、洪文綺（2010）。〈都市與偏遠社區成人的健康資訊尋求經驗：焦點團體訪談結果〉。《健康促進與衛生教育學報》，34，93-114。

二、英文部分

Allen-Meares, P. & Lane, B. A. (1987). Grounding Social Work Practice in Theory: Ecosystems. *Social Casework, 68*, 515-522.

American Psychological Association (2020). *Publication Manual of the American Psychological Association* (7th ed.). American Psychological Association.

Babbie, E. R. C. (1998). *The Practice of Social Research*. Wadsworth Pub Co.

Bainbridge, W. S. (1989). *Survey Research: A Computer-Assistant Introduction*. Wadsworth.

Baker, T. L. (1994). *Doing Social Research*. McGraw-Hill.

Barnes, M. (2005). *Social Exclusion in Great Britain: An Empirical Investigation and Comparison with the EU*. Ashgate.

Bauer, M. W. & Gaskell, G. (Eds.) (2000). *Qualitative Researching with Text, Image and Sound*. Sage.

Beach, D. P. & Alvager, K. E. (1992). *Handbook for Science and Technical Research*. Prentice Hall.

Berg, B. L. (1998). *Qualitative Research Methods for the Social Science*. Allyn & Bacon.

Bernard, H. R. (Ed.) (1998). *Handbook of Methods in Cultural Anthropology*. Sage.

Bertrand, M. & Mullainathan, S. (2004). Are Emily and Greg more employable than Lakisha and Jamal? A field experiment on labor market discrimination. *American Economic Review, 94*(4), 991-1013.

Bhattacherjee, A. (2012). *Social Science Research: Principles, Methods, and Practices*. Open Access Textbooks.

Boardman, A. et al. (1996). *Cost-Benefit Analysis: Concepts and Practice*. Prentice-Hall.

Bradburn, N. M. & Sudman, S. (1988). *Poll and Surveys: Understanding What They Tell Us*. Jossey-Bass.

Brookfield, S. (1988). *Understanding and Facilitation Adult Learning*. Jossey-Bass.

Campbell, D. T. & Stanley, J. C. (1963). *Experimental and Quasi-experimental Designs for Research*. Rand McNally.

Carey, M. A. (1994). The group effect in focus groups: Planning, implementing, and interpreting focus group research. In Morse, J. M. (ed.), *Critical Issues in Qualitative Research Methods*. Sage.

Cook, T. D. & Campbell, D. T. (1979). *Quasi-experimentation: Design and Analysis Issues for Field Settings*. Rand McNally.

Crabtree, B. D. & Miller, W. L. (1992/ 1999). *Doing Qualitative Research*. Sage.

Crabtree, B. D. & Miller, W. L., Aita, V. A., Flocke, S. A. & Stange, K. C. (1998). Primary care practice organization and preventive services delivery: A qualitative analysis. *Journal of Family Practice, 45*(5), 403-409.

Cronbach, L. J. (1951). Coefficient alpha and the internal structure of tests. *Psychometrika, 16*, 297-334.

Dhaliwal, J. S. & Tung, L. L. (2000). Using group support systems for developing a knowledge-based explanation facility. *International Journal of Information Management*, 20, 131-149.

Douglas, J. D. (1985). *Creative Interviewing. Beverly Hills*. Sage.

Fontana, A. & Frey J. H. (1998). Interviewing: The art of science. In N. K. Denzin & Y. S. Lincoln (Eds.), *Collecting and Interpreting Qualitative Materials*. Sage.

Glock, C. (ed.) (1967). *Survey Research in Social Science*. Russell Sage Foundation.

Gramlich, E. M. (1990). *A Guide to Benefit-cost Analysis* (2nd ed.). Prentice-Hall.

Greenbaum, T. L. (1998). *The Handbook for Focus Group Research*. Sage.

Guba, E. G. (1990). The alternative paradigm dialog. In Cuba, E. G. (ed.), *The Paradigm Dialog*. Sage.

Gupta, Y. G. & Clarke, R. E. (1996). Theory and Applications of the Delphi Technique: A Bibliography (1975-1994). *Technological Forecasting and Social Change, 53*, 185-211.

Hakim, C. (1982). *Secondary Analysis in Social Research*. Allen & Unwin.

Hart, E. & Bond, M. (1995). *Action Research for Health and Social Care: A Guide to Practice*. Open University Press.

Holstien, J. & Gubrium, J. (1995). *The Active Interview*. Sage.

Houle, C. O. (1972). The Design of Education. Jossey-Bass.

Hudson, B. B. (1993). *Needs Assessment in Continuing Professional Education: An Interpretive Study*. Ph. D. Thesis in University of Illinois at Urbana-Champaign.

Jones, S. R. G. (1990). Worker independence and output: The Hawthorne Studies Revaluated. *American Sociological Review, 55*, 176-190.

Jorgensen, D. L. (1989). *Participant Observation: A Methodology for Human Studies*. Sage.

Kvale, S. (1996). *Interview: An Introduction to Qualitative Research Interviewing*. Sage.

Lin, N. (1976). *Foundations of Social Research*. McGraw-Hill.

Lo, S. F., Hu, W. Y., Hayter, M., Chang, S. C., Hsu, M. Y. & Wu, L. Y. (2008a). Experiences of living with a malignant fungating wound: A qualitative study. *Journal of Clinical Nursing, 17*(20), 2699-2708.

Lo, S. F., Hayter, M., Chang, C. J., Hu, W. Y. & Lee, L. L. (2008b). A systematic review of silver-releasing dressings in the management of infected chronic wounds. *Journal of Clinical Nursing, 17*(15), 1973-1985.

Manning, P. K. & Cullum-Swan, B. (1994). Narrative, content, and semiotic analysis. In

N. K. Denzin & Y. S. Lincoln (Eds.), *Handbook of Qualitative Research*. Sage.

Marshall, C. & Rossman, G. (1989). *Designing Qualitative Research*. Sage.

Maxwell, J. A. (1996). *Qualitative Research Design: An Interactive Approach*. Sage.

Merton, R. K., Fiske, M. & Kendall, P. L. (1990). *The Focused Interview* (2nd ed.). Free Press.

Morgan, D. L. (1988). *Focus Groups as Qualitative Research*. Sage.

Morgan, D. L. (1996). Focus groups. In Hagan, J. & Cook, K. S. (Eds.), *Annual Review of Sociology, 22*, 129-152

Nachmias, D. & Nachmias, C. (1987). *Research Methods in the Social Science* (3rd Ed.). St. Martin's Press.

Nathan, R. (2006). *My Freshman Year: What a Professor Learned by Becoming a Student*. Cornell University Press.

Neuman, W. L. (2017). *Understanding Research* (2nd Ed.). Pearson Education.

Neuman, W. L. & Kreuger, L. W. (2003). *Social Work Research Methods*. Pearson Education.

Nieswoadomy, R. M. (1993). *Foundations of Nursing Research*. Appleton and Lange.

Padgett, K. D. (1998). *Qualitative Methods in Social Work Research: Challenges and Rewards*. Sage.

Patton, M. Q. (1990). *Qualitative Evaluation and Research Methods*. Sage.

Pew Research Center (2006). *The Cell Phone Challenge to Survey Research: National Polls Not Undermined by Growing Cell-Only Population*. https://www.pewresearch.org/politics/2006/05/15/the-cell-phone-challenge-to-survey-research/

Pindyck, R. S. & Rubinfeld, D. L. (1995). *Microeconomics* (3rd ed.). Prentice-Hall.

Reinharz, S. (1992). *Feminist Methods in Social Research*. Oxford University Press.

Riecken, H. W. & Boruch, R. F. (eds.) (1974). *Social Experimentation: A Method of Planning and Evaluating Social Intervention*. Academic Press.

Rossi, P., Wright, J. & Anderson, A. (eds.) (1983). *Handbook of Survey Research*. Academic Press.

Rubin, A. & Babbie, E. (2001). *Research Methods for Social Work*. Wadsworth.

Schopper, D., Ronchi, A. A. & Rougemont, A. (2000). When providers and community leaders define health priorities: The results of a Delphi survey in the Canton of Geneva. *Social Science & Medicine, 51*, 335-342.

Smith, T. W. (1990). The First straw? A study of the origins of election poll. *Public Opinion Quarterly, 54*, 21-36.

Stevens, S. S. (1951). Mathematics, measurement and psychophysics. In S. S. Stevens (ed.), *Handbook of Experimental Psychology*. Wiley.

Spradley, J. C. (1980). *Participant Observation*. Holtm Rineheavt & Winston.

Stewart, D. W. & Shamdasani, P. N. (1990). *Focus Groups: Theory and Practice*. Sage.

Tutty, M. L., Rothery, M. & Grinnell R. M. (eds.) (1996). *Qualitative Research for Social Workers*. Allyn & Bacon.

Vaughn, S., Schumm, J. S. & Sinagub, J. (1996). *Focus Group Interview in Education and Psychology*. Sage.

Vicente, P., Reis, E. & Santos, M. (2009). Using mobile phones for survey research A comparison with fixed phones. *International Journal of Market Research, 51*(5), 613-633.

Wang, Y. T. （王雲東）(2001). Factors Associated with Health-related Quality of Life Indicators among Community-dwelling Frail Elders: A Revised Health Capital Perspective. Ph. D. Dissertation. Columbia University.

Wang, Y. T. （王雲東）(2006). Factors associated with quality of life indicators for the middle aged and elderly people in Taiwan-An example of health capital model. Presented in the Sixth International Campbell Collaboration Colloquium in Los Angeles, California, USA. Feb. 22-24.

Wang, Y. T. （王雲東）(2010). Job coach factors associated with community-based employment service program outcome measures for people with disabilities-A Taiwan case study. *Disability and Rehabilitation, 32*(19), 1547-1557.

Wang, Y. T.（王雲東）(2013). Are adults with intellectual disabilities socially excluded?: An exploratory study in Taiwan. *Journal of Intellectual Disability Research, 57*(10), 893-902.

Wang, Y. T.（王雲東）, Lin, Y. J. & Shu, C. H. (2012). Cost-benefit analysis for sheltered employment service programs for people with disabilities in Taiwan-A preliminary study. *Disability and Rehabilitation, 34*(19), 1672-1676.

Wang, Y. T.（王雲東）& Lin, Y. J. (2013). Employment outcome predictors for people with disabilities in Taiwan-A preliminary study using ICF conceptual framework. *Journal of Rehabilitation, 79*(2), 3-14.

Wang, Y. T.（王雲東）& Lin, Y. J. (2017). Vocational rehabilitation case manager factors associated with vocational rehabilitation service program outcomes for people with disabilities in Taiwan- An exploratory study. *Disability and Rehabilitation, 39*(3), 244-250.

Weiss, C. (1972). *Evaluation Research*. Prentice-Hall.

研究方法叢書

社會研究方法——量化與質性取向及其應用

作　　者／王雲東、呂傑華
出 版 者／揚智文化事業股份有限公司
發 行 人／葉忠賢
總 編 輯／閻富萍
特約執編／鄭美珠
地　　址／22204 新北市深坑區北深路三段 258 號 8 樓
電　　話／(02)8662-6826
傳　　真／(02)2664-7633
網　　址／http://www.ycrc.com.tw
 E-mail　／service@ycrc.com.tw
 I S B N　／978-986-298-371-3
初版一刷／2007 年 5 月
二版一刷／2012 年 1 月
三版一刷／2016 年 10 月
四版一刷／2021 年 9 月
四版三刷／2024 年 9 月
定　　價／新台幣 550 元

＊本書如有缺頁、破損、裝訂錯誤，請寄回更換＊

國家圖書館出版品預行編目（CIP）資料

社會研究方法：量化與質性取向及其應用
= Social research methods : quantitative and
qualitative approaches and applications / 王
雲東, 呂傑華作. -- 四版. -- 新北市：揚
智文化事業股份有限公司, 2021.09
　　面；　公分. --（研究方法叢書）

ISBN 978-986-298-371-3(平裝)

1.社會學　2.研究方法

540.1　　　　　　　　　　　　110010192